D1925226

SCHÄFFER
POESCHEL

Volker Kurr/Jan Kehrbaum/Karin Huwer (Hrsg.)

Praktiker-Handbuch Asset-Management

Herausforderungen begegnen und Chancen ergreifen

2006
Schäffer-Poeschel Verlag Stuttgart

Bibliografische Information Der Deutschen Bibliothek
Die Deutsche Bibliothek verzeichnet diese Publikation in der Deutschen Nationalbibliografie; detaillierte bibliografische Daten sind im Internet über <http://dnb.ddb.de> abrufbar

Gedruckt auf chlorfrei gebleichtem, säurefreiem und alterungsbeständigem Papier

ISBN-10: 3-7910-2426-4
ISBN-13: 978-3-7910-2426-4

Dieses Werk einschließlich aller seiner Teile ist urheberrechtlich geschützt. Jede Verwertung außerhalb der engen Grenzen des Urheberrechtsgesetzes ist ohne Zustimmung des Verlages unzulässig und strafbar. Das gilt insbesondere für Vervielfältigungen, Übersetzungen, Mikroverfilmungen und die Einspeicherung und Verarbeitung in elektronischen Systemen.

© 2006 Schäffer-Poeschel Verlag für Wirtschaft · Steuern · Recht GmbH
www.schaeffer-poeschel.de
info@schaeffer-poeschel.de

Einbandgestaltung: Willy Löffelhardt (KPMG und das KPMG-Logo sind eingetragene Warenzeichen von KPMG International)
Satz: Johanna Boy, Brennberg
Druck und Bindung: Kösel, Krugzell · www.koeselbuch.de

Printed in Germany
Februar/2006

Schäffer-Poeschel Verlag Stuttgart
Ein Tochterunternehmen der Verlagsgruppe Handelsblatt

Geleitwort

Mit dem vorliegenden Buch ist es gelungen, die Lücke zwischen hoch wissenschaftlicher Fachliteratur und Basis-Know-how für den Retailkunden zu schließen.

Anerkannte Experten aus der Branche geben einen detaillierten Einblick in ihre Sicht der Dinge. Das vorliegende Werk vermittelt Ideen, wie im Asset-Management die Themen der Zukunft als Herausforderungen verstanden werden können und welche Chancen und Perspektiven für eine aktive Mitgestaltung der Zukunft darin verborgen liegen.

Asset-Manager und Kapitalanlagegesellschaften sehen sich in den letzten Jahren einer Vielzahl von Herausforderungen gegenüber. Neue regulatorische Anforderungen, erhöhter Margendruck, sich verändernde Kundenbedürfnisse sind nur einige wenige Beispiele. Themen, die auf den ersten Blick beunruhigen und als mühselig interpretiert werden können. Letztlich beinhalten sie jedoch die enorme Chance, sich diesen Herausforderungen zu stellen und sich strategisch so aufzustellen und mit einem entsprechenden Profil zu positionieren, dass die Entwicklungen aktiv mitgestaltet werden können.

Nicht zuletzt belegen auch die von KPMG gemeinsam mit Create jährlich durchgeführten Studien, dass sich die Branche in einer Aufbruchstimmung auf der Suche nach neuen Wegen und Lösungen befindet.

Gemeinsam ist den häufig diskutierten Ansätzen, dass ein Paradigmenwechsel bevorsteht, von einer produktorientierten Ausrichtung zu einer deutlich stärkeren Kundenorientierung. Wurde in der Vergangenheit beispielsweise über die Zusammenlegung oder Trennung der Produktionseinheiten von Publikums- und Spezialfonds diskutiert, so stehen heute die Bedürfnisse des Kunden im Fokus. Es gilt, die Anforderungen des Kunden zu kennen und seine Bedürfnisse zu verstehen. Gerade die Frage nach den Bedürfnissen des Investors liefert die Antwort auf eine langfristig erfolgreiche Unternehmensausrichtung und -kultur und damit die Möglichkeit, flexibel und individuell dessen Anforderungen zur Zufriedenheit erfüllen zu können.

Aktuelle Studien belegen die gestiegene und weiter zunehmende Bedeutung, sich individuell auf Kundenbedürfnisse einstellen zu können und sich auf diese Weise letztlich vom Wettbewerber zu differenzieren. Aus diesem Grund kommen im vorliegenden Werk nicht nur die Produktanbieter zu Wort, sondern ebenso die Investoren und die Consultants. Sie schildern ihre Anforderungen an ein modernes Asset-Management. Die Mission für die Zukunft lautet, dem Kunden individuelle und bedarfsgerechte Investmentlösungen anbieten zu können.

Die Trends im Asset-Management sind nicht aufzuhalten. Eine intensive Beschäftigung mit dem vorliegenden Buch wird Ihnen Denkanstöße und Ideen geben, die Herausforderungen anzunehmen und als Chance für die Zukunft zu begreifen.

Frankfurt am Main, im September 2005

Jörg Hashagen
Managing Partner Advisory
Financial Services
KPMG, Frankfurt

Vorwort und Einleitung

»Zur Zeit befindet sich die Asset-Management-Branche im Umbruch« – dies ist die derzeit am häufigsten in Studien, Presseartikeln oder Gesprächen zu findende Aussage. Ein Grund mehr, sich mit diesem Thema näher zu beschäftigen und es eingehend zu analysieren. Stellt sich zunächst die Frage nach dem »warum«? Erstaunlicherweise scheint auf diese Frage keine eindeutige Antwort zu existieren, vielmehr tauchen bei der Beantwortung neue Fragen auf:

- Welche regulatorischen Herausforderungen kommen auf uns zu?
- Welche Auswirkungen haben die europäischen Entwicklungen?
- Wie sehen die Kundenanforderungen in Zukunft aus?
- Sind unsere Annahmen über die Kapitalmärkte realistisch?
- Wie kann die Wertschöpfungskette an die aktuellen Trends angepasst werden?

Vor diesem Hintergrund analysieren Experten die Themenstellungen und geben Hinweise auf Lösungsansätze. Zunächst greifen **Gerold Hornschu** und **Christoph Michel** eine der aktuell kontrovers diskutierten regulatorischen Änderungen heraus. Sie geben einen Überblick über die Derivateverordnung und zeigen auf, welche Chancen wie auch Umsetzungsalternativen sich bieten. Diese Analyse wird von einem europäischen Vergleich abgerundet. Ob die deutsche Umsetzung der europäischen Richtlinie einen Wettbewerbsvorteil oder einen, wie häufig dargestellt, -nachteil mit sich bringt, wird sich in Zukunft zeigen müssen.

Dr. Wolfgang Mansfeld betrachtet als Vorsitzender des Ausschusses für Internationale Angelegenheiten des Bundesverbandes Investment und Asset Management e. V. (BVI) und ehemaliger Präsident der European Fund and Asset Management Association (EFAMA) den Investmentfonds aus europäischer Sicht und zeigt die Entwicklungen wie auch die Ziele der europäischen Fondsindustrie auf. Eine der zentralen Entwicklungen ist hierbei die Umsetzung des Integrationsgedankens in die UCITS-Richtlinie, welche anhand der Chancen und Grenzen eingehend diskutiert wird. Neben den europäischen Aktivitäten dürfen aber keinesfalls die lokalen Entwicklungen außer Acht gelassen werden, weshalb **Rudolf Siebel** als Geschäftsführer des Bundesverbandes Investment und Asset Management e. V. (BVI) die dort in 2004 und 2005 durchgeführten Maßnahmen aufzeigt. Der Schwerpunkt der Tätigkeiten liegt dabei in der Verbesserung des regulatorischen Umfelds der Investmentbranche, welches sich insbesondere auf die Altersvorsorge bezieht, ein Thema, das aktuell stark diskutiert wird. Wichtig ist dabei, dass eine Überregulierung vermieden wird, welche die Wettbewerbsfähigkeit im internationalen Kontext wie auch im Vergleich zu Anbietern von Substitutionsprodukten einschränkt.

Neben lokalen regulatorischen Entwicklungen wie auch europäischen Trends wird ein wesentlicher Faktor leicht vergessen. Die Anforderungen des institutionellen Investors werden sehr anschaulich von **Jochen Menßen** aus seinen praktischen Erfahrungen heraus geschildert. Er analysiert dabei kritisch die Herausforderungen im Zusammenspiel zwischen den Beteiligten in der Wertschöpfungskette und welche Aufgaben es zukünftig zu lösen gilt. Im Mittelpunkt steht dabei die Verbesserung der Kommunikation, damit die wachsende Produktvielfalt den Bedürfnissen des Investors gerecht werden kann. So scheint es heute nur noch mit Hilfe externer

Dienstleister für einen Investor möglich, die umfangreichen und immer komplexeren Produktangebote von Fondsgesellschaften und Investmentbanken zu analysieren, zu differenzieren bzw. schlicht zu verstehen.

Ein Grund mehr, sich mit externen Dienstleistern näher zu beschäftigen. **Dr. Hartmut Leser** greift diese Problematik auf und beschreibt die Kriterien der Managerauswahl im Rahmen der Formulierung der Anlagestrategie aus Sicht der Consultants. Am Anfang seiner Überlegungen steht der Investor, der zunächst die strategische Asset-Allocation gemäß seinen Bedürfnissen festlegt und anschließend eine Managerauswahl sowie das Managercontrolling vornimmt. Kriterien, die bei der Auswahl relevant sind, beziehen sich zunächst auf die Markteffizienz und die damit zusammenhängende Unsicherheit über den Grad der Markteffizienz, die grundlegenden Einfluss auf die weitere Suche nach aktiven oder passiven Managern hat. Um aus diesen anschließend die Outperformer herauszufiltern, bedienen sich Consultants unterschiedlicher Techniken und Informationen, welche von Dr. Leser dargestellt werden.

Im Rahmen der strategischen Asset-Allocation wie auch im Rahmen der taktischen Umsetzung durch die Manager ist der Faktor der zukünftig erwarteten Marktentwicklungen maßgeblich. **Professor Elroy Dimson, Professor Paul Marsh und Professor Mike Staunton** untersuchen in ihrem Artikel »Long-Run Asset Class Returns« die langfristige Performance einiger zentraler Finanzmärkte anhand einer einzigartigen Datenbasis. Die verwendete Datenbasis betrachtet einen Zeitraum von 105 Jahren, 17 Länder und fünf unterschiedliche Assetkategorien und führt zu spannenden Ergebnissen. Fragen zu realistischen Annahmen über die langfristige Entwicklung von Kapitalanlagen werden ebenso durchleuchtet wie eine Analyse der Treiber der historischen Performance.

Um den ersten Teil des Buches »Herausforderungen begegnen ..« abzurunden, darf das Thema des Aufbrechens der Wertschöpfungskette nicht fehlen. **Markus Steitz** und **Dr. Peter Seethaler** greifen zunächst die historischen Ansätze der Ausgestaltung der Wertschöpfungskette auf und stellen die derzeit aktuellen Modelle vor. Dabei werden wesentliche Faktoren wie der Börsen-Crash, das Entstehen neuer Geschäftsmodelle sowie der Trend zu selektivem Outsourcing dargestellt und analysiert. Nur mit einem tiefen Verständnis dieser Treiber lassen sich Prognosen über die zukünftigen Entwicklungen wagen und eine strategische Ausrichtung sinnvoll vornehmen. Markus Steitz und Dr. Peter Seethaler wagen diesen Ausblick und stellen fest, dass auch im Rahmen der Optimierung der Wertschöpfungskette der Investor nicht aus den Augen gelassen werden darf.

Im zweiten Teil des Buches werden praxisnahe Lösungsansätze vorgestellt. Zunächst wird das Thema des Aufbrechens und der Neudefinition der Wertschöpfungskette durch Outsourcing von einem bisher kaum beachteten Blickwinkel beleuchtet. **Karin Huwer** stellt dabei gerade die nicht geschäftspolitischen Entscheidungen und ökonomisch begründeten Schritte in den Vordergrund, sondern den Faktor »Mensch«. Denn dieser ist der Schlüssel zu reibungslosen und effizienten Prozessen und damit dem Unternehmenserfolg.

Ein weiterer Aspekt zur Gestaltung der Wertschöpfungskette und damit zur Ausrichtung des Unternehmens wird von **Stefan Maszynski** und **Volker Kurr** aufgegriffen. War lange Zeit, begründet durch starke Aktienperformance und hohe Nettomittelzuflüsse, das verwaltete Volumen einer der zentralen Größen zur Unternehmenssteuerung, so rückt spätestens seit 2000 die Profitabilität in den Vordergrund. Wie sich dieser Paradigmenwechsel in der Praxis vollzieht, wird anhand von unterschiedlichen Modellen vorgestellt und analysiert.

Die Vor- und Nachteile von aktivem und passivem Asset-Management werden durch die nächsten beiden Autoren betrachtet. **Thomas Balk** streicht dabei den Mehrwert des aktiven Managements heraus. Die wesentlichen Faktoren seiner Überlegungen sind dabei die Stock-Selection, die Asset-Allocation wie auch das Market-Timing. Darüber hinaus wird auf die Bedeutung des aktiven Managements für den Finanzmarkt eingangen. Mit dem Schwerpunkt des passiven Managements befasst sich der Beitrag von **Götz Kirchhoff**, der anhand von Exchange Traded Funds (ETFs) den Nutzen passiver Produkte für den institutionellen Investor darstellt. Wesentlicher Bestandteil seiner Argumentation ist u.a. die Untersuchung zur Kapitalmarkteffizienz wie auch zur Kostenstruktur. Eine Einbettung der Produkte in das Portfoliomanagement rundet den Beitrag ab.

In verschiedenen Beiträgen wurden bereits der Investor und seine Aufgaben zur Festlegung der Grundlagen für eine Managerauswahl bzw. Kapitalanlage dargestellt. **Jan Kehrbaum** und **Dr. Gerhard Scheuenstuhl** greifen dieses Thema noch einmal ausführlich auf und stellen die wesentlichen Aspekte eines Asset-Liability-Managements (ALM) vor. Fokus ihrer Betrachtungen ist dabei eine Liability-orientierte Anlagepolitik, deren Bedeutung nicht nur für Versicherungsunternehmen offensichtlich ist. Schieflagen von Versicherungsunternehmen durch Inkongruenzen zwischen Anlagepolitik und Verpflichtungsseite oder die Auflösung von Reserven in kürzester Zeit sind die deutlichsten Folgen der bisher nicht integrierten Betrachtung von Assets und Liabilities. Anhand eines Praxisbeispiels wird anschaulich dargestellt, wie diese Problematik frühzeitig umgangen werden kann und wie ein Einsatz im Rahmen der strategischen Unternehmensführung ausgestaltet sein kann.

Ist die strategische Asset-Allocation im Rahmen des ALM festgelegt, ist es Aufgabe eines aktiven Asset-Managers durch die Gestaltung der Asset-Allocation einen Zusatzertrag, der als Alpha bezeichnet wird, oberhalb einer Benchmark zu generieren. **Dr. Joachim Faber** und **Stefan Hofrichter** stellen eine Erweiterung dieser Idee vor und beschreiben in ihrem Artikel »Alpha-Porting: Konzept, Implikationen, Umsetzung«, wie der Investor von diesem »Zubrot« profitieren kann. Grundidee dieser Erweiterung ist die Generierung eines Ertragsplus, welches unabhängig von den Ergebnissen des ALM und somit der individuellen Risikostruktur bzw. Benchmark des Investors ist. Die Frage nach den Implikationen dieses Konzeptes für die Asset-Management-Industrie wird dabei ebenso berücksichtigt wie die Darstellung einer praktischen Umsetzung, um aufzuzeigen, dass es sich nicht nur um ein theoretisches Konzept handelt.

Wurden bereits im ersten Teil des Buches nationale und internationale Trends diskutiert, so beschreibt **Axel-Günter Benkner** welche praktischen Herausforderungen sich hieraus für die Ausrichtung von Fondsgesellschaften ergeben. Anforderungen an Produktpaletten, Herausforderungen für den Vertrieb und nicht zuletzt die Entwicklung von Markteintrittsstrategien sind Gegenstand seiner Betrachtungen und Analysen.

Neben der häufig diskutierten europäischen Integration greift **Professor Oliver Kruse** das Thema Integration aus einer ganz anderen Sicht auf. Wie sieht ein optimaler Integrationsgrad des Asset-Managements aus Sicht einer Universalbank aus? Ein Spagat im Wettbewerb mit Spezialisten und Fragestellungen im Vertrieb zu Open Architecture. Der Autor kommt anhand der geschilderten Erfahrungen zu dem Schluss, dass möglicherweise ein Mittelweg Lösungen für diesen Spagat liefert, der sich z.B. im Vertrieb in Form eines »Guided-Architecture-Ansatzes« manifestieren kann.

Fondsratings spielen für die gesamte Branche eine immer wichtigere Rolle. Sie sind häufig Voraussetzung, dass Vertriebskanäle Fonds in die Produktpalette aufnehmen. Auch Retail-Investoren stützen zunehmend ihre Kaufentscheidung auf die Einstufung bei den Ratingagenturen. **Jens Kummer** und **Kerstin Bär** vertreten dezidiert die Auffassung, dass kein wirklicher Mehrwert durch Fondsratings erkennbar ist. Eine sicherlich provokante Aussage, wenn man bedenkt, dass sich 15 Ratingagenturen sowie mehr als 10.000 Publikumsfonds in Deutschland tummeln. Insbesondere die Bedeutung von Ratings als Filter für die Vorauswahl von Fonds dürfte noch kontrovers diskutiert werden.

Neben strukturellen Fragestellungen wie »Guided Architecture« und externen Faktoren wie »Fondsrating« stellt sich die Frage nach der Wichtigkeit des Brands in der Fondsbranche. Dieses Thema untersucht **Volker Kurr** in seinem Beitrag. Dabei wird nicht nur die Bedeutung des Markenwerts in der heutigen Wirtschaft untersucht, sondern auch ein wissenschaftlicher Rahmen zur Verfügung gestellt, der die Handlungsoptionen und den Positionierungsspielraum für die Markenarchitektur aufzeigt. Dass der Einfluss einer Konzernzugehörigkeit einen zentralen Einfluss hat, wurde bereits im Rahmen von Professor Oliver Kruse dargestellt. Wie aber dieser Einfluss auf Brandingstrategien in der Praxis aussieht, wird von Volker Kurr anschaulich anhand von verschiedenen Beispielen dargestellt.

Kundensegmentierung gilt als eines der wichtigsten Mittel, um Kundenbedürfnisse optimal zu befriedigen sowie eine hohe Kundenbindung zu erreichen. **Dirk Thorwirth** stellt den Lesern seine Erfahrungen zur Verfügung. Lufthansa Miles & More ist eines der erfolgreichsten B2C-Kundenbindungsprogramme, das durch ein sophistiziertes Zielkundenmanagement und eine klare Kundensegmentierung einen erheblichen Wert für die Kunden wie auch dem Unternehmen bietet.

Wir hoffen, dass es uns gemeinsam mit den Autoren gelungen ist, Ihnen mit diesen Themen spannende Aspekte des Asset-Managements zu präsentieren, um neue Anregungen und Ideen zu vermitteln. Gerade die Betrachtung der ausgewählten Themen durch Experten aus unterschiedlichen Blickwinkeln deckt häufig neue Wege auf und schafft Raum für neue Gedanken und Phantasien und damit die aktive Gestaltung der Zukunft.

Viel Freude beim Lesen!

Frankfurt am Main und München, im September 2005

Karin Huwer
Jan Kehrbaum
Volker Kurr

Danksagung

Als wir die Idee zu diesem Buch hatten, stellten wir uns die Frage, wozu ein weiteres Buch über Asset-Management herausgeben? Gibt es nicht schon ausreichend Literatur auf diesem Gebiet? Bei einem genaueren Blick auf die angebotenen Bücher über Investment-Management stellt man fest, dass es zum einen exzellente hochwissenschaftliche Publikationen gibt oder aber Bücher, die praktische Ratschläge beinhalten und sich direkt an den Retailkunden richten. Dazwischen jedoch sehen wir eine Lücke, die wir mit diesem Buch schließen möchten. Ein Buch, das sich zum einen an die Entscheider und Führungskräfte der Fondsbranche, der Banken und Versicherungen als Leser richtet, zum anderen aber auch den universitären Bereich anspricht und Einblicke in die Praxis vermittelt. Ein Buch, das die kommenden Trends der Investmentbranche und wie sich diese auf die künftige Positionierung einer Gesellschaft auswirken, beleuchtet. Und so sind wir letztlich doch dem Reiz erlegen, es anders machen zu wollen als die Herausgeber vor uns.

Ein Buch ist nur so gut wie seine Autoren. Mit einem Mix von Autoren aus dem akademischen Bereich und Entscheidungsträgern und Geschäftsführern aus dem Asset-Management wollen wir eine Brücke zwischen Theorie und Praxis schlagen und das Konzept interessant und abwechslungsreich gestalten.

Schnell waren unsere Wunschkandidaten für die jeweiligen Themen gefunden. Wie aber nun vorgehen, um diese Wunschkandidaten für einen Beitrag zu motivieren? Wie bei Asset-Management-Entscheidungen im Allgemeinen war es nicht hinderlich, hier strategisch vorzugehen. Das Schwierigste war es, die ersten Autoren zu finden. Je mehr Kenner der Branche mit exzellentem Ruf ihre Zusage gegeben hatten, umso leichter wurde es für uns, mit der Referenz der bereits zugesagten Autoren zu locken und weitere Wunschkandidaten für das Projekt zu gewinnen. Ein inniger Dank gilt daher an dieser Stelle all denen, die als eine der ersten ihre Zusage für einen Artikel gegeben haben. Wir danken ihnen für ihr Vertrauen in uns, dafür, dass wir Sie als »Zugpferde« gewinnen konnten, und dass sie daran geglaubt haben, dass sich weitere namhafte Autoren für das Projekt begeistern lassen. Die Reihenfolge der Ansprache der Autoren bleibt hier ausdrücklich unser Geheimnis.

Wir wollen nicht verschweigen, dass wir stolz darauf sind, anerkannte Experten aus der Fondsbranche und aus dem akademischen Bereich für unser Projekt gewonnen zu haben. Durch die Diversifikation der Autoren werden die Themen aus verschiedenen Blickwickeln betrachtet, sowohl aus der Sicht der Kapitalanlagegesellschaften, aus Sicht von Ratingagenturen und Institutionellen Kunden oder auch aus Verbandssicht.

Unser herzlicher Dank gilt daher unseren engagierten Autoren, die sich zusätzlich zu ihren täglichen Aufgaben die Zeit genommen haben, einen Buchbeitrag zu schreiben, und die wir in alphabetischer Reihenfolge aufführen möchten.

Ein herzlicher Dank an: Kerstin Bär, Thomas Balk, Axel-Günter Benkner, Professor Elroy Dimson, Dr. Joachim Faber, Jörg Hashagen, Stefan Hofrichter, Gerold Hornschu, Götz Kirchhoff, Professor Oliver Kruse, Jens Kummer, Dr. Hartmut Leser, Dr. Wolfgang Mansfeld, Professor Paul Marsh, Stefan Maszynski, Jochen Menßen, Christoph Michel, Dr. Gerhard Scheuenstuhl, Dr. Peter Seethaler, Rudolf Siebel, Professor Mike Staunton, Markus Steitz, Dirk Thorwirth.

Ein weiterer Dank geht an unseren Verlag und hier insbesondere Frank Katzenmayer, der uns in unserer Idee bestärkt hat, dieses Buch herauszugeben und der uns tatkräftig betreut und begleitet hat.

Herzlich danken möchten wir auch allen, die uns als Diskussionspartner, Ideenfinder, Kritiker oder Korrektor unterstützt haben und so einen wesentlichen Beitrag zum Erscheinen dieses Buches geleistet haben. Wir danken hier insbesondere Ute Bornheimer, Theofana Kehrbaum, Olaf Mieske, Dr. Dirk Schulz, Dr. Karola Stolpe und Bettina Vogelsberger.

Zum Schluss bedanken wir uns bei denjenigen aus unserem privaten und beruflichen Umfeld, die wir jetzt nicht namentlich erwähnt haben, die jedoch durch ihr Interesse, ihren positiven Zuspruch und ihr Verständnis zum Endprodukt beigetragen haben. Dieses Buch wäre ohne sie nicht entstanden.

Frankfurt am Main und München, im September 2005

Karin Huwer
Jan Kehrbaum
Volker Kurr

Inhaltsverzeichnis

Autoren und Herausgeber

Volker Kurr
COMINVEST Asset Management

Volker Kurr verantwortet seit dem 01.06.2005 als Geschäftsführer das institutionelle Geschäft der COMINVEST Asset Management. Er verfügt über langjährige Erfahrung im Asset-Management und war nach Stationen im Hause der HypoBank im Bereich Strategic Organisation und Asset-Management sowie der Allfonds Asset Management zuletzt als Sprecher der Geschäftsführung der SEB Invest unter anderem mehrere Jahre für das institutionelle Geschäft zuständig. Dort gehörte er auch dem internationalen Führungskreis der Asset-Management-Division an. Volker Kurr studierte in München BWL und erlangte an der London Business School seinen MBA.

Jan Kehrbaum
KPMG Deutsche Treuhand-Gesellschaft AG

Jan Kehrbaum ist Senior Manager bei der KPMG. Dort berät er im Bereich Advisory Asset-Management Gesellschaften und Versicherungen zu aktuellen Fragestellungen der strategischen Positionierung, der Asset-Allocation, des Asset-Liabilility-Management, des Risikomanagements sowie der Bilanzierung strukturierter Produkte.

Zuvor war er im Asset-Management tätig, wo er sich mit der Modellierung und Implementierung innovativer Methoden im Rahmen der Risikomessung, Simulation von Anlagestrategien und Portfoliooptimierung beschäftigte. Er ist Autor mehrerer Fachartikel.

Karin Huwer
COMINVEST Asset Management

Karin Huwer arbeitet als Vertriebsreferentin im Bereich Institutional bei der COMINVEST Asset Management und ist zertifizierte Wirtschaftsmediatorin (IHK).

Nach ihrer Ausbildung bei der Deutschen Bank und Fremdsprachenstudium begann sie ihre berufliche Laufbahn bei der Fiduciare Generale de Luxembourg (Gruppe Deloitte Touche) in Luxemburg. Danach war sie 10 Jahre für den SEB Konzern in Luxemburg und Frankfurt und für die Dekabank in Frankfurt für die Geschäftsführung und den Vorstand tätig.

Kerstin Bär
SEB Invest GmbH

Kerstin Bär ist seit 2001 bei der SEB Invest in Frankfurt tätig, zunächst im Bereich Produktmanagement und inzwischen in der Referentenfunktion Strategische Vertriebssteuerung.

Nach einer Ausbildung zur Bankkauffrau absolvierte Kerstin Bär berufsbegleitend ein Studium zur diplomierten Bankbetriebswirtin. 2004 absolvierte sie zudem das globale Berufsdiplom CIIA Certified International Investment Analyst. Auslandserfahrung konnte sie im Rahmen eines Trainee-Programms in London sammeln. Kerstin Bär übernahm nach ihrer Ausbildung Aufgaben im Wertpapierbereich eines lokal tätigen Instituts und wechselte später zu einer führenden deutschen Investmentgesellschaft, bevor sie 2001 zur SEB Invest kam.

Thomas Balk
Fidelity Investments Management Ltd.

Thomas Balk verantwortet seit Mai 2001 als President Mutual Funds Europe den Vertrieb des gesamten europäischen Publikumsfondsgeschäftes von Fidelity Investments Management Ltd. Er trat 1999 als Managing Director bei Fidelity in Frankfurt ein. Balk war von 1987 – 1993 im Investment Management der HypoVereinsbank tätig. 1993 wechselte er in die Londoner Niederlassung von Foreign & Colonial Management Limited, zunächst als Head of German Retail und ab 1998 als Managing Director Retail. Balk hat an der Universität Regensburg mit dem Abschluss in Business Administration studiert.

Axel-Günter Benkner
DWS/DEAM

Axel-Günter Benkner ist Sprecher der Geschäftsführung der DWS Investment GmbH und CEO Asset Management Germany (Deutsche Asset Management/Deutsche Bank Gruppe) sowie Head of Asset Management Europe (ex UK) und Global Head of Retail of Asset Management. Er ist zudem Mitglied des Vorstandes des Bundesverbandes Investment und Asset Management e.V. (BVI).

Nach wirtschaftswissenschaftlichem Studium und Mitarbeit am Lehrstuhl für Geld, Kredit und Währungen an der Justus-Liebig-Universität in Gießen trat er 1980 bei der DWS im Fondsmanagement ein. 1984 wurde er Leiter der

Abteilung Internationales Rentenfondsmanagement. Von 1990 – 2002 war er Geschäftsführer der DWS Investment GmbH und der Deutsche Vermögensbildungsgesellschaft mbH mit den Ressorts Rentenfondsmanagement, Geldmarktfondsmanagement und Portfolioanalyse.

Elroy Dimson

Elroy Dimson is BGI Professor of Investment Management at London Business School, which he has served as Faculty Governor, Chair of the Finance and of the Accounting departments, Dean of the MBA and Executive MBA programs, and Director of the Investment Management Program. He has been elected to the Steering Committee of the Financial Economists Roundtable and was President of the European Finance Association. He has published in Journal of Business, Journal of Finance, Journal of Financial Economics, Journal of Portfolio Management, Financial Analysts Journal and other journals, and has held visiting positions at the Universities of Chicago and California (Berkeley) and the Bank of England. An Honorary Fellow of the Institute of Actuaries, Dr Dimson holds a BA and MCom from the Universities of Newcastle and Birmingham, and a PhD from London Business School.

Dr. Joachim Faber
Allianz Global Investors AG, Allianz AG

Dr. Joachim Faber ist CEO der Allianz Global Investors AG und Mitglied des Vorstands der Allianz AG, München. Dr. Faber zeichnet für den Aufbau der Sparte Asset-Management als drittes Kerngeschäftsfeld der Allianz Gruppe verantwortlich. Mittels einer Reihe von Akquisitionen, unter anderem PIMCO und Nicholas-Applegate, sowie der Integration der Asset-Management-Aktivitäten der Dresdner Bank Gruppe, hat sich die Allianz als einer der führenden Asset-Manager weltweit etabliert.

Dr. Faber kam 1997 als Finanzchef und Vorstandsmitglied zur Allianz-Versicherungs AG. Seine jetzige Funktion bekleidet er seit Januar 2000. Vor seinem Wechsel zur Allianz war Dr. Faber 14 Jahre lang für die Citicorp in Frankfurt und London tätig. Zwischen 1995 und 1997 leitete er das Kapitalmarktgeschäft in Europa, Nordamerika und Japan.

Dr. Faber studierte Jura und promovierte nach einem Aufenthalt an der Sorbonne in Paris zum Dr. rer. publ. an der Hochschule für Verwaltungswissenschaft in Speyer.

Stefan Hofrichter
Allianz Global Investors AG
Stefan Hofrichter ist seit 1996 bei Allianz Global Investors, zunächst, seit 1996, als Aktienfondsmanager. Er arbeitete seit 1998 als Volkswirt und Kapitalmarktstratege. Seit 2004 ist er zudem als Portfoliomanager beim dit/Allianz Dresdner Global Investors im Bereich Multi Assets tätig. Der Schwerpunkt seiner Researchtätigkeit liegt im Bereich der volkswirtschaftlichen Analyse Europas und der globalen Asset- und Branchen-Allokation. Herr Hofrichter studierte Volkswirtschaft an der Universität Konstanz sowie Betriebswirtschaft an der Fachhochschule der Deutschen Bundesbank in Hachenburg und ist Chartered Financial Analyst (CFA).

Gerold Hornschu, WP/StB
KPMG Deutsche Treuhand-Gesellschaft AG
Gerold Hornschu ist Partner im Bereich Assurance Financial Services bei der KPMG in Frankfurt am Main und leitet das deutsche Geschäftssegment Securities/Investment Management. Er ist im Global Leadership Team Investment Management & Funds der KPMG und in verschiedenen Arbeitsgruppen des WP-Berufsstandes sowie der Investmentindustrie aktiv.

Götz Kirchhoff
INDEXCHANGE Investment AG
Götz Kirchhoff, Mitglied des Vorstandes der INDEXCHANGE Investment AG.

Götz Kirchhoff ist Chief Investment Officer (CIO), seit Gründung der Gesellschaft im Oktober 2000 Mitglied des Vorstands der INDEXCHANGE Investment AG und verantwortet dort die Bereiche Sales, Marketing, Public Relations, Fondsmanagement, Recht, Produktmanagement und Personal.

Der gelernte Bankkaufmann begann seine berufliche Karriere bei der Stadtsparkasse Hannover und studierte berufsbegleitend Betriebswirtschaft. Es folgten mehrere Führungsaufgaben in unterschiedlichsten Bereichen bei der Hypo-Bank in München. Vor dem Eintritt bei der INDEXCHANGE war Kirchhoff Geschäftsführer der Allfonds Bayerische Kapitalanlagegesellschaft in München. Kirchhoff ist seit einigen Jahren Mitglied im BVI-Wertpapierausschuss, dessen Vorsitz er im März 2003 übernahm, sowie seit September 2005 Mitglied des Vorstandes des BVI.

Jens Kummer
SEB Invest GmbH
Jens Kummer ist Leiter der Abteilung Multi-Management der SEB Invest GmbH in Frankfurt. Zu seinen Aufgaben gehört sowohl das Dachfondsmanagement als auch die Performance-Messung. Herr Kummer studierte Betriebswirtschaftslehre mit der Spezialisierung Bank- und Versicherungswesen. Seit 1996 war er im Asset-Management von Julius Bär, DWS sowie KPMG tätig. Er ist CFA Charterholder und Certified Credit Analyst (CCrA).

Prof. Dr. Oliver Kruse, Professor für Allgemeine Betriebswirtschaft, insbesondere Finanzmanagement
Prof. Dr. Oliver Kruse lehrt an der Fachhochschule des Mittelstands (FHM) in Bielefeld unter anderem das Fach Finanzierung. Seine Forschungsschwerpunkte liegen im Asset-Management sowie im Finanzmanagement mittelständischer Unternehmen. Er ist wissenschaftlicher Leiter des Master of Adminstrations Programms »Unternehmensführung in der mittelständischen Wirtschaft«. Zudem ist er seit mehr als 15 Jahren in unterschiedlichen Bereichen einer Großbank tätig.

Dr. Hartmut Leser
FERI Institutional Management GmbH
Dr. Leser ist geschäftsführender Gesellschafter der FERI Institutional Management GmbH sowie Geschäftsführer und Gründungsgesellschafter der HEUBECK-FERI GmbH. In dieser Eigenschaft berät er viele Versicherungen, Altersvorsorgeeinrichtungen, Banken und Industrieunternehmen in allen Fragen der institutionellen Vermögensanlage.

Dr. Wolfgang Mansfeld
Union Investment Gruppe

Dr. Wolfgang Mansfeld ist seit 1990 bei der Union Investment Gruppe tätig. 1994 wurde er zum Geschäftsführer der Union Investment Gesellschaft mbH bestellt und 1999 in den Vorstand der Union Asset Management Holding AG berufen.

Daneben ist Herr Dr. Mansfeld Vorstandsmitglied sowie Vorsitzender des Ausschusses für Internationale Angelegenheiten des Bundesverbandes Investment und Asset Management e.V. (BVI). Im April 2004 wurde er in die Consultative Working Group Investment Management des Committee of European Securities Regulators (CESR) berufen. Von Juni 2002 – Juni 2005 war Herr Dr. Mansfeld Präsident der Europäischen Investmentvereinigung EFAMA (bisheriger Name: FEFSI) in Brüssel.

Paul Marsh
London Business School

Paul Marsh is Professor of Finance and, until recently, was Associate Dean responsible for London Business School's Masters in Finance and finance executive programs. Within the School, he has been Chair of the Finance area, Deputy Principal, Faculty Dean and an elected Governor. He has advised on several public enquiries, and is a Director of Majedie Investments and Aberforth Smaller Companies Trust and, formerly, of M&G. He has published articles in Journal of Business, Journal of Finance, Journal of Financial Economics, Journal of Portfolio Management, Harvard Business Review and other journals. With Elroy Dimson, he co-designed the FTSE 100 Share Index and the Hoare Govett Smaller Companies Index. Dr Marsh holds a BSc from London School of Economics, and a PhD from London Business School.

Stefan Maszynski
TrackTwo GmbH

Stefan Maszynski ist Geschäftsführer und Partner der TrackTwo GmbH, die auf Managementinformationssysteme und Profitabilitätssteigerung im Asset-Management und Investmentbanking spezialisiert ist.

Nach dem Studium an der Wirtschaftsuniversität Wien erlangte er seinen MBA in Finance an der Columbia University, New York und arbeitete bei Oliver, Wyman & Co (heute Mercer Oliver Wyman) in New York und Frankfurt, ehe er im Jahr 1993 seine eigene auf Banken spezialisierte Beratungsfirma gründete.

Schwerpunkt seiner Arbeit mit internationalen Asset-Managern ist die Steigerung der Profitorientierung auf sämtlichen Ebenen des Unternehmens. Mit Hilfe einer eigens entwickelten technischen Plattform und organisatorischer Maßnahmen wird unternehmerisches Denken der Mitarbeiter gefördert. Zusätzlich geht es darum, den profitablen Kern des Unternehmens zu erkennen, zu erklären und systematisch auszubauen.

Jochen Menßen
E.ON Energie

Jochen Menßen ist Mitglied des Teams Portfolio Management der E.ON Energie AG in München und verantwortlich für die Themengebiete Asset-Liability-Management, Risikomanagement und Managerauswahl. Vor seiner Tätigkeit bei E.ON Energie, die er Anfang 2002 aufnahm, war er 3 ½ Jahre beim Asset Consultant Towers Perrin in Frankfurt/Main und London tätig. Jochen Menßen hat Betriebswirtschaftslehre mit dem Schwerpunkt Finanzen in Trier und Oxford studiert und ist zudem ausgebildeter Bankkaufmann.

Christoph Michel
KPMG Deutsche Treuhand-Gesellschaft AG

Christoph Michel ist Diplom-Mathematiker, verfügt über 8 Jahre Berufserfahrung im Investment-Banking als Risk-Manager mit Stationen in Frankfurt, Sydney und Hongkong. Seit drei Jahren ist er bei KPMG Deutsche Treuhand-Gesellschaft AG Wirtschaftsprüfungsgesellschaft als Leiter des Bereichs »Portfolioanalyse« mit Schwerpunkten bei Kapitalanlagegesellschaften und Versicherungen in Deutschland sowie in Europa tätig.

Dr. Gerhard Scheuenstuhl
risklab germany GmbH

Dr. Gerhard Scheuenstuhl ist Managing Director der risklab germany GmbH. Er betreut den Geschäftsbereich Asset Allocation. Sein Beratungsschwerpunkt liegt auf dem Gebiet des Investmentmanagements, insbesondere im Bereich der Kapitalanlageoptimierung bei komplexen Renditestrukturen und dem Einsatz strukturierter Finanzinstrumente.

Dr. Scheuenstuhl arbeitete als vollamtlicher Dozent für Finanzmanagement am Schweizerischen Institut für Banken und Finanzen (s/bf) der Universität St. Gallen (HSG) und vertrat hier die Bereiche Unternehmensfinanzierung und Risikomanagement. Verschiedene Gastaufenthalte führten ihn an die University of Hong Kong sowie als Visiting Scholar an der University of California at Los Angeles (UCLA). 1999 wechselte Dr. Scheuenstuhl zur RiskLab GmbH nach München.

Dr. Scheuenstuhl veröffentlichte zahlreiche Aufsätze in verschiedenen Fachzeitschriften und hält regelmäßig Vorträge auf Seminaren und Konferenzen zu aktuellen Themen des Anlagemanagements. Er studierte Wirtschaftsmathematik an der Universität Ulm und angewandte Mathematik an der University of Southern California (USC) in Los Angeles. Anschließend promovierte er an der Universität Ulm in Finance.

Dr. Peter Seethaler
KPMG Deutsche Treuhand-Gesellschaft AG

Dr. Peter Seethaler ist Senior Manager, Asset Management Services der KPMG in Frankfurt. Nach seinem Studium der Betriebswirtschaftslehre und der Promotion an der Universität Siegen begann Dr. Peter Seethaler seine berufliche Karriere 1999 bei KPMG. Dr. Peter Seethaler ist als Director im Bereich Asset Management Services der KPMG in Frankfurt am Main tätig. Er ist für die deutschlandweite Beratung der Asset-Management-Gesellschaften zuständig. Zu seinen Spezialgebieten gehören übergreifende strategische Fragestellungen, Prozessdesign und -restrukturierungen, Risk-Management und Performancemessung sowie die Umsetzung der International Financial Reporting Standards.

Rudolf Siebel
BVI

Rudolf Siebel leitet den Bereich Markt und Service im BVI Bundesverband Investment und Asset Management e.V., Frankfurt, mit der Zuständigkeit für Fondsstandards, Markt Research und Statistik sowie Ausbildung. Er verantwortet den Bereich Operations and Infrastructure im Management-Komitee des Europäischen Fonds und Asset Management Verbandes (EFAMA).
Herr Siebel war von April 1993 bis Mitte Juli 1998 als Vice President Senior Credit Officer bei der Moody´s Deutschland GmbH in Frankfurt a.M. beschäftigt. Herr Siebel ist Rechtsanwalt und Master of Law (LL.M) des Georgetown University Law Center, Washington D.C.

Mike Staunton
London Business School

Mike Staunton is Director of the London Share Price Database, a research resource of London Business School. He produces the London Business School Risk Measurement Service, which is edited by Professors Dimson and Marsh. He has taught at universities in the United Kingdom and Switzerland. Dr Staunton is co-author with Mary Jackson of Advanced Modelling in Finance Using Excel and VBA, published by Wiley. He has had articles published in Journal of Banking & Finance, Journal of the Operations Research Society, and Business Strategy Review. Dr Staunton holds a BSC from Manchester University, and a MBA and PhD from London Business School.

Markus Steitz
KPMG Deutsche Treuhand-Gesellschaft AG

Markus Steitz ist Partner und trat 1990 bei der KPMG Peat Marwick GmbH in Frankfurt ein. Sein beruflicher Schwerpunkt liegt in der fachlichen Beratung des Finanz- und Treasurymanagements von Unternehmen und dem öffentlichen Sektor und umfasst insbesondere die Gebiete Risikomanagement, Finanzcontrolling, Cash-Management, Liquiditätsplanung, Berichtswesen sowie Finanz-/Treasury-Software. Im Asset-Management liegen seine Beratungsschwerpunkte im Risikomanagement, IFRS-Accounting und der Gestaltung des Asset-Management-Prozesses.

Markus Steitz ist Autor verschiedener fachlicher Veröffentlichungen und mehrfach Referent auf Konferenzen zu den zuvor genannten Themenbereichen.

Dirk Thorwirth
Miles & More International GmbH
Dirk Thorwirth ist seit November 2000 Leiter Vertrieb der Miles & More International GmbH in Neu-Isenburg. In dieser Position verantwortet er für das Lufthansa Miles & More Programm die Kooperationen mit Unternehmen der Finanzdienstleistungs-, und Versicherungsbranche. Insbesondere ist er in dieser Funktion für die Entwicklung des nationalen und internationalen Geschäfts mit Private customer credit cards der Lufthansa zuständig.

Thorwirth studierte Wirtschaftswissenschaften in Essen und Toronto. 1994 begann Dirk Thorwirth seine berufliche Laufbahn im Direktionsbereich Marketing/Vertrieb bei der LTU International Airways. Anfang 1999 wechselte Herr Thorwirth zu Miles & More International Ltd. Er war mit verantwortlich für den Aufbau des neuen Geschäftsmodells, den Ausbau der Miles & More Programmpartnerschaften sowie die Markteinführung der Lufthansa VISA Card. Im Oktober 2000 wurde er zum Prokuristen und Leiter Vertrieb Finanzdienstleistungen berufen.

Risikomanagement im Rahmen der Derivateverordnung

Gerold Hornschu/Christoph Michel

Die Autoren erklären ausdrücklich, dass die dargestellten Interpretationen und Meinungen ausschließlich ihre persönlichen Auffassungen wiedergeben.

1 Einleitung

Das Investmentgesetz (InvG) eröffnet über die DerivateV dem Asset-Management ganz neue Möglichkeiten, ein Sondervermögen zu gestalten. Neben den bekannten, im Rahmen des KAGG zulässigen Assetklassen werden nun auch Derivate (inklusive exotische), Kreditderivate und Devisen explizit als eigene Assetklasse eingeführt. Damit stehen dem Portfolio-Manager bis auf Commodities u. Ä. im Wesentlichen alle Finanzinstrumente zur Anlage und zur Steuerung des Risikos in einem Sondervermögen zur Verfügung.

Mit der Erweiterung des Anlagespektrums einhergehend fordert die DerivateV eine für das Risikoprofil des Sondervermögens angemessene Marktrisiko-Steuerung durch den Portfolio-Manager der Kapitalanlagegesellschaft (KAG) und eine angemessene Marktrisiko-Messung sowie Kontrolle durch eine vom Asset-Management unabhängige Stelle. Dabei hat die Steuerung und Messung von Marktrisiken standardmäßig durch ein Value-at-Risk-(VaR)Konzept zu erfolgen. Die DerivateV macht somit unmittelbare Vorgaben, wie das Marktrisiko-Management vom Portfolio-Manager zu gestalten ist. Verwaltet er ein Sondervermögen im Rahmen der DerivateV, bedeutet dies eine signifikante Umstellung der Steuerung des Marktrisikos, d. h. des Portfolio-Management-Ansatzes. Andernfalls bleibt die Einhaltung der Marktrisiko-Grenze ein zufälliges Ergebnis oder ein Ergebnis vorsorglichen Verzichts auf Risiken und Chancen.

Es stellt sich hier die Frage, inwieweit es für eine KAG zielführend ist, alle Sondervermögen gemäß der Vorgabe der DerivateV unter Verwendung eines VaR zu steuern und zu kontrollieren. Wendet man diese Vorgabe z.B. auf ein rein passives, indexorientiertes Mandat an, bei dem der Portfolio-Manager lediglich die Vorgaben des Investors im Rahmen eines engen Tracking-Errors umsetzt, so ist offensichtlich, dass das VaR keine weiteren Steuerungsimpulse liefern kann. Für Sondervermögen, die dem Portfolio-Manager kaum Spielraum für das Marktrisiko-Management geben, erscheint eine Steuerung ohne Anwendung eines VaR-Konzepts ausreichend. Derzeit bestimmt die DerivateV den Einsatz des VaR-Konzepts einzig über die in einem Sondervermögen verwandten Finanzinstrumente. Die Berücksichtigung des Spielraums für das Marktrisiko-Management durch die KAG als Gegenstand der Vertragsbedingungen bleibt in der DerivateV unberücksichtigt.

Da die Steuerung eines Sondervermögens nach dem VaR-Konzept sich nicht unerheblich auf die Produktionskosten eines Sondervermögens und damit auf die Wettbewerbsfähigkeit auswirkt, sollte die KAG bei Neuauflage oder Umstellung eines Sondervermögens auf das InvG die Auswirkungen auf das Portfolio-Management mitberücksichtigen. Insbesondere bei der Auswahl eines Risikomesssystems im Sinne der DerivateV sollte nicht »unnötig« auf den qualifizierten Ansatz umgestellt werden, wenn das Management der Assets nicht nach dem VaR-Konzept als Anlagegrenze erfolgt. Dessen ungeachtet bleibt die Transparenz des Marktrisikos eines Sondervermögens eine wünschenswerte Anlegerinformation.

Wir wollen in diesem Beitrag auf drei Themenstellungen im Rahmen der DerivateV eingehen. Zum einen werden wir aufzeigen, wie sich der rechtliche Rahmen für das Management der Marktrisiken in einem Wertpapier-Sondervermögen vom KAGG zum InvG nebst DerivateV verändert und wie die Anforderungen aus der DerivateV das Marktrisiko-Management des Portfolio-Managers beeinflussen.

Des Weiteren werden wir aufzeigen, inwieweit die Bestimmungen des Einsatzes von Derivaten in einem Sondervermögen nach der deutschen DerivateV von den Empfehlungen des Commitee of European Securities Regulators (CESR) abweicht. Diese Abweichungen sind ebenfalls nicht unerhebliche Faktoren für die Wettbewerbsfähigkeit Deutschlands. Daher werden wir eine Abweichungsanalyse zwischen den Anforderungen der DerivateV, der Empfehlung der CESR sowie der Umsetzung in Österreich und dem Umsetzungsentwurf in Luxemburg durchführen und den Einfluss der Unterschiede aufzeigen.

Abschließend wollen wir auf sechs potenziell problematische Aspekte bei der Umsetzung der DerivateV näher eingehen und mögliche Lösungsansätze darstellen.

2 Risikomanagement im Rahmen des Gesetzes für Kapitalanlagegesellschaften (KAGG) und der Derivateverordnung (DerivateV) für Wertpapier-Sondervermögen

2.1 Marktrisiko-Management im Rahmen des KAGG für Wertpapier-Sondervermögen

In der Praxis wird in vielen Fällen mit dem Investor eine Performance-Benchmark in Form eines Wertpapierindex (Benchmark-Produkt) vereinbart. Dabei wird davon ausgegangen, dass dieser Index die Renditeerwartung des Investors widerspiegelt. Diese Vorgehensweise beinhaltet zwei Aspekte für den Portfolio-Manager: Zum einen sollte der Portfolio-Manager die vorgegebene Renditeerwartung unter Minimierung des Risikos »erwirtschaften«. Um das Risiko zu minimieren, muss er kontinuierlich das Risiko messen und aktiv steuern. Zum anderen kann der Portfolio-Manager das Risiko nur im Rahmen der »taktischen« Asset-Allocation steuern, wenn mit einer Benchmark das Anlageuniversum festgelegt ist (»Strategische« Asset-Allocation umfasst die Auswahl von Asset-Klassen, Währungen sowie Ländern und die »Taktische« Asset-Allocation die Auswahl von Branchen, Schuldnerklassen, Laufzeiten, Titeln sowie Emittenten). Dies ist unmittelbar nachvollziehbar, da aus Sicht des Investors das in ein Sondervermögen investierte Kapital oft nur ein Teil seiner Gesamtanlage darstellt. Somit entscheidet zumeist der Investor über die »Strategische« Asset-Allocation. Handelt es sich darüber hinaus noch um ein »passives Mandat«, wird das Risiko des Sondervermögens im Wesentlichen mit Hilfe des Tracking-Error gesteuert. Der Tracking-Error misst dann die Abweichung der Konstituenten des Index von dem des Sondervermögens.

Im Tagesgeschäft beschränkt die KAG das Marktrisiko eines Wertpapier-Sondervermögens, indem es im Kern die Menge der möglichen Finanzprodukte stark einschränkt, nur »long only«-Investments zulässt und Leverage durch den Einsatz von Derivaten sowohl direkt als auch indirekt (z.B. strukturierte Produkte) kaum zulässt. Entsprechend beschränkte sich die Kontrolle des Marktrisikos eines Sondervermögens indirekt auf die Einhaltung anderer gesetzlicher Grenzen. Eine Standardisierung eines Risikomaßes zum Zwecke der Bestimmung der zweidimensionalen Performance (erwartete Rendite minus tatsächlicher Rendite dividiert durch das Risiko) wird vom KAGG nicht gefordert. In der Regel wurde auch seitens der Industrie bislang auf die Implementierung eines mathematisch-statistischen Verfahrens zur Messung des Marktrisikos (z.B. Monte-Carlo-Simulation oder historische Simulation zur Bestimmung eines VaR) verzichtet. Daher beschränkt sich das Marktrisiko-Management des Portfolio-Managers auf die Optimierung der reinen Rendite gegenüber der Benchmarkrendite unter Berücksichtigung der engen Anlagevorschriften. Auch die Leistung eines Portfolio-Managers wird meist im Nachhinein mit Hilfe der eindimensionalen Performanceabweichung gegenüber der Benchmark gemessen, sodass unter dem KAGG keine »Incentives« für den Portfolio-Manager bestehen, das Marktrisiko in seinen Asset-Management-Prozess direkt einfließen zu lassen.

2.2 Veränderung des Anlagespektrums

Der allgemein herrschende Wunsch bei den Investoren, hohe Renditen zu erzielen, hat bei den Sondervermögen in den letzten Jahren dazu geführt, dass die Komplexität und das damit verbundene Marktrisiko der einzelnen Finanzinstrumente zugenommen hat.

Dabei kommen vermehrt komplexe Finanzinstrumente zum Einsatz, wie z.B. Collateral Debt Obligation (CDO) und anderen komplex strukturierte Rentenpapiere. Insbesondere CDO weisen im Vergleich zu ihrem Rating eine über dem Markt liegende Rendite auf. Häufig dient diese scheinbare »Überrendite« als primärer Grund für eine Investition in ein solches Produkt. Diese Entwicklung erscheint kritisch, da hier Risiko allein über das Rating definiert wird. Die scheinbare »Überrendite« hingegen entsteht durch Übernahme zusätzlicher Risiken. Hier erscheint es für eine adäquate Risikosteuerung eines Sondervermögens mit solchen Finanzprodukten erforderlich, diese speziellen Risiken entsprechend in die Risikosteuerung einfließen zu lassen.

Ferner besteht bei den Investoren zunehmend das Bedürfnis, mit Hilfe eines Wertpapier-Sondervermögens auch in fallenden oder sich seitwärts bewegenden Märkten mit Hilfe von geeigneten Anlagekonzepten (z.B. entsprechendem Einsatz von plain vanilla oder exotischen Derivaten) »überdurchschnittliche« positive Rendite zu generieren. Dafür ist es notwendig, den »long only«-Ansatz des KAGG entsprechend zu verlassen, sowie den gesetzlichen Rahmen für die Möglichkeit des Leverage mittels Derivate zu eröffnen.

Im Zuge einer direkten (über Derivate) oder indirekten (über komplexe Produkte) Erweiterung des Risikopotenzials (und damit auch des Renditepotenzials) eines Wertpapier-Sondervermögens erscheint es angemessen, für die Risikoermittlung und Risikosteuerung stärkere aufsichtsrechtliche Rahmenbedingungen zu setzen. Dabei sollte zum einen eine Standardisierung des Risikomaßes im Vordergrund stehen, um entsprechende Transparenz bei der Vergleichbarkeit der Performancezahlen von zwei Wertpapier-Sondervermögen für die Investoren sicherzustellen. Zum anderen sollte das Risikomaß nur bei solchen Sondervermögen zur Anwendung kommen, bei denen der Portfolio-Manager den entsprechenden Auftrag vom Investor hat, das Marktrisiko aktiv zu steuern.

2.3 Marktrisiko-Management im Rahmen der Derivateverordnung (DerivateV)

Mit der DerivateV vom 06. Februar 2004 in Verbindung mit § 51 InvG wurden die Vorgaben des Artikels 19 Abs. 1 Buchstabe g, des Artikels 21 und der auf Derivate bezogenen Vorschriften des Artikels 22 der OGAW-Richtlinie (85/611/EWG) vom 21. Januar 2002 in der Fassung der Änderungsrichtlinie 2001/107/EG (Management-Richtlinie) und 2001/108/EG (Produkt-Richtlinie) in deutsches Recht umgesetzt.

Dabei findet die DerivateV im Rahmen des InvG nur dann Anwendung, wenn im Sondervermögen explizite Derivate oder in Kassainstrumente eingebettete Derivate enthalten sind. Für Sondervermögen, die keinerlei Derivate enthalten, gibt es gesetzlich keine Limitierung des Marktrisikos analog zum KAGG.

Grundsätzlich eröffnet das InvG über die DerivateV dem Portfolio-Management ganz neue Möglichkeiten, ein Sondervermögen zu gestalten. Neben den bekannten, im Rahmen des KAGG zulässigen Asset-Klassen werden nun auch Derivate (inklusive exotische), Kreditderivate und Devisen explizit als eigene Asset-Klasse eingeführt. Damit stehen dem Portfolio-Manager bis auf Commodities u. Ä. im Wesentlichen alle Finanzinstrumente zur Steuerung des Risikos in einem Sondervermögen zur Verfügung. Zusammen mit der Möglichkeit, risikobasiertes Leverage bis zu einer Verdoppelung des originären Marktrisikos einzugehen, werden dem Portfolio-Manager über § 51 InvG und die DerivateV völlig neue Investmentdimensionen im Vergleich zum KAGG eröffnet. Vereinfacht dargestellt reicht nun das Spektrum der unter der DerivateV möglichen Sondervermögen von einfachen Geldmarkt-Sondervermögen bis hin zum »Hedgefonds light«. Einzig das Verbot des »Short Selling« und das auf 200% eingeschränkte Leverage sowie eine eingeschränktere Auswahl von Finanzprodukten unterscheidet die Anlagemöglichkeiten eines so genannten »Hedgefonds Light« von einem Hedgefonds im Sinne des §112 InvG.

Mit der Erweiterung des Anlagespektrums einhergehend fordert nun die DerivateV eine für das Risikoprofil des Sondervermögens angemessene Marktrisiko-Steuerung durch den Portfolio-Manager und eine angemessene Marktrisiko-Messung sowie Kontrolle durch eine vom Portfolio-Management unabhängige Stelle. Dabei hat die Steuerung und Messung von Marktrisiken standardmäßig durch ein VaR-Konzept zu erfolgen. Basierend auf Säule II der neuen Baseler Regelung definiert die DerivateV entsprechend quantitative und qualitative Kriterien für ein Risikomaß zur Messung und Steuerung der Marktrisiken und Kriterien für die organisatorischen Voraussetzungen. Da die Adäquanz eines Risikomaßes im Sinne der DerivateV in Abhängigkeit vom Risikoprofil der Sondervermögen definiert wird, kann die konkrete Ausgestaltung bis zu einem gewissen Grad bei jeder Gesellschaft individualisiert werden.

Die DerivateV ist seit dem 12. Februar 2004 ohne direkte Übergangsregelung in Kraft getreten und findet für alle Sondervermögen im Rahmen des InvG Anwendung. Daher sieht die DerivateV die Möglichkeit vor, in einem ersten Schritt den so genannten »einfachen« Ansatz zu wählen, bis alle organisatorischen und technischen Voraussetzungen für den so genannten »qualifizierten« Ansatz geschaffen sind. Der »einfache« Ansatz stellt im Prinzip eine »abgemilderte« Variante der DerivateV dar und kann für Sondervermögen angewandt werden, die nur »einfache« Derivate beinhalten und somit auch nur ein einfaches Risikoprofil aufweisen. Dabei wird in der DerivateV die Abgrenzung zwischen »einfachem« und »qualifiziertem« Ansatz über eine explizite Definition zulässiger Vermögensgegenstände konkretisiert. Das Risikomaß – nicht die zulässige Risikohöhe – für den »einfachen« Ansatz ist im Kern identisch mit dem des KAGG und nimmt daher nicht direkt Einfluss auf die Marktrisiko-Steuerung des Portfolio-Managers.

Einzig die organisatorischen Voraussetzungen und die Anforderungen an Stress-Tests müssen auch im »einfachen« Ansatz vollumfänglich eingehalten werden. Dabei geht die Bundesanstalt für Finanzdienstleistungsaufsicht (BaFin) davon aus, dass der »einfache« Ansatz für eine KAG schnell umzusetzen ist. Die Investitionsmöglichkeiten jedoch sind gegenüber dem KAGG deutlich erweitert. So ist z.B.im Rahmen des einfachen Ansatzes der Einsatz von Kreditderivaten zu Hedgezwecken, von Devisen-Crossgeschäften sowie von Swaptions erlaubt. Auch wurde die Risikohöhe auf 200 % des Werts des Sondervermögens sowohl für Aktien/Renten als auch für Devisen erhöht.

Um jedoch die erweiterten Möglichkeiten durch die DerivateV vollumfänglich nutzen zu können, muss eine Gesellschaft den so genannten »qualifizierten« Ansatz umsetzen. In Bezug auf das Marktrisiko bedeutet dies u. a. die Implementierung eines »angemessenen« Risikomesssystems. Aus der DerivateV lassen sich fünf Kriterien ableiten, mit deren Hilfe sich ein »angemessenes« Risikomesssystem zur Messung und Steuerung der Marktrisiken definieren lässt:

- Risk-Assessment und Strukturierte Produkte,
- VaR-Konzept und Back-Testing,
- Stress-Tests,
- Vergleichsvermögen zur Risikolimitierung sowie
- Rollenverteilung Risikocontrolling und Portfolio-Manager.

Risk-Assessment und Strukturierte Produkte

Gemäß DerivateV ist ein Risikomaß angemessen, wenn es alle wesentlichen Marktrisiko-Faktoren der in einem Sondervermögen enthaltenen Finanzprodukte abbildet. Daher scheint es zielführend, im Rahmen eines Risk-Assessments gemäß § 1 DerivateV in Verbindung mit der Ausgestaltung einer Richtlinie zur Behandlung von strukturierten Produkten gemäß §§ 27, 28 DerivateV die Risikofaktoren in einem ersten Schritt für jedes einzelne Finanzprodukt im Sondervermögen zu analysieren, systematisch zu erfassen und zu dokumentieren. Dies beinhaltet insbesondere die finanzmathematische Zerlegung der einzelnen Finanzprodukte in ihre Risikokomponenten, d. h. letztlich in ihre Risikofaktoren. Beispielhaft sei hier ein Convertible genannt, der finanzmathematisch in eine Anleihe und eine Option zerlegt werden kann. Als Marktrisiko-Faktoren daraus lassen sich wiederum Zinsrisiko, Creditspreadrisiko und Greek-Risiken durch Optionen ableiten.

Basierend auf dieser Einzelanalyse lassen sich anschließend in einem zweiten Schritt für jedes Sondervermögen alle nicht unwesentlichen Marktrisiko-Faktoren ermitteln. Ein so ermitteltes Risikoprofil, basierend auf »gewichteten« Risikofaktoren der einzelnen Finanzprodukte, liefert die »Qualitätsbenchmark« zur Überprüfung der Adäquanz des gewählten VaR-Konzepts.

Im Rahmen der §§ 27, 28 DerivateV ist der Begriff des »strukturierten Produkts« nicht näher bestimmt. Nimmt man die sich aus dem Risk-Assessment ergebende

Zerlegungstechnik für Finanzprodukte, so könnte man daraus eine Definition des Begriffs »strukturiertes Produkt« ableiten. Dabei wäre immer dann ein »strukturiertes Produkt« gegeben, wenn sich das Produkt finanzmathematisch in eine Kassa- und Derivatpositionen zerlegen lässt.

In der Praxis jedoch ist für eine Gesellschaft, die für ihre Sondervermögen den einfachen Ansatz anwendet, eine solche Interpretation des Begriffs »strukturiertes Produkt« nur schwer umsetzbar, da im Rahmen des einfachen Ansatzes immer die physische Zerlegung des strukturierten Produkts und Anrechnung auf den Investitionsgrad im Sinne der DerivateV gefordert wird. Denn fasst man den Begriff »strukturiertes Produkt« so weit wie gerade beschrieben, fallen z.B. auch »fix to float«- oder »rating linked«-Anleihen unter diesen Begriff und müssten im einfachen Ansatz in einen Floater plus Forward-Swap bzw. in eine Anleihe plus Kreditderivat zerlegt und auf den Investitionsgrad angerechnet werden.

Diese physische Zerlegung scheint hingegen nicht sachgerecht im Sinne der DerivateV im einfachen Ansatz. Die finanzmathematische Zerlegung sollte beschränkt sein auf die Bestimmung der Risikofaktoren im Rahmen des Risk-Assessments gemäß § 1 DerivateV für den qualifizierten Ansatz. Bei Anwendung des einfachen Ansatzes sollten nur solche strukturierten Produkte zerlegt werden, für die auch sinnvoll ein Delta zur Ermittlung des Anrechnungsbetrags bestimmt werden kann. Hierzu zählen z.B. Convertibles, Discountzertifikate, etc.

VaR-Konzept und Back-Testing

In der Bankenwelt haben VaR-Konzepte im Rahmen der Eigenkapitalunterlegung und Marktrisiko-Steuerung der Handels- und Anlageportfolien schon vor Jahren ihren festen Platz erobert. Dabei wurden entsprechende Ansätze entwickelt, derer sich nun die Portfolio-Manager bedienen können. VaR – vereinfacht dargestellt – misst das erwartete maximale Verlustpotenzial eines Portfolios. Es gibt derzeit drei Klassen von VaR-Modellen, die am Markt angewandt werden: historische Simulation, Varianz-Kovarianz-Matrix und Monte-Carlo-Simulation. Jede Klasse bildet je nach konkreter Ausgestaltung des VaR-Modells entsprechende Marktrisikofaktoren ab.

Auf Basis des Risk-Assessments der einzelnen Sondervermögen kann nun geprüft werden, ob das gewählte VaR-Modell für jedes Sondervermögen die wesentlichen Marktrisiko-Faktoren erfasst.

Die durch die DerivateV vorgegebenen quantitativen Vorgaben zur Ermittlung des Marktrisiko-Betrages sehen eine Haltedauer von 10 Tagen und ein einseitiges Wahrscheinlichkeitsniveau von 99% vor. Diese Vorgaben entsprechen den Vorgaben aus dem Grundsatz I. Die Prognosegüte wird dann zeitnah im Rahmen eines Back-Testings festgestellt. Alle Ausreißer, d.h. alle »clean P&L«-Zahlen, die über dem Absolutbetrag des VaR-Wertes liegen, müssen der BaFin gemeldet werden. Dabei muss auch im Detail die Ursache für die Abweichung analysiert und schriftlich dokumentiert werden. Befinden sich allerdings in einem Sondervermögen in nicht unwesentlichem Umfang Finanzprodukte, deren Preisfeststellung mit einer gewissen Unschärfe behaftet ist (z.B.iliquide Produkte), kann das Back-Testing kaum noch als Hinweis auf die Prognosegüte eines VaR-Modells genutzt werden.

Aus Sicht eines Portfolio-Managers erscheint es schwierig, das Marktrisiko auf Basis der reinen VaR-Zahl zu steuern. Vielmehr benötigt er die entsprechenden Sensitivitäten, die schließlich zur VaR-Zahl geführt haben. Daher sieht die DerivateV vor, interne Limite pro Sondervermögen zu vergeben, die die Sensitivitäten der einzelnen Marktrisiko-Faktoren, wenn erforderlich, bis auf Ebene eines Finanzinstruments begrenzen. So ist es dem Portfolio-Manager möglich, sehr gezielt Marktrisiko einzugehen oder ggf. zu hedgen. Dabei ist die Transparenz des vom Portfolio-Manager eingegangenen Marktrisikos bis in die Geschäftsleitung der KAG durch die genaue Messbarkeit seitens eines neutralen Risiko-Controlling sichergestellt. Darüber hinaus muss bei Publikums-Sondervermögen der maximale, minimale und durchschnittliche VaR im Jahresbericht veröffentlicht werden.

Stress-Tests

Im Rahmen des Marktrisiko-Managements sieht die DerivateV die Durchführung von Stress-Tests vor. Dabei sollen durch die Stress-Tests zwei Ziele verfolgt werden:

- Unter Verwendung von vordefinierten Szenarien soll das Verhalten des Sondervermögens mit dem Ziel analysiert werden, potenzielle Marktrisiken transparent werden zu lassen, die ggf. auch nur in Stresssituationen sichtbar werden. Solche vordefinierten Szenarien können z.B. auf in der Vergangenheit beobachteten extremen Marktschwankungen beruhen (11. September, Russlandkrise, etc). Diese so genannten Standard-Stress-Tests werden in der Regel auf alle Sondervermögen angewandt. Handlungsbedarf im Sinne des Risikomanagements ist immer dann angezeigt, wenn das Ergebnis vom erwarteten Stress-Test-Ergebnis abweicht oder sich die Stress-Test-Ergebnisse für ein Sondervermögen signifikant von einer zur anderen Periode nicht direkt erklärbar unterscheiden.
- Marktrisiken, die vom gewählten VaR-Modell gar nicht oder nicht hinreichend genau abgebildet werden, sollten in gesonderten, auf diesen Umstand zugeschnittenen Stress-Tests analysiert werden. In diesem Zusammenhang kann man mit dieser Art von Stress-Test kleinere »Schwächen« des VaR-Modells »kompensieren«, ohne dass das VaR-Modell als nicht adäquat eingestuft werden müsste, weil es z.B.einen nicht unwesentlichen Risikofaktor nicht genau abbilden kann. Die Grenze, wann eine »Schwäche« des VaR-Modells durch einen geeigneten Stress-Test ausgeglichen werden kann, ist fließend und kann nur im Einzelfall anhand der Zusammensetzung des Portfolios entschieden werden.

Dem Portfolio-Manager dienen die Ergebnisse der Stress-Tests zur Überprüfung seiner Markt-Risiken unter Stress-Szenarien und zur Ermittlung der Unschärfe des VaR. Demzufolge ist das Stress-Testing im Rahmen des Risk-Assessments laufend auf seine Angemessenheit zu überprüfen und ggf. anzupassen. Insbesondere aus den Gründen des letzten Gliederungspunktes heraus erscheint es nicht hinreichend, für die Berechnung der Stress-Tests lediglich auf die Risikofaktoren des VaR-Modells zurückzugreifen. Vielmehr scheinen hier weitere Techniken erforderlich, um die Anforderungen der DerivateV diesbezüglich zu erfüllen.

Vergleichsvermögen zur Risikolimitierung

Die für ein Sondervermögen maximal zulässige Marktrisiko-Obergrenze wird mittels einer relativen Grenze festgelegt. Die Begrenzung erfolgt relativ zu einem Vergleichsvermögen. Dieses Vergleichsvermögen sollte in der Ausgestaltung den »Marktrisiko-Appetit« des Investors widerspiegeln. Die Begrenzung des VaR für das Sondervermögen entspricht dann maximal dem zweifachen VaR des Vergleichsvermögens.

Im Bereich der Spezial-Sondervermögen erfordert dies eine Vereinbarung mit dem Investor. Bei Publikums-Sondervermögen sollte sich der definierte »Marktrisiko-Appetit« aus der Produktbeschreibung ergeben. In den Mustervertragsbedingungen ist eine solche Festlegung bislang nicht vorgesehen. Da Rendite und Marktrisiko im Sinne eines effizienten Portfolios zusammengehören, ist die Nutzung der Renditebenchmark als Vergleichsvermögen eine erste naive Möglichkeit, das Vergleichsvermögen zu definieren. Entsprechen die Konstituenten der Renditebenchmark auch den Konstituenten des Sondervermögens bzw. des Anlageuniversums, so kann diese Methode der Limitierung auch aufgefasst werden als ein spezielles Verfahren, den Tracking Error zu bestimmen.

Die Anforderung für jedes Sondervermögen, ein Vergleichvermögen festzulegen, ist in der Praxis nicht immer leicht umzusetzen. Dies gilt insbesondere für Sondervermögen, bei denen nicht über eine Indexbenchmark eine Renditeerwartung festgelegt wurde. Nimmt man z.B. ein Geldmarkt-Sondervermögen, so wird hier die Renditeerwartung meist über eine absolute Rendite (z.B. 6-Monats-Euribor) festgelegt. Definiert man für ein Geldmarkt-Sondervermögen ein Vergleichsvermögen, so kann es passieren, dass die erwartete Rendite des Vergleichsvermögens von der Renditeerwartung des Investors (6-Monats-Euribor) abweicht. Ist dies der Fall, hätte es zur Folge, dass nicht eindeutig ist, zu welcher Renditeerwartung der Portfolio-Manager das Risiko minimieren soll. Denn der Portfolio-Manager kann nur zu einer Renditevorgabe das Risiko minimieren.

Die Lösung dieses Konflikts kann darin liegen, lediglich eine Benchmark festzulegen und auf eine zusätzliche explizite Festlegung einer weiteren Benchmark zu verzichten. Diese eine Benchmark würde dann stärker auf das erwartete Risiko des Investors abstellen, gemessen als erwartetes maximales Verlustpotenzial. Zukünftig ist also zu erwarten, dass bei der Festlegung von Benchmarks für Sondervermögen der Marktrisiko-Aspekt stärker in den Vordergrund treten wird, als es bisher der Fall war. Hier findet der Wechsel von einer Rendite- zu einer Risikobenchmark statt.

Die Marktrisiko-Steuerung durch den Portfolio-Manager erfolgt also gegenüber einem Vergleichsvermögen. Dies wird in der Regel über einen Sensitivitätsvergleich Vergleichsvermögen vs. Sondervermögen geschehen. Bei Bedarf kann auf dieser Ebene auch eine interne Limitierung des Marktrisiko-Potenzials erfolgen.

Rollenverteilung Risiko-Controlling und Portfolio-Manager

Im Rahmen der DerivateV ist die Erfassung und Messung der Risiken, die Entwicklung und Pflege der dazu erforderlichen Methoden und Verfahren sowie die Erstellung der zugehörigen Richtlinien und Dokumentationen einer vom Portfolio-Management unabhängigen Stelle innerhalb der KAG zu übertragen. Dabei ist die Unabhängigkeit dieser Stelle bis auf Geschäftsleitungsebene sicherzustellen. Eine Auslagerung dieser Risiko-Controlling-Funktion ist möglich, jedoch nur im Hinblick auf die notwendige Rechentechnik.

Zusätzlich zum VaR, also der gesetzlichen Limitierung, benötigt der Portfolio-Manager zur Steuerung des Risikopotenzials eines Sondervermögens weitere sensitivitätsbezogene Risikokennzahlen. Dabei nimmt der Risiko-Controller, neben seiner Aufgabe, die Einhaltung der Limite zu überwachen, die Position des »kritischen« Partners für den Portfolio-Manager ein. Er stellt individuell entsprechende Risikokennziffern für den Portfolio-Manager zusammen und führt bei Bedarf Sonderauswertungen durch, mit deren Hilfe der Portfolio-Manager seine Performance aktiv und bedarfsgerecht steuern kann. Daneben interpretiert der Risiko-Controller die Risikostruktur der Sondervermögen und unterstützt damit den Portfolio-Manager aktiv bei seiner täglichen Arbeit. Gleichzeitig informiert er die Geschäftsleitung über wesentliche Risikokennzahlen der einzelnen Sondervermögen.

Der Portfolio-Manager seinerseits sollte sich aktiv in die Auswahl der Verfahren und Methoden zur Risikomessung einbringen, da er anschließend – basierend auf diesen Risikokennziffern – sein Sondervermögen steuern sollte. Gleichzeitig wird die Leistung des Portfolio-Managers über die Performance (zweidimensional) ermittelt. Diese hat, wie eingangs dargestellt, als wichtigen Bestandteil das Risikomaß VaR. Es liegt also im Interesse des Portfolio-Managers, sich sowohl tiefer mit dem verwandten Risikomodell zu beschäftigen als auch sich aktiv in die Auswahl und Pflege des Risikomesssystems im weiteren Sinne einzubringen.

Insgesamt kann festgehalten werden, dass durch die DerivateV eine gewisse Standardisierung des Marktrisiko-Maßes und damit gleichzeitig eine Standardisierung der zweidimensionalen Performance erreicht wird. Dies wiederum führt somit zu einer Verbesserung der Vergleichbarkeit von Sondervermögen und zu mehr Transparenz für den Investor.

Aus Sicht des Portfolio-Managers ergeben sich durch die DerivateV deutlich erweiterte Möglichkeiten, durch Finanzprodukte oder Leverage ein Sondervermögen zu gestalten, um sich so am Markt entsprechend von seinen Mitbewerbern zu differenzieren.

3 Die DerivateV im europäischen Kontext

Die DerivateV stellt im Wesentlichen die Umsetzung der Empfehlung der CESR vom 27. April 2004 zum Einsatz derivativer Finanzinstrumente bei Organismen für gemeinsame Anlagen in Wertpapieren (OGAW) dar. Die Empfehlung gibt nur einen Rahmen vor, sodass die konkrete Ausgestaltung dem jeweiligen Mitgliedsstaat obliegt. Im Rahmen der Wettbewerbsfähigkeit des Standorts Deutschland ist es von Bedeutung, ob zusätzliche, über die Empfehlung hinausgehende Regelungen getroffen wurden und ob im Vergleich zu den anderen Mitgliedsstaaten die deutsche Umsetzung restriktiver ist. Derzeit liegt die Umsetzung für Österreich in der Fassung vom 13. Februar 2004 und die für Luxemburg als Entwurf vom 05. April 2005 vor. Die Abbildung 1 fasst die wesentlichen Unterschiede aus deutscher Sicht in der Umsetzung der einzelnen Mitgliedsstaaten zusammen.

Deutschland	**Luxemburg**	**Österreich**	**Empfehlung EU**
Organisatorische Trennung gefordert	Keine Angabe	Keine Angabe	Keine Angabe
Erhöhte Anforderung an Dokumentation und Kontrollprozesse	Keine Angabe	Dokumentation des VaR-Ansatzes gefordert	Keine Angabe
Definition des einfachen Ansatzes über Finanzprodukte	Keine Angabe	Definition des einfachen Ansatzes über freistehende Derivate	Keine Angabe
Durchführung von Stress-Tests auch im einfachen Ansatz	Nur im qualifizierten Ansatz	Keine Angabe	Nur im qualifizierten Ansatz
VaR muss veröffentlicht werden	Keine Angabe	Keine Angabe	Keine Angabe
Wirtschaftsprüfer bestätigt die ausreichende Qualität des gewählten Ansatzes	Aufsichtsbehörde bestätigt auf Anfrage der KAG den qualifizierten Ansatz	Aufsichtsbehörde	Allgemeine Kontrolle
VaR-Limitierung über Benchmark-Portfolio	Keine Angabe	Keine Limitierung des VaR durch Benchmark-Portfolio	Limitierung über Benchmark-Portfolio möglich, aber nicht notwendig
Anwendung des VaR auf das gesamte Portfolio	Anwendung des VaR auf das gesamte Portfolio	Anwendung des VaR *nur* auf Derivate des Portfolios	Anwendung des VaR auf das gesamte Portfolio

Abb. 1: Unterschiede in der Umsetzung der Empfehlung der CESR vom 27. April 2004 zum Einsatz derivativer Finanzinstrumente bei Organismen für gemeinsame Anlagen in Wertpapieren aus deutscher Sicht

Wie aus Abbildung 1 ersichtlich, ergeben sich große Unterschiede sowohl zwischen den einzelnen Mitgliedsstaaten als auch zur Empfehlung. Mit Ausnahme des letzten Punktes führen alle Mehranforderungen der DerivateV gegenüber der Empfehlung zu erhöhten Produktionskosten im Vergleich zu den anderen Mitgliedsstaaten bzw. der Empfehlung selbst. Dies führt zunächst zu einer Verschlechterung der Wettbewerbsfähigkeit Deutschlands als Auflegungsstandort für Sondervermögen.

Es bleibt abzuwarten, inwieweit der Markt (Consultants, Investoren, Rating-Agenturen etc.) die hohen Anforderungen der DerivateV als Qualitätsmerkmal für »deutsche« Sondervermögen wertet und somit die DerivateV letztlich zu einem »Standortvorteil« gereicht.

4 Praktische Erfahrungen bei der Implementierung der DerivateV

Seit Einführung der DerivateV haben die KAG begonnen, die Anforderungen entsprechend zu implementieren. Dabei galt es, eine Reihe von praktischen Umsetzungsproblemen konstruktiv zu lösen. Abschließend wollen wir deshalb kurz auf sechs exemplarische Umsetzungsaspekte eingehen.

4.1 Umsetzung einfacher Ansatz

Der einfache Ansatz, der von seiner Intention kaum Implementierungsaufwand für die Marktrisiko-Berechnung bedeuten sollte, da er als eine Art Übergangsregelung gesehen werden kann, unterscheidet sich bei genauerer Betrachtung vom § 8d KAGG in mehreren Aspekten. Z.B. werden die Möglichkeit des Nettings von negativen Deltas unter bestimmten Bedingungen zugelassen, Kreditderivate als reine Hedgeinstrumente eingeführt, der Einsatz von Derivaten um Swaptions erweitert, Zerlegung von IR-Swaps in long/short-Bond gefordert und die Berechnung des Währungsrisikos separiert sowie die Durchführung von Stress-Tests und die Analyse von strukturierten Produkten gefordert. Der damit verbundene Mehraufwand zur Implementierung dieser neuen Regeln erwies sich im Rahmen der zur Verfügung stehenden Technik und Ressourcen als deutlich größer als erwartet. Insbesondere die Durchführung der Stress-Tests ohne die entsprechende Technik des qualifizierten Ansatzes erwies sich als besonders aufwendig. Neben diesen eher technischen Aspekten müssen auch die organisatorischen Anforderungen erfüllt werden. Dabei wurde der durch die DerivateV geforderte erhöhte Dokumentationsnachweis von den KAG insgesamt unterschätzt. Daher ist fraglich, ob der einfache Ansatz in der Praxis tatsächlich als Übergangsregel genutzt werden kann. Einige KAG haben bereits beschlossen, den qualifizierten Ansatz flächendeckend für all ihre Sondervermögen anzuwenden und von der dauerhaften Umsetzung des »einfachen« Ansatzes abzusehen.

4.2 Analyse der Finanzprodukte

Im Rahmen des Risk-Assessments ist es erforderlich, die Finanzprodukte eines Sondervermögens entsprechend ihrer Risikofaktoren finanzmathematisch zu zerlegen und zu dokumentieren. In der Praxis lässt sich ein entsprechender Prozess zur Analyse neuer Finanzprodukte mit moderatem Aufwand einrichten. Der Initialisierungsaufwand, d. h. die erstmalige finanzmathematische Zerlegung aller bereits im Sondervermögen enthaltenen Finanzprodukte, erweist sich jedoch in der Praxis für viele KAG als große Hürde, da es derzeit kaum externe Datenprovider gibt, die eine solche Zerlegung im Sinne der DerivateV liefern können. Daher wird die vollständige Initialisierung im Rahmen des Risk-Assessments bei vielen KAG noch einige Zeit in Anspruch nehmen.

Im Rahmen des Risk-Assessments stellt sich auch die Frage der Zulässigkeit von Finanzprodukten. Hier hat im Rahmen der DerivateV eine deutliche rechtliche Erweiterung der zulässigen Instrumente stattgefunden, sodass der rein rechtliche Aspekt etwas in den Hintergrund tritt. Demgegenüber ist es für die Zulässigkeit eines Finanzinstruments von vorrangiger Bedeutung, ob die risikotechnischen Voraussetzungen erfüllt sind, d.h. die vollständige Abbildbarkeit im Risikomesssystem gewährleistet ist. Diese Prüfung sollte im Prozess des Risk-Assessments fest verankert sein.

4.3 Aufbau eines Risiko-Controllings im Sinne der DerivateV

Um das Aufgabengebiet eines Risiko-Controllings im Sinne der DerivateV vollumfänglich erfüllen zu können, ist entsprechend qualifiziertes Personal erforderlich. Hier stehen die KAG im direkten Wettbewerb um qualifiziertes Personal mit den Banken. Es bleibt abzuwarten, inwieweit es den KAG gelingt, diesen Verteilungsprozess für sich positiv zu gestalten und den Mehraufwand im internationalen Wettbewerb vergleichbar vergütet zu bekommen.

4.4 Vergleichsvermögen bei Absolute-Return-Produkten

Bei Absolute-Return-Produkten wird im Wesentlichen eine Returnerwartung mit dem Investor festgelegt, ohne das Anlageuniversum besonders einzuschränken. In diesen Fällen erscheint es schwierig, ein explizites Vergleichsvermögen zu definieren. Angemessener wäre es hier, das Marktrisiko-Limit als eine Prozentzahl des Marktwertes des Sondervermögens zu definieren.

Diese Vorgehensweise ist im Rahmen der DerivateV nicht direkt vorgesehen. Daher wird häufig in diesen Fällen ein »synthetisches« Vergleichsvermögen gebildet, das gemäß seiner Definition den formalen Anforderungen der DerivateV entspricht. Gleichzeitig beinhaltet es jedoch die Definition eines »Ziel-VaR« in Form einer Prozentzahl des Marktwertes des Vergleichsvermögens. Da in der Definition des Vergleichsvermögens der VaR-Wert festgelegt ist, wird dieser Wert direkt als Limitierung des Marktrisikos im Sinne der DerivateV verwendet. Diese Vorgehensweise erscheint angemessen.

4.5 Kommunikation der Marktrisiko-Limitierung gegenüber den Investoren

Die Zusammensetzung des Vergleichsvermögens sollte im Falle von Spezial-Sondervermögen eng mit dem Investor abgesprochen werden, um sicherzustellen, dass die Erwartung des Investors bezüglich des Risikoprofils und der Rendite auch der konkreten Umsetzung im Sondervermögen entspricht. Hierzu scheint es unumgänglich, dem Investor das gewählte VaR-Konzept sowie das Konzept der Marktrisiko-Limitierung über ein Vergleichsvermögen entsprechend offen zu legen.

Da dieses Konzept für viele Investoren neu ist, bedeutet dies in der Praxis, dass hier seitens der KAG ein Kommunikationverfahren entwickelt werden sollte, sodass der Investor eine entsprechende Festlegung des Vergleichsvermögens inhaltlich nachvollziehen kann. Eine Bereitschaft hierzu wird dem Investor von der DerivateV unterstellt.

Im Rahmen von Publikums-Sondervermögen wird diese Kommunikation im Wesentlichen über die Vertragsbedingungen und den Prospekt erfolgen. Unterstützend kann hier aber auch der Vertrieb tätig werden.

Da die VaR-Zahlen im Jahresbericht veröffentlicht werden, ist mittelfristig damit zu rechnen, dass die Investoren die Sondervermögen stärker mit Hilfe der veröffentlichten VaR-Zahlen und der damit erzielten Rendite miteinander vergleichen. Aus diesem Grund empfiehlt es sich, diesen Prozess aus Sicht der KAG aktiv mitzugestalten. Ob sich dies als positiver oder negativer Standortfaktor für Deutschland erweist – darüber herrschen vermutlich derzeit unterschiedliche Auffassungen.

4.6 »Qualifizierter« vs. »Einfacher« Ansatz

Die DerivateV sieht vor, dass ein Sondervermögen im »qualifizierten« Ansatz zu steuern ist, wenn es nicht »plain vanilla«-derivative Finanzprodukte enthält. Diese Definition stellt einzig auf Finanzprodukte ab. Eine adäquate Berücksichtigung des durch den Investor festgelegen Anlagestils findet derzeit keine Berücksichtigung in der DerivateV. Dies führt in der Praxis dazu, dass Sondervermögen im Sinne der DerivateV im »qualifizierten« Ansatz verwaltet werden müssen, aber der Portfolio-Manager im Rahmen seines Auftrags kaum Einfluss auf die Marktrisiko-Steuerung hat. Dadurch kommt es letztlich zur Produktionskostenerhöhung des Sondervermögens und damit zur »Verschlechterung« der Gesamtrendite, da die Kosten der Marktrisiko-Messung vom Investor getragen werden (eine Marktrisiko-Steuerung findet in diesen Fällen so gut wie nicht statt). Im Rahmen der Erläuterung zur DerivateV sollte dieses Thema erneut aufgegriffen und entsprechend klargestellt werden, dass der vertragliche Spielraum des Portfolio-Managers, Marktrisiken zu steuern, angemessen berücksichtigt werden kann.

Investmentfonds – eine europäische Perspektive

Wolfgang Mansfeld

Der Autor erklärt ausdrücklich, dass die dargestellten Interpretationen und Meinungen ausschließlich seine persönliche Auffassung wiedergeben.

1 Entwicklung der europäischen Fonds-Industrie

Das wichtigste Segment der europäischen Investmentfonds-Branche ist der Markt für EU-Fonds (UCITS), d.h. für EU-konforme offene Fonds, die in transferierbare Wertpapiere und Geldmarktinstrumente investieren. Der Begriff UCITS (Undertakings for Collective Investments in Transferable Securities) bezieht sich auf die EU-Investment-Richtlinie, die der europäische Regulierer für Fonds-Gesellschaften und Fonds-Produkte etabliert hat. Innerhalb dieses Regimes kann ein harmonisierter Investmentfonds (UCITS) innerhalb aller Mitgliedsstaaten vertrieben werden, sobald er in einem Mitgliedsstaat zugelassen worden ist. Mit 4.188 Mrd. € Fonds-Volumen zeichnen UCITS für 78% des Gesamtmarkts für Investmentfonds am Ende des Jahres 2004 verantwortlich. Zum Vergleich: Das Fonds-Vermögen der national regulierten Typen von Investmentfonds (non-UCITS) beläuft sich auf 1.200 Mrd. €.

Fonds-Vermögen (Mrd. €)		
	UCITS [1]	davon: Aktienfonds [2]
2000	3.547	1.528
2001	3.602	1.328
2002	3.328	971
2003	3.763	1.166
2004	4.186	1.346
Q1/2005	4.400	1.430

(1) inkl. Dachfonds
(2) ohne Irland
Quelle: EFAMA

Abb. 1: 2004 überschreitet das Fonds-Vermögen erstmals die 4-Billionen-Euro-Schwelle

Wie Abbildung 2 zeigt, bewegen sich die Mittelzuflüsse in Europa – auch nach dem Ende des Börsenbooms 2000 – auf einem gleichmäßig hohen Niveau. Im Jahr 2004 etwa flossen EU-Fonds 234 Mrd. € zu. Das entspricht einem Wachstum des Fonds-Vermögens durch Neuzuflüsse von rd. 5%; unter Einbeziehung der Performance ergibt sich eine Wachstumsrate des Fonds-Vermögens von rd. 11%. Im ersten Quartal 2005 betrugen die Mittelzuflüsse bereits 110 Mrd. €.

Splittet man diese Zahlen in die einzelnen Fonds-Gruppen auf, so zeigt sich gerade für Aktienfonds mit 85 Mrd. € Zuflüssen im Jahre 2004 ein besonders positives Bild. Die Zuflüsse stiegen über 42 Mrd. € 2002 und 76 Mrd. € 2003 auf diesen höchsten Stand seit 2000. Dies widerlegt die Annahme, dass Anleger ihr Vertrauen in Investmentfonds oder die Investmentbranche an sich verloren hätten. Es ist eher ein

Mittelzuflüsse (Mrd. €) (1)		
	UCITS	davon: Aktienfonds
2000	386	321
2001	285	83
2002	162	42
2003	231	76
2004	203	85
Q1/2005	110	28

(1) ohne Irland

Quelle: EFAMA

Abb. 2: Mittelzuflüsse auf anhaltend hohem Niveau

Verlust an Vertrauen in die Märkte festzustellen, was auf ein Missverhältnis zwischen Kundenerwartung und tatsächlicher Performance sowie ein prozyklisches Investitionsverhalten zurückzuführen ist. Hierdurch sind die Anleger weiterhin vorsichtig und verhalten sich risikoavers in ihrer Anlagestrategie. Daher sind Garantie- sowie Absolute-Return-Fonds wichtige Produkte, um diese Anleger für die Investmentbranche zurückzugewinnen. Des Weiteren ist die Beratungsqualität eine große Determinante der Kundenzufriedenheit.

Bei der Betrachtung des Fonds-Absatzes nach Ländern lag Luxemburg klar auf dem ersten Platz, gefolgt von Frankreich und Irland. Luxemburg und Irland als die beiden wichtigsten »Domizilierungszentren« vor allem für grenzüberschreitend vertriebene Fonds nehmen auch eine dominierende Rolle bei den Nettozuflüssen ein. 2004 dürften rund 60% der Nettozuflüsse aus grenzüberschreitenden Geschäften stammen. Ein Teil dieser grenzüberschreitenden Verkäufe resultiert sicherlich aus dem so genannten »round-trip«-Geschäft, bei dem Fonds-Gesellschaften ihre für den Heimatmarkt bestimmten Fonds über Tochtergesellschaften in Luxemburg oder Irland anbieten. Dies ist insbesondere in Deutschland und Italien zu beobachten, denn die Zuflusszahlen indizieren eher eine Schwäche dieser Länder als Domizil denn eine Schwäche der dortigen Fonds-Aufleger. Allerdings sind diese »round-trip«-Flüsse nur für einen geringen Teil des grenzüberschreitenden Vertriebes verantwortlich, sodass der wirkliche Anteil des grenzüberschreitenden Geschäfts bei ungefähr 50% liegt.

Dies zeigt, dass die grenzüberschreitende Registrierung über UCITS zu funktionieren und auch zu effektiven Mittelflüssen zu führen scheint, es aber noch zu früh ist, um daraus einen generellen Trend abzuleiten.

Nimmt man nun die Vermögenszuwächse innerhalb Europas unter die Lupe, so stellt man fest, dass Zentraleuropa mit einem Zuwachs von 26% hier den höchsten Wert zu verzeichnen hat. Bei den etablierten Märkten ist – abgesehen von den

Domizilierungszentren – der Zuwachs von 21% in den skandinavischen Ländern beachtenswert, was hauptsächlich mit der steigenden Bedeutung von Fonds für die Altervorsorge zu tun hat.

2 Auf dem Weg zu einem europäischen Markt

2.1 Wo steht Europa im globalen Wettbewerb?

Die europäische Asset-Management-Industrie verwaltet in Europa ein Vermögen von 10 Billionen €, was dem Sozialprodukt der ehemals EU-15 Staaten entspricht. Im Folgenden wird ein Vergleich zum Fonds-Markt der Vereinigten Staaten, dem größten Fonds-Markt der Welt, angestellt.

Während in den USA rund 7.000 Fonds angeboten werden, gibt es in Europa ein Produktangebot von über 25.000 öffentlich zugelassenen Fonds. Daraus lässt sich aber nicht auf überlegene Wahlmöglichkeiten der europäischen Anleger schließen, sondern eher auf einen noch stark fragmentierten Markt. In den USA übersteigt das Pro-Kopf-Fonds-Vermögen 20.000 €, in Europa ist dies nur halb so hoch. Der Unterschied in der Ausnutzung des Potenzials liegt hauptsächlich in der stärkeren Rolle von Fonds als Instrument der Altersvorsorge in den USA. Trotz geringerer Fonds-Größen von durchschnittlich 150 Mio. € in Europa zu durchschnittlich 800 Mio. € in den USA sind die operativen Kosten europäischer Fonds nicht höher als in den Vereinigten Staaten; allerdings gibt es durch stärkere Marktintegration auch hier noch Effizienzpotenziale. Dagegen ist die Gesamtkostenbelastung für europäische Anleger höher, und zwar aufgrund der steigenden Vertriebskosten, die durch die starke Konkurrenz der Fonds-Anbieter um begrenzte Vertriebskanäle hervorgerufen wird.

Der gemeinsame Fonds-Markt in Europa hat auf Basis der europäischen Investment-Richtlinie im letzten Jahrzehnt zweifellos bedeutende Fortschritte erzielt – mehr als jedes andere Retail-Finanzprodukt. Dennoch sind die erhofften Auswirkungen auf Markteffizienz, Kundennutzen und Profitabilität noch nicht in ausreichendem Maße eingetreten. Daher will die neue EU-Kommission den gemeinsamen Fonds-Markt zu einem Schwerpunkt ihrer Finanzpolitik machen.

2.2 Die neue UCITS-Richtlinie – Chancen und Grenzen

Die UCITS-Richtlinie schafft seit 1985 Mindeststandards für Fonds-Angebote und ist die wichtigste europäische Gesetzgebung für Anlagefonds. Fonds mit einem so genannten »Europapass« können in einem vereinfachten Verfahren europaweit vertrieben werden. Anfang 2002 wurde auf EU-Ebene eine erweiterte Investment-Richtlinie, die sog. UCITS III, verabschiedet. Die Palette der harmonisierten Produkte wurde z.B. um die Asset-Klassen Dachfonds, Index- und Geldmarktfonds erweitert. Zugleich wurden die Mindeststandards für Fonds-Gesellschaften wesentlich detaillierter formuliert. Dabei muss aber die Frage gestellt werden, ob die neue Richtlinie dem Ziel eines integrierten Marktes genug Rechnung trägt.

Drei wesentliche Vorbehalte sind hierzu festzuhalten: Erstens sind wichtige alternative Asset-Klassen wie Hedge-Fonds und Immobilien-Fonds weiterhin nicht harmonisiert und daher nur erschwert grenzüberschreitend vermarktbar. Somit werden diese zukunftsträchtigen Fonds-Arten wohl auf den weitgehend fragmentierten nationalen Märkten entwickelt werden. Zweitens können mögliche Skaleneffekte nicht genutzt werden, da die Harmonisierung sich kaum auf die grenzüberschreitende Erbringung von Fonds-Dienstleistungen (z.B. Depotbankfunktion) erstreckt. Drittens bestehen weiterhin jenseits der Richtlinie liegende Integrationshemmnisse, beispielsweise die Fonds-Besteuerung. Trotz Erfolgen in Richtung der Verwirklichung des Binnenmarkts stellt die Steuergesetzgebung immer noch eine substanzielle Behinderung für Auslandsfonds dar. Ein weiteres Hemmnis ist das Fehlen von Geschäftsstandards auf vielen Feldern, wo eine Einigung auf Standards und Verfahren erhebliche Einsparungen möglich machen würde.

Da eine stärkere Integration auch eine stärkere Arbeitsteilung im europäischen Rahmen beinhaltet, stellt sich für die Regierungen und Fonds-Industrien die Frage nach der Zukunft des eigenen Investmentstandorts. Seit Implementierung der neuen Richtlinie ist überall das Bemühen erkennbar, die gegebenen Spielräume zugunsten der inländischen Fonds-Branche auszuschöpfen. Zwar müssen alle Fonds, die die Vorgaben der Richtlinie erfüllen, auf dem nationalen Markt zugelassen werden, dennoch können für nationale Anbieter schärfere Standards verlangt werden. Europäische Fonds-Zentren wie Luxemburg und Dublin haben im vergangenen Jahrzehnt demonstriert, wie EU-Recht zu einer Stärkung der eigenen Position als Drehscheibe für grenzüberschreitendes Fonds-Geschäft genutzt werden kann. Allerdings ist ein europäischer Fonds-Markt ohne die Schweiz nicht komplett. Daher ist es wichtig, dass die UCITS-Richtlinie auch in der Schweiz fast vollständig übernommen wird.

2.3 Wie integriert ist der europäische Fonds-Markt?

In Europa sind über 25.000 grenzüberschreitende Fonds-Registrierungen zu verzeichnen, und in der Mehrzahl der Mitgliedsländer der EU 15 werden mehr Auslands- als Inlandsfonds angeboten. Dieser Erfolg beruht weitestgehend auf der UCITS-Richtlinie zur Harmonisierung des Fonds-Marktes. Durch die verbindlichen Richtlinien und die damit verbundenen Marktzutritte ist ein »level playing field« erreicht, das die Chancengleichheit zwischen In- und Auslands-Fonds weitgehend sicherstellt. Trotz alledem kann nicht von einem vollends integrierten Fonds-Markt gesprochen werden, auch wenn der Anteil echter grenzüberschreitender Mittelzuflüsse 2004 erstmals einen beachtlichen Anteil am gesamten UCITS-Neugeschäft erreicht hat.

Einige Kritiker halten die Marktintegration deshalb für nicht erreicht, weil in (Kontinental-) Europa die Fonds-Vertreiber überwiegend nur ihre eigenen Fonds anbieten würden, wodurch Auslandsfonds eine schlechtere Marktchance hätten und somit Markttransparenz, Wettbewerb und offener Vertrieb fehlten. Dieser Vorwurf ist jedoch zurückzuweisen, da die Kunden sehr wohl zwischen den verschiedenen Vertriebsformen mit unterschiedlichem Produktangebot wählen, doch sind andere Aspekte, wie z.B. »Vertrauen«, für sie von übergeordneter Bedeutung. Hieraus kann nicht abgeleitet werden, dass der Wettbewerb nicht funktioniert oder dem Kunden etwas vorenthalten wird.

Zur Gestaltung des europäischen Marktes ist ein klarer Trennungsstrich zwischen »level playing field« und realer Marktintegration zu ziehen. Gesetzgeber und Aufsichtsbehörden müssen für Chancengleichheit aller Anbieter und Produkte eintreten und Barrieren entschieden abbauen. Das Tempo der Integration muss allerdings dem Wettbewerb selbst überlassen werden. Zwar geht die Verdrängung guter durch bessere Anbieter und die damit einhergehende Konsolidierung nur langsam voran, dies darf aber keine Einladung an die EU-Behörden sein, eigene Definitionen über Produktqualität und Angebotsstrukturierung abzugeben. Die Angebots- und Markttransparenz im Sinne der Anlageberatung ist allerdings zu fördern. Läge der Grundsatz »jedem Kunden das richtige Produkt zum richtigen Zeitpunkt« als Standard zugrunde, wären dem Wettbewerb und dem Kunden gedient. Daher sind die Bemühungen der EU-Kommission und der europäischen Aufsicht (Committee of European Securities Regulators (CESR)) in dieser Sache hin zu einem integrierten Fonds-Markt begrüßenswert.

2.4 Anlageberatung – ein wichtiger Baustein

Inner- und außerhalb der Fonds-Industrie bekommt das Thema »Vertrauen« einen immer größeren Stellenwert und damit gleichzeitig auch die Frage, ob Vertrauen verloren gegangen ist. Hier muss man sicherlich zwischen Europa und den USA unterscheiden. Europa hatte keinen Fonds-Skandal sowie keine Produktmisserfolge mit UCITS oder äquivalenten Fonds-Produkten zu verzeichnen. Privatanleger haben auch in den Bärenmärkten der letzten Jahre durchweg Fonds gekauft und sind sogar wieder in Aktienfonds zurückgekehrt. Andererseits mussten viele Anleger mehr als enttäuschende Erträge hinnehmen. Dies hat mit prozyklischem Anlageverhalten, besonders während des Bullenmarktes, zu tun und hat zu einem gewissen Misstrauen in die Märkte geführt. Eine Enttäuschung der Anleger kann die Fonds-Branche nicht akzeptieren. Somit rückt die Qualität der Beratung beim Anlagegeschäft in den Blickpunkt. Beratungsqualität bestimmt in einem großen Maße, inwieweit Anleger mit ihrer Anlageentscheidung zufrieden sind und ob sie als zukünftige Kunden erhalten bleiben.

Welche Anforderungen sind also an den Fonds-Vertrieb zu stellen? Zunächst einmal sollte er einen zutreffenden Überblick über sich und sein Produktangebot vermitteln. Des Weiteren sollte die Fonds-Industrie versuchen, Standards zur Beratungsqualität zu definieren und Wege zu finden, die Vermittler zur Übernahme dieser Standards zu bringen. Gute Beratung hat zwei Aspekte. Nach Feststellung der Anlagecharakteristika des Kunden (Risikoneigung, Anlagehorizont etc.) ist als Erstes die Prüfung zu nennen, welcher Produkttyp die besten Eigenschaften in Bezug auf Risiko- und Ertragspotenzial hat. Ist dieser Produkttyp erst einmal gefunden, muss nun das beste Produkt in dieser Fonds-Klasse gesucht werden, wofür natürlich mehr Indikatoren als die reine Betrachtung der Performance in der Vergangenheit notwendig sind.

Die Standards für Beratungsqualität werden für Finanzintermediäre in Europa bald klarer werden. Die EU-Richtlinie über »Märkte für Finanzinstrumente« (MiFiD) regelt auch die Anlageberatung als Finanzdienstleistung. Das Committee of European Securities Regulators (CESR) hat Richtlinien erarbeitet, die Standards für gute Beratung definieren. Hiernach wird der Kern des Beratungsprozesses in Zukunft einer genauen Prüfung unterzogen. Welche Boni können den Vermittler dazu bringen, dass seine Beratung nicht mehr objektiv ist? Welche Anreize können seine Pflicht verletzen, sich im Sinne seines Kunden zu verhalten? Brauchen wir zusätzliche Offenlegungspflichten, um diesen Spannungsbereich zwischen den Interessen besser zu handhaben? Was sind Kriterien, mit denen man die Produkteignung für einen Kunden feststellen kann? Was muss der Vermittler über den Kunden zu diesem Zweck wissen? Es ist offensichtlich, dass diese Standards eine große Auswirkung auf die Fonds-Industrie haben werden: zunächst einmal auf den Beratungsprozess selbst, aber auch auf das Verhältnis zwischen Fonds-Managern und Beratern. Letztlich wird es den Wettbewerb zwischen den Fonds-Managern verschärfen. All dies ist eine große Chance, Beratungsqualität und somit Kundenzufriedenheit zu steigern. Noch dazu hätten diese Standards einen pan-europäischen Charakter, was den Bemühungen hin zu einem gemeinsamen Markt nur zuträglich sein kann.

2.5 Was bringt der gemeinsame Markt dem Anleger?

Mit steigender Marktintegration sollte der Kunde folgende Vorteile haben:
- mehr Wahlmöglichkeiten,
- mehr Anlageerfolg (bessere Gesamterträge auf das investierte Kapital) sowie
- geringere Gebühren.

Bei Betrachtung der bisherigen Erfolge des gemeinsamen Marktes ist es fraglich, ob die Phase der wirklichen Verbesserungen für den Kunden schon erreicht ist. Sicherlich hat sich die Auswahl an Fonds-Angeboten mit einer großen Anzahl von grenzüberschreitenden Registrierungen erhöht. Doch mehr Anlageerfolg verlangt mehr als nur ein breites Angebot – nämlich vor allem die wirkliche Chance, die Produkte zu wählen, die den Anlagezielen des Kunden entsprechen und die besser abschneiden als vergleichbare Fonds. Dies erfordert mehr als rein produktbezogene Transparenz, die bei Fonds-Produkten sicherlich relativ groß ist – nämlich Markttransparenz im Sinne von wirklicher Produktvergleichbarkeit und qualifizierter Beratung. Es darf bezweifelt werden, ob die Fähigkeit der Anleger, eine passende Vermögensallokation zu erzielen und mit überdurchschnittlich performenden Fonds umzusetzen, auf breiter Front gewachsen ist. Die Statistiken lassen eher den Schluss zu, dass Einzelthemen und zyklisches Investmentverhalten nach wie vor eine große Rolle spielen.

Auch Preisvorteile für Anleger sind nicht erkennbar. Der Binnenmarkt hat bisher keine Gewinne in der Fonds-Produktion hervorgebracht; stattdessen sind die Gebühren durch den erhöhten Marketingdruck eher gestiegen.

Fazit: Der gemeinsame Markt hat Fortschritte gemacht, doch überzeugende Verbesserungen für den Kunden sind bisher nicht entstanden. Wo liegen also die nächsten Schritte auf dem Weg zum integrierten europäischen Fonds-Markt?

Zunächst einmal zeigt die große Zahl von grenzüberschreitenden Fonds-Vertriebszulassungen, dass das Problem nicht in diesem Bereich zu suchen ist. Das

Augenmerk muss künftig verstärkt auf Transparenz, Beratung und effiziente Produktionsstrukturen gelegt werden. Insgesamt zeichnen sich vier Arbeitsfelder der Weiterentwicklung des gemeinsamen Marktes ab.

Weitergehende Rationalisierung der Verfahren grenzüberschreitender Fonds-Registrierung
In Zukunft sollte es nur noch eine Registrierung geben – und zwar im Heimatland. Durch einen »Home Passport« erübrigen sich zusätzliche Registrierungen in den Vertriebsländern.

Erweiterung der harmonisierten Produktwelt
Die UCITS-Richtlinie deckt bisher nur einen kleinen Teil der in Europa existierenden Fonds-Produkte ab. Es sollte aber das Ziel sein, alle Retail-Produkte in der UCITS-Richtlinie zu berücksichtigen, um sie mit einem Pass auszustatten und grenzüberschreitend vermarkten zu können.

Verbesserung der Produktionseffizienz
Bisher hat der gemeinsame Markt nicht zu signifikanten Effizienzgewinnen in der »Produktion« von Investmentfonds geführt. Dies ist natürlich nicht hauptsächlich eine regulative Aufgabe, denn die Marktkräfte sollten genug Anreize finden, sich selbst zu konsolidieren. Doch es ist Aufgabe der Regulierung, diese Konsolidierung voranzutreiben oder mögliche Hindernisse zu beseitigen. Es sollte z.B. die Möglichkeit geschaffen werden, Depotbank- und Fonds-Administrationsdienstleistungen grenzüberschreitend zu erbringen. Die Konsolidierung der Fonds-Paletten sollte durch die Möglichkeit auch grenzüberschreitender Fonds-Fusionen erleichtert werden.

Verbesserung der Wahlmöglichkeiten für die Anleger
Viele Anleger sind durch das – auch dank grenzüberschreitender Registrierungen – stark gewachsene Angebot an Investmentfonds überfordert. Wichtig wäre Erstens eine Verbesserung der Vergleichbarkeit unterschiedlicher Produkte und der Markttransparenz, z.B. im Bereiche der Prospekte, Performancedarstellung etc. Weiterhin ist die Beratungsqualität anzusprechen. Die Aufnahme der Anlageberatung unter die Wertpapierdienstleistungs-Richtlinie (MiFiD) ist der richtige Schritt, europäische Standards und Voraussetzungen zu schaffen, die die Transparenz für den Kunden erhöhen.

2.6 Fund Governance – Anlegerschutz ist wichtig, aber Überregulierung vermeiden

Die Fonds-Industrie ist sich einig, dass die Einhaltung von ethischen Grundsätzen und Verhaltensregeln letztlich in ihrem eigenen Interesse liegt. Investment-Manager haben eine treuhänderische Pflicht, die Interessen der Anleger zu achten. Da sich die Industrie der Reputationsrisiken durch Skandale bewusst ist, hat sie bisher Regelungen zum Schutz der Anlegerinteressen auf breiter Basis unterstützt. Sie hat ebenso Anstrengungen zur Selbst-Regulierung in Ländern wie Frankreich, Deutschland und der Schweiz unternommen.

Mittlerweile wächst aber die Besorgnis, dass von zu vielen Seiten – von globalen, europäischen oder nationalen Gremien und Behörden, der Wissenschaft, Verbänden etc. – zu viele Vorschläge in diese Richtung unterbreitet werden. Jeder dieser Vorschläge verdient genaue Betrachtung – würde aber alles realisiert, was vorgeschlagen wird, würde ein nicht mehr praktikables Regulierungsdickicht entstehen.

Dies sind nicht einfach Bedenken einer Industrie, die zusätzliche Belastungen fürchtet. Selbst Vertreter hoher Integritätsstandards werden zunehmend unwilliger, eine Flut neuer Governance-Regeln zu akzeptieren, wenn Zweifel bestehen, ob sie wirklich den Anlegerschutz verbessern. Dies sei an drei Beispielen aus der aktuellen Diskussion verdeutlicht.

Unabhängige Direktoren

Das Fonds-Management muss im Sinne des Anlegerinteresses erfolgen. Interessenkonflikte sind im Sinne der Anleger zu lösen. Hierfür gibt es Regeln und Standards, die eine Fondsgesellschaft beachten muss – und es besteht auch Einvernehmen, dass die Einhaltung der anlegerbezogenen Regeln eines Review bedarf, in den eine Stelle eingeschaltet ist, die unabhängig vom Vorstand, den Anteilseignern des Unternehmens sowie anderen Interessenten ist. In einigen Ländern, besonders den Vereinigten Staaten, übernehmen unabhängige Direktoren diese Überwachung. Es besteht die Tendenz, dieses Konzept auch auf europäische Fonds-Gesellschaften zu übertragen. Es fragt sich indes, ob unabhängige Direktoren das einzige und das geeignetste Mittel zur Sicherstellung eines unabhängigen Review sind. Die Antwort muss beide Male »nein« lauten. In Europa lassen sich auch andere Formen des unabhängigen Review finden. In den meisten Ländern herrschen Fonds des Vertragstyps vor, die in der Regel von Firmen verwaltet werden, die ihrerseits Tochtergesellschaften von Finanzinstitutionen sind. Da nach den generellen Corporate-Governance-Regeln nichtexekutive Direktoren (Aufsichtsräte) hauptsächlich die Interessen der Anteilseigner vertreten sollen, bleibt nur ein begrenzter Spielraum für die Rolle der unabhängigen Direktoren. Depotbank oder Wirtschaftsprüfer wären hier als Träger des unabhängigen Review besser geeignet.

Aktionärsaktivismus

Die treuhänderische Pflicht schließt auch die Ausübung der mit den Wertpapieren verbundenen Stimmrechte ein. Mittlerweile gibt es mehr und mehr Befürworter der Idee, dass Fonds-Manager eine stärkere Rolle als aktive Anteilseigner einnehmen sollten. Dem liegt die Auffassung zugrunde, dass dieser Aktivismus generell förderlich sei, denn er trage zur Steigerung des Unternehmenswertes und ebenso zur Steigerung der Rendite bei. Darüber hinaus würde hierdurch – ganz generell – gute Governance in der Wirtschaft gefördert. Diese »gesellschaftliche« Verpflichtung geht aber über die Vertretung der Anlegerinteressen hinaus und kann im Endeffekt sogar zulasten der Performance und damit des Kundeninteresses gehen.

Übertriebene Offenlegungspflicht

Es ist ein weit verbreiteter Glaube, dass die Offenlegungspflicht die Arbeit der Marktkräfte erleichtert und auf diese Weise den Verbraucherschutz erhöht. Nicht immer führen Offenlegungspflichten zu wirklicher zusätzlicher Transparenz für Investoren.

Offenlegungsregeln sollten sich auf Performance, Risiken und Kosten der Fonds konzentrieren. Darüber hinausgehende Offenlegungen können sogar negative Effekte haben, wie die folgenden Beispiele zeigen:

- Fonds-Manager sollen offen legen, wie viel Retrozessionen sie den Vermittlern zahlen – dies könnte dazu führen, dass der Druck der Vermittler auf die Höhe der Retrozessionen noch steigt und somit auch die Kosten des Kunden.
- Fonds-Manager sollen die Höhe der Kommissionszahlungen an Broker bei Wertpapiertransaktionen offen legen – dies ist für den Großteil der Aufträge technisch nicht möglich, weil es keine gemeinsamen Standards zur Berechnung dieser Kosten gibt.
- Fonds-Manager sollen detailliert offen legen, wie sie ihre Stimmrechte auf Hauptversammlungen ausgeübt haben – dies kann zu öffentlichen Diskussionen führen, die nicht hilfreich sind, wenn es um die Stimmausübung im Sinne der Investoren geht.

Natürlich kann und muss es Standards für die Gebührentransparenz, Best Execution, Stimmrechtsvertretungen etc. geben. Der Punkt ist jedoch der, dass Offenlegung nicht immer diese Standards unterstützt.

Gleiche Wettbewerbsbedingungen erhalten

Fonds konkurrieren mit anderen Finanzprodukten, die anderen rechtlich-regulatorischen Rahmenbedingungen unterliegen. Aus diesem Grunde wachsen die Bedenken gegen die neuen Governance-Regeln, die sich einseitig auf die Fonds-Industrie beziehen. Sollten Fonds hierdurch weniger wettbewerbsfähig werden, werden die Anleger in Produkte mit weniger aufwändigem Anlegerschutz abwandern.

2.7 Ein pan-europäischer Markt für Hedge-Fonds?

Hedge-Fonds haben in den letzten Jahren als »alternative« Asset-Management-Produkte gegenüber traditionellen (»long only«-) Fonds an Boden gewonnen. Hedge-Fonds unterliegen nicht der EU-Richtlinie. Sie können folglich auch nicht in den Genuss der vereinfachten grenzüberschreitenden Registrierung auf Basis des EU-Passes kommen.

Einige europäische Länder haben in den vergangenen Jahren eine explizite Regulierung von Hedge-Fonds vorgenommen: Hierzu gehören insbesondere Deutschland, Frankreich und Italien, aber auch Luxemburg und Irland.

Die Frage, ob Hedge-Fonds nicht – analog den EU-Fonds (UCITS) oder gar in Form einer Erweiterung der EU-Richtlinie – harmonisiert werden sollten, liegt nahe. Die Entstehung im Wesentlichen nationaler Hedge-Fonds-Märkte führt zu unterschiedlichen nationalen Märkten und Industrien; eine Harmonisierung zu einem späteren, fortgeschrittenen Stadium dieser Märkte würde vermutlich schwerer fallen, als wenn eine Harmonisierung in der Entstehungsphase dieser Märkte erfolgt.

Drei Prämissen sollten allerdings beachtet werden:

- Eine Harmonisierung macht nur Sinn im Falle von Investmentfonds, die für den Retailmarkt bzw. einen öffentlichen Vertrieb vorgesehen sind. Es leuchtet

ein, dass Retail-Fonds nur vereinfacht grenzüberschreitend angeboten werden können, wenn sich die Mitgliedsländer zuvor auf (Mindest-)Standards für diese Produkte geeinigt haben. Fonds, die nur qualifizierten Investoren oder in nichtöffentlichem Vertrieb angeboten werden, bedürfen einer Harmonisierung nicht. Da ein besonderes Schutzbedürfnis der Anleger fehlt, ist eine grenzüberschreitende Vermarktung prinzipiell auch ohne EU-weite Produktstandards möglich.
- Eine Produktharmonisierung sollte nicht dazu führen, dass (Single-) Hedge-Fonds, deren wesentliches Merkmal die weitgehende Befreiung von Anlagevorschriften ist, produktbezogenen Restriktionen unterworfen werden. Dies würde die besonderen Spezifika und Produktvorteile von Single-Hedge-Fonds weitestgehend reduzieren.
- Europaweit ist zu beobachten, dass Single-Hedge-Fonds nicht für den (öffentlichen) Retail-Vertrieb zugelassen sind.

Aus diesem Grunde muss die Frage gestellt werden, ob eine Harmonisierung von Single-Hedge-Fonds zwecks Schaffung eines europäischen Marktes Sinn macht.

Anders ist die Situation dagegen im Falle von Dach-Hedge-Fonds (oder auch Hedge-Fonds als Teil gemischter Investmentfonds). Produkte dieser Art sind durchaus auch für den öffentlichen Vertrieb geeignet; hier wäre die Schaffung eines europäischen Marktes im Sinne der UCITS-Richtlinie durchaus möglich und wünschenswert. Die Standards für Dach-Hedge-Fonds, die in den einzelnen Legislationen mit expliziter Hedge-Fonds-Gesetzgebung geschaffen wurden, sind durchaus so ähnlich, dass ein solches Vorhaben nicht aussichtslos erscheint.

2.8 Ein pan-europäischer Markt für fondsbasierte betriebliche Altersvorsorge?

Es besteht in Europa Einvernehmen, dass die kapitalgedeckte Altersvorsorge – insbesondere in der zweiten Säule, der betrieblichen Altersvorsorge – in den kommenden Jahren zügig ausgebaut werden muss.

Die europäische Fonds-Industrie ist der Auffassung, dass Lösungen der betrieblichen Altersvorsorge, welche auf individuellen Vorsorgekonten basieren, hierbei eine wichtige Rolle spielen müssen. Lösungen dieser Art weisen folgende Merkmale auf:
- Die Lösungen beruhen auf individuellen Vorsorgekonten; jeder Arbeitnehmer erwirbt direktes und persönliches Eigentum am Vorsorgevermögen.
- Das Vorsorgevermögen kann in bestehende Finanzprodukte, insbesondere auch Investmentfonds, angelegt werden.
- Im Rahmen betrieblicher oder sektorspezifischer Vereinbarungen der Sozialpartner sind individuelle Gestaltungs- und Wahlmöglichkeiten möglich.

Systeme dieser Art bieten eine Reihe von Vorteilen. Sie sind sehr effiziente Lösungen, vor allem für kleine und mittlere Unternehmen, weil auf bestehende Produkt- und Administrationsstrukturen zugegriffen werden kann. Kontenorientierte Lösungen verbessern auch die Portabilität von Pensionsansprüchen, was als eine wesentliche Voraussetzung für einen friktionslosen Arbeitsmarkt gesehen wird.

Fondsbasierte Lösungen der betrieblichen Altersvorsorge spielen in Europa zwar noch eine untergeordnete Rolle, aber in einigen Ländern – wie z.B. Frankreich, Norwegen oder Polen – sind entsprechende Modelle durchaus auf dem Vormarsch. Mit der EU-Pensionsrichtlinie von 2003 wurde die Grundlage geschaffen, Einrichtungen der betrieblichen Altersvorsorge auch grenzüberschreitend anbieten zu können, wenn sie spezifischen, in der Richtlinie niedergelegten Anforderungen entsprechen. Dies würde es multinational tätigen Unternehmen ermöglichen, Arbeitnehmer in unterschiedlichen Ländern an ein einheitliches System der betrieblichen Altersversorgung anzubinden. Denkbar ist es aber auch, dass Einrichtungen an bestimmten europäischen Standorten geschaffen und von dort in verschiedene Ländern angeboten werden. Die EU-Pensionsrichtlinie ermöglicht es, auch fondsbasierte Lösungen der betrieblichen Altersvorsorge, die den eingangs genannten Grundlinien entsprechen, zu schaffen, wenn die EU-Länder bei der Umsetzung der Pensionsrichtlinie entsprechende gesetzliche Voraussetzungen schaffen.

Mit dem »European Personal Pension Account« (EPPA) hat die Europäische Investvereinigung EFAMA ein Modell für eine derartige Lösung vorgelegt.

3 Prioritäten und Ziele der europäischen Fonds-Industrie

Die zentralen Ziele der europäischen Fonds-Industrie lauten: Effizienz, Qualität und Integrität. Die Prioritäten, die sich hieraus ergeben, können wie folgt zusammengefasst werden.

3.1 Profilierung als kundenorientierte Industrie und starke Säule der Finanzdienstleister

Die Schlüsselstellung der Branche bei der Mobilisierung von Sparguthaben und der Allokation von Kapital, inklusive der Verbesserung der Corporate Governance und Kapitalmarktstandards, ist anerkannt. Profil und Wahrnehmung der Branche reflektieren aber noch nicht ganz deren Bedeutung. Die Branche muss ihr eigenes Profil als starke Säule der Finanzdienstleister schärfen.

3.2 Management von Interessenkonflikten

Die Vermeidung von Interessenkonflikten und die Verwundbarkeit durch Rufschädigung sind von kritischer Bedeutung für die Fonds-Industrie. Eine permanente Analyse und pro-aktives Management der potenziellen Interessenkonflikte ist notwendig. Da Regulierung ganz oben auf der Tagesordnung steht, kann die Industrie eine aktive Rolle beim Definieren von Wohlverhaltensregeln einnehmen.

3.3 Eine überzeugende Value-Proposition

In einem intensiver werdenden Wettbewerbsumfeld müssen Investment-Manager dauerhafte Werte anbieten. Performance ist hier der Schlüssel, doch das Angebot von Investment-Managern geht über »alpha« hinaus. Es deckt ebenso Risikomanagement, Portfolioaufbau, Marktzugang und eine Fülle von Kundenservices ab.

3.4 Die Schaffung des gemeinsamen europäischen Marktes

Der gemeinsame Markt hat in den letzten Jahren signifikante Fortschritte gemacht, doch es ist immer noch erhebliche Fragmentierung vorhanden. So sind in den nächsten Jahren weitere Anstrengungen nötig, um eine klare Marktintegration auf europäischer Ebene zu erreichen. Eine effiziente und harmonisierte Weiterführung der derzeitigen UCITS-Richtlinie sollte dabei an vorderster Stelle stehen. Des Weiteren sollte der regulatorische Rahmen hinsichtlich Flexibilität und Konsistenz überarbeitet werden, um ihn für problemlose Integrierung neuer Produkttypen vorzubereiten.

3.5 Wettbewerbsfähige Struktur der Industrie

Ein wirklich gemeinsamer Markt bildet den Rahmen, um die Wettbewerbsfähigkeit der Fonds-Industrie weiter zu verbessern. Economies-of-scale und -scope, Spezialisierung und Differenzierung bieten Potenzial für Kosteneffektivität und Innovation.

3.6 Produkteignung

Wenn jeder Kunde den richtigen Fonds zur richtigen Zeit erwirbt, werden Kundenzufriedenheit und -loyalität gesteigert. Daher ist es von größter Bedeutung für die Industrie, die Transparenz ihrer Produkte sicherzustellen. Neben der Offenlegung von Kosten sind verständliche Informationen über Ertrag und Risikopotenzial erforderlich. Schließlich müssen die Intermediäre den richtigen Anlagemix für den Anleger sicherstellen, und zwar unter Erklärung der relevanten Produktbausteine und Berücksichtigung seiner spezifischen Anforderungen. Die Qualität der Vermittler hat eine große Bedeutung für die Fonds-Industrie: Sie muss die Intermediäre auffordern und unterstützen, den Fokus auf Beratung zu legen und individuell angepasste Lösungen zu präsentieren. Auf europäischer Ebene sind das Produkt Investmentfonds und die Anbieter stark reguliert, nicht aber die Vermittler.

3.7 Gleiche Wettbewerbschancen erreichen

Es gibt einige Bereiche, in denen Investmentfonds keine gleichen Wettbewerbschancen vorfinden. Das erste Feld ist die Altersvorsorge, insbesondere die betriebliche Altersvorsorge. Hier haben fondsbasierte Vorsorgemodelle nicht die gleichen Wettbewerbschancen wie versicherungsorientierte Produkte, womit den europäischen Konsumenten ein gut reguliertes, transparentes und flexibles Instrument zur Altervorsorge vorenthalten wird. Das zweite Feld sind strukturierte Wertpapiere mit Derivaten, Indizes, anderen Wertpapieren oder gar Fonds als Underlyings. Diese Portfolios können sogar über die Zeit neu ausbalanciert werden, was klare Elemente von aktivem Management und somit eine Funktion des Fonds-Managements enthält. Die Fonds-Industrie muss erreichen, dass sie nicht infolge zu starker Regulierung Wettbewerbsnachteile gegenüber funktional äquivalenten strukturierten Wertpapieren erleidet.

Aktuelle Aktivitäten beim BVI

Rudolf Siebel

Der Autor erklärt ausdrücklich, dass die dargestellten Interpretationen und Meinungen ausschließlich seine persönliche Auffassung wiedergeben.

1 Einleitung

Der BVI Bundesverband Investment und Asset Management e.V. ist die Interessenvertretung der deutschen Kapitalanlage- und Vermögensverwaltungsgesellschaften. Der Verbandssitz ist Frankfurt am Main. Durch sein Berliner Büro ist der BVI im politischen Umfeld fest etabliert. Die BVI-Aktivitäten spannen den Bogen von den klassischen Verbandsaufgaben der Rechtspolitik und der Öffentlichkeitsarbeit über die Rechts- und Steuerberatung für die Mitglieder und die Branchenstatistik bis hin zu neuen Geschäftsfeldern wie der Erarbeitung und Umsetzung von Industriestandards in den Bereichen Wertpapiertransaktionen, Anteilscheinhandel, Wertentwicklung und Rating sowie Risikomanagement. Der BVI ist eng in die Verbandsaktivitäten auf europäischer Ebene durch seine aktive Mitarbeit in den Gremien der European Fund and Asset Management Association (EFAMA, früher FEFSI) eingebunden. Dieser Beitrag beschreibt die wesentlichen Aktivitäten des BVI in 2004 und 2005.

2 Mitgliederkreis

Am 1. Juni 2005 vertrat der BVI die Interessen von 71 Kapitalanlagegesellschaften, vier Holding-Gesellschaften und 2 Asset-Management-Gesellschaften. Neu beigetreten sind dem Verband im Jahre 2005 2 Immobilienfonds- und 2 Wertpapierfonds-Gesellschaften. Obwohl Ende 2004 11 Investmentgesellschaften nicht Mitglied des BVI waren, repräsentierte der Verband 98 Prozent des Fonds-Vermögens aller von deutschen Investmentgesellschaften verwalteten Sondervermögen.

Die Mitgliedsform »Informationsmitgliedschaft« wurde vom Markt hervorragend aufgenommen. Aus der gezielten Ansprache potenzieller Interessenten aus dem KAG-Umfeld, wie Software-Anbieter, Anwaltskanzleien, Wirtschaftsprüfer, Depotbanken und Fonds-Vertreiber, resultierte der Beitritt von insgesamt 50 Informationsmitgliedern.

3 BVI-Wohlverhaltensregeln

Die im Jahr 2003 verabschiedeten BVI-Wohlverhaltensregeln wurden nach dem Auftreten der ersten Fälle von Late Trading und Market-Timing in den USA Anfang 2004 zügig angepasst, um solche Vorfälle in Deutschland auszuschließen und das Vertrauen der deutschen Anleger in deutsche Investmentfonds zu erhalten. Nachfolgend hat die Aufsichtsbehörde den deutschen Kapitalanlagegesellschaften bestätigt, nicht in solche Praktiken zum Schaden der Anleger verwickelt gewesen zu sein.

Im April 2005 hat der »Arbeitskreis Corporate Governance-Kodex für Asset Management-Gesellschaften« um Professor Gerke einen »Corporate Governance-Kodex für Asset Management-Gesellschaften« vorgestellt. Die wesentlichen Regelungsbereiche sind die Interne Corporate Governance (Verhaltenspflichten für Geschäftsleitung, Aufsichtsrat, Mitarbeiter), die Externe Corporate Governance (Ausübung der Aktionärs-/Gläubigerrechte, Hauptversammlungsteilnahme und Stimmrechtsausübung), die

Regelung der Publizität der Corporate Governance der Asset Managementgesellschaft sowie Fragen der Abschlussprüfung und Anerkennung des Kodex. Der Kodex enthält vielfach mit den BVI-Wohlverhaltensregeln übereinstimmende Anforderungen. Neu ist die Forderung nach mindestens einem unabhängigen Mitglied im Aufsichtsrat einer Kapitalanlagegesellschaft. Dieses unabhängige Mitglied sollte auch der Vorsitzende des Prüfungsausschusses sein. Neu ist weiterhin, dass KAGs auch Richtlinien für die Abstimmung in der Hauptversammlung von Portfolio-Unternehmen erstellen und veröffentlichen sollen. Der BVI begrüßt den »Corporate Governance-Kodex für Asset Management-Gesellschaften«. Der BVI unterstützt, dass die wesentlichen Bestimmungen des Kodex auch für andere institutionelle Anleger, wie z.B. Lebensversicherer und Pensionsverwalter, gelten sollen. Damit wird der Grundgedanke der BVI-Wohlverhaltensregeln auch auf solche Vermögensverwalter übertragen, die nicht dem BVI angehörten und deshalb bisher vergleichbaren Standards nicht unterworfen sind. Der BVI empfiehlt seinen Mitgliedern, die anlässlich der Vorstellung des Kodex vom BVI angekündigte Überarbeitung der Wohlverhaltensregeln bis September 2005 abzuwarten. Ein Nebeneinander von zwei in weiten Teilen deckungsgleichen, aber im Wortlaut teilweise unterschiedlichen Regelwerken ist in der Praxis nicht zu handhaben und würde für unnötige Unsicherheit sorgen. Nur die BVI-Wohlverhaltensregeln sorgen für eine konsistente Umsetzung bei den Investment-Gesellschaften.

4 Altersvorsorge

4.1 Alterseinkünftegesetz

Im Jahr 2004 war die politische Begleitung des Alterseinkünftegesetzes mit der Neuordnung der steuerlichen Behandlung von Altersbezügen und Einführung einer Basisrente von besonderer Bedeutung. Mit dem Alterseinkünftegesetz kam der Gesetzgeber nicht nur den Forderungen aus dem Urteil des Bundesverfassungsgerichts zur steuerlichen Gleichbehandlung der Altersbezüge nach, sondern nutzte auch die Gelegenheit zu einer Neuordnung der einkommensteuerlichen Behandlung von Altersvorsorgeaufwendungen. Der Wegfall des Steuerprivilegs der Lebensversicherungen stellt dabei einen ersten Schritt zum Abbau von Wettbewerbsverzerrungen dar, dem bedauerlicherweise mit der Beschränkung einer nachgelagerten Besteuerung auf versicherungsförmige Instrumente in der betrieblichen Altersversorgung und der Beschränkung beim Sonderausgabenabzug nur für Beiträge an Versicherungsunternehmen bei der Basisrente keine weiteren folgten.

Im Gesetzgebungsverfahren gelang es dem BVI, den Gesetzgeber von der Notwendigkeit zu überzeugen, die Definition der Anbieter kapitalgedeckter Altersvorsorgeprodukte im Rahmen der Basisrente (sog. Rüruprente) produktneutral zu fassen. Maßgeblich sollten lediglich die ordnungspolitischen Kriterien der Produkte sein und damit potenziellen Anbietern die Möglichkeit eröffnen, sich innerhalb des vorgegebenen Rahmens zu betätigen.

Allerdings stellt das Gesetz nicht durchgängig auf die ordnungspolitischen Kriterien ab. Der Abzug als Sonderausgaben setzt, wohl auf Grund eines redaktionellen

Versehens, weiterhin voraus, dass die Beträge an Versicherungsunternehmen, berufsständische Vorsorgeeinrichtungen oder an einen Sozialversicherungsträger geleistet werden. Damit werden die Produkte anderer Anbieter, welche die im Gesetz aufgestellten Voraussetzungen erfüllen, ausgeschlossen. Der Verband setzt sich gegenwärtig dafür ein, dass dieser vom Gesetzgeber offensichtlich nicht beabsichtigte einschränkende Zustand möglichst zeitnah beseitigt wird.

4.2 Altersvorsorge-Konto

Nach der Vorstellung des Konzeptes des BVI-Altersvorsorge-Kontos gegenüber Parteien und Regierung in 2003, insbesondere im Verfahren des Alterseinkünftegesetzes, lag der Schwerpunkt des Jahres 2004 und 2005 auf der Information potenziell interessierter gesellschaftspolitischer Gruppen. Ziel dieser Gespräche ist es, den unterschiedlichen Interessengruppen den Nutzen des Konzepts aufzuzeigen und langfristig breiten politischen Druck für eine Umsetzung aufzubauen. Das Altersvorsorge-Konto wird dabei grundsätzlich als geeignetes Instrument zur Erhöhung der Attraktivität der kapitalgedeckten Altersvorsorge angesehen. Das Bekenntnis zu einer Unterstützung bei der Umsetzung scheitert aber häufig an der Akzeptanz der damit verbundenen Neuordnung der betrieblichen Altersversorgung. Der BVI setzt sich gegenwärtig dafür ein, die Akzeptanz des Altersvorsorge-Kontos bei den politischen Parteien soweit zu steigern, dass die Realisierung nach der vorgezogenen Bundestagswahl zügig angegangen werden kann.

4.3 Pensionsfonds-Richtlinie

Die Richtlinie soll durch Änderungen im Versicherungsaufsichtsgesetz umgesetzt werden. Hierzu ist die Öffnung des deutschen Marktes für Produkte der betrieblichen Altersversorgung aus dem EU-Ausland geplant. Nach derzeitiger Einschätzung wird das Gesetzgebungsvorhaben auf die Mitgliedsgesellschaften keinen direkten Einfluss haben. Um jedoch zu verhindern, dass Deutschland sich im Bereich der betrieblichen Altersvorsorge zu einem Importland entwickelt, setzt sich der BVI für eine umfassende Modernisierung der Rahmenbedingungen ein, u.a. durch die Einführung von Altersvorsorge-Konten. Es bestehen zudem Überlegungen, die Rechtssicherheit für von Kapitalanlagegesellschaften zur Bedeckung von Direktzusagen angebotene Contractual Trust Agreements (CTA) im Rahmen der Richtlinien-Umsetzung zu verbessern.

5 Investmentrecht

Die Aktivitäten des BVI konzentrieren sich im Schwerpunkt auf die Weiterentwicklung des Investmentrechts sowie die Unterstützung der Mitgliedsgesellschaften bei der Umsetzung des zu Jahresbeginn 2004 in Kraft getretenen Investmentmodernisierungsgesetzes. Im Bereich des Investmentsteuerrechts stand insbesondere das deutsche EU-Richtlinien-Umsetzungsgesetz im Fokus. Daneben wurde das nationale Investmentrecht sowohl durch den europäischen als auch den deutschen Gesetzgeber mit einer Vielzahl von weiteren Neuregelungen konfrontiert, die weiteren Anpassungsbedarf ergaben. Zahlreiche anstehende europäische Rechtsakte lassen vermuten, dass die Änderungen der gesetzlichen Vorgaben im Bereich des Investmentrechts auch in nächster Zukunft unvermindert anhalten. Der BVI ist sich dabei der Gefahr einer weiteren Überregulierung der Fonds-Branche im Vergleich zu Anbietern von Substitutionsprodukten, wie Zertifikaten und Versicherungen, sehr bewusst. Er wird der Erhöhung aufsichtsrechtlicher Anforderungen an Transparenz, Produkt- und Organisationsstruktur der Fonds-Branche nur zustimmen, wenn vergleichbare Anforderungen auch für Konkurrenzprodukte und deren Anbieter gelten.

5.1 Gesetzgebungsverfahren auf nationaler und EU-Ebene

Der BVI befasste sich in 2004 und 2005 mit zahlreichen Rechtsetzungsinitiativen des deutschen und europäischen Gesetzgebers.

Konsultation zur Änderung des Investmentgesetzes

Aktuell ist die am 20. April im Internet veröffentlichte, öffentliche Konsultation des Bundesfinanzministeriums zur Änderung des Investmentgesetzes. Interessierte können Stellungnahmen bis zum 30. Juni 2005 abgeben. Die Konsultation umfasst die vier Themenblöcke:

- allgemeine Fragen und Systematik,
- Hedgefonds,
- Investmentaktiengesellschaft sowie
- Immobilienfonds.

Der BVI wird die gewünschte Stellungnahme zu den Fragen des Ministeriums für die Branche abgeben, aber auch weitere Wünsche äußern. Der BMF-Entwurf zur Änderung des InvG ist in der nächsten Legislaturperiode zu erwarten.

Im Rahmen der Erörterungen zum Bereich der »Allgemeine Fragen und Systematik« geht es um die Themen wie die Anwendung des sog. formellen Investmentbegriffs auch für ausländische Fonds, die Beibehaltung der Kreditinstitutseigenschaft der KAG und die Abschaffung der Meldepflichten über Bestände und Transaktionen der Fonds nach §10 Investmentgesetz als Wettbewerbshindernis.

Der BVI hat in der Vergangenheit die Beibehaltung der Kreditinstitutseigenschaft der KAG befürwortet, da diese von privaten und institutionellen Anlegern als wesentliches Sicherheitsmerkmal geschätzt wird. Vor dem Hintergrund, die Überregulierung der Investmentbranche abzubauen, sieht der BVI die nach §10 Investmentgesetz erforderlichen täglichen Meldungen aller Bestände und Transaktionen der Fonds als sehr kritisch an. Ein solch administrativ aufwändiges Meldesystem für Fonds gibt es in keinem anderen Land.

Der Abschnitt zu Hedgefonds setzt sich mit zahlreichen Fragen zur Verbesserung des regulatorischen Umfelds für diesen seit 1.1.2004 in Deutschland möglichen Fondstyp auseinander. In der Praxis ergibt sich Klarstellungs- und Verbesserungsbedarf hinsichtlich der Rolle des Primebrokers, der Anlagegrenzen für Versicherungen in Hedgefonds, der Kreditaufnahme bei Dachhedgefonds, die Beteiligung von Hedgefonds an Private Equity sowie des Vertriebs von Single-Hedgefonds (Definition des öffentlichen Vertriebs). Der BVI unterstützt die weitere Verbesserung des regulatorischen Umfelds für diesen für den Investmentplatz Deutschland wichtigen Fondstyp. Es bleibt jedoch abzuwarten, ob die Bundesregierung angesichts der öffentlichen Diskussion um die Rolle von Hedgefonds in der deutschen Unternehmenslandschaft tatsächlich bereit ist, diesen Fonds-Typ in Deutschland zu halten.

Der Themenkomplex zur Investmentaktiengesellschaft befasst sich einerseits mit der Idee, die Investmentaktiengesellschaft mit fixem Kapital aus dem Gesetz zu streichen, und andererseits mit aktienrechtlichen Anpassungen des Rechts der Investmentaktiengesellschaft mit variablem Kapital. Zugunsten einer Abschaffung des geschlossenen, nur an der Börse gehandelten Fonds-Typs spricht, dass seit 1998 keine Investmentaktiengesellschaften mit fixem Kapital aufgelegt wurden. Vor dem Hintergrund des Interesses an deutschen Immobilienaktiengesellschaften sollte der geschlossene Fonds nicht vorschnell »beerdigt« werden. Im Bereich der Investmentgesellschaft mit variablem Kapital, die gegenwärtig von zwei Hedgefonds genutzt wird, sollte auch die derzeit nicht vorhandene EU-Pass-Kompatibilität im Fokus stehen, damit dieser Fonds-Typ das Basisvehikel für den grenzüberschreitenden Vertrieb aus Deutschland heraus werden kann. In der EU ist die Mehrzahl der in mehr als fünf Märkten zugelassenen Fonds in der Rechtsform der Investmentaktiengesellschaft mit variablem Kapital aufgelegt.

Aus Sicht des BVI ist der Abschnitt betreffend Immobilienfonds der wichtigste Teil der Konsultation. Aus den Fragen zur Riskoadjustierung der sog. »Core«-Produkte, der Verbesserung der Liquidität, der Beschränkung der Belastung von Grundstücken und der Darlehensgewährung, der Verbesserung der Transparenz, der Bewertung, der Sachverständigenbestellung, der Zulassung von Dach-Immobilien-Sondervermögen, bzw. der Anlage von Offenen Immobilienfonds in ausländischen und sog. G-REITS ergibt sich ein möglicher Wunsch des Finanzministeriums, die Offenen Immobilienfonds in der gegenwärtigen Form abzuschaffen. Der BVI wird sich dem Versuch widersetzen, die Offenen Immobilienfonds durch massive Einschränkungen der bisher zulässigen Anlagepolitik in ein aus Anlegersicht wenig attraktives »Witwen- und Waisenprodukt« zu verwandeln und andererseits nur noch die REITS als das Kapitalmarktprodukt im Immobilienbereich zu fördern. Der BVI wird aber auch Vorschläge vorlegen, um den in der öffentlichen Kritik stehenden Offenen Immobilienfonds zukunftssicher zu machen.

Garantiefonds

Unabhängig von der Konsultation zum Investmentgesetz läuft gegenwärtig zwischen BVI und BaFin eine Abstimmung, inwieweit Garantiefonds mit einer formalen Garantie der Kapitalanlagegesellschaft auch außerhalb der Zusagen für Fonds-Produkte der Riesterrente zugelassen werden könnten. Dazu ist zu klären, welche Garantiefonds-Produkte von dieser geänderten Verwaltungspraxis profitieren sollen und wie die Eigenkapitalanforderungen an die auflegenden Kapitalanlagegesellschaften auszugestalten sind. Der BVI hat sich für eine über einfache Laufzeitfonds mit Kapitalgarantie hinausgehende Produktgestaltungsfreiheit ausgesprochen, um im Standortwettbewerb mit Luxemburg und Dublin in dieser Produktkategorie bestehen zu können. Für die Eigenkapitalanforderungen sollte das ggf. modifizierte Regelungswerk der BaFin für die Zusagen unter der Riesterrente Vorbild sein. Es sind noch weitere Diskussionen nötig, bevor deutsche Garantiefonds aufgelegt werden können.

REITS

Im Bereich der Immobilienanlage wogt unabhängig von der BMF-Konsultation eine öffentliche Diskussion um die Einführung von mit steuerlichen Vorteilen versehenen börsennotierten Aktiengesellschaften, die in Immobilien anlegen. Im Ausland sind solche Real Estate Investment Trusts (REITS) in sehr unterschiedlichen, an das jeweilige Steuerrecht angepassten Formen inzwischen erfolgreich am Markt etabliert. REITS sind geeignet, das Immobilienvermögen großer Unternehmen zu mobilisieren. Während Bankkreise sich für eine Regelung von REITS im Steuerrecht einsetzen, befürwortet der BVI eine Verankerung im Investmentgesetz. Bei REITS-Fonds im Investmentgesetz ist die institutionelle Sicherheit des regulierten Fonds ein zulässiges Äquivalent für die Gewährung steuerlicher Vorteile. Die steuerlichen Regelungen des Investmentrechts erfüllen die Anforderungen des Markts an steuerliche Regelungen für REITS. Umfangreiche Anpassungen des allgemeinen Steuerrechts und von Doppelbesteuerungsabkommen können unterbleiben. Da die Gegner einer Regulierung im Investmentgesetz bisher kein ausreichend einfaches Steuerkonzept für REITS vorlegen können, ist der BVI zuversichtlich, seine Position im Rahmen eines Gesetzgebungsverfahrens in der neuen Legislaturperiode durchsetzen zu können.

Investmentsteuergesetz/EU-Richtlinien-Umsetzungsgesetz

Im Bereich des Investmentsteuerrechts stand insbesondere das deutsche EU-Richtlinien-Umsetzungsgesetz im Fokus. Durch das EU-Richtlinien-Umsetzungsgesetz wurde das Investmentsteuergesetz geändert. Der BVI hat sich intensiv dafür eingesetzt, die pauschale Nichtabzugsfähigkeit von Werbungskosten bei der Ermittlung der Einkünfte für betriebliche Anleger und die Wiedereinführung der Zwischengewinnbesteuerung zu verhindern. Während der BVI hinsichtlich der Nichtabzugsfähigkeit von Werbungskosten nicht mit seinen Argumenten durchdrang, konnte hinsichtlich der Wiedereinführung der Zwischengewinnbesteuerung zumindest ein Teilerfolg erzielt werden. Neben der geforderten Bereichsausnahme für Spezialfonds konnte zumindest erreicht werden, dass der Startwert am 1.1.2005 mit Null anzusetzen ist. Insoweit ist damit zu rechnen, dass Rückgaben zum großen Teil ausbleiben werden. Die BVI-Forderung, auch Hedgefonds vom Anwendungsbereich auszunehmen, wurde realisiert.

OGAW-Richtlinie

Im Zusammenhang mit der Auslegung der geänderten Investmentfonds (OGAW)-Richtlinie hat der Ausschuss der europäischen Wertpapieraufsichtbehörden (CESR) verschiedene Konsultationspapiere veröffentlicht, zu denen der BVI zur Wahrung der Interessen der deutschen Fondsbranche eigene Stellungnahmen abgegeben hat. Es handelte sich hierbei um folgende Themenkomplexe:

- Derivateeinsatz (in Deutschland durch die Derivateverordnung geregelt),
- Übergangsregeln für Kapitalanlagegesellschaften und Fonds sowie

- Erweiterung und Definition des Kreises der erwerbbaren Vermögensgegenstände, insbesondere für Anteile/Aktien geschlossener Fonds und Verbriefungen (ABS).

Im Juli 2005 wird die Veröffentlichung eines »Grünbuchs« der EU-Kommission mit Überlegungen zur Weiterentwicklung der OGAW-Richtlinie erwartet, die neben möglichen neuen Fonds-Typen, wie z.B. Immobilienfonds und Hedgefonds, Erleichterungen der Vertriebsanzeige im Ausland, auch Regelungsvorschläge zur Depotbank und den Eigenkapitalanforderungen an Fonds-Gesellschaften erwarten lässt. Nach Erörterung mit der Branche sollen diese Überlegungen in 2006 zu einem Richtlinienvorschlag führen, den der BVI intensiv begleiten wird.

MiFID

Die Richtlinie über Märkte für Finanzinstrumente (Markets in Financial Instruments Directive – MiFID) ist im April 2004 in Kraft getreten und binnen zwei Jahren auf nationaler Ebene umzusetzen. Sie tritt an die Stelle der Wertpapierdienstleistungsrichtlinie aus dem Jahr 1993 und enthält Regelungen über Verhaltenspflichten für Wertpapierfirmen, interne Organisation, bestmögliche Orderausführung, Transparenzanforderungen u.v.a.m. Gegenwärtig bereitet die EU-Kommission mit Unterstützung des Ausschusses der europäischen Wertpapieraufsichtsbehörden CESR auf Ebene 2 des »Lamfalussy-Verfahrens« Umsetzungsvorschriften vor. Die Geschäftsstelle hat diese Maßnahmen in Zusammenarbeit mit der EFAMA/FEFSI intensiv vorbereitet und eine Reihe von Stellungnahmen zu Konsultationspapieren von CESR abgegeben, um die Belange der Investmentbranche im Zuge des Umsetzungsverfahrens zu wahren.

EU-Marktmissbrauchsrichtlinie

Unter dem Terminus »Marktmissbrauch« fasst die EU-Marktmissbrauchsrichtlinie neue Vorgaben für das Recht der Marktmanipulation und des Insiderhandels zusammen, die durch zahlreiche Neuregelungen im so genannten Anlegerschutzverbesserungsgesetz umgesetzt wurden. Die Neuregelungen erbrachten erfreulicherweise keinen Umsetzungsbedarf für die Investmentbranche.

Gesetz zur Änderung der Vorschriften über Fernabsatzverträge bei Finanzdienstleistungen

Die EG-Richtlinie über den Fernabsatz von Finanzdienstleistungen wurde im Wesentlichen durch Änderungen im Bürgerlichen Gesetzbuch in nationales Recht umgesetzt. Die neuen Informationspflichten für Fernabsatzgeschäfte sind insbesondere für Kapitalanlagegesellschaften relevant, die Depoteröffnungsverträge mit Privatkunden per Post und Internet schließen.

Wertpapier-Dienstleistungs-Prüfungsverordnung

Die zum 1. Januar 2005 in Kraft getretene Verordnung regelt die Prüfung von Wertpapierdienstleistungsunternehmen hinsichtlich der Einhaltung der Melde-, Verhaltens- und Informationspflichten nach dem Wertpapierhandelsgesetz. Kapitalanlagegesellschaften sind insoweit betroffen, als sie die Finanzportfolioverwaltung betreiben. Der BVI konnte durch seine Anregungen eine Verminderung der Prüfungsdichte erreichen.

Basel 2 – Umsetzung in europäisches Recht

Der BVI setzt sich im Rahmen der Umsetzung der Eigenkapitalregelungen des Basler Ausschuss für Bankenaufsicht in europäisches Recht insbesondere dafür ein, dass Kreditinstitute auch zukünftig ohne gegenüber der Direktanlage erhöhte Eigenkapitalanforderungen im Anlage- und Handelsbuch in Investmentanteile anlegen können. Mit Unterstützung des europäischen Verbandes setzt er sich für die seit 1993 in Deutschland angewendete »Durchschaulösung« – in angepasster Form sowohl im Standardansatz als auch in den internen Ratings basierten Ansätzen – ein. Weitere Anliegen sind die Freistellung von Asset-Managern von typisch kreditgeschäftlichen Eigenkapitalanforderungen, u.a. für ausstehende Provisionen.

Finanzkonglomeraterichtlinie/Verordnung zur Eigenmittelausstattung von Finanzkonglomeraten

Die EU-FinKonglRL wurde durch Änderungen im Kreditwesengesetz (KWG) und im Versicherungsrecht in nationales Recht umgesetzt. Kernziel war hierbei eine Regelung der Eigenkapitalanforderungen für Kreditinstitute, die konzernmäßig mit Versicherungsgesellschaften verbunden sind. Gleichzeitig gab die EU-Regelung allerdings auch zwingend vor, dass Kapitalanlagegesellschaften künftig generell in die konsolidierte Eigenkapitalberechnung auf Konzernebene einzubeziehen sind. Der BVI konnte erreichen, dass Mutterunternehmen Beteiligungen an Kapitalanlagegesellschaften auch künftig nicht vom haftenden Eigenkapital abziehen müssen. Die im Entwurf vorliegende VO zur Eigenmittelausstattung von Finanzkonglomeraten wird derzeit noch diskutiert.

Gesetz zur Umsetzung der EU-Prospekt-Richtlinie

Mit Umsetzung der ProspektRL ist das bislang zweispurige System in Börsenzulassungs- und Verkaufsprospekten zu Gunsten einer einheitlichen Prospektregelung in 2005 beseitigt worden. Als Folge hiervon werden Exchange Traded Funds künftig von der doppelten Prospektpflicht (Verkaufsprospekt + Börsenzulassungsprospekt) befreit. Maßgebend ist allein der investmentrechtliche Verkaufsprospekt. Der BVI setzte sich gegenüber dem BMF für Wettbewerbsgleichheit von Investmentfonds gegenüber Substitutsprodukten, z.B. Zertifikaten, ein.

Anlageverordnung für Versicherungen

Neben rein formellen Anpassungen an das Investmentgesetz wurde der Rahmen der zulässigen Fonds-Anlagen für das gebundene Vermögen von Versicherungen durch die geänderte Verordnung erheblich erweitert. Insbesondere dehnt sich auf Anregung des BVI die Palette der Zielinvestments auch auf Publikums-Sondervermögen aus, die das bislang geltende »Überwiegend-Erfordernis« in den Vertragsbedingungen nicht erfüllten. Im Bereich der Anlage in Hedgefonds erreichte der BVI daneben eine wesentliche Reduzierung der ursprünglich vorgesehenen Anforderungen.

5.2 Rechtsanwendung

Ein besonderer Schwerpunkt der Tätigkeit des BVI gemeinsam mit wesentlichen Vertriebsorganisationen lag im Frühjahr 2005 auf Initiativen gegenüber der Steuerverwaltung und den Finanzministerien des Bundes und der Länder zur Erhaltung der Umsatzsteuerfreiheit nach dem 1.7.2005 im Zusammenhang mit Provisionen in mehrstufigen Vertriebssystemen. Zwischenzeitlich konnte erreicht werden, dass die Umsatzsteuerfreiheit im Zusammenhang mit Provisionen in mehrstufigen Vertriebssystemen bis Ende 2005 erhalten bleibt.

Sowohl bei den aufsichtsrechtlichen als auch den investmentsteuerlichen Vorschriften bestehen leider auch anderthalb Jahre nach In-Kraft-Treten noch immer zahlreiche offene Rechtsfragen. Dabei verliefen die Erörterungen mit der deutschen Aufsicht allerdings in 2004 und Anfang 2005 teilweise schleppend, was sowohl an fehlenden Rechtsverordnungen als auch an der mangelnden Personalausstattung der BaFin liegt. So sind von bislang insgesamt 16 im Investmentgesetz vorgesehenen Rechtsverordnungen und Richtlinien in 2004 lediglich die Derivateverordnung, und in 2005 die Richtlinie für Fonds-Kategorien, die schon lange erwartete Anteilklassenverordnung sowie die § 10-Meldewesenverordnung veröffentlicht.

Bis Mai 2005 entwickelte der BVI für alle Publikumsfonds-Typen neue Mustervertragsbedingungen und Muster-Verkaufsprospekte und stimmte diese mit der BaFin ab. Erstmalig konnten den Mitgliedsgesellschaften neben den besonderen Mustern für spezielle Anlegerkreise im Spezialfonds-Bereich, wie z.B. Sozialversicherungsträger, Bausparkassen etc., auch Mustervertragsbedingungen für Spezial-Sondervermögen für Wertpapier- und Immobilienfonds zur Verfügung gestellt werden.

Auch zentrale Fragen im steuerlichen Bereich sind nach wie vor nicht abschließend geklärt und wurden erst durch ein Einführungsschreiben zum Investmentsteuergesetz geregelt, in dem die Anregungen des BVI zum großen Teil aufgegriffen werden. Das für die Herstellung von steuerlicher Rechtsicherheit so wichtige Schreiben soll allerdings erst im 2. Quartal 2005 veröffentlicht werden.

Daneben wurden und werden insbesondere folgende Aufgaben im BVI bearbeitet:

- Anleitung zur Umstellung von Altfonds auf das Investmentgesetz,
- Erstellung von Musterverträgen für die Anlageberatung/Auslagerung des Portfolio-Managements,
- Standardverfahren in der Derivateverordnung für Stress-Tests und Vergleichsvermögen,
- Anwendung der Derivateverordnung auf Immobilien-Sondervermögen,
- Anpassung des VAG-Reporting,
- Musterrechenschaftsberichte für Wertpapier- und Immobilien-Sondervermögen,
- Erarbeitung der Mustergeschäftsordnung für Sachverständige für Immobilien-Sondervermögen,
- Aktivierung von Nebenerwerbskosten beim Erwerb von Grundstücken,
- BMF-Schreiben zur Jahresbescheinigung nach § 24c EStG und zur Zinsinformationsverordnung,
- BMF-Schreiben zur Zinsinformationsverordnung,
- Verhandlungen mit der niederländischen Finanzverwaltung zur Klärung der Behandlung von Gebäudeabschreibungen, deren positiver Abschluss in 2005 erwartet wird,

- Betreuung externer Gutachten zur Umsatzsteuer im Zusammenhang mit Outsourcing und zur Behandlung von Sachverständigenleistungen bei der Begutachtung ausländischer Immobilien.

In 2005 wird der BVI neben der Unterstützung der Mitgliedsgesellschaften durch die Erweiterung und Fortentwicklung standardisierter Geschäftsprozesse, wie beispielsweise im Rahmen des gesamten Vertragswesens, die abschließende Klärung offener Fragestellungen zur Erlangung der notwendigen Rechtssicherheit besonders im Auge haben. Daneben wird im Rahmen laufender Gesetzgebungsvorhaben wieder besonders im Vordergrund stehen, die gesetzlichen und steuerlichen Rahmenbedingungen weiter zu erleichtern und die Mitgliedsgesellschaften dabei zu unterstützen, neue und interessante Geschäftsfelder für die Branche zu erschließen.

6 Markt und Service

Der Geschäftsbereich Markt und Service im BVI besteht aus der Abteilung Research und Marktanalyse, die auch die Dokumentation und das Mitgliederinformationsmedium »Extranet« betreut, sowie dem Segment Ausbildung und Mitgliederservice. Der Geschäftsbereich hat in 2004 und 2005 zahlreiche Standardisierungsthemen und die Optimierung der Dienstleistungen für die Mitgliedsgesellschaften vorangetrieben. Die Standardisierungsaufgaben umfassten u.a. folgende Themen:
- Wertpapiertransaktionen/Transaktionen mit Advisors,
- Identifizierung von KAGs,
- Risikomanagement und risikobasierte Eigenkapitalanforderungen (u.a. zentrale Schadensdatenbank),
- Datenlieferung und Fonds-Reporting (FundsXML),
- Transparenz von Fonds-Ratings und Rankings,
- Eingruppierung von Fonds auf internationaler Ebene sowie
- Fonds-Anteilscheinhandel.

6.1 Wertpapiertransaktionsstandards

Externe Geschäftskommunikation von Kapitalanlagegesellschaften
Voraussetzung für eine einfache, effiziente und sichere Kommunikation mit den Geschäftspartnern der (Master-)KAG sind hinreichend standardisierte Abläufe. Daher beschäftigt sich der BVI auf Initiative seiner Mitglieder und anderer Marktteilnehmer mit dem Thema der Standardisierung der Geschäftsprozesse in der Fonds-Administration und im Anteilscheinhandel. Ziel des BVI ist, eine einheitliche, zwischen den Beteiligten abgestimmte Standardisierung dieser Geschäftsprozesse im Sinne von Market-Practices zu erreichen. Die Market-Practice für die Fonds-Administration soll die verschiedenen in Deutschland verwendeten Geschäftsmodelle von Brokern, Beratern, Depotbanken und Asset-Managern abbilden und die Inhalte und Modalitäten der Datenübertragung vereinheitlichen. Im Arbeitskreis »Standards und Systeme«

und mit anderen Marktteilnehmern wurden Transaktionsstandards entwickelt, die zu effizienteren Geschäftsprozessen bei den Mitgliedsgesellschaften des BVI beitragen. Im Einzelnen wurden im Mai 2004 Papiere für die Bereiche Handel und Abwicklung, Handel mit Advisors/Outsourcing, Wertpapierverwaltung sowie ein Detaildokument zu Handelsbestätigungen publiziert. Dieses wurde im Mai 2005 um die Details der Lieferinstruktionen an die Depotbank ergänzt.

Zwischenzeitlich haben sich die Transaktionsstandards am Markt in starkem Maße durchsetzen können. Zum Jahresende 2004 haben 14 KAGs mit einem verwalteten Vermögen von 246 Mrd. Euro die Standards umgesetzt, bis Ende 2006 wollen dies auf jeden Fall 23 Gesellschaften mit einem derzeit verwalteten Vermögen von 363 Mrd. Euro erreicht haben. Ende 2004 sind bereits 34 Broker in der Lage, die Market Practice für den Nachrichtentyp MT 515 abzubilden und an die Asset-Manager zu senden. Einem vom Markt akzeptierten Standard bei der Datenübertragung zwischen Asset-Manager, Custodian und Master-KAG steht nichts mehr im Weg.

Im Mai 2005 wurden einheitliche Excel-Formate für Kauf-/Verkaufsempfehlungen bzw. Orderformate für Aktien, Renten, Währungen und Derivate an ca. 300 von Kapitalanlagegesellschaften eingesetzte externe Advisors und Fonds-Manager im In- und Ausland gesendet. Ziel der Aktion ist, die externen Geschäftspartner zur Umsetzung des neuen Marktstandards zu bewegen und so die Vielzahl der eingesetzten Formate zu reduzieren. Kapitalanlagegesellschaften versprechen sich von den neuen Standardformaten erhebliche Verwaltungsvereinfachungen, wenn man berücksichtigt, dass einzelne KAGs derzeit bis zu 80 verschiedene Formate unterstützen müssen. Mittelfristig ist geplant, die unsicheren Excelformate zugunsten akzeptierter Marktstandards auf Basis von FIX zurückzudrängen. Der BVI hat dazu im April 2005 Verhandlungen mit der Financial Information Exchange Protocol Ltd (FIX) aufgenommen, um bis Anfang 2006 die FIX-Nachrichtenformate sowie die deutsche Market Practice für Pretrade, Order und Allokationen zu entwickeln. Diese Nachrichten können dann auch über das bei über 20 KAGs genutzte SWIFT-Netzwerk gesendet werden. Standards für die Übermittlung von Abwicklungsinformationen (Standing Settlement Instructions) und deren Austausch zwischen Broker, Depotbank und KAG auf Basis von SWIFT-Formaten bzw. eine Datenbanklösung, z.B. auf Basis des ALERT-Systems der Matchingplattform OMGEO, befinden sich in einem fortgeschrittenen Stadium.

Die Nachrichtentypen und die Market Practice für den Anteilscheinhandel von Investmentfonds auf Basis des ISO 20022-Standards ist fertig gestellt und wurde im Mai 2005 der breiten Öffentlichkeit vorgestellt. In 2005 ist die praktische Umsetzung bei Vertriebsstellen und KAGs über die ersten Pilotprojekte hinaus flächendeckend zu forcieren.

KAG-Identifizierungsnummer

Voraussetzung für einen effektiven Handels- und Abwicklungsprozess ist die eindeutige Identifizierung der an der Transaktion beteiligten Parteien, Vermögensgegenständen und Konten. Im Rahmen einer BVI-Initiative erhielten im Dezember 2004 sämtliche deutschen KAGs kostenfrei den BIC-Code (Bank Identifier Code) gemäß ISO 9362 für Reporting-Zwecke. Damit sind die deutschen KAGen weltweit eindeutig identifizierbar. Erster marktweiter Anwendungsfall ist die Angabe des BIC anstatt der bisherigen KAG-Nummer im Rahmen der Meldung nach §10 Investmentgesetz.

6.2 Risikomanagement

Risikomanagementleitlinien

Die BVI-Arbeitskreise »Risikomanagement« und »Risikomanagement für Offene Immobilienfonds« haben in den »Leitlinien für das Risikomanagement im Investment- und Asset Management« eine Beschreibung der wesentlichen Anforderungen an das Risikomanagement in KAGs im Sinne von nicht verbindlichen Branchenempfehlungen erstellt. Die Leitlinien dienen der internen Positionsfindung und Beschreibung der Risikomanagementaufgaben, der Unterstützung in der Diskussion mit den Behörden sowie der verbesserten Kommunikation der Branche und der einzelnen KAG gegenüber dem Anleger über Risikomanagement als effektives Sicherheitselement des Fonds.

BVI-Datenbank für Betriebsrisiken

Als weiteres Instrument für das Risikomanagement dient die Einrichtung einer zentralen Datenbank für Betriebsrisiken im BVI. Die BVI-Datenbank für operationelle Risiken ist in Zusammenarbeit mit der Firma focus DV aus München in 2004 aufgebaut worden und wird mit dieser Firma weiterentwickelt. Die Mitgliedsgesellschaften, die sich zu einer Mitarbeit an dieser Datenbank bereit erklärt haben, sind nach Unterzeichnung der Nutzungsvereinbarung und der Einrichtung der Nutzer in der Lage, die bei ihnen aufgetretenen Schäden direkt einzugeben bzw. die Daten über eine speziell eingerichtete Schnittstelle anzuliefern. Unternehmen, die über kein eigenes System verfügen, können den nur ihnen zugänglichen Bereich mit den Daten für ihr eigenes Management operationeller Risiken nutzen. Die in den zentralen Datenbestand überführten Schadensinformationen ab dem Jahr 2004 werden in anonymisierten Marktvergleichen den beteiligten Mitgliedsgesellschaften zur Verfügung gestellt, um die eigenen Risikomanagementsysteme auf Basis dieser Schadensdaten optimieren zu können. Gegenwärtig nutzen mehr als 42 BVI-Mitglieder die Datenbank.

6.3 Wertentwicklung und Rating

Fonds-Rating

Der BVI hat die Rating-/Ranking-Transparenz-Standards (RRTS) im Dezember 2004 veröffentlicht. Diese mit den Mitgliedsgesellschaften abgestimmten Standards sind den Rating-/Ranking-Agenturen im Fonds-Bereich vorgelegt worden, deren Anregungen und Ergänzungen berücksichtigt wurden. Mit der im Januar 2005 erfolgten Anerkennung der RRTS verpflichten sich die Agenturen, eine Dokumentation über die Grundzüge der gewählten Beurteilungsmethodik und Vergleichsmaßstäbe zu veröffentlichen, ihre Eigentums- und Beteiligungsverhältnisse sowie mögliche Interessenkonflikte darzulegen und zu informieren, ob das Verfahren als Ranking oder Rating einzustufen ist. Das zusätzlich zu den RRTS erstellte BVI-Transparenztableau ermöglicht institutionellen Investoren und interessierten Privatanlegern einen detaillierten Vergleich zwischen 13 Anbietern mit 17 Rating-/Ranking-Methoden hinsichtlich der Einstufung als Ranking- oder Rating-Gesellschaft, zum Unternehmensprofil, zur Methodik, zur Qualitätssicherung sowie den Grundsätzen der Veröffentlichung.

Sie dient als Basis für die weiteren Arbeiten des BVI an qualitativen Standards für Fonds-Ratings i.S. eines »rate the rater«.

Eingruppierungsschema für Renten- und Geldmarktfonds

Das pan-europäische Eingruppierungsschema für Renten- und Geldmarktfonds des European Fund Categorisation Forum (EFCF) wird gegenwärtig durch einen von EFCF und EFAMA ausgewählten Dienstleister einer Praktikabilitätsprüfung unterzogen. Das EFCF arbeitet daneben weiter an einer pan-europäischen Aktienfonds-Klassifizierung. Die BVI-Fonds-Klassifizierung wird nach der praktischen Umsetzung des europäischen Standards angepasst. Es ist zu hoffen, dass auch die wesentlichen Performancemessungsanbieter wie FERI, Lipper, Morningstar und Standard & Poors diese Eingruppierung übernehmen. Dann könnten zukünftig »Äpfel und Birnen«-Performancevergleiche von Fonds vermieden werden.

GIPS

Der BVI zusammen mit der DVFA und der German CFA Society haben als Sponsoren die »Global Investment Performance Standards« (GIPS) für die Berechnung und Darstellung der Wertentwicklung von institutionellen Portfolios im Mai 2005 anerkannt. Die drei Verbände haben sich unter der Dachmarke »German Asset Management Standards Committee« zusammengeschlossen, um die im institutionellen Asset-Management wichtigen GIPS weiter zu entwickeln und deren Verbreitung in der Branche zu fördern. Gegenwärtig wird eine deutsche Übersetzung der GIPS erörtert.

6.4 Datenaustausch und Statistik

Datenstandards

FundsXML ist der BVI-Datenstandard für die Lieferung von Investmentdaten. Der Standard umfasst heute die monatlichen und vierteljährlichen Meldungen an die Deutsche Bundesbank, das VAG-Reporting und für den Vertrieb und Datenvendoren relevante Kenngrößen für Fonds. Es sind auch die Daten von Offenen Immobilienfonds und Spezialfonds erfasst. FundsXML bietet die Basis für die Einbindung der Datenlieferungen an den elektronischen Bundesanzeiger, da die für diese Schnittstelle benötigten Informationen bereits in großen Teilen enthalten sind. Für die Akzeptanz des Standards wird in 2005 bei den KAGs flächendeckend geworben, um die Mitgliedschaft über die gegenwärtig über 30 Kapitalanlagegesellschaften hinaus zu verbreitern.

Ausweitung der BVI-Statistik

Die Statistik über das institutionelle Asset-Management (Spezialfonds und Mandate) wurde in 2004 verfeinert. Diese Statistik ermöglicht Einblicke in das Volumen der für Dritte und durch Dritte verwalteten Assets von Kapitalanlagegesellschaften sowie in die freie Vermögensverwaltung von den mit Mitgliedsgesellschaften verbundenen Asset-Management-Gesellschaften. Die Grundlagen für die Erstellung einer Gesamtmarktstatistik wurden im Frühjahr 2005 gelegt. Die erste Veröffentlichung ist im 3. Quartal 2005 erfolgt. Diese Statistik soll sowohl die Daten aus dem Publikumsfonds-Sektor als auch dem institutionellen Asset-Management darstellen, sodass sich z.B. Marktanteile einer Gruppe, bezogen auf den Gesamtmarkt, errechnen lassen.

Gegenwärtig wird ein Konzept erarbeitet, wie auch das Fonds-Volumen und Mittelaufkommen wesentlicher ausländischer Fonds in Deutschland in die BVI-Statistiken integriert werden kann. Dabei wird auch überprüft, wie der Ausweis der Dachfonds in den BVI-Statistiken über das Fonds-Vermögen und Mittelaufkommen verändert werden muss.

6.5 Ausbildung

Für den vom BVI mit initiierten Lehrberuf »Investmentfondskaufmann/Investmentfondskauffrau« wurden die Prüfungen für den ersten Ausbildungsjahrgang mitentwickelt sowie die Ausweitung der Ausbildung auf den Standort München durch die KAGs in Angriff genommen. Derzeit prüft der BVI gemeinsam mit den Sozialpartnern und Bildungsinstituten die Einrichtung der Zusatzqualifikation »Investmentfachwirt« für langjährige KAG-Mitarbeiter. Ein weiterer Tätigkeitsschwerpunkt sind die regelmäßigen BVI-Seminare, die in den letzen beiden Jahren von jeweils weit über 1.000 Mitarbeitern der KAGs und der Informationsmitglieder besucht wurden. Der für Anfang November 2005 geplante zweitägige BVI Asset-Management-Kongress ist eine neue Herausforderung für das BVI-Seminarteam.

7 Zusammenfassung

Der BVI Bundesverband Investment und Asset Management e.V. ist die Interessenvertretung der deutschen Kapitalanlage- und Vermögensverwaltungsgesellschaften. Die BVI-Aktivitäten spannen den Bogen von den klassischen Verbandsaufgaben der Rechtspolitik und der Öffentlichkeitsarbeit über die Rechts- und Steuerberatung für die Mitglieder und die Branchenstatistik bis hin zu neuen Geschäftsfeldern wie der Erarbeitung und Umsetzung von Industriestandards in den Bereichen Wertpapiertransaktionen, Anteilscheinhandel, Wertentwicklung und Rating sowie Risikomanagement. Die Änderungen der gesetzlichen Vorgaben im Bereich des Investmentrechts werden auch in Zukunft anhalten. Der BVI wird sich im Schwerpunkt für die Verbesserung des regulatorischen Umfelds der Investmentbranche, insbesondere in der Altersvorsorge, einsetzen und gleichzeitig eine Überregulierung der Fonds-Branche im Vergleich zu Anbietern von Substitutionsprodukten zu vermeiden suchen. Der andere Schwerpunkt der Verbandsarbeit bleibt die Steigerung der Effizienz der Branche durch Erarbeitung und praktische Umsetzung von Industriestandards.

Anforderungen von institutionellen Investoren an den Asset-Management-Prozess

Jochen Menßen

Der Autor erklärt ausdrücklich, dass die dargestellten Interpretationen und Meinungen ausschließlich seine persönlichen Auffassungen wiedergeben.

1 Einleitung

In den letzten Jahren ist ein professioneller Investment-Management-Prozess für langfristig zur Verfügung stehende Gelder von institutionellen Investoren zunehmend wichtiger geworden. Auf der einen Seite werden Anteilseigner über Managementleistungen im Unternehmen in Folge höherer Transparenzanforderungen immer umfassender und schneller informiert, zum anderen haben die ökonomischen Fortschritte in den Industrieländern sowohl die Renditen langfristiger Staatsanleihen als auch die Aktienprämie über die letzten Jahre stetig sinken lassen. Während noch vor einigen Jahren ausreichende Portfoliorenditen durch nahezu reine Allokationen in Rentenanlagen leicht zu erzielen waren, ist heutzutage die Erwirtschaftung von ausreichend hohen Renditen zu echten Herausforderungen geworden. Unumkehrbare demographische Veränderungen in den meisten Industrieländern werden die Finanzmärkte in Zukunft noch zusätzlich belasten. Obwohl die Auswirkungen des Demographiewandels für die Sozialsysteme vielfältigst diskutiert werden, werden die Folgen für die Kapitalmärkte noch nahezu vollständig ausgeblendet. Die zunehmende Vergreisung der Gesellschaften wird bewirken, dass immer weniger Arbeitnehmer deutlich höhere Produktivitäten erzielen müssen, um das aktuelle Wohlstandsniveau zumindest zu erhalten. Die zunehmend größere Rentner-Generation wird gleichzeitig das individuelle Wohlstandsniveau nur durch Verkäufe von Kapitalanlagen an den Kapitalmärkten sichern können. Nur wenn die zukünftigen Arbeitnehmer ausreichend Einkommen zur Verfügung haben, um die zu verkaufenden Positionen aufzunehmen, können signifikante Einbußen an den Märkten verhindert werden. Ob dies gelingen wird, ist zumindest fraglich. Es droht also zunehmend die Gefahr, dass Renditen, die in der Vergangenheit verdient wurden, zukünftig auf diese Weise nicht mehr erwirtschaftet werden können.

Unweigerlich müssen daher zukünftig höhere Risiken bei der Erwirtschaftung notwendiger Renditen in Kauf genommen werden. Damit einhergehen werden deutlich höhere Anforderungen der institutionellen Investoren an den gesamten Investment-Prozess. Höhere Transparenzanforderungen an alle Produkte und Dienstleistungen werden wahrscheinlich das markanteste Merkmal dieser Umstellung sein. Die Entwicklung der letzten Jahre zeigt dies deutlich auf. Auf diesen Trend soll dieser Artikel im Wesentlichen eingehen. Jeder einzelne der im Folgenden aufgeführten Aspekte hätte sicherlich eine ausführlichere Darstellung verdient, kann für diesen Aufsatz aber nur angerissen werden.

Im Folgenden soll zuerst der Begriff der »institutionellen Investoren« klarer abgegrenzt werden, da diese Gruppe sicherlich sehr heterogen ist. Im Weiteren wird der gesamte Investment-Prozess in den Einzelschritten beschrieben unter maßgeblicher Berücksichtigung der Herleitung von Rendite- und Risikovorgaben. Bevor im 4. Teil die derzeit angebotene Produktvielfalt kritisch betrachtet wird, wird zuvor im 3. Teil auf die Aufgabenverteilung zwischen den Investoren selber und Serviceanbietern in der Wertschöpfungskette eingegangen, die zwangsläufig nötig ist, um Investoren die effiziente Erreichung Ihrer Ziele überhaupt erst zu ermöglichen.

2 Definition von institutionellen Investoren und deren Abgrenzung

Die Gruppe der institutionellen Investoren ist national wie auch international sehr heterogen. Für diesen Aufsatz soll die deutsche Betrachtungsweise im Vordergrund stehen, auch wenn in unterschiedlichen Passagen auf internationale Vergleiche eingegangen werden mag.

Deutsche institutionelle Investoren unterscheiden sich entsprechend der nachstehenden Tabelle. Danach sind institutionelle Investoren die institutionellen Anleger, und nicht wie es scheint, die Intermediäre wie Fonds-Gesellschaften, die ebenso als Investoren dargestellt werden könnten.

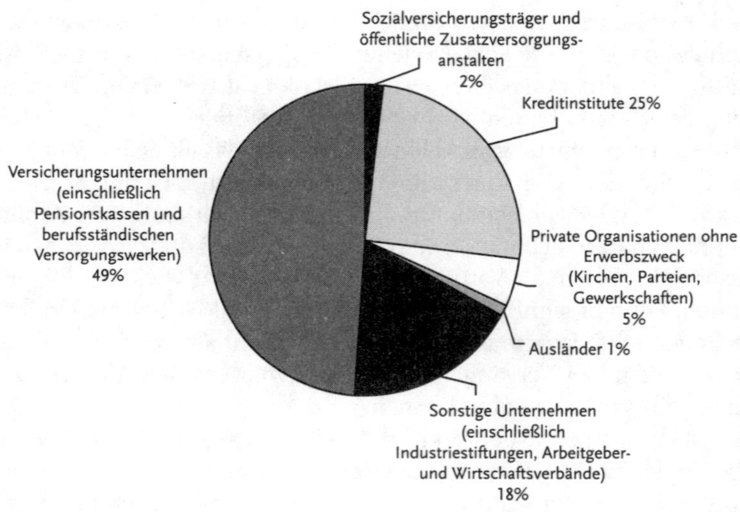

Quelle: Deutsche Bundesbank

Abb. 1: Prozentuale Aufteilung des Spezialfonds-Vermögens nach Anlegergruppen

Die größte Gruppe stellen die Versicherungen und die Versorgungsträger der betrieblichen Altersvorsorge dar. Diese Institutionen unterstehen der gesetzlichen Aufsicht des Bundesaufsichtsamts des Finanzwesens (BAFin) und sind damit (ausgenommen des Pensionsfonds) nicht frei in der Wahl Ihrer Kapitalanlagestrategie. Die gesetzlichen Vorschriften – insbesondere des § 54a VAG – schränken die Möglichkeiten der Vermögensanlage deutlich ein. Solche Limitierungen werden z.B. den entsprechend vergleichbaren Institutionen in Großbritannien nicht gesetzt. Vielmehr verlangen die Finanzaufsichtsbehörden dort einen Investment-Prozess gemäß der Prudent-Investor-Rule, die lediglich den Institutionen auferlegt, vorsichtig und umsichtig im Interesse der Anspruchsberechtigten bei der Vermögensanlage vorzugehen. Die Nachteile limitierter Möglichkeiten deutscher Anleger mögen daher in ineffizienteren Portfolios resultieren.

Diese Gruppe der institutionellen Investoren hat zumeist aufgrund klar definierter Zusagen gegenüber Leistungsempfängern (für Rentenzahlungen, Versicherungen) sowohl relativ eindeutige Renditeziele als auch Risikovorgaben.

Demgegenüber steht die Gruppe der Banken, deren Ziel der Anlage oft die Verwaltung eigener Cash-Reserven ist bzw. die Verwaltung der Depot-A-Mittel. Rendite- und Risikovorgaben dieser Gruppe sind in keiner Weise regulatorisch vorgegeben, sondern ergeben sich aus internen Restriktionen und Vorgaben.

Als dritte Gruppe, die in diesem Artikel im Vordergrund stehen soll, ist die Gruppe der Industrieunternehmen zu nennen, die zur Verfügung stehende Mittel investiert. Gelegentlich werden diese Mittel von externen Beobachtern als »Kriegskasse« für zukünftige M&A-Aktivitäten beschrieben. Oft sind diese Mittel jedoch zweckgebunden und zur Deckung langfristiger Verpflichtungen vorgesehen, insbesondere zur Finanzierung von Pensionszusagen oder – im Falle von Energieversorgern – auch zur Deckung der Entsorgungsrückstellungen aus dem Kernenergiebereich.

Die vorgesehene Mittelverwendung dieser Gruppe ist daher oft nicht transparent für außen stehende Betrachter und erschwert entsprechend das Verständnis der Asset-Management-Industrie bzgl. der Anforderungen und Wünsche dieser Anlegergruppe. Rendite- und Risikoanforderungen dieser Kunden werden separat erst seit einigen Jahren zunehmend systematisch hergeleitet und nicht mehr, wie in der Vergangenheit, teilweise von »Bauchentscheidungen« abhängig gemacht. Vielmehr ist zu betonen, dass Industrieunternehmen überhaupt zunehmend Kapitalmittel für Wertpapieranlagen langfristig binden, um langfristige Zahlungsverpflichtungen zu finanzieren. Das deutsche Recht erlaubt es, als eine der wenigen Rechtssysteme im internationalen Vergleich, Rückstellungen auf der Bilanz zu bilden. Diese Möglichkeit wurde lange vorwiegend mit dem Vorteil verbunden, damit günstige interne Finanzierungsmöglichkeiten für operative Geschäftsideen zu haben. Da diese Vorgehensweise aber international zum Teil kaum verstanden wird und gar zu Rating-Abschlägen führen mag, kann seit einiger Zeit eine Änderung in dem Verhalten deutscher Konzerne beobachtet werden. Da solche Prozesse nun bewusster und aufmerksamer von der Managementebene mitgesteuert werden, sind auch die Anforderungen an Rendite/Risiko-Niveaus gestiegen. Die schmerzlichen Erfahrungen aus den Baisse-Märkten der Jahre 2000 – 2003 haben diesen Prozess sicherlich entscheidend mitgeprägt.

3 Wertschöpfungskette im Asset-Management

Bei der Konzeption eines professionellen Asset-Management-Prozesses von institutionellen Investoren soll zu Illustrationszwecken die zugrunde liegende Wertschöpfungskette in einzelne Phasen aufgegliedert werden und nachfolgend beschrieben werden. Folgende Phasen werden in der Regel unterschieden:

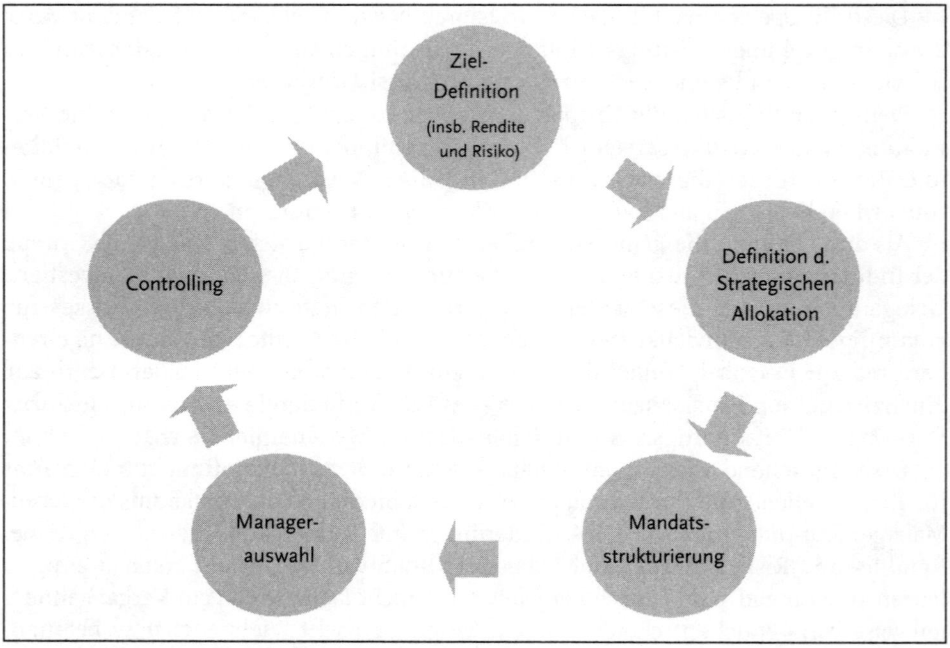

Abb. 2: Wertschöpfungskette im Asset-Management

3.1 Zieldefinition und Definition einer strategischen Asset-Allocation

Die ersten beiden Phasen umfassen die bestimmenden Faktoren für den Erfolg eines Portfolios. Zuvorderst ist dies die Bestimmung von Rendite- und Risikozielen (unter Beachtung von Restriktionen) und anschließend die Herleitung einer strategischen Asset Allocation, die auf den zuvor definierten Zielen aufbaut. Die Betonung dieser Reihenfolge ist wichtig, da in der Praxis durchaus öfters in der Vergangenheit beobachtet werden konnte, dass zuerst die Asset-Allocation definiert wurde und die Rendite- und Risikoziele eher eine Resultante daraus war, als dass diese vorgegeben wurden. Diese Praxis ist glücklicherweise aber mittlerweile nur noch sehr vereinzelt vorzufinden. Im Zuge der allgemein gesunkenen Renditeerwartungen aller Anlageklassen und der zuvor erwähnten Professionalisierung der internen Investment-Prozesse hat diese Methodik zwangsläufig ausgedient. Zugleich ist es kaum mehr möglich, Mandate ohne Benchmarkkonzepte aufzusetzen, wie sie leider immer noch als Produkte im Publikumsgeschäft vorzufinden sind. Erwirtschaftete Renditen werden mittlerweile immer als Beitrag zur Gesamtrendite bzw. auch im Vergleich zu einer Portfoliobenchmark gemessen, um erfolgreiches von erfolglosem Management unterscheiden und notwendige Handlungen einleiten zu können.

Wie sollte nun der Zielfindungsprozess für Rendite- und Risikoannahmen ausgestaltet werden? Rendite- und Risikogrößen sollten im Rahmen einer Asset-Liability-Studie (ALM-Studie) zu Beginn hergeleitet werden. Die Betonung sollte insbesondere auf die Verpflichtungen gelegt werden, da diese tendenziell – insbesondere bei Industriebetrieben – als nebensächlich angesehen werden, obwohl gerade sie die

Vorgaben für die Ausgestaltung der Anlagepolitik maßgeblich beeinflussen sollten. Die Verpflichtungsseite gibt die Rahmenbedingungen vor: Sie definiert die zu erfüllenden Verpflichtungen in der Zukunft, die erforderliche Verzinsung und die Volatilität dieser Verpflichtungen.

Integrierte Asset-Liability-Analysen sind notwendig, um Immunisierungsstrategien entwerfen zu können, die die wechselseitigen Abhängigkeiten von Anlagen und Verpflichtungen berücksichtigen. Stattdessen werden oft noch eher Asset-Only-Sichtweisen verfolgt, deren Renditeanforderungen sich an Einzelkriterien statt am Gesamtbild der Verpflichtungsseite orientieren. Risikovorgaben werden bei Asset-Only-Betrachtungen teilweise sogar ganz vernachlässigt, obwohl diese mindestens ebenso bedeutend sind wie Renditevorgaben. Die Risikovorgabe eines Investors muss nicht nur die maximale Volatilität eines Portfolios betreffen, sondern kann auch als relatives Ziel formuliert sein, wie z.B. die erwartete Verfehlung eines Anlageziels, das sich von der Verpflichtungsseite herleiten lässt. Einige Consultants argumentieren sogar, dass nur Risiko gemanagt werden kann und Renditen quasi Residualgrößen daraus sind. Umso wichtiger ist es, Risikobeschränkungen ebenso klar zu definieren wie auch Renditeziele.

Übliche Zielkriterien in einer Asset-Liability-Studie sind die Erreichung eines Deckungsgrades von n% über einen vorgegebenen Anlagezeitraum unter Einhaltung eines maximalen Verlustpotenzials. Ebenfalls optimiert werden können auch Zu- und Abflussgrößen, wie z.B. die Minimierung von Zuschussbedürfnissen aus operativen Cashflows. Diese Erwähnungen sind natürlich nicht erschöpfend, sondern können individuell beliebig ausgestaltet werden.

Die integrierte Betrachtungsweise anhand einer ALM-Studie ist erst seit Ende der 90er Jahre bzw. Anfang des neuen Jahrtausends üblich. Zumindest gilt dies für den deutschen institutionellen Markt, der sich seitdem deutlich verändert hat und immer noch in Veränderung ist. Der zunehmende Einfluss, insbesondere von Asset-Consultants hat diesen Trend wesentlich mitbestimmt, der in anderen europäischen Ländern wie den Niederlanden, der Schweiz und vor allen in UK deutlich früher begonnen hat. Im Kapitel 4 wird noch näher auf die Bedeutung externer Dienstleister eingegangen werden.

Institutionelle Anleger, die den Trend zu einer integrierten Betrachtungsweise bisher nicht erkannt, ignoriert oder zumindest bisher nicht eingeführt haben, werden eine professionelle Steuerung ihrer Anlagen kaum erreichen können. Im Extremfall führt die Vernachlässigung einer integrierten Sichtweise für Industriekonzerne zu Situationen, wie sie in der US-amerikanischen Automobilindustrie im Jahre 2005 zu beobachten sind. Zahlungsverpflichtungen für Pensionen und Gesundheitskosten bringen die betroffenen Unternehmen in empfindliche Schieflagen. Ebenfalls sollte ein Industrieunternehmen aber nicht zu viele Mittel in Kapitalanlagen binden, da sich das Unternehmen andernfalls Vorwürfen von Aktionären ausgesetzt sehen mag, dass die Mittel nicht optimal verwendet werden. Überschüssige Anlagen sollten eher zu Gunsten des operativen Geschäfts investiert werden oder bei nicht ausreichenden Investitionsmöglichkeiten ausgeschüttet werden. Die ausreichende Kapitalgrundlage kann nur über ALM-Studien festgestellt werden.

Wichtig ist zu erkennen, dass Kapitalanlagen, insbesondere bei Industriekonzernen, nie in Konkurrenz zum operativen Geschäft stehen sollten. Kapitalanlagen zur Deckung von Verpflichtungen sollten möglichst auch als solche gekennzeichnet werden. Dieser Prozess ist auch in Deutschland seit einigen Jahren, z.B. anhand der zunehmenden Zahl von gegründeten CTAs, erkennbar, die Kapitalanlagen entsprechend der internationalen Bilanzierungsgrundlagen US-GAAP und IFRS als Plan Assets ausweisen.

Werden die Zwecke von Kapitalanlagen nicht vom operativen Geschäft abgegrenzt, würden diese stets in den Renditeanforderungen scheinbar in Konkurrenz zu dem operativen Geschäft stehen. Damit verbunden wären vermeintlich höhere Renditeerwartungen, da operative Renditen in der Regel über Renditen liegen, die mit einem ausgewogenen Investment-Prozess erzielt werden können. Eine Vermischung von beiden Anlagenversionen führt lediglich zu Missverständnissen und zu potenziell fehlgeleiteten Investitionen. Deswegen sollten auch die Anlagen, die für Pensionszwecke zurückgestellt wurden, so weit wie möglich nicht mehr der Zugriffsgewalt der Unternehmensführung unterliegen, um ggf. doch operative Geschäfte mit diesen Mitteln zu finanzieren.

Wichtig ist es für einen institutionellen Investor zu verstehen, wie die Rendite- und Risikovorgaben hergeleitet werden. Idealerweise erfolgt dieser Prozess bei den Investoren selbst, jedoch ist kaum ein institutioneller Investor – außer der Gruppe der Versicherungsgesellschaften – ausreichend professionell aufgestellt, um notwendige Ressourcen und Expertisen intern vorhalten zu können. Daher wird dieser Part vor allem von Consultants und Banken übernommen. Umso wichtiger ist es für den Anleger, darauf zu beharren, dass der Prozess transparent dargestellt wird, um die berühmte Black Box zu vermeiden. Denn die Festlegung der strategischen Allokation anhand der Rendite/Risiko-Parameter ist der entscheidende Schritt im gesamtem Asset-Management, der maßgeblich die später beobachteten Ergebnisse beeinflusst.

Die offene Darstellung der verwendeten Methodik lässt bei eigener Vertiefung der Kenntnisse hierüber auch eine Aussage über die Qualität der letztendlich ausgesprochenen Empfehlung seitens z.B. Consultants zu. Klassischerweise werden einfache Mean-Variance-Ansätze genutzt, die aber erheblich erweitert werden könnten – z.B. durch Ansätze von *Black/Litterman* oder *Sharpe/Tint*. Diese erweitern die einfachen Annahmen aus dem CAPM-Modell und führen so zu einer realistischeren Herangehensweise. Ohne auf die Methodik näher einzugehen, wird im nächsten Abschnitt diese Thematik noch einmal aufgegriffen.

3.2 Managerstrukturierung, Managerauswahl und Managercontrolling

Als weiterer entscheidender Schritt für ein erfolgreiches Asset-Management von institutionellen Anlegern gilt die Managerstrukturierung, die eng einhergeht mit dem Managercontrolling, der als letzter Schritt der Wertschöpfungskette hier definiert wurde.

Mittels der Managerstrukturierung wird oft versucht, mehrere Manager, auch der gleichen Anlageklasse, so zu verteilen, dass eine möglichst breit diversifizierte Mischung zustande kommt und damit das individuelle Managerrisiko wegdiversifiziert wird. In der Praxis ist jedoch oft zu beobachten, dass bei einer solchen Methodik sich die positiven, aktiven und negativen Renditen ausgleichen und letztlich ein passives

Management-Ergebnis verbleibt. Dies wird jedoch zu recht hohen Kosten erworben, da für jedes Mandat aktive Managementvergütungen zuzüglich ggf. vereinbarter performanceabhängiger Vergütungen zu bezahlen sind. Diese Erfahrungen gelten insbesondere für die vermeintlich sehr effizienten Anlagenklassen wie europäische Aktien, in denen positive, aktive Renditen konstant nahezu nicht erzielt werden können. Durch das zunehmend aggressive Marketing – insbesondere von ausländischen Fonds-Gesellschaften auf dem deutschen Markt – ließen sich ggf. einzelne Anleger dazu verleiten, stets neue Manager anzuheuern in der Hoffnung auf die Erzielung von aktiven Renditen. Oft wird dies im Rahmen von so genannten »Horse-Race«-Methoden praktiziert, nach denen nach vorgegebenen Zeiträumen der oder die schlechtesten Manager der internen Peer-Group regelmäßig ausgetauscht werden. Als effektiv hat sich dies aber bisher kaum herausgestellt, da – wie erwähnt – die anfallenden Kosten sehr hoch sind. Bei einem solchen Vorgehen wird die Renditebetrachtung in der Regel in den Vordergrund gestellt, ohne auf das Risikoverhalten des Managers im Detail einzugehen. Dabei wäre z.B. zu analysieren, ob aktiv erzielte Renditen über tatsächliche Selektionsfähigkeiten des Managers erzielt werden (Alpha) oder eher das systematische Risiko des Fonds erhöht wurde, um gewisse Marktphasen auszunutzen (Beta). Die Anwendung von simplen Peer-Group-Vergleichen führt daher aufgrund der erwähnten Gründe oft zu ineffizienten Resultaten.

Sinnvoller erscheint dagegen eine spezialisierte Struktur mit nur wenigen Managern für eine Anlageart, deren Methodiken sich eher möglichst ergänzen, als dass sie sich ähneln würden, um Kosten gering zu halten und optimalen Nutzen zu erzielen. Dort, wo kaum aktive Renditen durch Managementleistungen erwartet werden können, sollte konsequent eine passive Anlagestruktur gewählt werden. Zulässige Risiken eines Gesamtportfolios sollten dagegen in ineffizienteren Anlageklassen spendiert werden. In einer spezialisierten und limitierten Mandatsstruktur kommt entsprechend der Managerauswahl eine hohe Bedeutung zu. Aufgrund limitierter eigener Ressourcen beim Investor wird daher in der Regel auf die Expertise der Consultants zurückgegriffen, um den Entscheidungsprozess maßgeblich zu unterstützen. In Zusammenarbeit mit dem Consultant sollten dabei klare Zielkriterien für die jeweiligen Mandate definiert werden, auf deren Einhaltung im Controlling-Prozess geachtet werden muss.

Das Managercontrolling muss die Einhaltung aller zuvor getroffenen Entscheidungen sicherstellen. Da die zu erwartenden Renditen nahezu aller Anlageklassen niedriger ausfallen als in der Vergangenheit, ist dem Managercontrolling heutzutage sogar noch eher mehr Bedeutung zuzumessen als in der Vergangenheit. Um das Monitoring möglichst glaubhaft gestalten zu können, sollten klare Richtlinien intern und extern kommuniziert werden, die dem Monitoring-Prozess zu Grunde liegen. Zum einen sollten die gleichen Kriterien, die beim Auswahlprozess herangezogen wurden, fortwährend beobachtet werden, wie z.B. die Einhaltung eines konstanten Investment-Prozesses oder die Personalfluktuation. Des Weiteren sollten Aspekte definiert werden, die zum Austausch von Managern führen. Oft werden unbefriedigende Performanceergebnisse als Hauptgrund für den Wechsel von Asset-Managern angeführt. Dies ist jedoch kritisch zu beurteilen, da ähnlich wie z.B. bei einzelnen Aktienpositionen nachweisbar ist, dass im Durchschnitt die Verlierer der Vergangenheit die Gewinner der Zukunft sein werden. Die Analyse muss also tiefgründiger durchgeführt werden und mindestens Risikoanalysen ebenso umfassen wie eine Beurteilung der Investment-Prozesse. Gründe für den Wechsel von Managern könnten daher unbefriedigende Risikomanagementtechniken oder Investment-Prozesse bzw. der Weggang von kritischen Entscheidungsträgern im Investment-Team sein.

Ebenfalls ist darauf zu achten, dass die Überwachungsstrukturen nicht zu kurzfristig ausgelegt werden. Sie sollten mindestens so langfristig definiert sein, wie der zu beobachtende Prozess dauert. Gelegentlich zeigen sich die wahren Effekte eines Investment-Prozesses erst nach 1 bis 2 Jahren oder sogar noch später. Da die Prozesse schon bei der Auswahl bekannt sein sollten, darf nicht bei kurzfristig negativen Ergebnissen überstürzt gehandelt werden.

Sicherlich muss jeder Investor eigene Ansprüche und Standards entwickeln. Zur Wahrung eines konsistenten Investment-Prozesses bei den Investoren wird es jedoch kaum möglich sein, auf die externe Hilfe von Dienstleistern zu verzichten.

4 Aufgabentrennung in der Wertschöpfungskette

Im Gegensatz zu Versicherungsunternehmen oder Pensionskassen zählt das Asset-Management in Industriebetrieben in der Regel nicht zu den Kerngeschäften der jeweiligen Unternehmungen. Aufgrund der damit limitierten internen Ressourcen ist es oft nahezu unmöglich, alle Aufgabenfelder zur eigenen Qualitätsbefriedigung selbst zu managen.

Die Vergabe von Investment-Mandaten von Anlegern an Fonds-Gesellschaften ist die offensichtlichste Auslagerung von Aufgaben im Asset-Management. Dieser Prozess hat insbesondere in den 90er Jahren stattgefunden, was anhand des rasanten Anstiegs von Spezialfonds-Mandaten und Volumina nachvollzogen werden kann. Zweck der Auslagerung ist die Ausnutzung des überlegenen Wissenskapitals der Fonds-Gesellschaften – andererseits sind die Gelder damit der direkten Kontrolle der Anleger entzogen. Durch die entzogene direkte Kontrolle der Mittel entstehen Informationsasymmetrien zwischen den Beteiligten, die aus Sicht der Investoren zu ungewollten Aktionen des Investment-Managers führen können. Klassischerweise sei hier die Abwicklung von Handelstransaktionen erwähnt. Investment-Manager sind in der Regel – zumindest moralisch – verpflichtet, nach Best-Execution-Standards Handelstickets abzuwickeln, um optimalen Nutzen für das Mandat zu erzielen. Aufgrund oft fehlender Überwachungsmöglichkeiten des Anlegers wurde zumindest in der Vergangenheit dieser Grundsatz verletzt und wurden Handelstechniken im Interesse des Investment-Managers verfolgt – wie die Abwicklung von Tickets über die Mutterbank zu durchschnittlich deutlich höheren Kosten. Zahlreiche Studien von Consultants haben diese Vorgehensweisen eindrucksvoll belegt (s. Alpha Portfolio Advisors 2004).

Situationen, in denen Informationsasymmetrien entstehen, werden in der Literatur als Principal-Agent-Beziehungen charakterisiert. Die so genannte Principal-Agent-Theorie und die Spieltheorie befassen sich mit der Erklärung und Gestaltung solcher Beziehungen bzw. mit Lösungsansätzen, um die damit verbundenen Probleme lösen zu können. Die fehlenden Überwachungsmöglichkeiten können nur dadurch kompensiert werden, dass Anreizstrukturen geschaffen werden, um alle Parteien zur Kooperation zu zwingen. Andernfalls tendieren Institutionen zur individuellen Nutzenmaximierung, deren Lösung aber nie der optimalen Lösung im Sinne aller Beteiligten entsprechen kann. Anreizstrukturen können z.B. in Form von performanceabhängigen Gebührenstrukturen gestaltet werden. Bisher werden solche Verträge lediglich von Renditeergebnissen geprägt. Es wäre aber wünschenswert, wenn die zugrunde liegenden Risikoniveaus ebenso Beachtung finden.

Die von institutionellen Investoren geforderten transparenten Strukturen zur Vermeidung dieser potenziellen Konflikte sind kaum in eigener Regie herzustellen. Unterstützend dienen vor allem Asset-Consultants, Master-KAGs und Global Custodians. Alle erwähnten Gruppen haben sich in den letzten Jahren am deutschen Markt etabliert und dazu beigetragen, dass Prozesse im Asset-Management transparenter dargestellt werden können. Consultants unterstützen die Anleger in der Regel bei allen strategischen Fragestellungen (insbesondere im Asset-Liability-Management) bzw. der Auswahl der Geschäftspartner, während die Master-KAG und der Global Custodian die Abwicklung der täglich anfallenden Aktivitäten effizienter und transparenter gestalten.

Das rasante Wachstum des Asset-Consulting-Geschäfts seit Ende der 90er Jahre zeigt das gewaltige Potenzial des deutschen Marktes. Noch immer sind verkrustete Strukturen in Deutschland intakt, die auf Seilschaften, dem Hausbankprinzip oder schlicht nur Freundschaften basieren. Mit dem Wechsel der Führungspersönlichkeiten bei vielen institutionellen Anlegern kann aber ein spürbarer Wandel im Verhalten vernommen werden.

Wichtig ist zu vermerken, dass ebenso wie die Auswahl von externen Fonds-Gesellschaften auch die Auswahl der externen Dienstleister wie Consultants, KAG und Global Custodian durch einen objektiven Screening-Prozess erfolgen sollte. Aufgrund des Marktwachstums und des anhaltenden Marktpotenzials hat sich für jedes dieser Geschäftsgebiete ein umfangreicher Markt entwickelt, auf dem sich viele Marktanbieter mittlerweile spezialisiert haben.

Ebenso entscheidend ist zu betonen, dass externe Dienstleister lediglich unterstützend wirken können. Die Verantwortung für den gesamten Prozess wird immer bei den Investoren verbleiben. Deswegen ist es von größter Bedeutung, alle Prozesse und Strukturen im Detail zu verstehen, bevor Risiken eingegangen werden.

5 Kritische Würdigung der Produktvielfalt

Nur mit Hilfe der zuvor vorgestellten externen Dienstleister scheint es heute teilweise noch möglich, die umfangreichen und immer komplexeren Produktangebote von Fonds-Gesellschaften und Investment-Banken zu analysieren, zu differenzieren bzw. schlicht zu verstehen.

Die angebotene Produktvielfalt und Komplexität scheint aus dem Zwang der Anleger entstanden zu sein, neue Wege und Mittel zu suchen und zu finden, um notwendige Renditen zur Finanzierung der versprochenen Verpflichtungen realisieren zu können. In den Investment-Banking- und Asset-Managementeinheiten der Finanzindustrie werden zunehmend komplexere Strukturen geschaffen, um neue Anlagevarianten zu kreieren, die zukünftige Renditenachteile aus herkömmlichen Produkten ausgleichen sollen. Sicherlich werden z.B. in der Versicherungswirtschaft Garantiezinsen auf ein Maß gesenkt, das mit den herkömmlichen Anlageprodukten wie Renten und Aktien bewerkstelligt werden kann. Auf der anderen Seite scheinen diese Mittel aber nicht zu genügen, um Extra-Renditen, z.B. auf das Überschusskapital, zu generieren und dadurch komparative Wettbewerbsvorteile erzielen zu können.

Auf der Aktienseite sind Renditen zum Jahrtausendwechsel vorwiegend aufgrund eines übertriebenen Preiszuwachses erwirtschaftet worden. Das zugrunde liegende Wachstum der Unternehmenserträge hat diese Preisanstiege nicht gerechtfertigt. Konsequenterweise haben sich die Preise seit 2001 wieder den Unternehmensergebnissen angepasst, was die meisten Anleger schmerzhaft erfahren mussten. Die übertriebenen Kurszuwächse aus der Vergangenheit werden nicht so schnell zu wiederholen sein, da die Faktoren, die diese Entwicklung maßgeblich mitgeprägt haben, nicht wiederholbar sind, wie z.B. die überzogenen Ertragserwartungen aus dem Internetboom. Noch im Jahr 2005 sind die beobachteten P/E-Ratios, insbesondere in den USA, relativ hoch. Zukünftig erwartete Renditen aus Aktienanlagen werden daher allgemein im Vergleich zur Vergangenheit als geringer eingeschätzt. Mehrere Wissenschaftler vertreten daher die Ansicht, dass die beobachtete Aktienprämie aus der Vergangenheit (4 bis 5%) in Zukunft deutlich geringer ausfallen wird (max. 3%).

Auf der Rentenseite sind sehr hohe Renditen erzielt worden durch globale Zinssenkungen, die insbesondere in Europa durch den Weg zu einem einheitlichen Währungsraum gefördert wurden. Dies waren ebenfalls einmalige Ereignisse, die sich nicht wiederholen lassen. Mittlerweile ist Anfang 2005 ein Zinsniveau erreicht worden, das historisch niedrige Niveaus ausweist und nach der Consensus-Meinung kaum weiter sinken kann. Die Erzielung einer dauerhaften Rendite von 6% bei einer mäßigen Risikotoleranz ist damit heutzutage zu einer echten Herausforderung geworden.

Die Banken sind daher indirekt oder auch teils direkt von den Anlegern aufgefordert worden, Antworten auf diese Anforderungen der Kundenseite zu finden.

Oft scheint dabei seitens der Angebotsseite mit undurchsichtigen und komplexen Strukturen hantiert zu werden, die nur schwer nachvollzogen werden können bzw. die das scheinbar alte Gesetz, dass hohe Renditen auch mit höheren Risiken verbunden sind, versuchen auszuhebeln.

Für die Anlagen institutioneller Investoren sollte die klare Regel gelten, dass Investments nur vorgenommen werden können, wenn ausreichend transparent dargelegt werden kann, welche Chancen und Risiken vorgestellte Produkte und Produktstrategien aufweisen. Dies erfordert ein umfangreiches Verständnis der Produktart. Dieser Grundsatz basiert idealerweise zuvorderst auf eigenen internen Ansprüchen, kann aber ebenso getrieben sein von Offenlegungspflichten im Rahmen von Bilanzierungsnotwendigkeiten. Unter den US-GAAP-Offenlegungspflichten wie auch unter den IFRS-Bilanzierungsregeln gilt für Spezialfonds-Investments die Durchschaupflicht, soweit nicht eine Minderheitsbeteiligung vorliegt. Dies hat zur Folge, dass jede einzelne Anlage in den Fonds bilanziert werden muss. Dies fördert die Klarheit und Transparenz über die getätigten Investments als auch die Offenlegung von Chancen und Risiken. Sicherlich ist ein solcher Prozess zuweilen mühsam, aber er fördert die damit verbundenen Controlling-Aktivitäten. Träger der betrieblichen Alterssicherung – wie Pensionskassen – bilanzieren zwar größtenteils noch nach HGB, das weniger transparente Standards fordert, aber auch dies mag sich im Zuge der internationalen Harmonisierung zukünftig ändern. Zudem werden diese Anlegergruppen vom BAFin überwacht, das ähnlich transparente Strukturen – wenn auch nicht für die Öffentlichkeit – fordert.

Anleger sind daher schon von der Gesetzgebung indirekt prinzipiell gezwungen, im Detail zu verstehen, welche Chancen und Risiken die Positionen im Portfolio aufweisen, die sie sich von den Investment-Managern kaufen lassen.

Als klassisches Beispiel für diese Problematik sei die Anlageklasse Hedgefonds erwähnt, die seit geraumer Zeit in aller Munde ist. Während Produktarten wie Aktien oder festverzinsliche Wertpapiere allen Anlegern recht geläufig sein sollten, ist dies bei Hedgefonds kaum gewährleistet. Zumal diese Produktart sehr heterogen ist und sich unter diesem Begriff sehr unterschiedliche Strukturen verbergen. Im Grunde genommen sind die Bestandteile der Fund-of-Funds-Hedgefonds, über die meist in einer Asset-Allocation-Diskussion gesprochen wird, sehr unterschiedlich und oft nur Komplementärstrategien zu Anlageklassen der alten Welt. Beispielsweise seien hier Distressed Securities für Renteninvestments oder Long/Short-Strategien für Aktieninvestments genannt. Allen Strategien ist gemein, dass Marktineffizienzen ausgenutzt werden, um Renditen zu erzielen. Dies ist ehrenwert, aber macht die Vorhersage für verlässliche Renditen in der Zukunft unmöglich und historische Renditen unbrauchbar. Zusammengefasst ist diese Anlageklasse nur sehr schwer verständlich, kaum abbildbar durch Benchmarks und auch in der strategischen Asset Allocation nur schwer einzubauen. Generelle Annahmen zu Rendite/Risiko-Niveaus weisen dabei oft ein versprochenes Verhältnis aus, das wie bereits erwähnt, alte Marktgesetze scheinbar außer Kraft setzen soll. Werden diese Annahmen in einen Asset-Optimierer eingegeben, würde eine deutliche Bevorzugung von Hedgefonds stattfinden, die nicht gerechtfertigt werden könnte, da andere Parameter wichtig sind, die so noch vor einigen Jahren bei Asset-Allocationen nicht mit berücksichtigt wurden. Beispielsweise seien erwähnt: Operationale Risiken, Managerrisiken, Verteilungsannahmen etc. Anleger bzw. Investoren sollten deswegen hohe Ansprüche an die Optimierungsmethodik stellen, um verlässliche Resultate der Optimierung zu erhalten, denen vertraut werden kann.

Zumeist werden sowohl von der Bankenseite als auch von den Consultants klassische Mean-Variance-Ansätze verfolgt, die um stochastische Monte-Carlo-Szenarien und autoregressive Modelle erweitert werden. Je ausgefeilter die Optimierung aber auch sein mag, mindestens genauso entscheidend ist das Kapitalmarkt-Annahmen-Set, das der Optimierung zugrunde liegt. Es ist allgemein bekannt, dass kleine Änderungen in den Annahmen zu komplett verschiedenen Resultaten führen mögen. In der dargelegten Praxis wird diesem Wissensstand jedoch nur unzureichend Rechnung getragen. Dennoch existieren auch für dieses Problemfeld Lösungsansätze, die jedoch kaum allgemein bekannt sind, geschweige denn, dass sie angewendet werden würden. Beispielsweise seien hier die Ansätze des US-amerikanischen Wissenschaftlers Michaud genannt, der das Konzept der Resampled Efficient Frontier einführte. Dem liegt letztendlich die Idee zugrunde, dass wiederkehrende Optimierungen stattfinden unter variierenden Annahmen, um daraus eine konstante Efficient Frontier bzw. einen effizienten Raum zu bestimmen. Es ist jedoch auch nur allzu verständlich, dass ausgefeiltere Methoden nur sehr vereinzelt zu finden sind, weil diese hohe Anforderungen an Ressourcen wie Rechnerleistungen stellen bzw. an die Anwender bzgl. Bedienung und Anlernung. Zeit und Gelder zur Entwicklung solcher Lösungen sind jedoch oft nur sehr begrenzt verfügbar.

Institutionelle Anleger sollten daher Produkte und Lösungsansätze immer kritisch hinterfragen – nicht immer aber geschieht dies. Des Weiteren gilt diese Problematik bei weitem nicht nur für Hedgefonds, sondern kann nahezu ähnlich auf Produktarten übertragen werden wie Private-Equity-Investments, CDO-Strukturen, Leveraged Loans, Rohstoffinvestments oder auch in abgewandelter Form auf Total-Return-Produkte. Allen ist gemein, dass Produktideen komplizierter geworden sind, schwerer verständlich und schwerer abbildbar. Bei Total-Return-Produkten gilt eine ähnliche Argumentation. Diese garantieren zwar die Erzielung einer Mindestrendite, können aber selbstverständlich auch in Boomphasen den Aufschwung in der Regel nicht voll mitnehmen. Dies nutzt zwar vielen Anlegern gerade der Versicherungswirtschaft – was sich tatsächlich aber genau hinter diesen Produkten verbirgt, bleibt jedoch immer wieder zweifelhaft.

6 Zusammenfassung und Fazit

Sowohl Anleger als auch die Asset-Management-Industrie scheinen sich seit den Anfängen des neuen Jahrtausends in einem fortwährenden Transformationsprozess zu befinden. Dieser Prozess wird vorangetrieben durch den allgemeinen Trend zu globalisierten, integrierten Märkten. Bewirkt hat dies aber, dass in den herkömmlichen Märkten nur noch deutlich geringere Renditen zu erzielen sind als noch Jahre zuvor. Entsprechend ist die Methodik einer einfachen Asset-Allocation ohne eine zu Grunde liegende fundamentale Analyse heutzutage nicht mehr zeitgerecht. Zuvorderst ist die Anlegerseite aufgefordert, klarere eigene Anforderungen zu kommunizieren, um die Interessen des Unternehmens klarer zum Ausdruck bringen zu können. Darauf aufbauend sind sowohl unabhängige externe Dienstleister als auch die Investment-Management-Häuser selbst, gefordert, Produkte anzubieten, die den Anforderungen gerecht werden. Diese müssen – auch vor dem Hintergrund der Bilanzierungsanfordernisse – klar kommunizierbar und transparent sein. Einheitliche verifizierte Performancestandards wie die »GIPS Performance Presentation Standards«, die sich bisher nur sehr langsam durchsetzen, wären allgemein wünschenswert. Im Zuge einer globalisierten Welt und offenerer Märkte fördert dieser Prozess neue Ideen und bietet ausländischen Anbietern gute Chancen, sich mit qualitativ ausgefeilten Produkten am Markt zu etablieren. Das noch Ende des 20. Jahrhunderts vorherrschende Hausbankmodell in Deutschland wird zunehmend auslaufen.

Institutionelle Investoren sollten offen für neue Produktideen sein, aber darauf beharren, die zu Grunde liegenden Prozesse nachvollziehen und selbst abbilden zu können. Bei Gewährleistung dieser Ansprüche werden alle Akteure profitieren und Renditen erwirtschaften können, die den Anforderungen gerecht werden. Dabei ist es aber auch für die Anleger in einem fairen Prozess wichtig zu verstehen, dass die angestrebten Renditen niedriger ausfallen sollten als in der Vergangenheit. Die

Betrachtung historischer Renditen wird für die Zukunft kaum wegweisend sein können, da sich die fundamentalen Grundlagen entscheidend geändert haben. Niedrigere Inflationsraten, niedrige Zinsniveaus oder auch gesunkene Wachstumsraten für Unternehmensgewinne lassen zukünftig zu erwartende Renditen eher niedriger ausfallen als realisierte Renditen in der Vergangenheit. Dieses Verständnis wird wichtig sein, um vernünftige Annahmen im Investment-Prozess zugrunde zu legen, die mit plausiblen und verständlichen Produkten dauerhaft über die Zeit erreicht werden können.

Literatur

Dr. Dichtl, H. (2004): Hedge Fonds verlangen neue Wege bei der Portfoliokonstruktion, in: Portfolio Institutionell, Ausgabe 5 (Oktober), S. 46–48.

Dr. Dr. Heissmann GmbH: Investorenstudie 2004.

Dr. Kesy, C./Leopold, H. (2005): Transaktionskosten: Das Unvermeidliche darf für den Anleger nicht zum Übel werden, in: Portfolio Institutionell, Ausgabe 2 (April), S. 50–53.

Dr. Kleeberg, J./Dr. Schlenger, C. (2002): Die Rolle von Consultants im Rahmen der Spezialfondsanlage, in: Handbuch Spezialfonds, Hrsg: Kleeberg/Schlenger, 2000, S. 871–898.

Dr. Kleeberg, J./Dr. Schlenger, C./Dr. Johanning, L. (2003): Transaktionskosten und Best Execution im Aktienfondsmanagement, in: Handbuch Asset Allocation, Hrsg: Dichtl/Kleeberg/Schlenger, S. 459–498.

Michaud, R. (2004): Why Mean-Variance Optimisation isn't Useful for Investment Management; www.newfrontieradvisors.com.

Siegel, JJ.: The Shrinking Equity Premium, in: Journal of Portfolio Management, Frühjahr 1999, S. 10–16.

Anforderungen der Consultants: Überlegungen und Kriterien zur Managerauswahl im Rahmen der Formulierung der Anlagestrategie

Hartmut Leser

Der Autor erklärt ausdrücklich, dass die dargestellten Interpretationen und Meinungen ausschließlich seine persönliche Auffassung wiedergeben.

1 Die Formulierung einer optimalen Anlagestrategie

Institutionelle wie private Anleger, die ihre Kapitalanlage durchdacht und erfolgsorientiert organisieren möchten, durchlaufen einen mehrstufigen Entscheidungsprozess, der im Folgenden kurz skizziert werden soll. Besonderes Augenmerk verdient dabei der Aspekt der Entscheidung für ein bestimmtes Mischungsverhältnis zwischen Aktiv- und Passiv-Management sowie insbesondere die konkrete Auswahl von aktiven Managern für die einzelnen Asset-Klassen innerhalb des Gesamtportefeuilles des Anlegers. Letzteres gehört zu den anspruchsvollsten Aufgabenstellungen im Rahmen der Formulierung einer gesamthaften Anlagestrategie.

Obwohl die Festlegung aller einzelnen Bestandteile einer Anlagestrategie für einen bestimmten Planungshorizont streng genommen, d.h. aus theoretischer Sicht, eine so genannte simultane Problemstellung ist, hat die hohe Komplexität dieser Fragestellung in Verbindung mit der mangelnden Quantifizierbarkeit vieler Teilprobleme in der Praxis zu einer stufenweisen Vorgehensweise geführt, die mit einem sehr begrüßenswerten Gewinn an Überschaubarkeit und Nachvollziehbarkeit einhergeht.

Der erste Schritt, den der Anleger gemäß diesem Denkschema gehen sollte, ist die Festlegung eines geeigneten langfristigen Asset-Mix für sein Portfolio, der letztlich an die Zielsetzungen des Investors – also beispielsweise an die Konsumpläne von Privatinvestoren oder die Finanzierung von in der Zukunft liegenden finanziellen Versprechungen bei institutionellen Investoren – die Chancen und Risiken der Finanzmärkte sowie verschiedene, vom Investor selbst formulierte und gegebenenfalls aufsichtsrechtliche Restriktionen angepasst sein sollte. Das Instrumentarium, das dem Anleger in der Praxis zur Bewältigung dieser Aufgabenstellung zur Verfügung steht, reicht – je nach der Vielschichtigkeit des Problems – von umfangreichen Asset-Liability-Studien mittels komplexer stochastischer Simulationsrechnungen bis hin zur in vielen Fällen ebenfalls angemessenen Anwendung des gesunden Menschenverstandes in Verbindung mit einigen Plausibilitätsberechnungen. Abgesehen von der problemadäquaten Anwendung der zur Verfügung stehenden Techniken – im Wesentlichen eine Frage der Ausbildung – besteht der in diesem Zusammenhang am häufigsten begangene Fehler im mangelnden Augenmaß für den erforderlichen Aufwand zur Bestimmung der optimalen strategischen Asset Allocation: In der Praxis wird genau so oft unzulässig vereinfacht wie mit »Kanonen auf Spatzen« geschossen wird. Beides führt zu unkorrekten Ergebnissen, die dem Investor nicht helfen.

Das Ergebnis der ersten Stufe des Vorgehens ist eine für einen bestimmten, häufig sehr langfristigen Zeitraum geltende strategische Asset-Allocation im Sinne eines im Zeitablauf durchschnittlichen optimalen Asset-Mix. In einigen Fällen, wie z.B. bei Institutionellen mit momentan niedriger Risikofähigkeit, ist es angemessen, anstatt einer fixen Asset-Allocation eine optimierte, dynamische Allokationsstrategie festzulegen, die mit dem aktuellen Asset-Mix startet und eine bestimmte (erwartete) Zielallokation am Ende des Planungshorizontes erreicht. Eine dynamische Strategie kann beispielsweise auch bedeuten, dass eine Überlagerung der jeweiligen Asset Allocation mit einem taktischen Element durchaus sinnvoll sein kann. Dieses könnte beispielsweise in einem CPPI-gesteuerten oder durch aktive Taktikmanager verwalteten Overlay bestehen.

Die zweite Stufe in der Gestaltung der Gesamtanlagestrategie des Investors besteht in der Auswahl geeigneter Manager, die für die jeweiligen Anlageklassen ausgewählt werden. Obwohl im Rahmen des oben skizzierten stufenweisen Vorgehens logisch hinter der Asset-Liability-Überlegung angesiedelt, ist dieses Problem weder einfach zu lösen, noch quantitativ vernachlässigbar. Daten aus dem Spezialfonds-Bereich deuten darauf hin, dass etwa der durchschnittliche Aktienfonds im langjährigen Durchschnitt und bei wohlwollender Interpretation des Datenmaterials eine Unterperformance gegenüber seiner jeweiligen Benchmark von gut 100 Basispunkten p.a. aufweist. Noch dramatischer stellt sich die Lage für den privaten Investor dar, der bei Publikumsfonds mit in der Regel höheren Kosten belastet wird. Hier liegt bei Aktienprodukten der langjährige Durchschnitt der Unterperformance häufig bei mehreren Prozent p.a.

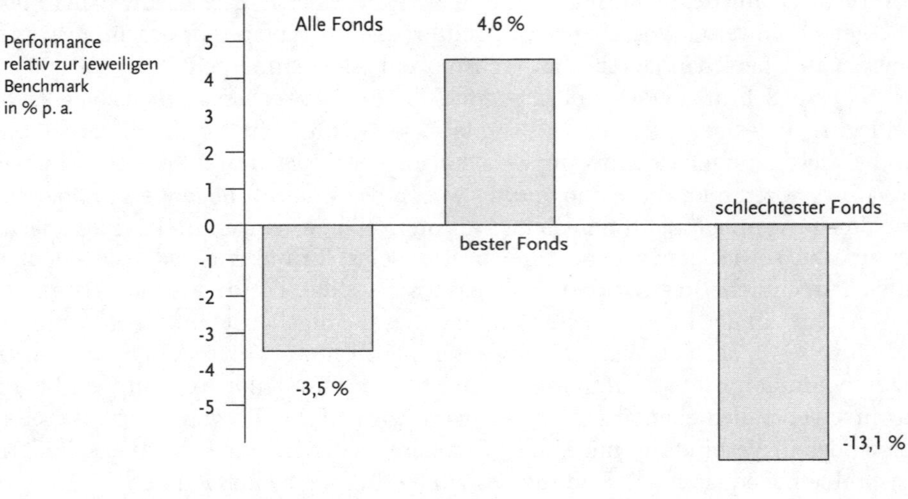

* Performance-Durchschnitte für den 5-Jahreszeitraum 2000–2004. Alle in Deutschland zum Vertrieb zugelassenen reinen Aktienpublikumsfonds. Ohne Berücksichtigung von Ausgabeaufschlägen.

Abb. 1: Beispiel Empirische Evidenz über die relative Performance von Publikumsfonds

Die in den strategischen Überlegungen unterstellten langfristigen Durchschnittsrenditen für die einzelnen Anlageklassen mögen so zwar für die jeweiligen Benchmark-Indizes erreicht werden. Oft genug muss sich jedoch der Investor mit Weniger zufrieden geben, weil seine aktiven Manager über lange Zeiträume hinweg unterperformen. Der richtige Umgang mit dem Thema Managerauswahl ist deswegen sowohl für Privatinvestoren als auch für Institutionelle oft von entscheidender Bedeutung und nimmt in der Praxis häufig mehr Zeit und Ressourcen in Anspruch als die strategische Planung für das Gesamtvermögen.

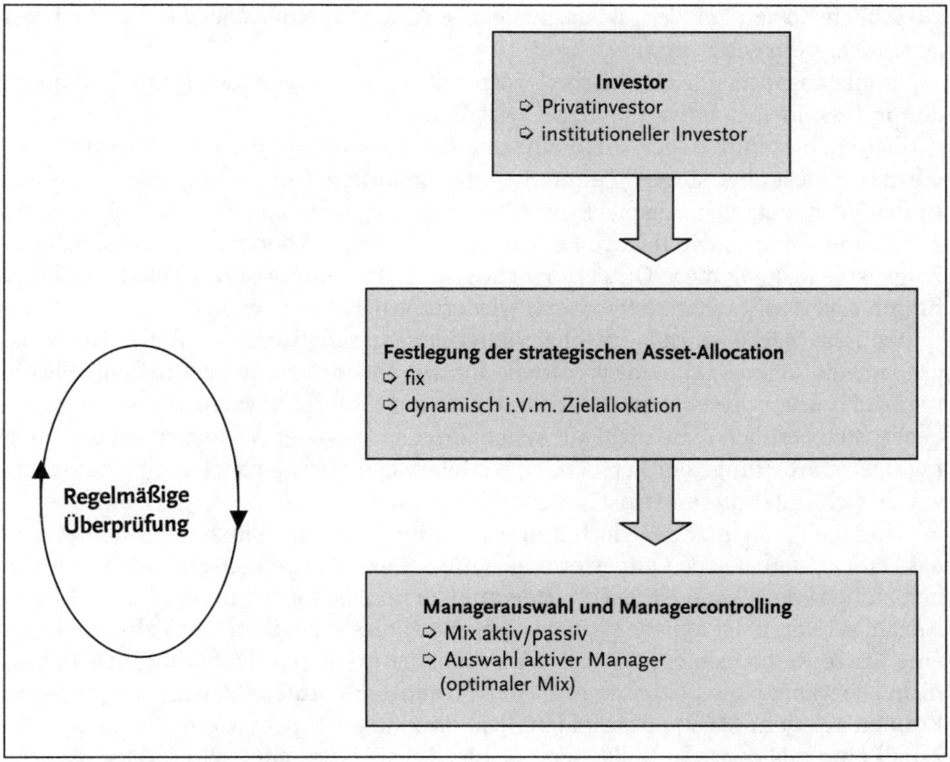

Abb. 2: Vorgehen bei der Formulierung einer optimalen langfristigen Anlagestrategie

Wie im Bereich Asset-Liability-Management ziehen vor allem institutionelle Investoren zur Bewältigung dieser Problematik häufig Consultants heran, die sich auf die Auswahl und das Controlling von externen Managern spezialisiert haben. Im weiteren Verlauf der Ausführungen soll skizziert werden, welche Überlegungen und Instrumentarien dem Investor bzw. seinem Consultant zur Verfügung stehen, und welche Anforderungskriterien daraus für die Auswahl von Managern abzuleiten sind.

2 Grundsätzliche Überlegungen zur Managerauswahl: Markteffizienz

Der erste logische Schritt bei der Managerauswahl ist die Beantwortung der Frage nach dem Grad der Markteffizienz, den man unterstellen will. Dabei hat das Phänomen Markteffizienz eine weit über die übliche Lehrbuchdiskussion hinausreichende praktische Bedeutung für den Investor: Zunächst lässt sich mit einfachen arithmetischen Mitteln zeigen, dass die Summe aller Unter- und Überperformances über alle Marktteilnehmer hinweg unter den günstigsten Bedingungen – nämlich keine Managementgebühren und Handelskosten – in jedem Zeitraum Null sein muss. Die Überperformance des einen ist die Unterperformance des anderen. Da jedoch tatsächlich Kosten anfallen, ist das kollektive Anlageergebnis aller Marktteilnehmer gegenüber dem Index negativ.[1]

Es gibt ausreichende empirische Evidenz, die diese Aussage auch für die Teilmenge der professionellen aktiven Manager bestätigt.

Dennoch könnte es natürlich einzelne Manager geben, die eine systematische, d.h. zumindest über längere Zeiträume hinweg positive Outperformance aufweisen. In der Tat finden sich Beispiele von Managern, die auch über mittlere und längere Zeiträume eine positive relative Performance vorweisen können. Die entscheidende Frage ist jedoch, ob diese Outperformance auf Zufallseinflüsse (»Glück«) zurückzuführen und damit nicht systematisch wiederholbar ist oder nicht.

Sind die Märkte vollständig effizient, ist es nicht möglich, mit Hilfe aktiver Anlageentscheidungen systematisch Vorteile für den Investor zu erwirtschaften. Obwohl man auch unter dieser Voraussetzung Über- und Unterperformance von Managern beobachtet, beruhen diese nicht auf systematischen Vor- oder Nachteilen bei der Informationsverarbeitung. Der Versuch, eine erfolgreiche Managerselektion zu betreiben, würde sich unter diesen Umständen erübrigen.

Sind die Finanzmärkte jedoch hinreichend informationsineffizient, bedeutet dies, dass eine systematische Outperformance nur schwer zu erzielen, aber nicht unmöglich zu bewerkstelligen ist. Dies würde implizieren, dass es zumindest eine kleinere Anzahl erfolgreicher aktiver Manager gibt. Nach dieser Logik müssen aber ebenfalls eine ganze Reihe weniger qualifizierter Manager existieren. Der Grund dafür, dass nicht alle weniger qualifizierten Anbieter von aktivem Portfolio-Management mangels Kunden aus dem Markt ausscheiden, liegt darin, dass bei der Wertpapieranlage der Zufall eine relativ große Rolle spielt. In der Praxis ist es eher schwierig – oft auch für die Manager selbst – Zufallseinflüsse und systematische Vor- oder Nachteile bei der Verarbeitung und Umsetzung kursrelevanter Informationen auseinander zu halten.

Hinzu kommt, dass auch weniger qualifizierte Häuser über motivierte Marketingabteilungen verfügen können, die sich die mangelnde Unterscheidbarkeit zwischen Zufallsergebnissen und systematischer Leistung bei ihrer Akquisitionstätigkeit instinktiv zunutze machen.

Die theoretische Vorstellung hinter dem Konzept der Markteffizienz entspricht durchaus in etwa den Rahmenbedingungen, unter denen reale Portfolio-Manager operieren müssen: Fast jeder Investmentansatz (z.B. fundamental, quantitativ, taktische Asset-Allocation) wird in einem weltweiten Markt von jeweils hunderten miteinander konkurrierender Managementhäuser praktiziert, die alle auf der Grundlage öffentlich zugänglicher und damit identischer Informationen, einer ähnlichen Vorgehensweise und mit ähnlich hochmotivierten und bestens ausgebildeten Mitarbeitern arbeiten. Ist es unter diesen Umständen plausibel, dass einige wenige Manager systematisch besser sind als andere? Ist dies nicht der Fall, lohnt es sich für den Investor nicht, die Kosten für aktives Management zu tragen. Die überlegene Strategie ist unter diesen Bedingungen die möglichst kostengünstige Nachbildung des jeweiligen Marktes/Index im Portfolio des Investors, d.h. passives Management.

---

1 In diesem Zusammenhang stellt sich natürlich die Frage nach der Sinnhaftigkeit von kostenfreien Benchmarks.

Falls der Grad der Informationseffizienz nicht vollständig ist und somit Raum für erfolgreiches aktives Management existiert, gibt es sowohl längerfristig erfolgreiche als auch systematisch erfolglose Manager, wobei die letzteren durch die objektiven Schwierigkeiten für alle Beteiligten, Zufallseinflüsse und ein tatsächlich positives Alpha auseinander zu halten, geschützt werden. Unter diesen Umständen kann es für den Investor lohnend sein, sich auf die Suche nach aktiven Managern mit einem positiven Alpha zu machen, da er bei Erfolg über längere Zeiträume hinweg mit einer über dem jeweiligen Marktsegment (Benchmark) liegenden Investmentperformance rechnen kann.

3 Grundsätzliche Überlegungen zur Managerauswahl: Unsicherheit über den Grad der Markteffizienz

Vor diesem Hintergrund stellt sich für den Praktiker die Frage, von welcher der beiden alternativen Grundprämissen er ausgehen soll: von praktisch effizienten Märkten und aktivem Management als eindeutiger Verliererstrategie oder von hinreichend ineffizienten Märkten und der damit verbundenen Chance, erfolgreiche Manager finden zu können. Leider können bis heute weder die reine Finanztheorie noch die Empirie diese Frage eindeutig beantworten. Selbst die heutzutage gegebene große Verfügbarkeit von Performance- und Managerdaten i.V.m. sehr leistungsfähigen Auswertungsmethoden führt zu keinem eindeutigen Ergebnis. Es gibt sowohl Untersuchungen, die die Existenz systematischer Outperformer infrage stellen, als auch solche, die zum gegenteiligen Schluss kommen. Diese unsicheren Umstände, unter denen der Investor zu einer Entscheidung Pro oder Kontra aktives Management gelangen soll, erinnern ein wenig an die Ausgangslage beim Pascal'schen Gottesbeweis.

Obwohl die Unschärfe zwischen systematischen und zufälligen Einflüssen auf die Managerperformance eindeutige Schlüsse für die Lösung des Problems der Investoren nicht zulässt, gibt es eine Reihe von grundsätzlichen Überlegungen, die die Existenz systematisch erfolgreicher Manager vermuten lässt. Geht man davon aus, dass die Gewinnung und vor allem die intelligente und marktgerechte Verarbeitung von kursrelevanten Informationen im Fonds-Management nicht wie in der klassischen Kapitalmarkttheorie kostenfrei ist, sondern Mühe verursacht und dass es im Fonds-Management historisch oder anderweitig gewachsene »Begabungsunterschiede« zwischen verschiedenen Managementhäusern gibt, erscheint es durchaus plausibel, dass auch systematische Leistungsunterschiede zwischen ihnen existieren. Dies müsste umso mehr gelten, als es Manager gibt, die sich auf die Auswertung einer relativ kleinen Teilmenge aller finanzmarktrelevanten Informationen fokussieren, d.h. sich einem bestimmten Investmentstil verschreiben, und somit im Wettbewerb mit den anderen Marktteilnehmern auf Spezialisierungsvorteile bauen können. Dass solche Effekte bei einer Minderheit der Manager zu einem systematischen Vorteil gegenüber den Wettbewerbern im gleichen Marktsegment und damit zu einem längerfristigen Outperformancepotenzial führen, ist nicht nur theoretisch[2] einsichtig, sondern entspricht

2 Siehe z.B. Grossman, S.J./Stieglitz, J.E. (1980): On the Impossibility of Informationally Efficient Markets, in: American Economic Review, 70. JG., Nr. 3, S. 393–408.

auch der allgemeinen Erfahrung, dass Begabungs- und Spezialisierungsvorteile in allen Lebensbereichen existieren.

Selbst unter diesen eher ermutigenden Umständen müssen die erfolgreichen Anbieter von aktivem Management mühsam gesucht werden, da der bekannterweise große Einfluss von zufälligen Faktoren auf die Investmentperformance die eindeutige Identifikation von Managern mit einem »value added« eindeutig erschwert. Für Investoren macht es also dann Sinn, nach erfolgreichen Managern Ausschau zu halten, wenn

- Manager mit längerfristigem Outperformancepotenzial existieren (hohe, aber nicht vollständige Markteffizienz) und
- Instrumentarien existieren, die mit einiger Verlässlichkeit eine gewissen Trennschärfe zwischen Zufallseinflüssen und systematischem Outperformancepotenzial herstellen können, d.h. bei der Identifikation erfolgreicher Manager hilfreich sein können.

Die beste praktische Strategie resultiert unter diesen insgesamt unsicheren Bedingungen für den Investor aus folgenden Überlegungen und führt zu einem seinen Grundannahmen über die Markteffizienz entsprechenden Mischungsverhältnis zwischen Aktiv- und Passivmanagement:

- Tatsache ist und bleibt, dass es einen eindeutigen Beweis für die Berechtigung von aktivem Management nicht gibt. Genau so wenig ist das Gegenteil beweisbar.
- Verwirft der Investor weder die These von der vollständigen Markteffizienz noch die These von der Existenz erfolgreicher Manager i.V.m. der Möglichkeit, diese zu finden, ist es rational, gleichzeitig auf aktives und passives Management zu setzen.
- Um die Erfolgschancen bei der Suche nach erfolgreichen, aktiven Managern zu maximieren, d.h. Selektionsfehler zu vermeiden, sollten nur diejenigen Anbieter ausgewählt werden, bei denen der Grad der Überzeugung von deren Qualität sehr hoch ist. Manager, die nur »ordentlich« aufgestellt sind, tragen ein zu hohes Unterperformancerisiko in sich.
- Das Mischungsverhältnis zwischen aktivem und passivem Management sollte umso mehr dem Passivmanagement zuneigen, als die (fast) vollständige Markteffizienz oder die Unwirksamkeit des Suchens nach erfolgreichen Managern für wahrscheinlich gehalten wird.

Das gewählte Mischungsverhältnis zwischen aktivem und passivem Management kann natürlich von Asset-Klasse zu Asset-Klasse, je nach Einschätzung der unter dem letzten Unterpunkt genannten Einflussfaktoren im jeweiligen Marktsegment, variieren. So gibt es beispielsweise Investoren, die im Aktienbereich 20 – 30% der Investments passiv anlegen, wohingegen bei festverzinslichen Papieren ohne Kreditrisiken zu 100% passiv investiert wird, weil dort ein sehr geringes Ausmaß an Marktineffizienz erwartet wird.

In jedem Fall gilt es festzuhalten, dass der gewählte Mix zwischen Aktiv- und Passivmanagement im jeweiligen Marktsegment von der Überzeugung bzw. Erfahrung des Investors oder seines Consultants abhängt, inwieweit die Finanzmärkte strukturelle, d.h. längerfristig nutzbare Marktineffizienzen bieten und mit welcher Konfidenz es möglich ist, erfolgreiche Manager zu identifizieren.

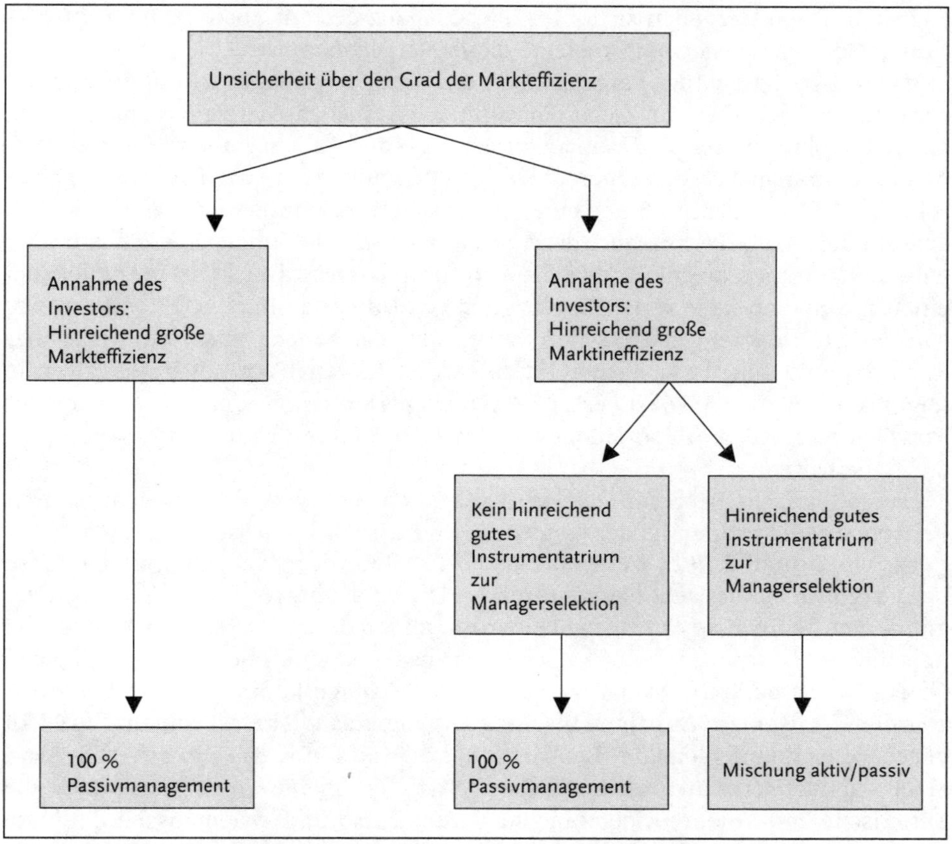

Abb. 3: Mischungsverhältnis aktives/passives Management bei Unsicherheit über den Grad der Markteffizienz

4 Die Suche nach Outperformern: die Methoden der Consultants

Im Folgenden sollen die verschiedenen Instrumente zur Identifikation erfolgreicher Manager dargestellt und analysiert werden. Es sollen einige mögliche Instrumente bzw. Kriterien dargestellt und auf ihre Eignung hin geprüft werden, Anbieter von aktivem Portfolio-Management treffsicher zu beurteilen.

Die im Bereich der Managerauswahl etablierten Methoden können grob in zwei Kategorien eingeteilt werden.

4.1 Quantitativ gestützte Performance-Analyse/Analyse des Track-Record

Die quantitative Analyse ist sicherlich ein unerlässliches Instrument bei der Beurteilung von aktiven Managern. Allerdings weist sie einen entscheidenden Nachteil auf: die Performanceanalyse kann sich naturgemäß immer nur auf die Vergangenheit beziehen. Daraus ergeben sich – bei aller Eleganz des analytischen Instrumentariums – die grundlegenden Probleme dieser Vorgehensweise:

Die Analyse der in der Vergangenheit erzielten Performance kann nur begrenzt zum Auseinanderhalten von Zufallseinflüssen und systematischer Performanceleistung beitragen, obwohl dies ihr Hauptanspruch ist. Am deutlichsten wird diese Problematik, wenn man sich vor Augen führt, wie lang eine historische Performancereihe sein muss, wenn man im Sinne eines statistischen Tests mit einiger Verlässlichkeit eine auf die relative Performance des Managers abzielende Nullhypothese überprüfen will. So kann man beispielsweise die Vermutung, ein aktiver Manager erziele bei einer Information-Ratio von 0,3 im langfristigen Durchschnitt eine Outperformance von 1% p.a., im streng statistischen Sinne selbst dann nicht verwerfen, wenn über 6 Jahre hinweg eine tatsächliche Unterperformance von 1% p. a. gemessen wurde (Signifikanzniveau: 95% oder besser). Kaum ein performance- oder zahlenorientierter Praktiker würde einem Spezialfonds nach 5 oder 6 Jahren Unterperformance noch die Treue halten.

Dieses einfache Rechenbeispiel verdeutlicht das Dilemma der rein quantitativen Performancebewertung: Ist der historische Track-Record sehr lang, kann man zwar in statistisch signifikanter Weise eine Gütebeurteilung des Managers abgeben. Diese beruht jedoch auf der sehr häufig unrealistischen Annahme, dass sich die Faktoren, auf denen die relative Performance beruht, also z.B. der Investmentstil oder die personellen Ressourcen, bis zum gegenwärtigen Zeitpunkt nicht verändert haben. Da gerade die deutsche Managerlandschaft seit einigen Jahren stark im Umbruch begriffen ist, ist diese Annahme insbesondere hierzulande in fast keinem Einzelfall gegeben. Ist andererseits der Beobachtungszeitraum kürzer, kann zwar eher von einer Stabilität der Strukturen beim Manager ausgegangen werden, jedoch reicht die empirische Performanceevidenz nicht aus, um Zufall und systematische Einflüsse mit der erforderlichen Trennschärfe auseinander zu halten.

So nützlich die quantitative Performanceanalyse als erste Näherung an die Managerbeurteilung ist, so sollte sie aus diesen Gründen aber auch nicht überschätzt werden. Sie kann für eine umfassende Eignungsprüfung von Managern wichtige Hinweise liefern, sollte aber auf jeden Fall durch qualitative Auswahlkriterien ergänzt werden.

4.2 Qualitative Analyse von aktiven Managern/Ressourcenanalyse

Letztlich geht es bei der Managerselektion um die Frage, welche Anbieter künftig eine positive systematische Outperformance erwarten lassen, auch wenn die tatsächliche Performance den unvermeidlichen kurzfristigen Zufallseinflüssen unterworfen ist. Wenn die obige Aussage korrekt ist, dass die Finanzmärkte in den meisten Segmenten ziemlich, aber nicht vollständig effizient sind und dass hervorragend aufgestellte Manager durchaus ein Potenzial zur längerfristigen Outperformance besitzen, dann kann das künftige Potenzial dieser Manager auch durch eine Art »Fundamentalanalyse der Anbieter« bewertet werden. Ziel ist es dabei, aus der sachlichen und personellen Ausstattung eines Fonds-Anbieters, seinen organisatorischen Strukturen und dem praktizierten Investmentansatz sowie aus seiner Produktpalette auf seine künftige Leistungsfähigkeit zu schließen.

Im ersten Schritt geht es darum, möglichst viele Informationen über den Anbieter zu sammeln, um ein möglichst umfassendes, fundamentales und inhaltliches Verständnis für den Investmentansatz und die dahinter stehende Ressourcenbasis des Managers zu entwickeln. Ein erster Schritt ist dabei häufig die Bearbeitung eines maßgeschneiderten Fragebogens durch den Manager, der wichtige Aspekte, wie z.B. den genauen Aufbau des Investmentprozesses bis hin zu den Lebensläufen der leitenden Mitarbeiter des Hauses, abdeckt.

Der nächste Schritt besteht typischerweise darin, den so entstandenen ersten Eindruck im intensiven Gespräch mit dem Anbieter und insbesondere mit leitenden Vertretern des Portfolio-Managements zu verifizieren. Am Ende dieses Teilschrittes sollte auf jeden Fall ein klares inhaltliches Verständnis der Vorgehensweise des Anbieters, seines Investmentstils und seiner Ressourcen sowie insgesamt seines Stärken-/Schwächen-Profils bestehen.

Um als Investor/Consultant aus diesem möglichst vollständigen fundamentalen Bild der Verhältnisse beim Manager die richtigen Schlüsse ziehen zu können, müssen die gewonnenen Informationen mit einer positiven Modellvorstellung eines Managers mit Outperformancepotenzial abgeglichen werden. Dieser Maßstab für die Bewertung der gewonnenen Informationen über den Manager kann von Marktsegment zu Marktsegment variieren und kann letztlich nur aus den Erfahrungen und Überzeugungen über die Struktur des Marktsegments und die Funktionsweise von erfolgreichem aktivem Management resultieren.

Die im Rahmen eines solchen Abgleichs betrachteten fundamentalen Teilaspekte werden in Abbildung 4 anhand eines Beispiels für die Auswahl von Aktienmanagern verdeutlicht.[3]

Der Nutzen, den eine solche Ressourcenanalyse für den Investor erbringen kann, hängt ganz entscheidend von der Prognosekraft dieser Qualitätskriterien ab. Die falschen Kriterien führen zur Auswahl der falschen Manager. Die Formulierung der richtigen Gütekriterien sowie deren Abwägung gegeneinander beruht typischerweise auf langjähriger Erfahrung mit den Anbietern von aktivem Management und deren innerer Struktur sowie auf den neuesten wissenschaftlichen Erkenntnissen aus dem Manager-Research.

3 Quelle: FERI Institutional Management Segregated Accounts Survey 2003.

Erfolgsfaktoren im Aktienmanagement (Beispiel):

- Systematik des Investmentprozesses
- Qualität der Timing-Entscheidungen
- Qualität der Titelselektion
- Qualität der taktischen Asset-Allocation
- Qualität des Personals im Portfolio-Management
- Personelle und organisatorische Stabilität
- Qualität des Primär-Research
- Konsequenz in der Umsetzung getroffener Entscheidungen

Abb. 4: Beispiel für Erfolgsfaktoren beim qualitativen Managerresearch

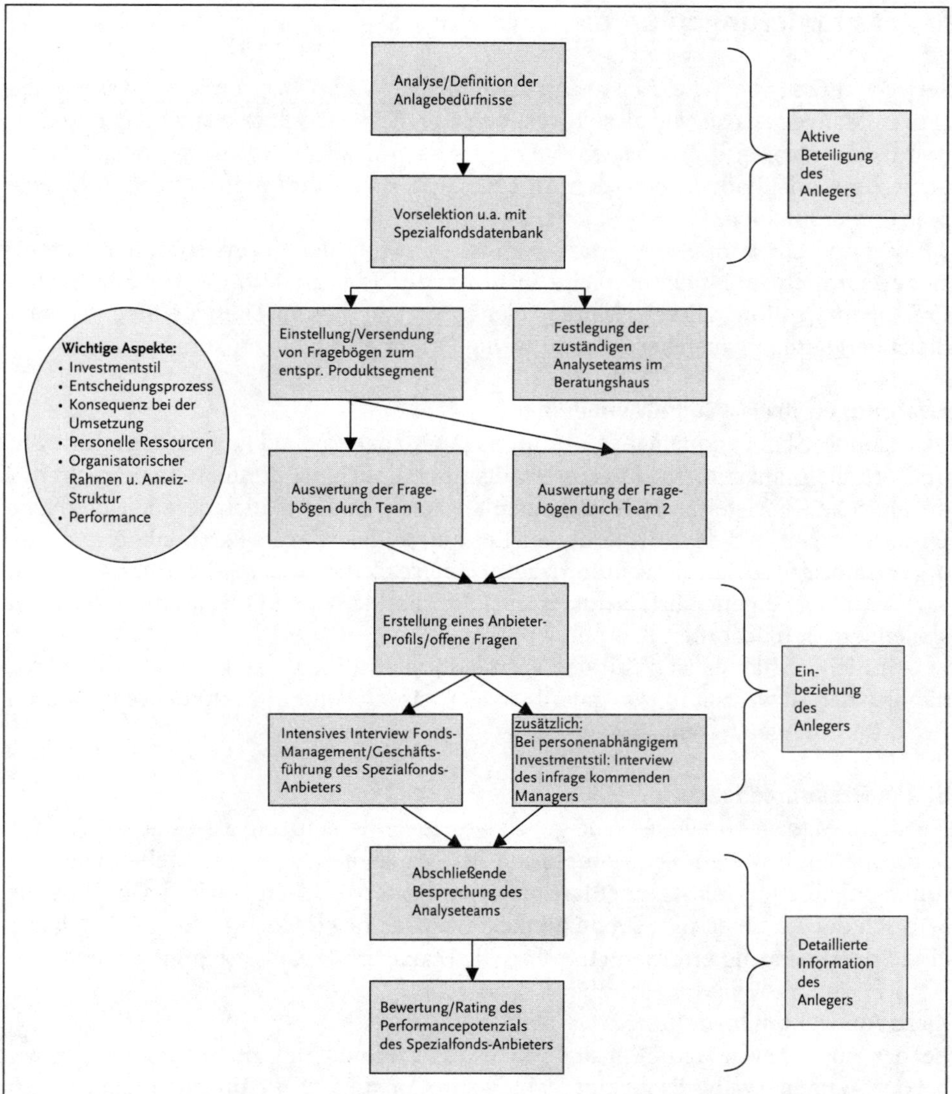

Abb. 5: Beispiel für einen Managerselektionsprozess durch einen Consultant

5 Anforderungen an die Consultants

Letztlich müssen sich die Consultants an ähnlichen Maßstäben messen lassen wie die aktiven Manager, da sie wie diese Investitionsmöglichkeiten (hier: Manager) beurteilen und die Investoren ihnen bis zu einem gewissen Grad ihr Vermögen anvertrauen. Schlechte Consultants kosten den Anleger Geld, da sie ihm mehrheitlich erfolglose Manager empfehlen.

Wie im Falle von aktiven Managern ist es wegen der Komplexität der Materie sicherlich nicht möglich, einfache Kriterien zur Identifikation von erfolgreichen Consultants zu formulieren. Dennoch kann man zu diesem Thema einige Plausibilitätsüberlegungen anstellen, die ein wenig Orientierung bieten können:

Erfahrungen im Portfolio-Management

Insbesondere bei der qualitativen Prüfung von Managern sind konkrete Erfahrungen im Portfolio-Management für Consultants unerlässlich, da diese Methode nicht nur die logische Konsistenz von Managementansätzen, sondern auch deren erfolgreiche Umsetzbarkeit mit der vorhandenen Ressourcenbasis (z.B. Personalausstattung, organisatorischer Rahmen) hinterfragt. Letzteres kann unseres Erachtens nur auf der Grundlage eigener Erfahrungen im Portfolio-Management mit einer zufrieden stellenden Treffsicherheit beurteilt werden.

Ähnlich verhält es sich mit der Vermeidung eines klassischen Auswahlfehlers, nämlich der Verwechslung von guter Managerpräsentation mit überdurchschnittlichen Performanceergebnissen.

Starke Ressourcenbasis

Nicht nur Manager brauchen eine gut ausgestattete Ressourcenbasis, wenn sie erfolgreich operieren wollen. Die Komplexität der Managerauswahl, die Vielfalt von sehr unterschiedlichen Managementansätzen und Asset-Klassen sowie der brennende Wunsch der Anbieter, ihre Produkte zu verkaufen, macht auch bei den Consultants eine Spezialisierung erforderlich, wenn die Managerauswahl erfolgreich sein soll.

Klare Auswahlphilosophie

Bei der Auswahl von Managern sind genauso klar formulierte Kriterien erforderlich wie bei der Aktienauswahl. Es genügt nicht, wenn Consultants die üblichen Fragen nach dem Investmentprozess, dem Track Record etc. stellen und anschließend über kein eindeutiges Bewertungsschema verfügen, um die richtigen Schlüsse zu ziehen.

Klar formulierte Auswahlkriterien für Manager mit einer hohen (Performance-) Prognosekraft können jedoch nur auf der Grundlage einer umfassenden Philosophie über die Funktionsweise von Finanzmärkten und Managern entstehen. Um diesen Kriterien im Rahmen der Auswahlpraxis wirklich zur Anwendung zu verhelfen, muss diese Philosophie fest in der Firmenkultur verankert sein.

Long-Run Asset Class Returns

Elroy Dimson/Paul Marsh/Mike Staunton

Die Autoren erklären ausdrücklich, dass die dargestellten Interpretationen und Meinungen ausschließlich ihre persönliche Auffassung wiedergeben.

1 Introduction

This chapter summarises evidence on the long-run performance of the main North American, Asian, European and African financial markets that have existed since the beginning of the twentieth century. We present and analyse a 105-year history of asset returns for 17 countries and five asset categories.

This contribution relies heavily on our book, *Triumph of the Optimists*, published by Princeton University Press. In that volume, we analyse over a century of asset returns, estimate the historical equity risk premium, introduce new evidence on international diversification, and research many strategic investment issues. We have also published our research in recent issues of *Financial Analysts Journal*, *Journal of Portfolio Management* and *Journal of Applied Corporate Finance*.

The underlying data are now distributed through Ibbotson Associates of Chicago, and are increasingly used for researching long-term investment strategy. Using this database, we provide an update on the long-run returns on stocks, bonds, bills and inflation that are reported in *Triumph of the Optimists*. A detailed analysis for each country, covering 1900 to 2005, appears in the *Global Investment Returns Yearbook 2005* (»GIRY«).

We begin in section 2 by reviewing the relative market capitalizations of the countries in this study. Section 3 examines stock market returns around the world, while section 4 updates the long-term record on bonds, bills, and inflation. Section 5 presents long-run evidence on dividends and growth, while section 6 covers the equity risk premium. Section 7 concludes.

2 World markets

Figure 1 shows the relative sizes of world equity markets at the end of December 2004. It is based on free-float market capitalizations for the investable universe for an international investor, as defined by FTSE International for their FTSE All-World index. The chart indicates that the US market is dominant, with 51% of total world equity value. The United Kingdom (9.8%) is the second largest, followed by Japan (8.6%), France (4.1%), and Germany (3.0%).

The light shading in Figure 1 shows the combined value of the 17 countries for which we have a 105-year back-history. 11 countries are shown separately, while 6 smaller markets, Belgium, Denmark, Ireland, South Africa, Sweden and Norway, each accounting for under 1% of world capitalization, are grouped as »Other GIRY«. The dark shading shows the combined value of all other world markets. The 17 countries for which we have data make up over 92% of world market capitalization.

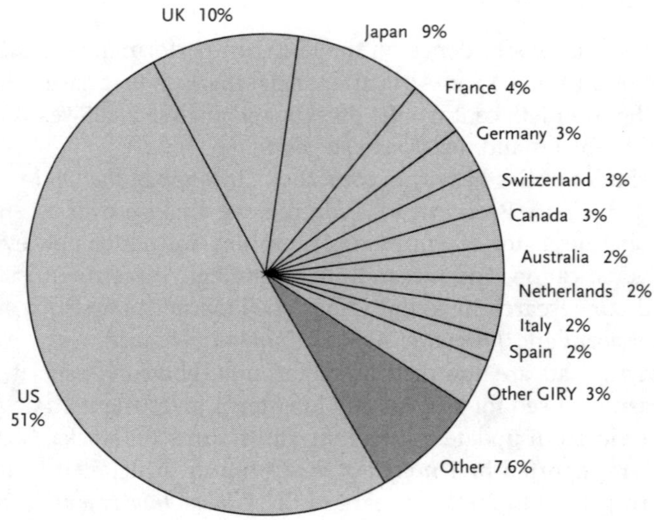

Source: Nomura and FTSE International, FTSE All-World-Review, December 2004

Fig. 1: Relative sizes of world stock markets, December 31, 2004

3 Long-run equity returns

Figure 2 shows annualized real equity and bond returns over the last 105 years for the 17 countries in our long-run database. Countries are shown in ascending order of equity market performance. Without exception, equities were the best performing asset class. The real return was positive in every country, typically at a level of 4–6%.

Real bond returns were generally lower and more mixed. While in most countries they were positive, Figure 2 indicates that 5 countries experienced negative returns. These countries were also among the worst equity performers. Mostly, this poor performance dates back to the first half of the twentieth century, and these were the countries that either lost major wars, or were most ravaged by war and civil strife. These same countries also had periods of high or hyperinflation, typically associated with wars and their aftermath. Despite this, over the full 105-year period, there were only 3 bond markets that gave a higher real return than the *worst* performing 2 equity markets. Over the long haul, equities have clearly performed best.

Until our research appeared, the US market was the only reliable source of long-run returns data. Previously, therefore, investors around the world had tended to base future projections on US evidence. We, and many others have cautioned on the dangers of this, since the US economy has been such an obvious growth and success story. Figure 2 provides the evidence to set this debate in context. It shows that while US stocks performed well, it was not the top performer (South Africa, Sweden and Australia did better, and Canada was similar). Nor were US returns especially high relative to the worldwide average, measured in inflation-adjusted dollar terms (denoted in Figure 2 by »Wld$«). The chart shows that over the last 105 years, the best performing equity markets tended to be resource-rich and/or new world countries, while the worst markets were those most afflicted by wars and civil conflict (Belgium, Italy, Germany, France, Norway, Spain and Japan). Switzerland, Ireland, Denmark, the Netherlands and the UK were towards the middle of the distribution of stock market returns.

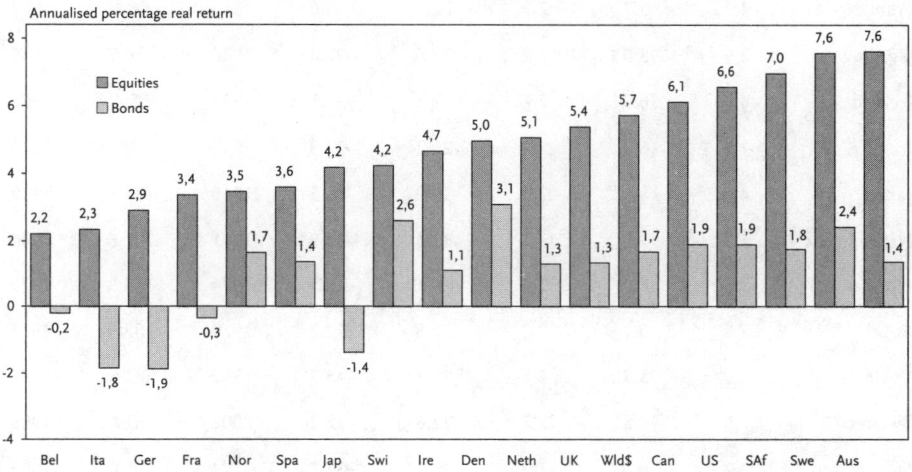

Source: Dimson, Marsh and Staunton, GIRY, ABN AMRO/LBS,2005; and Triumph of the Optimists, Princeton University Press, 2002.

Fig. 2: Real returns on equities versus bonds internationally, 1900–2004

Over the long run, equities performed better than bonds, bills and inflation in all 17 countries. It would be worrying if this were not the case, as equities are substantially riskier than bonds or bills. Figure 3 shows comparative historical data on equity risk. The UK's standard deviation of 20.0% places it alongside the US (20.3%) at the lower end of the risk spectrum, ranking fourth after Canada, Australia, and Switzerland. The »world« portfolio (based on our 17 countries) has a standard deviation of just 17.4%, showing the risk reduction obtained from international diversification. The highest volatility markets were Germany, Japan, and Italy, which were the countries most seriously affected by the depredations of war and inflation. Figure 3 also shows that, as one would expect, the countries with the highest standard deviations experienced the greatest range of returns, that is, the lowest minima and the highest maxima.

Country	Geometric mean %	Arithmetic mean %	Standard error %	Standard deviation	Minimum return %	Min year	Maximum return %	Max year
Australia	7.6	9.1	1.7	17.7	–38.1	1952	51.5	1983
Belgium	2.2	4.4	2.2	22.1	–35.9	1974	100.5	1940
Canada	6.1	7.4	1.6	16.8	–32.0	1974	55.2	1933
Denmark	5.0	6.6	2.0	20.1	–28.6	1974	107.8	1983
France	3.4	5.7	2.2	22.6	–38.6	1947	66.1	1954
Germany	2.9	8.0	3.2	32.6	–90.8	1948	154.6	1949
Ireland	4.7	6.9	2.2	22.2	–53.1	1974	68.4	1977
Italy	2.3	6.4	2.8	29.2	–72.9	1945	120.7	1946
Japan	4.2	8.9	2.9	30.0	–85.5	1946	121.1	1952
Netherlands	5.1	7.0	2.1	21.3	–34.9	1941	101.6	1940
Norway	3.5	6.0	2.4	24.1	–48.5	1974	114.8	1979
South Africa	7.0	9.1	2.2	22.5	–52.2	1920	102.9	1933
Spain	3.6	5.7	2.1	21.9	–43.3	1977	99.4	1986
Sweden	7.6	9.8	2.2	22.6	–37.2	2002	90.3	1905
Switzerland	4.2	6.0	1.9	19.6	–37.8	1974	59.4	1922
UK	5.4	7.3	2.0	20.0	–57.1	1974	96.7	1975
United States	6.6	8.5	2.0	20.3	–38.0	1931	56.8	1933
World	5.7	7.1	1.7	17.4	–34.5	1931	70.0	1933

Source: Dimson, Marsh and Staunton, GIRY, ABN AMRO/LBS, 2005.

Fig. 3: Real (inflation-adjusted) equity returns around the world, 1900–2004

Bear markets underline the risk of equities. Even in a lower volatility market such as the UK, losses can be huge. During the 1973–74 bear market, UK equities fell by 71% in real terms, and in a single year, 1974, the real return was -57% (see Figure 3). At the start of the twenty-first century, just after publication of the first edition of our study, equity markets gave another timely reminder about risk. When the bottom of the three-year bear market was reached in March 2003, US stocks had fallen 45% from their start–2000 level, UK equity prices had halved, and German stocks had fallen in price by two-thirds.

The substantial gains since then helped mitigate these losses, but as the top row for each country in Figure 4 shows, twenty-first century real equity returns remain negative in 10 of the 17 countries. The Figure shows that over 2000-04, bonds beat equities (and bills) in every country except Australia, where equities prevailed. In contrast, the 1990s was a golden age. Inflation fell from the high levels seen in the 1970s and the late 1980s. This lowered interest rates and bond yields. Meanwhile, expected profits growth accelerated. This led to strong performance from both equities (except in Japan) and bonds, as the middle row for each country in Figure 4 shows. Indeed, except for German, US and Dutch bonds, and South African equities and bonds, the Figure highlights the fact that the real returns on all 3 asset classes in all 17 countries were lower during 2000-04 than they were during the 1990s.

		Annualized real return (% per year)				
Countries	**Period**	**Equities**	**Bonds**	**Bills**	**Inflation**	**Best**
Australia	2000 – 2004	5.9	4.8	1.4	3.4	Equities
	1990 – 1999	9.0	10.1	5.1	2.3	Bonds
	1900 – 2004	7.6	1.4	0.6	3.9	Equities
Belgium	2000 – 2004	0.3	6.2	1.3	2.0	Bonds
	1990 – 1999	9.1	7.8	4.0	2.1	Equities
	1900 – 2004	2.2	-0.2	-0.4	5.5	Equities
Canada	2000 – 2004	1.2	6.7	1.1	2.4	Bonds
	1990 – 1999	8.3	8.9	4.3	2.1	Bonds
	1900 – 2004	6.1	1.9	1.6	3.1	Equities
Denmark	2000 – 2004	4.3	6.9	1.7	1.9	Bonds
	1990 – 1999	7.5	8.9	5.5	2.1	Bonds
	1900 – 2004	5.0	3.1	2.3	4.0	Equities
France	2000 – 2004	–4.9	7.5	1.4	1.9	Bonds
	1990 – 1999	11.6	8.9	4.7	1.9	Equities
	1900 – 2004	3.4	-0.3	–3.0	7.5	Equities
Germany	2000 – 2004	–9.1	6.7	1.7	1.6	Bonds
	1990 – 1999	9.9	5.6	3.5	2.4	Equities
	1900 – 2004*	2.9	–1.9	-0.4	5.0	Equities
Ireland	2000 – 2004	2.6	4.2	-0.6	3.9	Bonds
	1990 – 1999	11.8	8.1	5.4	2.4	Equities
	1900 – 2004	4.7	1.1	0.7	4.4	Equities
Italy	2000 – 2004	–3.8	5.6	0.8	2.5	Bonds
	1990 – 1999	6.4	9.8	1.7	4.1	Bonds
	1900 – 2004	2.3	–1.8	–3.9	8.8	Equities
Japan	2000 – 2004	–6.5	3.8	0.6	-0.4	Bonds
	1990 – 1999	–5.2	7.4	1.8	1.1	Bonds
	1900 – 2004	4.2	–1.4	–2.0	7.4	Equities

Countries	Period	Annualized real return (% per year) Equities	Bonds	Bills	Inflation	Best
Netherlands	2000 – 2004	–10.9	6.1	0.8	2.5	Bonds
	1990 – 1999	17.8	6.0	3.3	2.4	Equities
	1900 – 2004	5.1	1.3	0.7	3.0	Equities
Norway	2000 – 2004	4.5	7.1	3.7	1.9	Bonds
	1990 – 1999	8.2	8.0	4.9	2.5	Equities
	1900 – 2004	3.5	1.7	1.8	3.8	Equities
South Africa	2000 – 2004	5.7	11.4	5.0	5.5	Bonds
	1990 – 1999	4.6	7.5	6.3	9.3	Bonds
	1900 – 2004	7.0	1.8	1.0	4.8	Equities
Spain	2000 – 2004	-0.9	4.4	0.0	3.3	Bonds
	1990 – 1999	12.2	8.9	4.7	4.0	Equities
	1900 – 2004	3.6	1.4	0.3	6.0	Equities
Sweden	2000 – 2004	–6.5	6.4	2.2	1.5	Bonds
	1990 – 1999	15.0	11.1	5.1	3.0	Equities
	1900 – 2004	7.6	2.4	2.0	3.7	Equities
Switzerland	2000 – 2004	–4.5	4.5	0.5	0.9	Bonds
	1990 – 1999	14.0	5.0	2.1	2.1	Equities
	1900 – 2004	4.2	2.6	0.8	2.4	Equities
United Kingdom	2000 – 2004	–4.9	3.0	2.0	2.6	Bonds
	1990 – 1999	11.2	9.3	4.4	3.5	Equities
	1900 – 2004	5.4	1.3	1.0	4.0	Equities
United States	2000 – 2004	–3.8	7.6	0.2	2.5	Bonds
	1990 – 1999	14.2	5.7	1.9	2.9	Equities
	1900 – 2004	6.6	1.9	1.0	3.0	Equities
World (USD)	2000 – 2004	–2.9	8.2	0.2	2.5	Bonds
	1990 – 1999	7.8	6.7	1.9	2.9	Equities
	1900 – 2004	5.7	1.7	1.0	3.0	Equities

* Bonds, bills and inflation for Germany over 1900–2004 exclude the years 1922–23.
Source: Dimson, Marsh and Staunton, GIRY, ABN AMRO/LBS, 2005.

Fig. 4: Real return on equities, bonds and bills: 2000-04 in perspective

However fascinating, the opening half-decade of this century has been unusual, and Figure 4 makes it clear that this brief interval provides no basis for generalising about returns. But going back a further decade to the excellent returns of the 1990s just confuses the picture. Golden ages, by definition, recur infrequently. In order to understand risk and return in the capital markets, we therefore need to examine much longer periods of history than five years, or even a decade. This is because stock markets are volatile, with considerable variation in year-to-year returns, and we therefore need long time series before we can make inferences.

An insight into the perspective that longer periods of history can bring is provided in the final row for each country in Figure 4. This shows the real returns for each asset class over our full back-history of 105 years. These 105-year returns are much less favourable than the returns in the 1990s, but equally, they contrast sharply with the disappointing returns over 2000-04. In doing so, they provide a reassuring reminder that, over the long run, the higher risk from investing in stocks has been rewarded.

4 Inflation, bills and bonds

In this section, we summarise the long-run evidence on inflation and on the returns and risks from investing in bills and bonds.

4.1 Inflation

Inflation was a major force over the twentieth century, and we clearly need to adjust investment returns for inflation. Figure 5 shows inflation rates around the world from 1900–2004. Prices did not rise steadily throughout the last century, and all countries experienced deflation at some stage in the 1920s and early 1930s. In the United States, consumer prices fell almost a third in the years after 1920 and did not regain their 1920 level until 1947. In more recent years, Japan, Hong Kong, China and Taiwan have seen some (mild) deflation, and even Europe and the US have been concerned about this issue.

Country	Geometric mean %	Arithmetic mean %	Standard error %	Standard deviation	Minimum return %	Min year	Maximum return %	Max year
Australia	3.9	4.1	0.5	5.4	−12.6	1921	19.3	1951
Belgium	5.5	5.9	0.9	9.2	−16.0	1921	38.8	1926
Canada	3.1	3.2	0.5	4.7	−15.8	1921	15.1	1917
Denmark	4.0	4.2	0.6	6.3	−15.1	1926	24.4	1940
France	7.5	8.2	1.2	12.6	−18.4	1921	65.1	1946
Germany*	5.0	5.8	1.5	15.5	-9.5	1932	209bn	1923
Ireland	4.4	4.7	0.7	7.1	−26.0	1921	23.3	1981
Italy	8.8	11.4	3.5	35.9	-9.7	1931	344.4	1944
Japan	7.4	11.0	4.2	42.8	−18.7	1930	361.1	1946
Netherlands	3.0	3.1	0.5	4.9	−13.4	1921	18.7	1918
Norway	3.8	4.1	0.7	7.5	−19.5	1921	40.3	1918
South Africa	4.8	5.1	0.7	7.7	−17.2	1921	47.5	1920

Country	Geometric mean %	Arithmetic mean %	Standard error %	Standard deviation	Minimum return %	Min year	Maximum return %	Max year
Spain	6.0	6.2	0.7	7.1	–6.7	1928	36.5	1946
Sweden	3.7	3.9	0.7	7.4	–25.2	1921	40.6	1918
Switzerland	2.4	2.5	0.5	5.4	–17.7	1922	25.7	1918
UK	4.0	4.2	0.7	6.8	–26.0	1921	24.9	1975
United States	3.0	3.1	0.5	4.9	–10.6	1921	20.5	1918

* For Germany, the means, standard deviation, and standard error are based on 103 years, excluding 1922–23.
Source: Dimson, Marsh and Staunton, GIRY, ABN AMRO/LBS, 2005.

Fig. 5: Inflation rates around the world, 1900–2004

Figure 5 shows that over the last 105 years, there were 4 high-inflation countries, France, Italy, Germany, and Japan; 2 runners-up, Belgium and Spain; and 1 low-inflation country: Switzerland. The other countries fall in between with inflation of around 3–4% per year. Note that the true 105-year means and standard deviations for German inflation are much higher than Figure 5 shows, as the statistics omit the hyperinflationary years of 1922–23. Had we included these, the German arithmetic mean inflation rate over the 105 years would exceed 2 billion%.

After being the highest inflation country in the first half-century, Germany had the lowest inflation rate of any country after 1950. Several other countries, including the UK, moved in the opposite direction, from having comparatively low inflation to becoming relatively high inflation countries in the second half of the twentieth century. US inflation was also higher in the second half century, but was below the average of other countries in both halves. In many countries, inflation peaked during the 1970s, and thereafter was gradually brought under control.

4.2 Bill returns

Treasury bills are an important asset class since they tell us the return on cash, and provide a benchmark for the risk-free rate of interest. Figure 6 shows the annualized real returns on treasury bills, or equivalently, the *ex post* short-term real rate of interest, in the 17 countries over the period 1900–2004. Both UK and US investors earned an annualized real return of 1.0%. Over this 105-year period, investors in 5 countries, Germany, France, Italy, Belgium, and Japan, earned negative real returns on bills. For Germany, Figure 6 excludes 1922–23, and the situation is thus far worse than recorded in the Figure since, in 1923, German bill (and bond) investors lost everything, reminding us that, although we can generally regard short-dated government bills as risk-free, in extreme cases this may cease to be the case.

During the first half of the twentieth century, there was no discernible relationship between interest rates and inflation in the US or in the other countries examined. From the 1950s onward, however, there is generally a close relationship between the two. In every country there seems to have been a breakpoint in the real rate of interest at the end of the 1970s, with real rates since 1980 having been appreciably higher than from 1900–79. In the UK for example, the real interest rate was 0.1% from 1900–1979, compared with 4.1% from 1980–2004.

Country	Geometric mean %	Arithmetic mean %	Standard error %	Standard deviation	Minimum return %	Min year	Maximum return %	Max year
Australia	0.6	0.7	0.5	5.5	–15.5	1951	18.5	1921
Belgium	-0.4	0.0	0.8	8.3	–22.9	1926	25.6	1921
Canada	1.6	1.8	0.5	5.0	–12.5	1947	27.1	1921
Denmark	2.3	2.5	0.6	6.2	–15.8	1940	25.1	1921
France	–3.0	–2.5	1.0	9.8	–38.5	1946	29.7	1921
Germany*	-0.4	0.3	1.0	10.5	–100.0	1923	38.8	1924
Ireland	0.7	0.9	0.7	6.8	–15.5	1915	42.2	1921
Italy	–3.9	–2.7	1.2	11.8	–76.6	1944	14.2	1931
Japan	–2.0	-0.3	1.4	14.3	–77.5	1946	29.8	1930
Netherlands	0.7	0.8	0.5	5.1	–12.7	1918	19.6	1921
Norway	1.8	2.0	0.7	7.3	–25.1	1918	30.5	1921
South Africa	1.0	1.2	0.6	6.4	–27.8	1920	27.3	1921
Spain	0.3	0.5	0.6	6.0	–23.8	1946	12.6	1928
Sweden	2.0	2.2	0.7	7.0	–24.5	1917	42.7	1921
Switzerland	0.8	1.0	0.5	5.1	–16.5	1918	25.8	1922
UK	1.0	1.2	0.6	6.5	–15.4	1915	42.4	1921
United States	1.0	1.1	0.5	4.7	–15.1	1946	19.7	1921

* For Germany, the means, standard deviation, and standard error are based on 103 years, excluding 1922–23.

Source: Dimson, Marsh and Staunton, GIRY, ABN AMRO/LBS, 2005.

Fig. 6: Real interest rates around the world, 1900–2004

4.3 Bond returns

Taken as a whole, the 105 years from 1900–2004 were not especially kind to bond investors. Across all 17 countries, the average annualized government bond return was 1.0%. While this exceeds the return on cash by some 0.8%, bonds had much higher risk. As we saw from Figure 2, real bond returns were negative in 5 countries, Belgium, France, Germany, Italy, and Japan. German bonds performed worst, and the true position is even grimmer than revealed in Figure 7 since the statistics exclude 1922–23. In 1923, hyperinflation resulted in a total loss of –100% for German bond investors. In the UK, the annualized real bond return was 1.3%, while US bondholders did better with a real return of 1.9% per annum. These findings suggest that bond returns in many countries were below investors' prior expectations. The difference between expectations and subsequent experience was clearly greatest in the countries with the highest inflation.

Particularly in the first half of the twentieth century, many countries experienced extreme and disappointingly low returns arising from the ravages of war and extreme inflation. This was followed by a degree of reversal, with the countries experiencing the lowest returns in the first half of the twentieth century being among the best performing markets thereafter. Over the full period, Denmark, Switzerland, and Sweden had the highest real bond returns of 3.1, 2.6, and 2.4%, respectively. Figure 7 also shows that Swiss bonds had the lowest variability at just 8%.

Country	Geometric mean %	Arithmetic mean %	Standard error %	Standard deviation	Minimum return %	Min year	Maximum return %	Max year
Australia	1.4	2.2	1.3	13.4	–26.6	1951	62.2	1932
Belgium	-0.2	0.6	1.2	12.3	–30.6	1923	40.5	1958
Canada	1.9	2.4	1.0	10.5	–25.9	1915	41.7	1921
Denmark	3.1	3.7	1.2	11.9	–18.2	1919	50.1	1983
France	-0.3	0.6	1.3	13.2	–43.5	1947	35.9	1927
Germany*	–1.9	0.6	1.6	15.9	–100.0	1923	62.5	1932
Ireland	1.1	2.1	1.5	15.0	–34.1	1915	61.2	1921
Italy	–1.8	-0.5	1.4	14.4	–64.3	1944	28.7	1993
Japan	–1.4	1.5	2.0	20.7	–77.5	1946	69.8	1954
Netherlands	1.3	1.7	0.9	9.6	–18.1	1915	32.8	1932
Norway	1.7	2.4	1.2	12.5	–48.0	1918	62.1	1921
South Africa	1.8	2.3	1.0	10.6	–32.6	1920	37.1	1921
Spain	1.4	2.1	1.2	12.0	–30.2	1920	53.2	1942
Sweden	2.4	3.2	1.2	12.6	–36.7	1939	68.2	1921
Switzerland	2.6	2.9	0.8	7.9	–18.1	1917	37.7	1922
UK	1.3	2.3	1.4	14.3	–34.1	1915	61.2	1921
United States	1.9	2.4	1.0	9.9	–19.4	1918	35.1	1982
World	1.7	2.2	1.0	10.4	–26.8	1946	31.9	1932

* For Germany, the means, standard deviation, and standard error are based on 103 years, excluding 1922–23.

Source: Dimson, Marsh and Staunton, GIRY, ABN AMRO/LBS, 2005.

Fig. 7: Real bond returns around the world, 1900–2004

The average standard deviation of bond returns across all 17 countries was just below 13%. This compares with an average of some 23% for equity markets (see Figure 3) and around 7% for bills (see Figure 6). In the US, equities had a standard deviation of 20.3%, while bonds had a volatility of 9.9% and bills 4.7%. Clearly stocks are the riskiest asset class, and we noted above that stocks have beaten bonds in every single country. Similarly, bonds, which are less risky than equities, but riskier than bills, have beaten bills everywhere (except Germany). Our long-run findings thus provide strong support for one of the lasting laws of finance – the law of risk and return, and the notion that risk-bearing should carry an expected reward.

5 Dividend income and growth

We have seen that equity markets have performed well over the long run. But has the return been mostly attributable to price movements – capital gains and losses – or to dividend income? To be sure, on a day-to-day basis, investors' interest tends to focus largely on price and market movements. Indeed, over a single year, equities are so volatile that most of an investor's performance is attributable to capital gains or losses. Dividend income adds a relatively modest amount to each year's gain or loss.

5.1 Dividend income

While year-to-year performance is driven by capital appreciation, long-run returns are heavily influenced by reinvested dividends. The difference in terminal wealth arising from reinvested income is very large, as Figure 8 shows. The upper pair of lines show the total return from a policy of investing a pound (or dollar) in the UK (or US) equity market at the start of 1900, and reinvesting all dividend income. It shows that 105 years later, at the start of 2005, the valuation would have grown to 14,988 (or 17,545) times the initial investment.

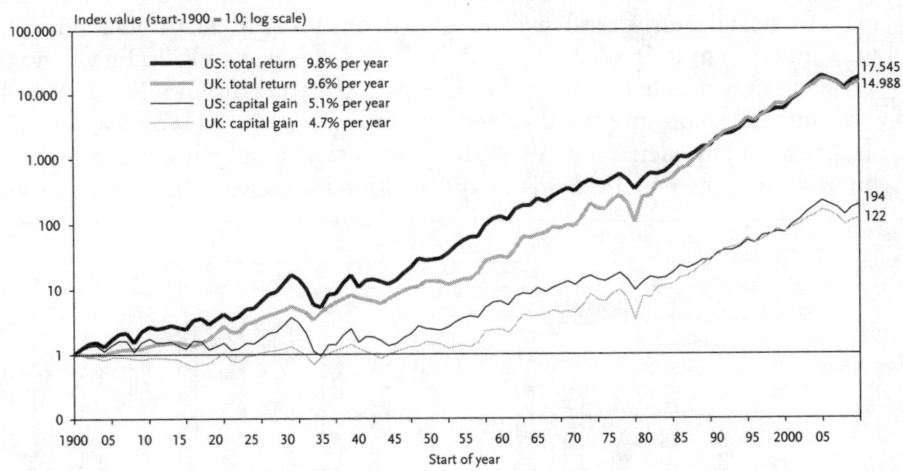

* Returns are nominal and in local currency.
Source: Dimson, Marsh and Staunton, GIRY, ABN AMRO/LBS, 2005; and Triumph of the Optimists, Princeton University Press, 2002.

Fig. 8: Impact of reinvested equity dividends on cumulative returns, 1900–2004*

The lower pair of lines in Figure 8 shows the return obtained by a hypothetical trust fund that paid out all of its income to beneficiaries, rather than reinvesting dividends. This line, which simply plots capital gains, shows that the initial investment would have grown to just 122 pounds (or 194 dollars) by the start of 2005. Put another way, a portfolio of British or American equities, with dividends reinvested, would have grown to around a hundred times the value it would have attained if dividends had been spent or squandered.

The longer the investment horizon, the more important is dividend income. For the seriously long-term investor, the value of a portfolio corresponds closely to the present value of dividends. The present value of the (eventual) capital appreciation dwindles greatly in significance.

5.2 Dividend growth

Given the importance of reinvested income, it is interesting to examine the time path of dividends. The availability of total returns as well as capital gains allows us to construct long-run dividend indices for each country. To abstract for inflation, we convert these to real terms. The dark bars in Figure 9 show the annualized real dividend growth rates for the 17 countries and the world index over 1900–2004. Countries are ranked from left to right in ascending order of real dividend growth.

Figure 9 shows that real dividend growth has been rather lower than is often assumed. Between 1900 and 2004, UK dividends grew at an annualized rate of 0.5%. This was enough to ensure that the UK ranked seventh highest out of the 17 countries. Growth rates varied greatly across countries, ranging from 2.7% in Sweden to –2.9% in Japan. In most countries, real dividend growth was lower in the turbulent first half of the twentieth century. Over this period, real dividends generally declined, and the real dividend growth rate on the world index was -0.6% per annum. From 1900–49, only 5 countries had positive real dividend growth, namely, the US, Canada, Australia, South Africa, and Sweden. From 1950–2004, real dividend growth was positive in all 17 countries, and the real dividends on the world index grew by 2.5% per annum.

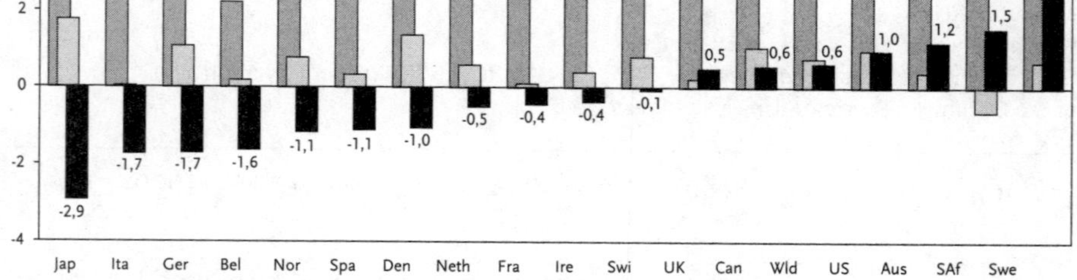

Source: Dimson, Marsh and Staunton, GIRY, ABN AMRO/LBS, 2005; and Triumph of the Optimists, Princeton University Press, 2002.

Fig. 9: Real dividend growth around the world, 1900–2004

We would expect to find a positive relationship between a country's equity market performance and its real dividend growth since over sufficiently long intervals, higher equity returns will be associated with higher corporate profits, which in turn are likely to lead to higher dividends. Many other factors are at work, such as shifts in payout ratios and changes in the required return on equities, and so the relationship will be less than perfect.

This is confirmed by comparing the light bars in Figure 9, showing the real return on equities, with the dark bars that portray real dividend growth. Clearly, there is a strong relationship between the two (the correlation is 0.85). The top 6 countries in terms of real dividend growth are also (but with a somewhat different ranking) the 6 best performing equity markets, while many of the worst performers, such as Belgium, Italy, and Germany, had large negative dividend growth.

But there are partial exceptions. Danish equities had roughly average real returns, despite a negative dividend growth rate of –1.0% per year. Similarly, Japan had the lowest dividend growth rate of –2.9%, but was by no means the worst performing equity market. Insights into the reasons for this are provided by a comparison of dividend yields over time.

The grey bars in Figure 9 summarise the extent to which yields have changed over time. The height of the bars shows the annualized change in the price/dividend ratio (the reciprocal of the yield) from 1900–2004. Over the last 105 years, dividend yields have fallen (price/dividend ratios have risen) in every country except South Africa, which was in a wartime situation at the start of the twentieth century.

There are two possible explanations for this fall in yields. First, it may represent a re-rating of equities – there may have been a downward shift in the capitalization rate or an upward shift in future growth expectations. Second, the average payout ratio may have fallen so that investors now receive less of their return from dividends. *Triumph of the Optimists* provides evidence on – and a detailed discussion of – these alternatives. In our book, we conclude that equities have enjoyed a re-rating over this period, but that in some countries, especially the US, there have been important changes in distribution policy, so that we also need to take account of the impact of repurchases as well as cash dividends.

Dividends and dividend growth estimates play a key role in valuation and valuation models. The dividend-discount model, for example, asserts that the price of a stock, or the level of an index, must be equal to the present value of future dividends. It is important that projections of future dividend growth rates build on global evidence from as long an interval as possible.

6 The equity risk premium

One of the most important contemporary issues in finance is the magnitude of the equity risk premium, the incremental return that investors require from holding risky equities rather than risk-free securities. The risk premium is, by definition, a forward-looking measure, but its likely future magnitude is typically inferred from long-run historical data. In adopting this procedure, financial economists are generally making the implicit assumption that the historical risk premium, measured over many decades, offers an unbiased estimate of the future premium, provided the data are of sufficient quality.

This section therefore provides an update on the long-run historical equity risk premia for the 17 countries and the world index over the 105-year period from 1900–2004. These annualized premia are plotted in Figure 10, where countries are ranked by the equity premium relative to bonds, displayed as bars. The line-plot presents each country's risk premium relative to bills. More detailed statistics on the equity risk premium relative to bills and bonds are shown in Figures 11 and 12.

Over the entire 105-year period, the annualized (geometric) equity risk premium, relative to bills, was 5.5% for the United States and 4.3% for the United Kingdom. Averaged across all 17 countries, the risk premium relative to bills was 4.5%, while the risk premium on the world equity index was 4.7%. Relative to long bonds, the story is similar. The annualized US equity risk premium relative to bonds was 4.6% and the corresponding premium for the United Kingdom was 4.0%. Across all 17 countries, the risk premium relative to bonds averaged 3.8%, while for the world index it was 4.0%. Because the United States is toward the middle of the distribution, the risk premium for the world index (»Wld«) is close to the premium for the world ex-US (»WxUS«).

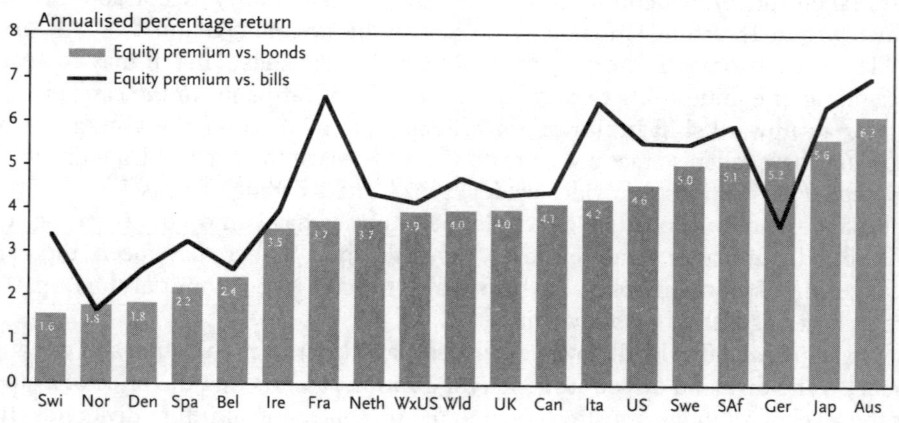

Source: Dimson, Marsh and Staunton, GIRY, ABN AMRO/LBS, 2005; and Triumph of the Optimists, Princeton University Press, 2002.

Fig. 10: Worldwide annualized equity risk premia relative to bonds and bills, 1900–2004

Our estimates, presented in Figures 11 and 12, are lower than frequently quoted historical averages such as the Ibbotson Associates Yearbook values for the United States, and the earlier Barclays Capital and CSFB studies for the United Kingdom. The differences arise from bias in previous index construction for the UK and, for both countries, from our use of a long time frame (1900–2004) that incorporates the earlier part of the twentieth century as well as the opening years of the new millennium. Our global focus also results in rather lower risk premia than hitherto assumed.

Country	Geometric mean %	Arithmetic mean %	Standard error %	Standard deviation	Minimum return %	Min year	Maximum return %	Max year
Australia	7.0	8.4	1.7	17.1	–30.2	1974	49.2	1983
Belgium	2.6	4.8	2.3	23.1	–35.6	1931	120.6	1940
Canada	4.4	5.7	1.6	16.7	–34.7	1931	49.1	1933
Denmark	2.6	4.2	1.9	19.7	–32.0	1992	95.3	1983
France	6.6	9.0	2.3	23.8	–33.3	1931	78.7	1941
Germany*	3.6	8.9	3.3	33.6	–88.6	1948	131.4	1949
Ireland	4.0	5.9	2.0	20.4	–49.8	1974	72.0	1977
Italy	6.5	10.4	3.1	32.2	–48.6	1945	150.3	1946
Japan	6.4	9.5	2.7	27.7	–48.3	1920	108.6	1952
Netherlands	4.4	6.4	2.2	22.4	–35.0	2002	126.7	1940
Norway	1.7	4.0	2.3	23.2	–47.6	1974	106.9	1979
South Africa	5.9	8.0	2.1	22.0	–33.9	1920	106.2	1933
Spain	3.2	5.3	2.1	21.5	–38.6	1977	98.1	1986
Sweden	5.5	7.7	2.2	22.1	–38.6	2002	85.1	1905
Switzerland	3.4	5.0	1.8	18.7	–37.0	1974	54.8	1985
UK	4.3	6.0	1.9	19.9	–54.6	1974	121.8	1975
United States	5.5	7.4	1.9	19.7	–44.5	1931	57.1	1933
World	4.7	6.1	1.6	16.8	–41.4	1931	70.4	1933

* All statistics for Germany are based on 103 years, excluding 1922–23.
Source: Dimson, Marsh and Staunton, GIRY, ABN AMRO/LBS, 2005.

Fig. 11: Worldwide equity risk premia relative to bills, 1900–2004

Country	Geometric mean %	Arithmetic mean %	Standard error %	Standard deviation	Minimum return %	Min year	Maximum return %	Max year
Australia	6.2	7.8	1.8	18.9	–30.6	1990	66.3	1980
Belgium	2.4	4.2	2.0	20.1	–36.2	1930	79.8	1923
Canada	4.1	5.6	1.8	18.0	–36.8	1930	56.6	1915
Denmark	1.8	3.0	1.6	16.0	–29.8	1921	74.9	1972
France	3.7	5.8	2.1	21.9	–37.7	2002	84.3	1946
Germany*	5.2	8.3	2.7	27.5	–46.3	2002	116.6	1949
Ireland	3.5	5.1	1.8	18.4	–36.7	2002	83.2	1972
Italy	4.2	7.7	2.9	29.9	–39.6	1945	152.2	1946
Japan	5.6	9.7	3.2	33.1	–43.3	1920	193.0	1948
Netherlands	3.7	5.8	2.1	21.7	–43.9	1932	107.6	1940
Norway	1.8	4.2	2.3	23.9	–44.2	1921	135.1	1979
South Africa	5.1	6.8	1.9	19.2	–29.2	1920	70.9	1979
Spain	2.2	4.1	2.0	20.3	–34.0	1932	69.1	1986
Sweden	5.0	7.3	2.2	22.4	–42.0	2002	88.1	1905
Switzerland	1.6	3.1	1.7	17.4	–35.1	2002	52.2	1985
UK	4.0	5.2	1.6	16.9	–38.0	1974	80.8	1975

Country	Geometric mean %	Arithmetic mean %	Standard error %	Standard deviation	Minimum return %	Min year	Maximum return %	Max year
United States	4.6	6.6	2.0	20.2	–40.8	1931	57.7	1933
World	4.0	5.1	1.5	15.1	–32.7	2002	38.3	1954

* All statistics for Germany are based on 103 years, excluding 1922–23.
Source: Dimson, Marsh and Staunton, GIRY, ABN AMRO/LBS, 2005.

Fig. 12: Worldwide risk premia relative to bonds, 1900–2004

While our historical estimates of the risk premium are lower than those previously cited, we have argued in both *Triumph of the Optimists* and in the *Yearbook* that they are still too high as forecasts of the future. In particular, we have maintained that past returns have been advantaged by a re-rating due to a general decline in the risk faced by investors as the scope for diversification has increased.

We have illustrated at least one approach that can be used to obtain an estimate of the amount by which the required rate of return has fallen (see Dimson, Marsh and Staunton, 2003). In addition, we have argued that past returns have also been inflated by the impact of good luck. Since the middle of the last century, equity cash flows have almost certainly exceeded expectations. Stock markets have therefore risen for reasons that are unlikely to be repeated. This period was indeed the »Triumph of the Optimists«. This means that when developing forecasts for the future, investors should adjust historical risk premia downward for the impact of these factors.

Our estimate of a plausible, forward-looking risk premium for the world's major markets would be on the order of 3% relative to bills on a geometric mean basis, while the corresponding arithmetic mean risk premium would be around 5%. These are lower than the historical premia quoted in most textbooks or cited in surveys of finance academics. They nevertheless represent our best estimate of the equity risk premium for investment, asset allocation, valuation, and corporate capital budgeting applications.

7 Conclusion

This chapter has provided an update on long-run rates of return on stocks, bonds, bills, and inflation in 17 countries over the 105-year period since the end of 1899. In particular, we have updated and commented on some key statistics, figures, tables, and findings from *Triumph of the Optimists*. Interested readers are referred to *Triumph* for further details and a much fuller exposition, while a detailed country-by-country update is provided in *GIRY*.

Literature

Dimson, E./Marsh, P.R./Staunton, M., 2002, Triumph of the Optimists: 101 Years of Global Investment Returns, New Jersey: Princeton University Press.

Dimson, E./Marsh, P.R./Staunton, M., 2003, Global evidence on the equity risk premium, Journal of Applied Corporate Finance 15(4) 27–38.

Dimson, E./Marsh, P.R./Staunton, M., 2004, Irrational Optimism, Financial Analysts Journal, 60(1), 15–25.

Dimson, E./Marsh, P.R./Staunton, M., 2004, Low-cap and low-rated companies, Journal of Portfolio Management, 30(4), 133–143.

Dimson, E./Marsh, P.R./Staunton, M., 2005, The Global Investment Returns Yearbook 2005, ABN AMRO/ London Business School.

Dimson, E./Marsh, P.R./Staunton, M., 2005, The Dimson-Marsh-Staunton Global Returns Database, Chicago: Ibbotson Associates.

Aufbrechen der Wertschöpfungskette im Asset-Management – Historie, aktueller Stand und Ausblick

Markus Steitz/Peter Seethaler

Die Autoren erklären ausdrücklich, dass die dargestellten Interpretationen und Meinungen ausschließlich ihre persönlichen Auffassungen wiedergeben.

1 Einleitung

Nach einer kurzen Begriffsdefinition werden zunächst grundlegende historische Entwicklungen in Bezug auf die Wertschöpfungskette von Kapitalanlagegesellschaften (KAGen) im Wertpapierbereich dargestellt. In diesem Zusammenhang wird aufgezeigt, inwieweit Veränderungen des Wettbewerbsumfeldes, der Anforderungen von Investoren sowie regulatorischer Rahmenbedingungen in der Vergangenheit zu einer Veränderung der Wertschöpfungsketten im Asset-Management geführt haben.

Vor dem Hintergrund dieses historischen Abrisses werden in einem zweiten Schritt der gegenwärtige Stand sowie die jüngeren Entwicklungen in Bezug auf das Aufbrechen der Wertschöpfungskette aufgezeigt. Hierbei werden anhand von Beispielen, wie der Gründung von reinen Portfolio-Management-Gesellschaften, Fonds-Plattformen, Manage-the-Manager- und Master-KAG-Konzepten, die hiermit einhergehenden Veränderungen der Geschäftsmodelle dargestellt.

Darüber hinaus werden anhand von Praxisbeispielen aktuelle Trends in der Verlagerung von Funktionsbereichen auf Dritte (Outsourcing) erläutert und es wird auf Basis der sich bereits abzeichnenden strukturellen Veränderungen ein Ausblick auf zukünftige Herausforderungen für die Steuerung der Wertschöpfungskette von KAGen sowie auf generelle Auswirkungen hinsichtlich des Investmentstandorts Deutschland gegeben.

2 Definition der Wertschöpfungskette und ihre Ausgestaltung im Asset-Management

Der Begriff der Wertschöpfungskette wurde Mitte der achtziger Jahre von Harvard-Professor *Michael Porter* geprägt. Er bezeichnet hiermit die Abfolge der zielgerichteten Kombinationen von Produktionsfaktoren, die aus Input-Faktoren wie Boden, Kapital, Arbeit und Information ein marktfähiges Produkt machen, dessen Verkaufswert größer als die Summe der Einstandskosten aller Produktionsfaktoren ist. Zum Management der Wertschöpfungskette gehören die Planung, Steuerung und Kontrolle des gesamten Material- und Dienstleistungsflusses, einschließlich der damit verbundenen Geld- und Informationsströme innerhalb eines Verbunds von Unternehmen, die an der Entwicklung, Erstellung, Distribution und Verwertung von Sachgütern oder Dienstleistungen zusammenarbeiten.

Im Zusammenhang mit dem Asset-Management wurde die Verwendung des Begriffs der Wertschöpfungskette sowie deren Einsatz zur Steuerung einer Investmentgesellschaft Mitte der neunziger Jahre gebräuchlich, da ihre umfassende Struktur eine gute Grundlage zur Steuerung der komplexen Abläufe im Asset-Management bietet. Insbesondere trifft dies für das Zusammenspiel der KAG mit externen Partnern wie Investoren, Beratern (»Advisor«), Brokern und Depotbanken zu, welches mit Hilfe der Wertschöpfungskette transparent und umfassend dargestellt werden kann.

Abbildung 1 zeigt die wesentlichen Komponenten einer »Standard-KAG« im Zusammenspiel mit den externen Partnern auf:

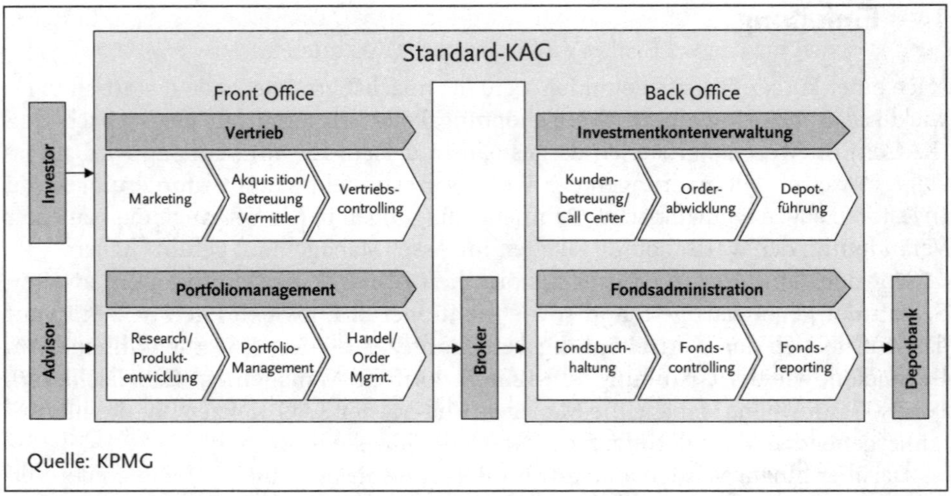

Abb. 1: Wertschöpfungskette einer Standard-KAG

Das Instrumentarium der Wertschöpfungskette gibt dem Management einer Investmentgesellschaft grundsätzlich die Möglichkeit, regelmäßig eine aktualisierte Positionsbestimmung und darüber hinaus zielgerichtet eine strategische Neupositionierung vorzunehmen. Die hierzu erforderliche permanente Analyse der sich ständig verändernden Rahmenbedingungen sowie insbesondere die Identifikation der hieraus abzuleitenden Handlungsmaßnahmen stellt gerade in Zeiten der zunehmenden Zersplitterung der Wertschöpfungskette im Asset-Management eine anspruchsvolle Aufgabe und Herausforderung dar, welche in nicht unerheblichem Maße Ressourcen und Kapital bindet.

3 Historische Entwicklungen der Wertschöpfungsketten im Asset-Management

Traditionell beinhaltete das Geschäftsmodell einer Standard-KAG alle in Abbildung 1 dargestellten Komponenten der Wertschöpfungskette. Dies ist im Wesentlichen darauf zurückzuführen, dass die Geschäftstätigkeit der deutschen Investmentgesellschaften durch das Kreditwesengesetzes (KWG) und später durch das Gesetz über Kapitalanlagegesellschaften (KAGG) von Anfang an sehr restriktiv reglementiert wurde. Damit war die Flexibilität der KAGen in Bezug auf die Gestaltung und Optimierung der Wertschöpfungskette stark eingeschränkt.

Spätestens mit dem Inkrafttreten des 1. Finanzmarktförderungsgesetzes 1990 drängten institutionelle Anleger jedoch auf die Zusammenlegung verschiedener Verwaltungsmandate innerhalb eines großen Spezialfonds mit mehreren Subfonds, die praktisch wie eigenständige Spezialfonds von verschiedenen Advisors betreut wurden. Dies erlaubte größere Umschichtungen ohne Realisierung stiller Reserven und den einfacheren Austausch von Asset-Managern. Damit begann eine Entwicklung, die sich bis heute fortsetzt und in jüngster Zeit auch als Master-KAG-Konzept bezeichnet wird.

Gleichzeitig kam es im Nachgang zur Gründung der Deutschen Performancemessungs-Gesellschaft (DPG) im Jahr 1991 zu ersten selektiven Funktionsauslagerungen im Bereich der Ermittlung von Leistungskennzahlen. Heute betreut die DPG auf diese Weise rund 50% des Fonds-Volumens in Deutschland. Weitere Auslagerungen dieser Art, etwa im Bereich Risikomanagement, waren auf Grund aufsichtsrechtlicher Restriktionen jedoch lange Zeit nicht auf der Tagesordnung.

Ein weiterer Meilenstein in der Veränderung der Wertschöpfungskette im Asset-Management war das Jahr 1995. Damals wurde das erste so genannte »Global Custody«-Mandat in Deutschland vergeben, in gewisser Weise das Äquivalent zum Subfonds-Konzept im Depotbankgeschäft. Die Chase Manhattan Bank erhielt von Seiten des Industrieunternehmens Hoechst den Auftrag, mehr als ein Dutzend Spezialfonds verschiedener KAGen bei einer Depotbank zusammenzuführen[1]. Mit dieser Ausweitung des Geschäftsmodells sicherten sich die Global Custodians einen direkten Zugang zu den institutionellen Kunden im Asset-Management. Hieraus ergab sich in der Folge für die deutschen Investmentgesellschaften ein Zwang, die für sie damals »fremden« Depotbanken zu akzeptieren und ihre Wertschöpfungskette auch auf diese auszurichten bzw. in einigen Fällen diese zu verkürzen[2].

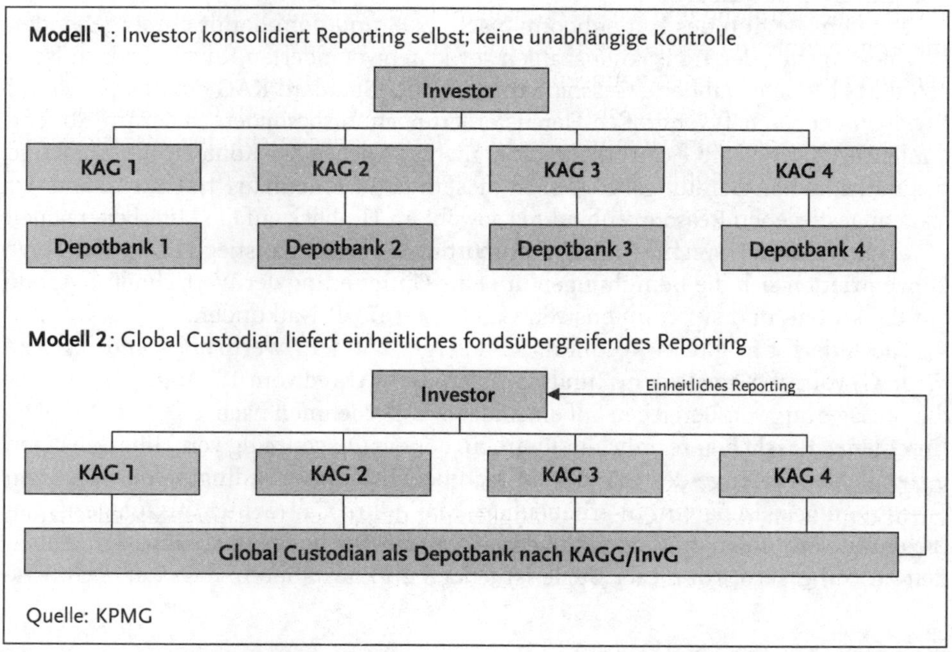

Abb. 2: Beziehung von institutionellen Kunden zur KAG und Depotbank bzw. Global Custodian

1 Siehe Paul, Thomas, S. 4.
2 Vgl. hierzu Bergenroth, Thomas, S. 368 ff.

Wie aus Abbildung 2 ersichtlich ist, bilden die neuen Depotbanken die entscheidende Klammer um die verschiedenen Vermögensverwalter eines institutionellen Kunden und sichern ihm so einheitliche bzw. konsistente Informationen über das Geschäftsgebaren seiner Vermögensverwalter. In der Praxis bedeutete dies u.a. auch, dass zum ersten Mal bei einer Anlageausschusssitzung auch Vertreter der Depotbanken teilnahmen und Diskussionen über »Best-Pricing« und »Best-Execution« geführt wurden. Dies war sicherlich ein Vorgang, der einerseits nicht dem traditionellen Selbstverständnis einiger Asset-Manager entsprach und andererseits einen Einstieg in die verstärkten Diskussionen über die Wertschöpfungsketten der Investmentgesellschaften bedeutete. Diese Entwicklung dauert bis heute an und hat im Verlauf der letzten Jahre weiter stark an Dynamik gewonnen.

Einige der neuen Steuerungsmodelle waren der Aufsichtsbehörde, dem früheren Bundesaufsichtsamt für das Kreditwesen (BAKred), jedoch zunehmend ein Dorn im Auge und führten zum Rundschreiben[3] vom 29. September 1997, welches klarstellte, dass eine vollständige Auslagerung der Fonds-Buchhaltung und des Fonds-Management, die hier erstmals als Kernaktivitäten definiert wurden, generell verboten ist[4]. Lediglich für das Outsourcing von so genannten Nichtkernbereichen wurden erste notwendige Bedingungen definiert. In diesem Zusammenhang kam es zur Auslagerung unterstützender Funktionen, wie z.B. Personalverwaltung und IT, an die Muttergesellschaften, d.h. in der Regel Banken, aus denen die KAGen ursprünglich hervorgegangen waren.

Mit dem Beginn des Aktienbooms nach 1998 und dem damit einhergehenden rasanten Anstieg der Transaktionszahlen sowie den veränderten Kundenbedürfnissen stand das bis dato etablierte Geschäftsmodell einer Standard-KAG erstmalig auch im Privatkundengeschäft vor großen Herausforderungen. Insbesondere in der Investmentkontenverwaltung kam es zu einem sprunghaften Anstieg der Kontoeröffnungen und des individuellen Beratungsbedarfs. In diesem Zusammenhang trat auf Grund der stark angestiegenen Ressourcenbindung sowohl im Hinblick auf die Mitarbeiterzahlen als auch auf die IT-Systeme ein überproportionaler Kostenanstieg ein. In der Folge konzentrierten sich die Bemühungen um eine Optimierung der Wertschöpfungskette auf die kosten- und systemintensiven Call-Center für Privatkunden.

Die Aufsicht trug dem Rechnung und sorgte mit dem Wertpapierhandelsgesetz (WpHG) von 1998 sowie dem Rundschreiben des BAKred vom 18. August 1998 über die Auslagerung von Bereichen auf ein anderes Unternehmen nach § 33 Abs. 2 WpHG für einen verlässlichen rechtlichen Rahmen, der ein Outsourcing von Hilfsaktivitäten ermöglichte. Im Zuge der geänderten rechtlichen Rahmenbedingungen begannen Investmentgesellschaften, in erheblichem Maße ihre Call-Center auszulagern, um die damit verbundenen Kosten zu begrenzen und, wichtiger noch, ihre Erreichbarkeit zu verbessern. An dieser Stelle ist jedoch zu konstatieren, dass der rechtliche

3 Interessanterweise fokussierte sich das Rundschreiben auf die Tätigkeiten der Vermögensverwaltung selbst; das nach KAGG als Hilfsgeschäft einzustufende Depotgeschäft wurde von dem Rundschreiben nur am Rande erfasst.

4 In der damals geführten Diskussion wurde auch der Begriff der »leeren Hülle« geprägt. Hiernach dürfen Investmentgesellschaften niemals zu einer leeren Hülle werden und müssen immer in der Lage sein, substanzielle Tätigkeiten selbst ausführen zu können.

Rahmen weiterhin sehr restriktiv und ein Outsourcing von Kernfunktionen nicht zulässig war.

Durch diese Maßnahmen waren die Investmentgesellschaften in der Lage, die Kosten in der Investmentkontenverwaltung in Einzelfällen um bis zu 40% zu senken und gleichzeitig ihre Erreichbarkeit auf ein professionelles Niveau zu heben – eine Optimierung der Wertschöpfungskette, welche also nicht nur auf Grund des quantitativen Nutzens sinnvoll war. Damit setzte sich auch im Privatkundengeschäft ein Paradigmenwechsel und Aufbrechen der Wertschöpfungskette durch, welche durch eine stärkere Trennung von Vermögensverwaltung und Kundenbetreuung gekennzeichnet war.

4 Status Quo und aktuelle Trends

4.1 Auswirkungen des Börsen-Crashs

Nach dem Jahr 2000 änderte sich das Bild für die Investmentgesellschaften erheblich. Der Kursverfall an den Kapitalmärkten hatte für die Investmentgesellschaften dramatische Ertragseinbußen zur Folge, welche den Blick auf die eigenen Wertschöpfungsketten drastisch veränderten und die Verbesserung der Kostensituation in den Vordergrund rückten. Gleichzeitig setzten die institutionellen Investoren, wie z.B. Versicherungen und Pensionskassen, die Investmentgesellschaften unter immer höheren Performancedruck, um ihren eigenen Verpflichtungen nachkommen zu können. De facto lösten die institutionellen Investoren damit ein weiteres Aufbrechen der Wertschöpfungsketten aus, da gerade in schwierigen Märkten nur noch wenigen Investmentgesellschaft zugetraut wurde, in allen Asset-Klassen, Märkten und Stilen erstklassige Ergebnisse zu erzielen. Die Zielvorstellung vieler institutioneller Investoren besteht seither darin, den »Best-in-Class«-Portfolio-Manager auszuwählen und zugleich eine Einheitlichkeit hinsichtlich Buchungssystematik und Reporting beizubehalten.

Begleitet wurde diese Entwicklung von der bereits erwähnten Liberalisierung der Haltung der Bankenaufsicht, welche nicht länger auf so genannte nichtauslagerungsfähige Kernbereiche beharrte, sondern in mehreren Schritten faktisch einen Großteil der gesamten Wertschöpfungskette zur Disposition stellte. In diesem Zusammenhang ist vor allem das Rundschreiben 11/2001 vom 6. Dezember 2001 zur Auslagerung von Bereichen auf ein anderes Unternehmen gemäß § 25a Abs. 2 KWG zu nennen[5]. Damit war auch die Auslagerung der Fonds-Buchhaltung und des Portfolio-Managements aus einer Kapitalanlagegesellschaft möglich. In der Folge wurden Anstrengungen unternommen, um diese früheren Kernbereiche zu verändern. Die Steuerungsmechanismen in den Investmentgesellschaften veränderten sich und die Aufspaltung der Wertschöpfungskette sowie die Optimierung der einzelnen Prozesse rückten mehr und mehr in den Vordergrund.

5 In diesem Zusammenhang ist auch auf Art. 5g OGAW-Richtlinie zu verweisen. Hiernach ist eine Auslagerung von Tätigkeiten des Portfolio-Managements unter bestimmten Voraussetzungen zulässig. Vgl. hierzu Hanten, Mathias. Darüber hinaus sei auf §16 InvG verwiesen, wonach eine Auslagerung unter den in § 25a KWG aufgeführten und weiteren Voraussetzungen zulässig ist.

4.2 Entstehung neuer Geschäftsmodelle

Vor dem Hintergrund des Performancedrucks der Investoren und zurückgehender Management-Fees musste sich jede KAG fragen, was ihre Kernkompetenzen sind. Infolgedessen kam es zu einer Diversifizierung der Geschäftsmodelle und einer Gründungswelle neuer Tochtergesellschaften, die sich auf verschiedene Abschnitte der Wertschöpfungskette konzentrierten. Dazu gehörten u.a. reine Portfolio-Management-Gesellschaften, Fonds-Plattformen, Manage-the-Manager-Ansätze und Master-KAGen, die im Folgenden anhand von Beispielen beschrieben werden.

Portfolio-Management-Gesellschaften
Einige wenige Investmentgesellschaften gaben ihre KAG-Lizenz zurück und konzentrieren sich seither rein auf das Portfolio-Management. Andere, z.T. neu gegründete Investmentgesellschaften verzichteten von Anfang an auf den Aufbau eines eigenen Back Office und arbeiten in diesem Bereich mit Partnern zusammen. Als Beispiel ist hier die zur NordLB gehörende NORDCON Investment Management zu nennen, die mit der MK Münchener Kapitalanlage aus dem Konzern der Continentale Versicherung kooperiert. Des Weiteren wurden eine Vielzahl von Asset-Management-Gesellschaften aus verschiedenen Portfolio-Management-Einheiten größerer Konzerne zusammengeführt und ausgegründet. Dazu gehören u.a. die Ampega Asset Management oder die SIGNAL IDUNA Asset Management.

Fonds-Plattformen
Auch in der Investmentkontenverwaltung setzte durch das Aufkommen von Fonds-Ratings, Discountbanken und Internetfonds-Anbietern ein Umdenken ein. Immer mehr Privatkunden stellten sich die Frage, warum sie gezwungen waren, für Investmentanteile unterschiedlicher Fonds-Gesellschaften mehrere Investmentkonten zu führen. Diese Entwicklung führte letztlich zur Gründung von Fonds-Plattformen, deren Geschäftsidee vorsah, den Kunden aus einer breiten Palette von Produkten und Anbietern auswählen zu lassen, die Eigentumsbeschaffung durchzuführen und ein konsolidiertes Depot zur Verfügung zu stellen. Auf Grund des aufsichtsrechtlichen Verbots, Investmentanteile fremder Anbieter in den eigenen Depots zu verwahren, musste jedoch auf die Gründung neuer Tochtergesellschaften mit einer breiteren Banklizenz zurückgegriffen werden. Der mäßige Erfolg im Vertrieb von Drittfonds ließ jedoch bald den Fokus dieser Anbieter von so genannten Multifonds-Depots auf die Gewinnung von Insourcing-Mandaten anderer KAGen und Service-Angeboten für externe Vertriebsorganisationen umschwenken. Als Beispiele in diesem Zusammenhang sind die Frankfurt Trust-Tochtergesellschaft Frankfurter Fondsbank (FFB) und die zur Activest Gruppe gehörende FondsServiceBank (FSB) zu nennen. Manche KAGen gründeten die Investmentkontenverwaltung nur in eine eigene GmbH aus, um das Geschäft zu professionalisieren und verzichteten letztlich entgegen ursprünglicher Planungen auf den Vertrieb von Drittfonds oder das Zusammenlegen mit entsprechenden Bereichen anderer KAGen. Als Beispiel ist hier die zur Union Investment Gruppe gehörende Union Investment Service Bank zu nennen.

Manage the Manager

Vor dem Hintergrund der zunehmenden Diversifizierung der Asset-Klassen und der Internationalisierung der Anlagetätigkeit erhöhte sich auch der Druck auf die Investmentgesellschaften, ihre Kernmärkte und wesentlichen Asset-Klassen zu definieren und ihren Fokus auf die Erwirtschaftung einer nachhaltig guten Outperformance in diesen Segmenten zu richten. Im Gegenzug bedeutete dies, dass Investmentgesellschaften auch bereit sein mussten, das Know-how in Bezug auf bestimmte Regionen oder Asset-Klassen einzukaufen. Einige wenige Investmentgesellschaften begriffen diese Entwicklung als Chance und erwogen eine Verlängerung der Wertschöpfungskette um den Service der Auswahl externer Manager, was traditionell von so genannten Asset-Consultants, wie z.B. Feri Institutional Management, durchgeführt wird. Dabei bestand die Motivation seitens der KAGen darin, sinkende Einnahmen im Fonds-Management auf Grund der erzwungenen Fokussierung auf Kernmärkte durch zusätzliche Einnahmen bei Beratung und Auswahl von Advisors zumindest teilweise kompensieren zu können. Dieses Geschäft erfordert jedoch nicht nur neue Kompetenzen, wie z.B. die Fähigkeit zur Beurteilung von Managern oder den Aufbau von Benchmarking-Datenbanken, sondern kann auch nur dann ohne Interessenkonflikte beim Kunden vertreten werden, wenn kein eigenes Fonds-Management unterhalten wird. Daher hat dieses Geschäftsmodell auch eine gewisse Nähe zu dem im Folgenden beschriebenen Ansatz.

Master-KAGen

Der Begriff der Master-KAG wurde in den Jahren 2001 und 2002 geprägt. Dieses Geschäftsmodell bricht endgültig mit der Vorstellung, eine KAG müsste die gesamte Wertschöpfungskette anbieten. Angetrieben wurde diese Entwicklung u.a. auch von den Anforderungen institutioneller Investoren, das Fonds-Reporting der Spezialfonds auch nach IFRS anzubieten.

Modell einer Master-KAG: Lieferung eines einheitlichen fondsübergreifenden Reportings

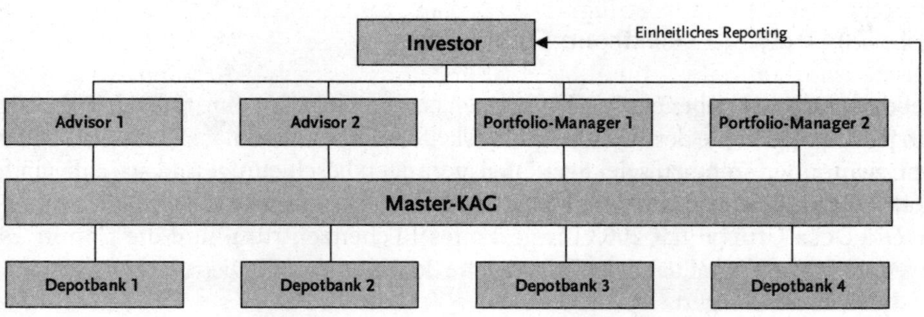

Quelle: KPMG

Abb. 3: Geschäftsmodell einer Master-KAG

Unter Master-KAG versteht man die Zusammenlegung der Fonds-Administration mehrerer Sondervermögen eines Investors bei einer KAG, der so genannten Master-KAG. Dabei gibt es je nach Schnittstelle zu den externen Managern verschiedene Modelle, die oftmals auch parallel angeboten werden. Im ersten Fall, dem so genannten Multi-Advisor-Modell, berät ein externer Advisor die KAG im Fonds-Management, die selbst noch eine pre-trade Anlagegrenzprüfung durchführt und dann die Order entweder selbst (»echtes Advisory«) oder über den Advisor (»Echo-Verfahren«) platzieren lässt. Im zweiten Fall, dem so genannten Multi-Manager-Modell, wird das Fonds-Management vollumfänglich an externe Banken, KAGen oder Asset-Manager ausgelagert und die KAG erhält nur die Abrechnungen der Geschäfte zur Verbuchung. Dies entbindet die KAG zwar nicht von der Pflicht zur Prüfung der gesetzlichen und vertraglichen Anlagegrenzen, de facto kann dies aber nur nach Orderausführung erfolgen. Der Vorteil des Master-KAG-Konzepts für den institutionellen Investor liegt auf der Hand: Er kann die Expertise unterschiedlicher Portfolio-Manager nutzen und diese bei mangelnder Performance austauschen, ohne die Bericht erstattende KAG erneut mit dem Konzernberichtswesen des Investors vertraut machen zu müssen. Aus Sicht der KAG handelt es sich um eine Verkürzung der Wertschöpfungskette, die jedoch oft mit einer starken Ausweitung der verwalteten Assets einhergeht. Als Beispiel in diesem Zusammenhang ist die Universal-Investment-Gesellschaft zu nennen, die es geschafft hat, ein ausgereiftes Multi-Advisor-Modell aufzubauen, bei dem auf Subfonds-Ebene Rechenschaftsberichte und ein IFRS-Reporting geliefert werden, und die somit innerhalb weniger Jahre ihre Assets under Management von 6 auf 50 Mrd. € steigern konnte. Wie auch im Investmentkontengeschäft hatte jedoch das Aufkommen von Master-KAGen einen weitaus größeren Effekt auf die deutsche Investmentbranche als anfänglich angenommen. Da nur wenige KAGen die notwendige kritische Masse aufweisen, um dieses IT-intensive Geschäft profitabel zu gestalten, ist vielen Marktteilnehmern erstmals klar vor Augen geführt worden, dass das Geschäftsmodell einer Master-KAG auf die Erzielung von Skaleneffekten ausgerichtet ist bzw. sein muss (»commodity business«).

4.3 Der Trend zu selektivem Outsourcing

Neben oben beschriebenen Geschäftsmodellen, die meist auf eine radikale Fokussierung auf wenige Teile der Wertschöpfungskette hinauslaufen, hat sich in den letzten Jahren auch der Trend zu selektiven Auslagerungen beschleunigt und stark diversifiziert[6]. Einige Beispiele aus dem Markt illustrieren dies eindrucksvoll:

- Die Deka Gruppe hat 2003 ihr gesamtes Rechenzentrum, und die Cominvest Asset Management hat 2004 Teilbereiche der IT an den IT-Dienstleister Lufthansa Systems ausgelagert.[7]

---

6 Vgl. hierzu KPMG.

7 Quelle: Handelsblatt vom 22.07.03.

- Frankfurt Trust erbringt seit 2003 bzw. 2004 Dienstleistungen im Rahmen der Fonds-Buchhaltung für zwei versicherungseigene Asset-Manager, darunter die Swiss Re Asset Management.[8]
- Der Software-Anbieter SunGard Forbatec gewann 2004 erste Kunden für die Dienstleistung des Application Service Providing (ASP), bei dem die Fonds-Buchhaltungs-Software V3 auf Mietbasis per Online-Zugriff angeboten wird und so die IT-Ressourcen entlastet werden.[9]
- RiskMetrics wurde in der ersten Jahreshälfte 2005 von zwei großen deutschen KAGen, die hier nicht näher genannt werden sollen, als Outsourcing-Dienstleister im Bereich Risikomanagement und Derivateverordnung ausgewählt.
- Einige große IT-Dienstleister prüften oder prüfen derzeit Übernahmen von Kapitalanlagegesellschaften zum Einstieg in das Geschäft mit »Business Process Outsourcing« (BPO) im Bereich der Fonds-Administration, nachdem sie in anderen Back-Office-Bereichen von Banken bereits entsprechende Systeme und Personal übernommen haben.
- Die Deutsche Börse bietet den KAGen Unterstützung bei der Erfüllung der Investmentmeldeverordnung (InvMV) vom 23. März 2005 an.[10]

Der größte und in diesem Zusammenhang oft übersehene Teil des selektiven Outsourcing betrifft derzeit jedoch Standard-KAGen, die Fonds von externen Advisors oder Managern steuern lassen. Dazu gehören insbesondere spezielle Asset-Klassen wie Emerging Markets und Hedgefonds. Dabei werden zwar nicht selten ineffiziente Schnittstellen in Kauf genommen, auf Grund des begrenzten Volumens fällt dies jedoch oft nicht unmittelbar ins Gewicht und bietet die Möglichkeit, das eigene Produktportolio flexibel zu ergänzen.

Ein Ende der Entwicklung zum selektiven Outsourcing ist nicht abzusehen; ganz im Gegenteil, alles deutet darauf hin, dass sich der Trend durch den Markeintritt neuer Dienstleister noch beschleunigen wird.

5 Zukünftige Entwicklungen

Jede Art des Outsourcings bedeutet letztlich eine Variabilisierung, jedoch nicht notwendigerweise auch eine deutliche Senkung von Kosten. Vor dem Hintergrund der Volatilität der Kapitalmärkte und des gleichzeitigen Margendrucks ist Outsourcing eine wünschenswerte, aber nicht hinreichende Erfolgsbedingung. Dies wird auch durch eine kürzlich von KPMG und Create durchgeführte globale Studie unter 300 Asset-Managern weltweit bestätigt[11]. Ungeachtet der großen Medienpräsenz beschäf-

8 Quelle: Deutsche Pensions- und Investmentnachrichten (DPN) vom 02.07.03.

9 Quelle: SunGard Forbatec GmbH, Pressemeldung vom 15.01.05.

10 Quelle: Deutsche Börse Group / entory AG, Präsentation auf dem BVI-Forum IT-Solutions vom 27.04.05.

11 Vgl. hierzu die KPMG und Create; an der Studie nahmen 300 Investment-Manager aus 29 Ländern weltweit teil, darunter 90 der Top 100 mit einem Volumen an Assets under Management von ca. 25.000 Mrd. €. Zusätzlich wurden Follow-up-Interviews mit 70 CEOs, CIOs und Senior Directors durchgeführt.

tigen sich derzeit relativ wenige Asset-Manager mit konkreten Outsourcing-Projekten. Dies ist auch darauf zurückzuführen, dass die realisierten Kosteneinsparungen durch Auslagerungen im Back Office bisher nur etwa 7% erreichen, u.a. weil die kritische Masse bei Serviceanbietern vielfach noch fehlt. Lediglich in Teilbereichen, wie z.B. Research, Performancemessung, Investmentkontenverwaltung und Kundenreporting haben etwa 5% – 10% der Asset-Manager konkrete Pläne, in den nächsten zwei Jahren eine Auslagerung vorzunehmen (siehe Abbildung 4).

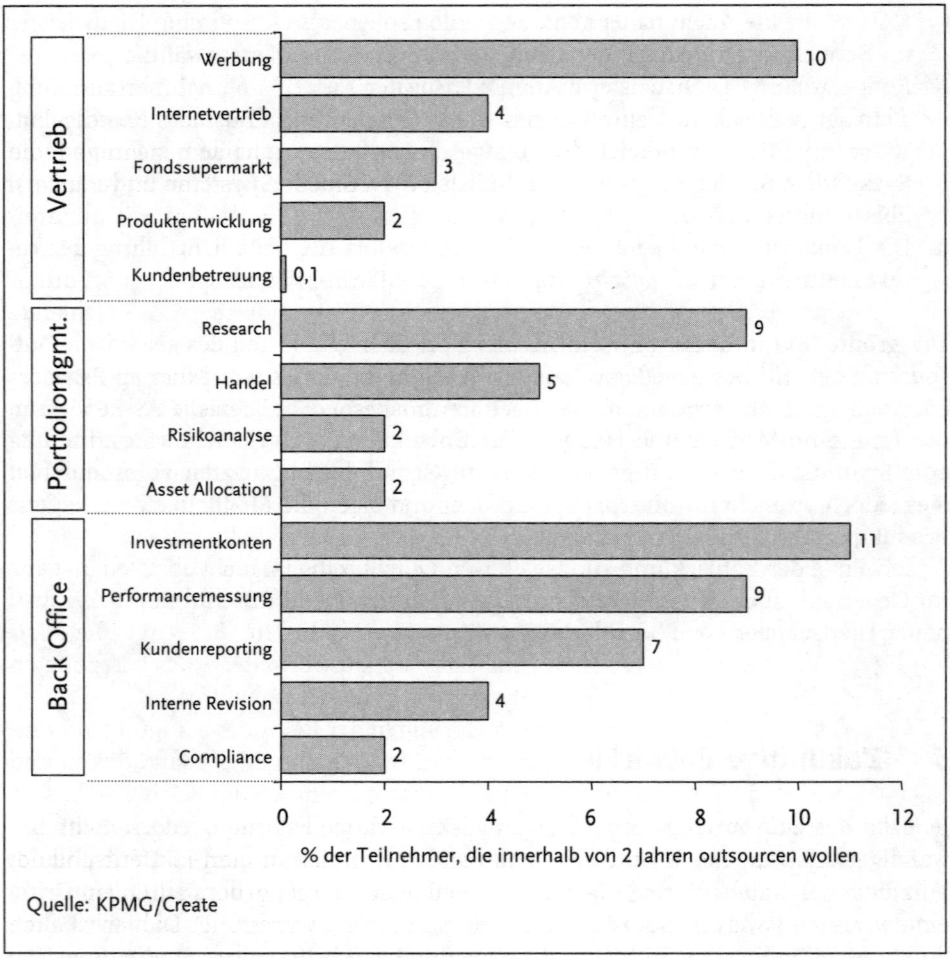

Abb. 4: Outsourcing-Bereitschaft von Asset-Managern

Der Trend wird sich vor allem dann beschleunigen, wenn zwei Bedingungen erfüllt sind: Erstens müssen viele Service-Anbieter, wie z.B. Master-KAGen, eine kritische Masse erreichen und größere Investitionen tätigen, um ihre Stückkosten zu senken. Zweitens müssen »Erstkunden«, die ihre Fonds-Administration auf eine Master-KAG übertragen, Anreize erhalten, diesen Schritt auch zu unternehmen. Dies kann regelmäßig dadurch geschehen, dass sie von den in Zukunft – durch Hinzunahme weiterer Insourcing-Mandate – fallenden Stückkosten bei der Master-KAG profitieren. Wie Erfahrungen aus anderen Branchen zeigen, wird sich der Trend spürbar beschleunigen, wenn die Service-Anbieter solche Rückvergütungen vertraglich zusichern.

Für viele KAGen stellt sich daher nicht die Frage, *ob* sie diese administrativen Tätigkeiten outsourcen, sondern lediglich *wann*[12]. Nur wenige KAGen werden sich dabei erfolgreich als Service-Anbieter positionieren können. Viele jedoch werden nicht mehr notwendigerweise einen KAG-Mantel benötigen.

Eine der wichtigsten Voraussetzungen für eine weitergehende Entwicklung ist die Beseitigung der derzeit noch fehlenden Rechtssicherheit in Bezug auf die aufsichtsrechtliche Stellung der Outsourcing-Anbieter[13] sowie die fortschreitende Liberalisierung der aufsichtsrechtlichen Bestimmungen, die in den letzten Jahren stattgefunden hat. Die Geschäftsführungen der Investmentgesellschaften sind heute gezwungen, die bestehenden Wertschöpfungsketten mit Blick auf eventuelle Synergien zu verändern und zu verbessern. Kleine und mittlere Kapitalanlagegesellschaften mit unzureichender Fokussierung haben auch in diesem Kontext eine faire Überlebenschance, wenn sie gegenüber den großen Anbietern ihre Flexibilität ausspielen und durch eine permanente Überprüfung und Anpassung ihrer Wertschöpfungsketten fehlende Skaleneffekte zumindest teilweise kompensieren.

Eine enorme Herausforderung für alle Anbieter sind die rechtlichen Entwicklungen, wie z.B. die Umsetzung der Derivateverordnung oder eines IFRS-Reporting, die einen enormen Kostentreiber darstellen. Institutionelle Investoren drängen bereits seit längerem auf ein Reporting nach internationalen Rechnungslegungsstandards. Diese Diskussion hat neben den Spezialfonds nun auch die Publikumsfonds erfasst (»institutional share class«). Die bisher am Markt verfügbaren Software-Packages sind jedoch selten wirklich ohne weiteres IFRS-fähig, was sich einigen Marktteilnehmern zudem erst nach langwierigen Parametrisierungen offenbart. Die KAGen, die bisher erfolgreich ein umfassendes IFRS-Reporting am Markt anbieten, mussten daher i.d.R. ihre Fonds-Buchhaltungs-Software um ein Datawarehouse erweitern, was bei größeren KAGen zu Gesamtinvestitionen in Höhe von bis zu 8 Mio. € geführt hat.

Diese und andere regulatorische Veränderungen der Rahmenbedingungen zwingen zu einem Umdenken. Alle Aktivitäten einer Investmentgesellschaft können und müssen auf ihre Effektivität und Effizienz hin untersucht werden. Dabei stellt sich letztlich auch die Standortfrage: Warum leisten sich viele Asset-Manager deutscher Provenienz immer noch umfangreiche Fonds-Administrationen in Deutschland, Luxemburg, Irland und in der Schweiz, obwohl in den vergangenen Jahren ein Großteil der neuen Fonds nur noch in Luxemburg aufgelegt wurden? Dass hier größere Synergieeffekte bestehen, zeigt ein Blick in angrenzende Branchen. Private-Banking-Anbieter sind diesen Weg schon vor Jahren gegangen und haben gezeigt, wie sich operative Plattformen über mehrere europäische Länder hinweg vereinheitlichen lassen. Als Beispiel seien hier die Private-Banking- und Wealth-Management-Einheiten von ABN Amro, Deutsche Bank und Société Générale zu nennen. Diese Entwicklung hat in der hiesigen Fonds-Industrie bereits begonnen, wie die Union Investment durch

12 Vgl. hierzu Mathis, Peter.
13 Vgl. hierzu BVI.

das Ausrollen der Fonds-Buchhaltungs-Software ihrer Luxemburger Tochter nach Frankfurt erkennen lässt.[14]

Ein Lösungsansatz im Hinblick auf die Neuausrichtung der Wertschöpfungskette kann die Etablierung einer Prozesskostenrechnung darstellen, die aktuell und zeitnah wichtige quantitative Aussagen über Aktivitäten und Bereiche der Wertschöpfungskette liefert. Erst wenn die gesamten Prozesskosten und deren Abhängigkeit von bestimmten Aufwandstreibern bekannt sind – auch im Vergleich zu mehreren Lokationen und externen Benchmarks – liegen die notwendigen Entscheidungsgrundlagen für wichtige Weichenstellungen vor.

Bereits heute zeichnet sich ein erheblicher Wettbewerb zwischen Master-KAGen und den Global Custodians, wie z.B. State Street, BNP Paribas, Citigroup oder Bank of New York ab[15]. Das Investmentrecht sieht zwar in Deutschland eine Trennung zwischen KAG und Depotbank vor, die Überschneidungen in Bezug auf die Dienstleistungen sind jedoch erheblich. Dies beginnt beim konsolidierten Reporting, geht über die Performance-Messung und endet bei der elektronischen Handelsausführung. Darüber hinaus ist zu erwarten, dass weitere IT-Dienstleister und Global Custodians in den nächsten Jahren in den Markt drängen, zum Verkauf stehende KAGen übernehmen, diese mit neuen IT-Systemen ausstatten und den Preiskampf in der Fonds-Administration massiv verschärfen. Langfristig kann das Geschäft der Fonds-Administration, genau wie das eines Global Custodians, nur mit einem immensen Volumen an Assets under Management profitabel gestaltet werden. Gerade die Global Custodians haben die dafür notwendige Erfahrung, da sie bereits – wie oben beschrieben – eine mit der Fonds-Administration weitgehend deckungsgleiche Dienstleistung oftmals für 0,02% bis 0,03% anbieten, während KAGen für die reine Administration je nach Komplexitätsgrad i.d.R. zwei bis dreieinhalb mal soviel berechnen[16]. Wenn die Global Custodians in diese Richtung vorstoßen – und alles deutet darauf hin, dass sie dies tun[17] – wird sich der Preiskampf massiv verschärfen. Schon bei der realistischen Annahme einer Reduktion von 5 Basispunkten in den Administrations- und Depotbankkosten beträgt das jährliche Einsparpotenzial für den Investor eines typischen Spezialfonds mit einem Volumen von 200 Mio. € demnach 100.000 €. Damit besteht auch für viele Master-KAGen ein erhebliches Wettbewerbsrisiko, signifikante Marktanteile an die Global Custodians zu verlieren.

Vor dem Hintergrund dieser strategischen Marktausrichtung wird sich das Aufbrechen der Wertschöpfungskette weiter fortsetzen. Aus heutiger Sicht ist es denkbar, dass in Zukunft – eine weiterhin liberale Haltung der Regulierungsbehörden vorausgesetzt – Investmentgesellschaften am Markt eine wesentliche Rolle übernehmen, welche bis auf das Portfolio-Management in bestimmten Marktsegmenten und Asset-Klassen alle administrativen Tätigkeiten ausgelagert haben. Diese Gesellschaften konzentrieren sich auf ihr Kerngeschäft und benötigen darüber hinaus nur noch

---

14 Quelle: Union Investment, Pressemitteilung vom 19.02.02

15 Vgl. hierzu Datamonitor, S. 34 ff.

16 Vgl. hierzu Mathis, Peter.

17 In diesen Kontext ist die Ende 2004 erfolgte Übernahme der Fondsbuchhaltung der AXA Investment Managers durch die State Street Bank einzuordnen.

eine spezialisierte Einheit, welche für das gesamte »Lieferanten- und Schnittstellenmanagement« zuständig ist.

Aus aufsichtsrechtlicher Sicht steht bei dieser extremen Form der Auslagerung die Sicherstellung der Ordnungsmäßigkeit der ausgelagerten Bereiche im Vordergrund. Die relevanten Vorschriften in § 25a KWG und dem Rundschreiben 11/2001 enthalten hierzu keine konkreten Vorgaben. Eine Erstellung von »Control Reports« auf Seiten des Insourcers könnte hier einen Lösungsbeitrag leisten und das Informationsgefälle zwischen den beteiligten Parteien reduzieren sowie das interne Auslagerungscontrolling entscheidend ergänzen.

Aus übergeordneter Sicht ist jedoch die Schaffung von Rechtssicherheit durch die Investmentaufsicht im Hinblick auf die einzelnen Teile der Wertschöpfungskette von besonderer Bedeutung. Hierzu sollte zunächst eine Definition der Wertschöpfungskette einer Standard-KAG, eine klare Abgrenzung der beinhalteten Funktionen und Prozesse sowie der Outsourcing-Bereiche erarbeitet werden. In diesem Zusammenhang ist eine Branchenstandardisierung hinsichtlich der Regelungen und Gestaltung der Geschäftsbeziehungen innerhalb der Investmentindustrie sowie in der Kommunikation zu Depotbanken, Brokern und Advisors im Hinblick auf Outsourcing-Verträge, Service-Level-Agreements, Datenübertragung bzw. Schnittstellendefinition notwendig, um eine rationellere Produktion zu erreichen.

Das Aufbrechen der Wertschöpfungskette und die damit verbundene Reduktion der Wertschöpfungstiefe stellt die Investmentbranche vor neue Herausforderungen, verlangt neue Kompetenzen und eine klare Positionierung in Bezug auf die Kerngeschäftsfelder. Outsourcing ist letztlich auch ein probates Mittel zum Abbau von Überkapazitäten. Dabei dürfen die Marktteilnehmer nicht außer Acht lassen, dass das Asset-Management letztlich ein »People Business« ist, das von der hohen Motivation und Qualifikation des Personals abhängt. Diesem Umstand muss Rechnung getragen werden, indem alle möglichen Optionen einer Verbesserung bedacht und sorgfältig gegeneinander abgewogen werden. Mag auch eine vollkommen optimierte Wertschöpfungskette mit weitgehender Auslagerung von Aktivitäten möglich und denkbar sein, so muss doch jederzeit die Kultur der Investmentgesellschaft und der Auftritt nach außen zu den jeweiligen Kundengruppen bedacht werden. Die beste Wertschöpfungskette kann konterkarierend wirken, wenn im Laufe des Optimierungsprozesses die Kundenseite die gewünschte Kultur des Asset-Managers nicht mehr zu erkennen vermag.

Literatur

Bergenroth, Thomas: »Wertpapierdienstleistungen im Umbruch – Neudefinition der Wertschöpfungskette«, in Kreditwesen 07/2003, S. 45 ff.

BVI Bundesverband Investment und Asset Management e.V.: Investmentstandort Deutschland: Position, Perspektive und Handlungsnotwendigkeiten, Positionspapier 12/2004.

Datamonitor: Asset management technology in Europe: outsourcing, systems consolidation, and the rising profile of the middle office, September 2004.

Hanten, Mathias: »Aufsichtsrechtliche Aspekte des Outsourcing bei Kapitalanlagegesellschaften«, in Zeitschrift für Bankrecht und Bankwirtschaft (ZBB), 04/2003, S. 291 ff.

KPMG und Create: Raising the performance bar: challenges facing global investment management in the 2000s, 2004.

KPMG: State of the Investment Management Industry in Europe, 2004.

Mathis, Peter: »Quo Vadis Asset Management? Entwicklungstendenzen im professionellen Asset Management«, in Zeitschrift für das gesamte Kreditwesen, 08/2003.

Paul, Thomas: »Outsourcing bei Kapitalanlagegesellschaften«, Verband der Auslandsbanken in Deutschland e.V. – Seminar zu Kapitalanlagegesellschaften, 11/2002.

Den Menschen im Visier – durch Kommunikation zu Kooperation

Kritische Erfolgsfaktoren eines Outsourcingprozesses in einer Kapitalanlagegesellschaft

Karin Huwer

Die Autorin erklärt ausdrücklich, dass die dargestellten Interpretationen und Meinungen ausschließlich ihre persönliche Auffassung wiedergeben.

1 Einleitung

Ein Unternehmen, das sich beim Business-Process-Outsourcing (BPO) ausschließlich auf Geschäftsprozessanalysen oder Service-Level-Agreements (SLA) konzentriert, riskiert den Erfolg des Projektes. Die Investmentbranche ist eine Dienstleistungsbranche, und so wichtig, wie die Leistung jedes Einzelnen im täglichen Geschäft ist, so wichtig sollte jeder Einzelne genommen werden, wenn es um ein so hoch brisantes Thema wie Outsourcing geht. Denn letztlich ist es der Mensch, der Mitarbeiter, der darüber entscheidet, ob Prozesse erfolgreich sind oder nur auf dem Papier stehen.

Die aktuellen Diskussionen um das Thema Outsourcing von Geschäftsbereichen und die damit verbundenen Veränderungen der Geschäftsmodelle in den Kapitalanlagegesellschaften sind erst der Anfang von strategischen Neuausrichtungen in der Investmentbranche. Die bevorstehenden Veränderungen werden unternehmerisch tief greifend sein. Neben dem Outsourcing werden beispielsweise auch der Trend zu Master-KAG und Global Custodian die Investmentbranche in den nächsten Jahren weiter stark beeinflussen. Die Kapitalanlagegesellschaften werden sich in diesem neuen Marktumfeld neu positionieren und entsprechend ihre Geschäftsmodelle anpassen müssen. Diese Strukturveränderungen werden das gesamte Unternehmen betreffen, und das »Warum« des Auslagerns von Geschäftsbereichen zielt dabei nicht nur auf die Steigerung von Effizienz und Wirtschaftlichkeit ab, sondern entwickelt sich vielmehr in Richtung Transformation des gesamten Unternehmens. Es ist abzusehen, dass Change-Management-Prozesse von erheblichem Ausmaß auf die Kapitalanlagegesellschaften zukommen, und es wird immer wichtiger werden, diese tief greifenden Umwälzungen möglichst konfliktarm umzusetzen. Dies ist eine große Herausforderung und Chance für die Investmentbranche, bei der der »Faktor Mensch« eine entscheidende Rolle spielen wird.

2 Die deutsche Investmentlandschaft im Umbruch

2.1 Die Rahmenbedingungen haben sich geändert

Die deutsche Investmentbranche befindet sich in einer Phase des Umbruchs. Änderungen der rechtlichen Rahmenbedingungen (z.B. Solvency II, neue Derivateverordnung und hier insbesondere das In-Kraft-Treten des Investmentmodernisierungsgesetzes im Januar 2004) sowie Neuerungen von aufsichtsrechtlichen Vorschriften durch das Bundesaufsichtsamt für das Finanzwesen (BAFin) ermöglichen es den Kapitalanlagegesellschaften in Deutschland erstmals, ihre traditionelle Wertschöpfungskette aufzubrechen und Teilbereiche ihres Unternehmens an externe Anbieter auszugliedern (Outsourcing).

Neben diesem veränderten rechtlichen Umfeld stehen die Kapitalanlagegesellschaften mit Blick auf die aktuelle Konjunktur und die wirtschaftlichen Rahmenbedingungen, gekennzeichnet durch die deutlich abgekühlten Aktienmärkte der vergangenen Jahre, zunehmend unter Kosten- und Ertragsdruck. Die stetig steigende Komplexität der Finanzprodukte, die verschärfte Wettbewerbssituation am deutschen Markt durch

Globalisierung und Öffnung der Vertriebskanäle (Open Architecture) sowie die Notwendigkeit von Investitionen in neue Technologien erhöhen den Wettbewerbsdruck auf die Gesellschaften enorm. Hinzu kommen gestiegene Anforderungen der Investoren im Spezialfonds-Sektor, z.B. hinsichtlich Reporting und Risikomanagement, sowie im Publikumsfonds-Bereich, z.B. bezüglich Kostentransparenz, die es zu erfüllen gilt.

Trotz dieser schwierigen Voraussetzungen, sowohl was die Rahmenbedingungen als auch die Vorgaben durch den Anleger angeht, stellt der Bereich Asset-Management in Deutschland nach wie vor einen Wachstumsmarkt mit bedeutendem Potenzial dar. Im Vergleich zu anderen europäischen Ländern sind hier noch erhebliche Wachstumsraten zu erwarten. Fakt dabei ist jedoch, dass die großen Gesellschaften, wie DWS, Deka, Union, Adig und Activest, etwa 85% (vgl. Statistik Publikumsfonds des Bundesverbandes Investment und Asset Management (BVI) vom Mai 2005) der Assets vereinen und sich die übrigen nahezu 50 Kapitalanlagegesellschaften die verbleibenden 15% teilen. Dieses Ungleichgewicht bei der Verteilung der Assets zwingt insbesondere die mittelgroßen und kleineren Kapitalanlagegesellschaften dazu, ihre Wirtschaftlichkeit zu überprüfen und ihr Geschäftsmodell kritisch zu überdenken, wenn sie auf Dauer ihre Wettbewerbsfähigkeit am Markt erhalten wollen (vgl. Abbildung 1).

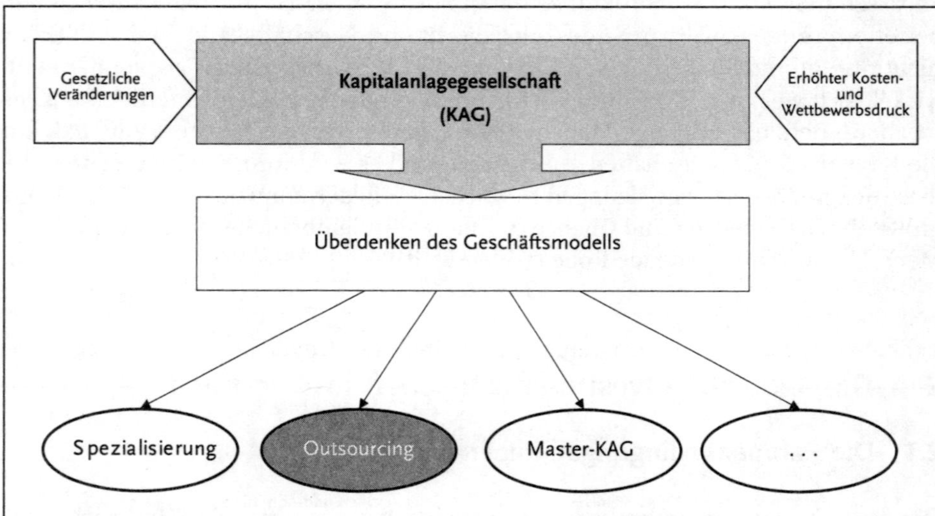

Abb. 1: Die Investmentbranche im Umbruch

2.2 Wege aus der Krise: Herausforderungen erkennen – Chancen nutzen

Beim Streben einer KAG nach nachhaltiger Verbesserung der eigenen Wettbewerbssituation am Investmentmarkt ist das Outsourcing eine mögliche Strategie. Was in anderen Industriezweigen – insbesondere in der Automobilindustrie – seit Jahren erfolgreich praktiziert wird, ist für die deutsche Fonds-Branche immer noch Neuland und führt zu sehr kontroversen Diskussionen.

»Um Ledersitze anzubieten, brauche ich keine Rinderfarm in Südamerika«, wie es der Vorstandsvorsitzende eines deutschen Automobilunternehmens richtig bemerkte. Beim Outsourcing wird die traditionelle Wertschöpfungskette einer KAG aufgebrochen. Durch Outsourcing werden je nach Fokussierung und Geschäftsmodell weniger wettbewerbskritische Prozesse extern fremd vergeben. Ein externer Dienstleister, z.B. eine andere KAG, die sich ihrerseits spezialisiert hat, erledigt die ausgelagerten Aufgaben gegen Zahlung einer Gebühr. Auf diese Weise können Qualität und Effizienz erhöht werden. Die Vorteile für das outsourcende Unternehmen liegen im Wesentlichen im verbesserten Budgetieren der operativen Kosten, in der Auslagerung des operativen Risikos, in der Erhöhung der Effizienz durch Economies-of-Scale und Economies-of-Scope (vgl. Bea/Dichtl/Schweitzer (1997)) und in der verstärkten Fokussierung auf die Kernfelder des Unternehmens.

Beim Outsourcing lassen sich Unterschiede feststellen hinsichtlich dessen, was outgesourct wird, wie es outgesourct wird und warum es outgesourct wird. Je nach Stufe sind die anstehenden Change-Management-Prozesse umfassender und komplexer. Abbildung 2 (vgl. Lindner 2004) verdeutlicht dies an zwei Beispielen. Entscheidet sich eine KAG, eine Asset-Klasse im Fonds-Management nicht selbst zu managen, sondern stattdessen fremd zu vergeben, so handelt es sich hinsichtlich der Frage »Was wird outgesourct?« um einen Geschäftsprozess. Die Frage nach der Intensität, dem »Wie wird outgesourct?« kann als »Selektiv« eingestuft werden. Bei der Frage nach dem »Warum?« zielt die Fremdvergabe des Managements einer Asset-Klasse auf die Steigerung der Effizienz des Unternehmens ab. Anstatt Ressourcen im eigenen Haus für diese Asset-Klasse aufzubauen, entscheidet das Unternehmen, dass es wirtschaftlich sinnvoller ist, diese Mandate extern managen zu lassen. Am Beispiel des Outsourcings des Bereiches Fund-Administration zeigt sich, dass diese Auslagerung viel weit reichender ist. Es handelt sich wie beim fremd vergebenen Fonds-Management einer Asset-Klasse ebenfalls um das Outsourcen von Geschäftsprozessen. Bei der Beantwortung der Fragen nach dem »Wie?« und »Warum?« werden die erheblichen Auswirkungen jedoch deutlich. Die Stufe der Intensität kann als »intensiv«

Abb. 2: Einordnung Outsourcing einer Asset-Klasse und Outsourcing-Fund-Administration/Master-KAG

bezeichnet werden. Ebenso verhält es sich bei der Zielsetzung, dem »Warum?«: Durch das Auslagern eines ganzen Bereiches verändert sich das Unternehmen in seiner gesamten unternehmerischen Ausrichtung (Transformation). Handelt es sich bei dem Unternehmen, das die extern vergebenen Bereiche übernimmt, um eine KAG, die sich für die Positionierung als Master-KAG am Markt entschieden hat, so hat auch dieses Unternehmen eventuell vorher den Weg der Transformation beschritten.

2.3 Outsourcing: Chance oder Risiko?

Das Thema Outsourcing liefert in der Investmentbranche Stoff für brisante Diskussionen. Zum einen bietet sich hier eine große Chance, die wirtschaftliche Effizienz des Unternehmens nachhaltig zu steigern, zum anderen zieht die Umsetzung eines Outsourcingprozesses beträchtliche Konsequenzen für ein Unternehmen nach sich. Entscheidungen über die strategische Ausrichtung wollen gut überlegt sein, da sie den Erfolg des Unternehmens nachhaltig bestimmen. Bei der enormen Komplexität und Kontroverse des Themas liegt es auf der Hand, dass das »Modell Outsourcing« sehr spannungsgeladen sein kann. Eine Entscheidung für oder gegen Outsourcing hat durch die neue strategische Ausrichtung in hohem Maße Einfluss auf die Struktur des Unternehmens und bringt somit bedeutende Veränderungen mit sich. Veränderungen in Unternehmen wiederum bergen ein hohes Maß an Konfliktpotenzial, da dabei unterschiedliche Meinungen, Standpunkte, Interessen, Bedürfnisse und Wünsche aufeinander prallen. Dabei können die auftretenden Spannungsfelder sehr vielfältig ausgeprägt sein und sich auf verschiedenen Ebenen und zwischen verschiedenen Parteien abspielen – eine Herausforderung, die es zu managen gilt (vgl. Abbildung 3).

Abb. 3: Einordnung Outsourcing und Master-KAG

2.4 Veränderungen passieren nicht einfach, man muss sie managen

Outsourcingprojekte erfordern zielgerichtete und individuell angepasste Change-Management-Prozesse und die Auseinandersetzung mit den kritischen Erfolgsfaktoren. Während sich zahlreiche Fachartikel und Vorträge mit Prozessdefinitionen, Entscheidungsansätzen, Analysen oder betriebswirtschaftlichen Vorteilen des Outsourcings befassen, wird ein Faktor allzu oft nur am Rande betrachtet und in seiner Bedeutung unterschätzt: Der Mensch, der einzelne Mitarbeiter. Die Vernachlässigung des »Aspektes Mensch« kann aber im ungünstigsten Fall den Outsourcingprozess empfindlich stören. Prozesse lassen sich definieren, Menschen aber entscheiden darüber, ob die Prozesse erfolgreich sind. Dies trifft vor allem auf die Dienstleistungsbranche zu, der die Fonds-Branche angehört, denn die Produkte der KAGs sind nicht Güter oder Waren wie in der Industrie, sondern Dienstleistungen, die ausschließlich von Menschen gemacht werden und deren Wert sich durch deren Leistung bemisst. Die Notwendigkeit, mit dem »Produktionsfaktor Mensch« entsprechend wertschätzend umzugehen (vgl. Heskett/Sasser/Schlesinger (2003)), sollte damit hinreichend begründet sein. Es gilt, den Menschen in den Mittelpunkt zu stellen und ihn als solchen im Rahmen der Change-Management-Prozesse wahrzunehmen.

3 Die Konfliktpotenziale im Outsourcingprozess

Grundsätzlich lassen sich die in einem Outsourcingprozess auftretenden Konfliktpotenziale in zwei Kategorien unterteilen: Konflikte zwischen Unternehmen (externe bzw. unternehmensübergreifende Konflikte) und Konflikte innerhalb eines Unternehmens (interne bzw. innerbetriebliche Konflikte) (vgl. Ponschab/Dendorfer (2002)). Dabei weisen diese beiden Arten von Konfliktpotenzialen unterschiedliche Merkmale auf. Konflikte zwischen Unternehmen finden in der Regel auf der Sachebene statt, während die Beziehungsebene nicht von Bedeutung ist. Persönliche Beziehungen zwischen Personen spielen hier eine untergeordnete Rolle. Dies liegt daran, dass es zwischen den handelnden Personen keine engeren sozialen Verbindungen gibt. Im Gegensatz dazu sind bei innerbetrieblichen Konflikten Dissonanzen auf der Beziehungsebene von Bedeutung und liegen den Auseinandersetzungen auf der Sachebene zugrunde.

Wirft man einen Blick auf die Prozesskette eines Outsourcingsverfahrens (vgl. Abbildung 4), lassen sich drei wesentliche Konfliktpotenziale identifizieren.

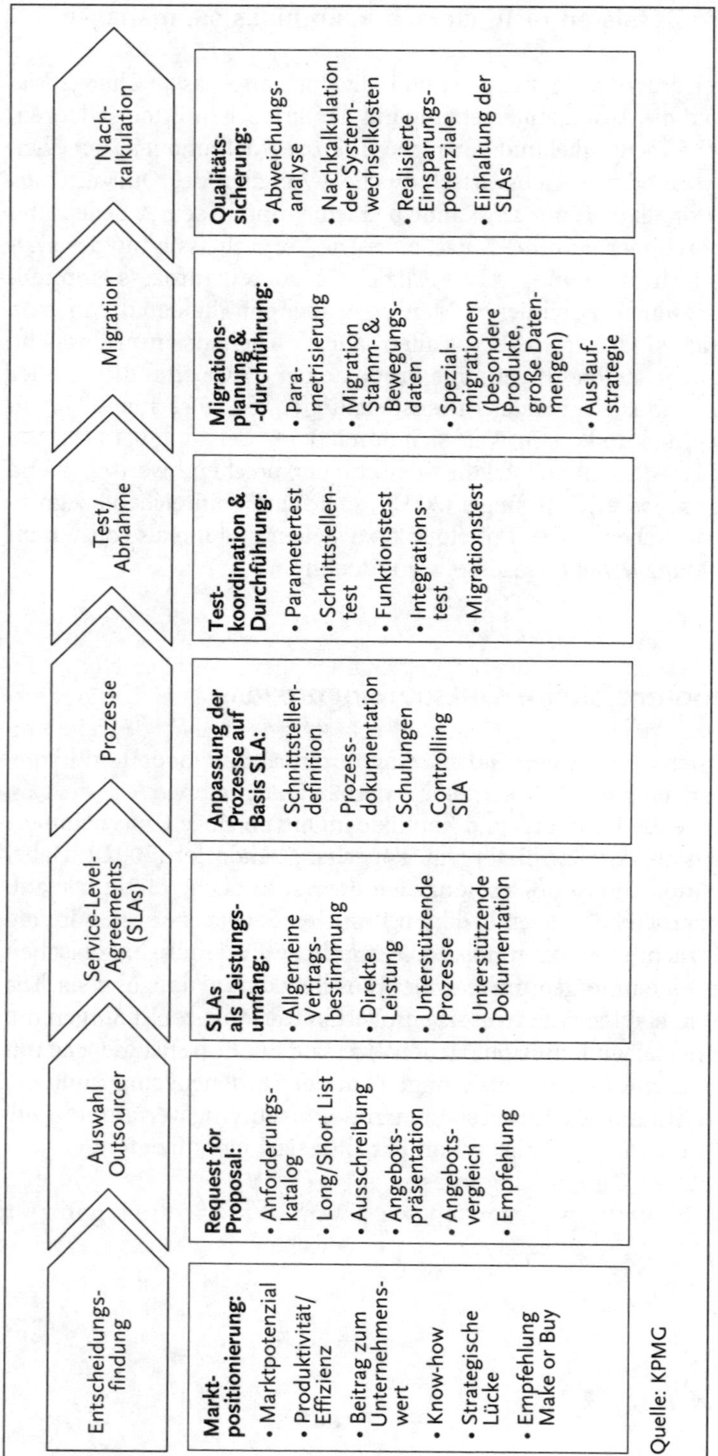

Quelle: KPMG

Abb. 4: Prozesskette Outsourcing

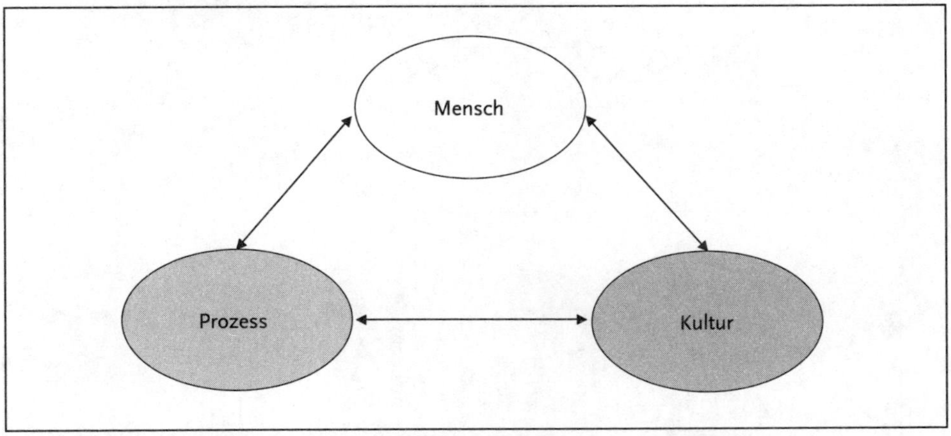

Abb. 5: Konfliktpotenziale im Outsourcingprozess

3.1 »Konfliktpotenzial Mensch«

Erläuterung und Merkmale

Wann immer Menschen mit unterschiedlicher Vergangenheit, Wertvorstellung, Erziehung und Sozialisation aufeinander treffen, entsteht Konfliktpotenzial. »Konflikt« versteht sich in dieser Betrachtung als Gegenteil von »harmonischer Übereinstimmung«. Wenn sich Bedürfnisse, Interessen, Ziele, Wünsche oder Vorstellungen von Personen nicht decken, kann es zu Dissonanzen und Spannungen kommen. Insbesondere die Konfrontation mit Veränderungen, die der Outsourcingprozess mit sich bringt, birgt Konfliktpotenzial, da es erhebliche Unterschiede gibt, wie Menschen mit Veränderungen umgehen. In den vergangenen Jahren haben die Beschäftigten des Investmentsektors die Folgen der schlechten Branchenentwicklung und des enormen Kostendrucks zu spüren bekommen. Viele Kapitalanlagegesellschaften sahen sich gezwungen, ihre Personalkosten zu reduzieren und Mitarbeiter abzubauen. Die Beschäftigten fürchteten den Verlust ihres Arbeitsplatzes und wurden mit Sorgen um ihre Existenz konfrontiert. Durch die hohe Arbeitslosigkeit in Deutschland ist es nur allzu verständlich, wenn die Beschäftigten einer Outsourcinglösung nicht nur mit Skepsis, sondern ihr vielmehr abwehrend begegnen.

Bedeutung und Ansatz im Outsourcingprozess

Dem »Konfliktpunkt Mensch« ist besondere Beachtung im Outsourcingprozess zu schenken. Es ist von enormer Bedeutung, den Menschen als solchen hierbei in den Mittelpunkt zu stellen. Wie wir gesehen haben, liegt die Konfliktgrundlage bei innerbetrieblichen Konflikten in der Regel auf der Beziehungsebene, während die Auseinandersetzung auf der Sachebene meist nur das Konflikt-Symptom darstellt. Das Bild des »Konflikt-Eisbergs« verdeutlicht dies anschaulich (vgl. Abbildung 6).

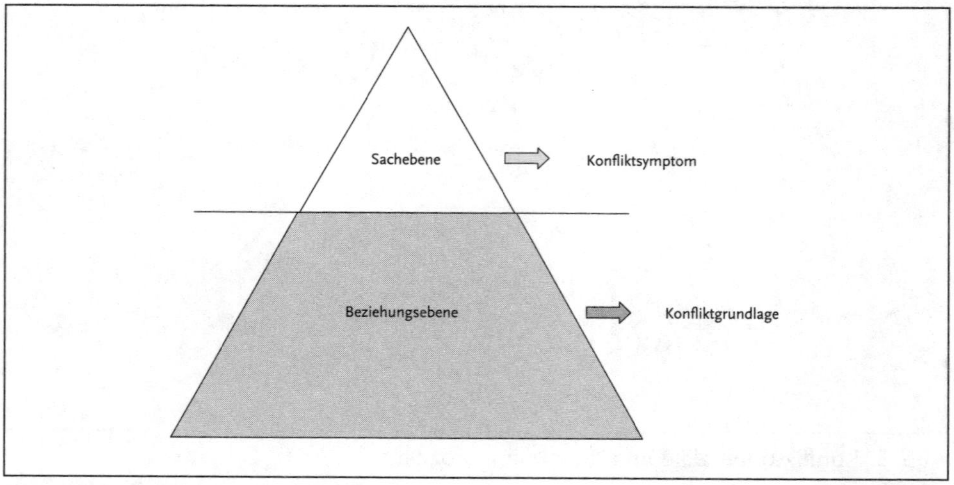

Abb. 6: Konflikteisberg

Die Ursache eines Konfliktes liegt »unterhalb der Oberfläche« in der Beziehungsebene; es sind nur die Symptome, die auf der Sachebene an die Oberfläche treten. Geht es in Unternehmen häufig um wirtschaftliche und ökonomische Aspekte, um Bilanzen und Erträge, so gilt es nun umzudenken und »unter die Oberfläche«, in die Beziehungsebene des Menschen, vorzudringen. Der Mensch wird in den Vordergrund gestellt und mit all seinen Gefühlen, Ängsten, Bedenken, Gedanken, Sorgen und Bedürfnissen ernst genommen. Hierarchie übergreifend und über Positionen und Organisationsstrukturen hinweg ist das Ziel, sich mit dem Menschen als solchen auseinanderzusetzen. Mit dieser Betrachtungs- und Herangehensweise den Mitarbeitern gegenüber wird offene Kommunikation und der offene Umgang mit Dissonanzen und Spannungen möglich. Die Aufgabe lautet: Gehe den Interessen der Beteiligten auf den Grund und gebe ihnen die Möglichkeit, die Werte des Anderen kennen zu lernen und Wertschätzung für ihn zu entwickeln.

3.2 »Konfliktpotenzial Prozess«

Erläuterung und Merkmale

Das »Konfliktpotenzial Prozess« tritt im Outsourcingprozess hauptsächlich bei externen Konflikten auf, d.h. bei Konflikten zwischen dem outsourcenden Unternehmen und dem Unternehmen, das die ausgelagerten Bereiche übernimmt. Hier ist die Beziehungsebene in der Regel nicht von maßgeblicher Bedeutung. Die Auseinandersetzung beschränkt sich im Wesentlichen auf die Sachebene und ist gekennzeichnet von unterschiedlichen Ansichten und Interessen in fachlichen Fragen.

Bedeutung und Ansatz im Outsourcingprozess

Nicht jeder Verhandlungspartner kennt die Grundsätze kooperativen Verhandelns, weiß Kommunikationstechniken anzuwenden oder ist mit dem Harvard-Konzept (vgl.

Fisher/Ury/Patton (2003)) vertraut. In den Gesprächen mit dem Verhandlungspartner bei der Erarbeitung von Prozessen und Vereinbarungen zu Sachthemen ist es daher wichtig, durch strukturiertes und methodisches Vorgehen sowie den gezielten Einsatz von kooperativen Verhandlungsmethoden und Kommunikationstechniken zu einem für beide Seiten zukunftsorientierten, Gewinn bringenden Ergebnis, zu einer Win-Win-Lösung zu kommen. Das kooperative Verhandeln und der verhandlungs- und lösungsorientierte Ansatz ermöglichen eine sachliche und konstruktive Auseinandersetzung über die unterschiedlichen Standpunkte und bilden die Basis für eine dauerhafte, langfristige Geschäftsbeziehung zwischen dem outsourcenden Unternehmen und dem Outsourcingpartner.

3.3 »Konfliktpotenzial Kultur«

Erläuterung und Merkmale

Das »Konfliktpotenzial Kultur« erhält dann Bedeutung, wenn zwischen dem outsourcenden Unternehmen und dem Unternehmen, das den ausgelagerten Teilbereich übernimmt, vereinbart worden ist, dass Mitarbeiter von einem in das andere Unternehmen wechseln sollen. »Kultur« bezieht sich an dieser Stelle sowohl auf die Ebene der Unternehmenskultur als solche, als auch darauf, dass hier möglicherweise durch eine andere Nationalität der Muttergesellschaft unterschiedliche Normen und Werte aufeinander treffen.

Bedeutung und Ansatz im Outsourcingprozess

Wichtig beim »Konfliktpunkt Kultur« ist es, die Wahrnehmung für diese Unterschiede zu schärfen, gegenseitiges Verständnis zu wecken und einen gemeinsamen Umgang für die Zukunft zu finden.

4 Vorgehensweise und Maßnahmen

Vor der Entscheidung über konkrete Vorgehensweisen und Schritte des Business-Process-Outsourcing ist es notwendig, sich Gedanken zu machen, welche Personen direkt oder indirekt von den geplanten Veränderungen betroffen und demzufolge im Besonderen zu involvieren sind. Bei der Festlegung des Teilnehmerkreises gibt es neben den vom Outsourcing direkt betroffenen Gruppen bzw. Abteilungen, bei denen eine Notwendigkeit der Teilnahme offensichtlich ist, weitere Parteien, die in angemessener Weise Berücksichtigung finden müssen. Je nach Größe bzw. Personalstärke eines Unternehmens liegt die Schwierigkeit darin, die Balance zwischen dem Anspruch, alle Beschäftigten in angemessener Weise zu integrieren, und den Grenzen eines effektiven und in der Praxis durchführbaren Vorgehens zu finden. Hier ist es hilfreich, sich bewusst zu machen, dass man an Grenzen stoßen kann.

4.1 Die beteiligten Gruppen im Fokus

Die Geschäftsleitung selbst ist eine der entscheidenden involvierten Gruppen.
Die Geschäftsleitung gibt die unternehmerische Richtung vor. Ihr obliegt die Verantwortung für das Unternehmen sowie die Entscheidungsbefugnis über die strategische Ausrichtung. Ihr Signal der Belegschaft gegenüber, frühzeitig über ihre Pläne zu informieren, ist ein Zeichen guten Willens, die Bedenken und Ängste der Mitarbeiter ernst zu nehmen.

Die zentrale Gruppe ist die betroffene Abteilung.
In den meisten Fällen werden Outsourcing-Projekte durch Unternehmensberater begleitet. Zur Konkretisierung der Problemstellung sowie zur Analyse der Fakten bedarf der Unternehmensberater des Inputs der Abteilung, dessen Aufgaben outgesourct werden soll. Werden an dieser Stelle Informationen zurückgehalten oder falsche Angaben gemacht, ist das Ergebnis der Analyse des Unternehmensberaters letztlich in Frage zu stellen. Erschwert wird die Arbeit des Unternehmensberaters durch die zu erwartende ablehnende bis verweigernde Haltung der betroffenen Mitarbeiter. Diese werden sich die Frage stellen, warum sie sich durch konstruktive Mitarbeit »ihr eigenes Grab schaufeln« sollen.

Dem Betriebsrat als Vertretung der Arbeitnehmer kommt eine weitere wichtige Rolle zu.
Der Betriebsrat stellt die Arbeitnehmervertretung dar und ist in den Outsourcingprozess einzubinden. Eine Entscheidung ist je nach Art des Konstruktes beim Outsourcing durch den Betriebsrat zustimmungspflichtig. Zudem kommt dem Betriebsrat als Meinungsführer und Multiplikator im Unternehmen entscheidende Bedeutung zu, die das Management nutzen sollte, um positive Signale zu setzen.

Der Unternehmensberater ist als externer Vertreter involviert.
Der Unternehmensberater trägt Daten und Fakten für die Analyse zusammen und gibt der Geschäftsleitung eine Empfehlung für oder gegen Outsourcing. Kommt es zum Outsourcing, begleitet er den Prozess.

Als weitere externe Gruppe ergänzt der Outsourcingpartner – der externe Geschäftspartner – die Runde der involvierten Parteien.
Wird eine Entscheidung für Outsourcing getroffen, kommt das Unternehmen, das die fremd vergebenen Bereiche übernimmt, als weitere Gruppe ins Spiel.

Weitere Beteiligte
Neben diesen Gruppen gibt es weitere Parteien, die es zu berücksichtigen gilt. Bei Themen von entscheidender Bedeutung ist es wichtig, dass die Geschäftsleitung möglichst *alle Unternehmensbereiche,* d.h. auch die nicht direkt betroffenen Abteilungen und Stabsstellen, in den Prozess involviert. Geschieht dies nicht in angemessener Weise, besteht die Gefahr, dass mangelnde Transparenz und fehlende Kommunikation auch in diesen Bereichen Verunsicherung auslösen und für Gerüchte sorgen, die dem Unternehmen schaden können.

4.2 Die Interessenlagen

Von zentraler Bedeutung im Umgang mit dem »Erfolgsfaktor Mensch« ist die Ermittlung der Interessen, die hinter den Positionen der Parteien stehen.

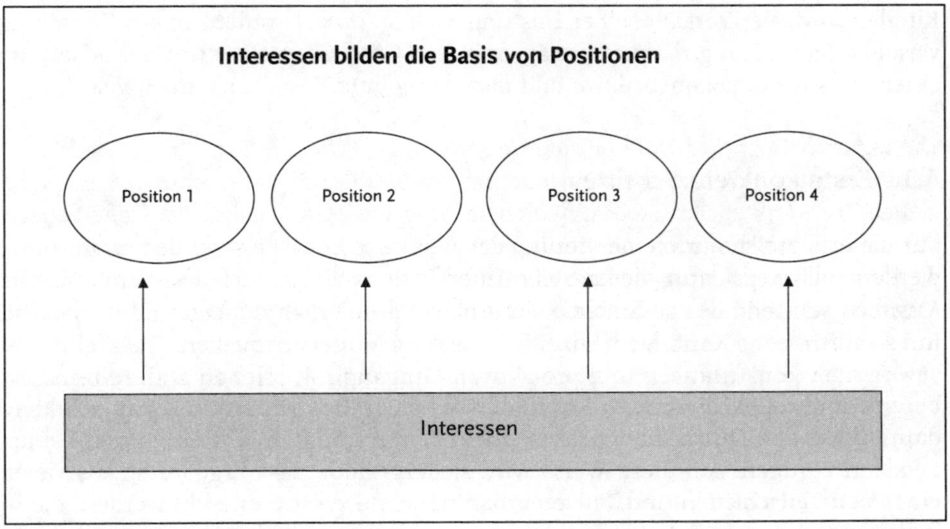

Abb. 7: Von Interessen zu Positionen

Interessen liegen Positionen zugrunde (vgl. Abbildung 7). Sie bilden die Basis, auf der unterschiedliche Positionen und Standpunkte eingenommen werden können. Der Betroffene, der einen bestimmten Standpunkt einnimmt, ist sich oftmals selbst nicht im Klaren, welche Motive und Interessen der vertretenen Position zugrunde liegen. Eine eingenommene Position stellt sich bei kritischem Hinterfragen daher oftmals als nur eine von vielen Möglichkeiten dar, die eigenen Interessen zu wahren. Zur Findung kreativer Lösungen ist es daher notwendig, die hinter den Positionen liegenden Interessen zu erkunden. Es liegt nahe, dass die involvierten Gruppen, jede für sich, aus unterschiedlichen Interessenlagen und Motiven heraus agieren. Mit dem Trend zum »Lean Management« geht es der Geschäftsleitung primär um die Steigerung der Effizienz, um Kostenreduzierung sowie um die Verbesserung der Wettbewerbssituation am Markt bei gleichzeitiger Erhaltung oder sogar Verbesserung der Mitarbeitermotivation. Die Mitarbeiter der betroffenen Abteilung fürchten um ihre Arbeitsplätze; es geht ihnen in erster Linie um Arbeitsplatzsicherheit. Möglicherweise spielen Motive wie soziale Anerkennung und die Würdigung der bisherigen Leistungen für das Unternehmen sowie die Dauer der Betriebszugehörigkeit eine weitere wesentliche Rolle. Dem Betriebsrat als Vertretung der Arbeitnehmer ist es aus seiner spezifischen Rolle heraus wichtig, dass bei den geplanten Veränderungen die Interessen der Arbeitnehmer gewahrt werden. Dabei wird er auf die Einhaltung von sozialen Kriterien (Sozialauswahl etc.) achten. Gleichzeitig ist der Betriebsrat jedoch auch an der Zukunftsfähigkeit des Unternehmens interessiert, um nicht weitere

Arbeitsplätze zu gefährden. Was die externen Parteien betrifft, so hat der Unternehmensberater ein Interesse an der erfolgreichen Umsetzung des Outsourcingprozesses und an Folgeaufträgen. Möglicherweise spielt auch die Profilierung als erfolgreicher Outsourcingberater im neuen Geschäftsfeld innerhalb der Investmentbranche eine nicht unwesentliche Rolle. Dem Outsourcingpartner sind die Gewinnung eines neuen Kunden sowie der Verkauf seiner Leistung wichtig. Ihm ist zudem an der Gestaltung vorteilhafter und langfristiger Verträge mit dem Geschäftspartner und der Schaffung einer Basis für eine konstruktive und nachhaltig gute Zusammenarbeit gelegen.

4.3 Erste konkrete Schritte

Für die erfolgreiche Implementierung des Outsourcings ist es von Bedeutung, dass die Unternehmensleitung den angestoßenen Prozess hinsichtlich des »Erfolgsfaktors Mensch« während des gesamten Zeitraums kontinuierlich managt und überwacht, um so auftretende Konflikte frühzeitig zu erkennen und anzugehen. Dies beinhaltet sowohl den konstruktiven und pro-aktiven Umgang mit offenen Differenzen und bereits konkret existierenden Konflikten als auch die Prävention von Konflikten, damit diese den Outsourcingprozess nicht stören und dem Unternehmen keinen Schaden zufügen. Auf diese Weise wird sichergestellt, dass Ergebnisse aus vielen einzelnen Teilschritten und Teilvereinbarungen sukzessive erreicht werden, die in ihrer Gesamtheit einen Katalog bilden, der den fortschreitenden Outsourcingprozess begleitet und dokumentiert. Dieser Katalog dient darüber hinaus als Guideline für das zukünftige Miteinander.

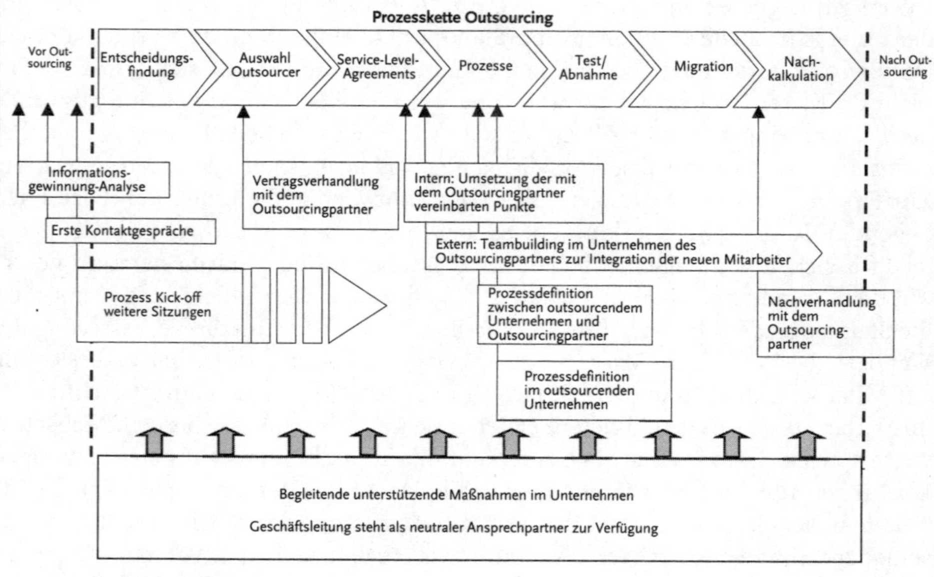

Quelle: in Anlehnung an KPMG

Abb. 8: Erste konkrete Schritte – Vorgehensweise und Maßnahmen

Abbildung 8 zeigt auf, an welchen Stellen Konfliktpotenziale liegen und worauf in den einzelnen Phasen im Besonderen zu achten ist.

Im Konfliktmanagement gibt es hinsichtlich der Lösungsansätze Unterschiede zwischen internen und externen Konflikten. Man differenziert in Bezug auf die zum Tragen kommenden Leitbilder zwischen dem Transformationsansatz (vgl. Bush/Folger (1994), Dukes (1996) und Dendorfer (2004)) und dem verhandlungs- und lösungsorientierten Ansatz (vgl. Fisher/Ury und Dendorfer (2004)). Beim Transformationsansatz steht das Soziale Lernen im Vordergrund. Es geht darum, eine Änderung des menschlichen Diskursverhaltens und eine Veränderung im Umgang mit Konflikten zu bewirken. Zielgrößen dabei sind die Befähigung (Empowerment) zur Formulierung eigener Bedürfnisse und die Anerkennung (Recognition) der gegenseitigen Interessen und Bedürfnisse. Dieser Ansatz ist vor allem bei Konflikten auf der Beziehungsebene von Bedeutung und eignet sich daher in besonderer Weise für innerbetriebliche Konflikte. Der verhandlungs- und lösungsorientierte Ansatz demgegenüber bietet sich vorrangig für Konflikte auf der Sachebene an. Er beruht auf den Prinzipien des Harvard-Konzeptes (vgl. Fisher/Ury/Patton (2003)). Beziehungs- und Sachebene werden getrennt voneinander behandelt. Interessen werden erkundet, Positionen werden vermieden. Optionen, die die Interessen aller zufrieden stellen, werden entwickelt. Widerstreitende Interessen werden durch die Anwendung objektiver Kriterien gelöst. Dieser Ansatz eignet sich besonders für Konflikte zwischen Unternehmen, bei denen die Beziehungsebene keine, allenfalls eine untergeordnete Rolle spielt.

Konkrete Schritte: Informationsgewinnung/Informationsanalyse

Unternehmen sind von hierarchischen Strukturen innerhalb des organisatorischen Aufbaus geprägt. Diese Strukturen beeinflussen die Prozesse und Beziehungen im Unternehmen und sind daher auch bei der Bearbeitung von potenziellen Konflikten von Bedeutung. Zu Beginn eines Outsourcingsprozesses ist es daher hilfreich, wenn sich das Management zunächst einen Überblick verschafft, wie der aktuelle Status Quo vor Beginn des Outsourcingprojektes ist, d.h. welche Informationen bis zum Start der Change-Management-Prozesse geflossen sind. Hierzu ist es sinnvoll, erste Gespräche mit den beteiligten Gruppen oder einzelnen Personen zu führen, um ein erstes Bild ihres Informationsstandes und ihrer Standpunkte zu erhalten. Darüber hinaus lässt sich dabei die Gesprächsbereitschaft und die grundsätzliche Haltung den geplanten Veränderungen gegenüber abtasten. Es ist gerade am Anfang wichtig, das Vertrauen der Beteiligten zu suchen und glaubhaft zu vermitteln, dass die Geschäftsleitung bestrebt ist, die Mitarbeiter frühzeitig in die Pläne einzubinden. Es gilt, begreiflich zu machen, dass sich jeder einzelne durch seinen Einsatz einbringen kann und seine Sichtweisen und Interessen auf diese Weise bessere Berücksichtigung finden. Neben diesen Gesprächen mit einzelnen Mitarbeitern und/oder Gruppen besteht eine weitere Möglichkeit darin, alle beteiligten Parteien zu einem gemeinsamen Termin zu bitten, um den Weg für einen konfliktarmen Prozess zu ebnen. Die Schwierigkeit besteht darin, die möglicherweise sehr emotionsgeladenen Diskussionen durch eine professionelle Art der Gesprächsführung und Leitung der Sitzung sowie durch den Einsatz von Gesprächs- und Kommunikationstechniken zu moderieren und die möglicherweise verhärteten Fronten aufzuweichen. Dies erfordert auch für die Geschäftsleitung ein hohes Maß an Disziplin, da sie selbst die Rolle einer der Beteiligten einnimmt und somit keine neutrale Position innehat. Ein solches Gespräch kann dazu genutzt werden, jede Partei zu bitten, die Sachlage aus ihrer Sicht zu schildern, und darüber hinaus dazu, die Interessen hinter den jeweiligen Positionen zu ermitteln, festzuhalten und zu visualisieren. Der Moderator der Sitzung sollte für gleiche Redezeit für alle Beteiligten sorgen, Hierarchien ausgleichen, auf die Einhaltung von Kommunikationsregeln (z.B. jemanden ausreden lassen, wertschätzender Umgang miteinander) achten, eine neutrale Sprache verwenden und emotionsgeladene Aussagen ggf. neutralisieren. Ziel dieser Sitzung sollte es sein, dass die Betroffenen die Interessen der jeweils anderen Partei kennen lernen und im Idealfall auch ein wenig Verständnis dafür entwickeln, ohne damit einverstanden sein zu müssen. Eine empfehlenswerte Technik ist es, jede Partei zu bitten, »sich einmal in die Schuhe des Anderen zu stellen« und aus dieser Sicht heraus zu versuchen, die Dinge zu sehen. Dieser Blick »über den eigenen Tellerrand« hinaus und aus dem Blickwinkel des Anderen sowie der gegenseitige Austausch öffnet zum einen das Bewusstsein und baut zum anderen gegenseitiges Misstrauen ab und Verständnis auf. In dieser Phase des Outsourcingprozesses ist es zudem wichtig, dass die Geschäftsleitung deutlich die Bereitschaft signalisiert, sich im weiteren Fortschreiten des Outsourcingprozesses um Optionen und kreative Lösungen für die Mitarbeiter der Abteilung, die outgesourct wird, zu bemühen. Dies wirkt als vertrauensbildende Maßnahme und fördert die Bereitschaft der betroffenen Mitarbeiter zur Mitarbeit in diesem Prozess. In der anschließenden Phase der Auswahl des Outsourcingpartners und der anschließenden Vertragsverhandlungen könnte die Geschäftsleitung die gewonnenen Einblicke und Erkenntnisse bereits berücksichtigen. Der Aufbau von Verständnis und Vertrauen ist elementare Grundlage, damit der Unternehmensberater zuverlässig Daten und Fakten generieren kann.

Konkrete Schritte: Vertragsverhandlung mit dem Outsourcingpartner
Im weiteren Verlauf der Prozesse stehen nach Auswahl des Outsourcingpartners die Verhandlungen über die Verträge an. In dieser Phase werden die Weichen für die künftige Zusammenarbeit zwischen den Unternehmen gestellt, d.h. das Konfliktpotenzial ist dabei externer Natur und spielt sich auf der Sachebene ab. Beide Unternehmen sind an einer nachhaltigen und langfristig erfolgreichen Geschäftsbeziehung von gegenseitigem Nutzen interessiert. Folglich ist lösungsorientiertes Vorgehen und kooperatives Verhandeln angeraten. Es geht um das Schaffen einer Vertragsgrundlage zwischen dem outsourcenden Unternehmen und dem Outsourcingpartner. Vertragsinhalte, direkte Leistungen, unterstützende Prozesse und unterstützende Dokumentation werden verhandelt und Einigung über Service-Level-Agreements (SLA) als Leistungsumfang erzielt. Hierbei ist darauf zu achten, dass klare Absprachen zur Vermeidung von Missverständnissen getroffen werden und die Interessen aller Beteiligten in einer Win/Win-Lösung Berücksichtigung finden.

Auch in den weiteren Gesprächen mit dem Outsourcingpartner, beim Aufsetzen der Prozesse oder aber bei weiteren Nachverhandlungen steht die Sachebene im Vordergrund.

Konkrete Schritte: Umsetzung der mit dem Outsourcingpartner vereinbarten Punkte

Nach den Vertragsverhandlungen mit dem Outsourcingpartner stehen weitere Parameter des Outsourcingprozesses fest. Diese Vereinbarungen (z.B. partielle Übernahme von Mitarbeitern der betroffenen Abteilung) sind zu kommunizieren und zu begleiten. Eine schnelle Kommunikation, schnelle Entscheidungen und eine rasche Umsetzung schaffen Klarheit für die Betroffenen. Klarheit und Transparenz wiederum verhindern Misstrauen, Gerüchte und Unsicherheit. Die Frage, ob und wie viele Mitarbeiter an das outsourcende Unternehmen abgegeben werden können, sollte zu diesem Zeitpunkt geklärt sein. Jetzt gilt es, diejenigen, die in das Unternehmen wechseln, zu unterstützen. Im Unternehmen des Outsourcingpartners treffen die wechselwilligen Mitarbeiter auf eine neue Unternehmenskultur, neue Kollegen und eventuell auch eine andere Kultur, geprägt durch die Nationalität des Headquarters. Durch teambildende Maßnahmen zur Förderung des Zusammengehörigkeitsgefühls mit dem Ziel, das gegenseitige Kennenlernen zu erleichtern und Verständnis füreinander zu entwickeln, kann die Integration vorangetrieben werden. Dies alles hat letztlich den Zweck, die Voraussetzungen für eine reibungslose Zusammenarbeit im Outsourcingprozess und darüber hinaus sicherzustellen.

Für die übrigen Mitarbeiter kann mit der Suche nach kreativen Lösungen und der gemeinsamen Erarbeitung von Alternativen (z.B. Besetzung einer Schnittstellenfunktion, Übernahme in andere Abteilungen, da durch Ausbau des Kerngeschäfts ggf. in anderen Abteilungen Personalbedarf besteht, Abfindungszahlungen, Outplacement, usw.) begonnen werden. Die Personalabteilung sollte diese Maßnahmen begleiten. Auf diese Weise haben die Mitarbeiter das Gefühl, nach den Entscheidungen nicht allein gelassen, sondern betreut zu werden.

Konkrete Schritte: Prozessdefinitionen

In der Phase der Prozessdefinition ist es wichtig, klare und eindeutige Aufgaben zu definieren und strukturierte Prozesse auf Basis der geschlossenen Vertragsgrundlage aufzusetzen. Die Prozesse werden auf der Grundlage der vereinbarten Service Level Agreements hinsichtlich Schnittstellendefinition, Prozessdokumentation, Schulungen, Controlling der SLA's etc. angepasst. Eindeutige Prozesse und Absprachen vermeiden Missverständnisse und stellen einen fairen Interessenausgleich sicher. Dies gilt sowohl für die Prozessdefinitionen zwischen dem outsourcenden Unternehmen und dem Outsourcingpartner als auch für die Prozessdefinitionen im outsourcenden Unternehmen, die ebenfalls an die veränderten Strukturen anzupassen sind. Obwohl es sich bei den Prozessdefinitionen um sachliche Themen handelt, kann beim Aufsetzen der Prozesse intern die Beziehungsebene an Bedeutung gewinnen. Dies wird ein aufmerksamer Moderator erkennen und ggf. berücksichtigen. Grundsätzlich ist es ratsam, Probleme auf der Beziehungsebene immer vorrangig zu behandeln.

Begleitende Maßnahmen für das gesamte Unternehmen unterstützen einen erfolgreichen Outsourcingprozess

Neben der Betreuung der Hauptakteure im Verlauf des Outsourcingprozesses ist es darüber hinaus sehr wichtig, möglichst alle Bereiche des Unternehmens in angemessener Weise in die Veränderungen entlang des Outsourcings einzubeziehen.

Die Geschäftsleitung sollte bestrebt sein, während des gesamten Prozesses sicherzustellen, dass der Raum für Spekulationen und Mutmaßungen möglichst gering ist. Transparenz und offene Kommunikation stärken das Gefühl, in die Aktionen und Prozesse involviert zu sein und die Prozesse mitgestalten zu können. Dies gilt im Besonderen auch für die Bereiche des Unternehmens, die nicht direkt von der Outsourcingmaßnahme betroffen sind. Geplante Veränderungen sollten frühzeitig kommuniziert werden, die Mitarbeiter sollten die Gelegenheit erhalten, ihre Bedenken zu äußern. Diese Informations- und Transparenzpflicht lässt sich beispielsweise durch folgende Maßnahmen erreichen:

- Informationsveranstaltungen für alle Mitarbeiter
- Individuelle Gespräche mit der Geschäftsleitung in den einzelnen Abteilungsbesprechungen
- Projektstatusberichte und Kommunikation weiterer wichtiger Meilensteine des Projektes, z.B. im Intranet
- Workshops mit den Abteilungsleitern zur Vermittlung der Fähigkeiten, wie die Abteilungsleiter als Integrationsfiguren den Outsourcingprozess unterstützend begleiten können

Die Geschäftsführung sollte im Sinne einer »Open-Door-Policy« jederzeit die Bereitschaft signalisieren, für Probleme, Anregungen und Fragen ansprechbar zu sein. Dies vermittelt den Mitarbeitern nicht nur das Gefühl der wertschätzenden Behandlung, sondern bietet dem Management auch die Gelegenheit, zusätzliche Informationen zu gewinnen, ggf. einen »Realitäts-Check« mit den Parteien vorzunehmen oder versteckte Agenden zu ergründen.

5 Von der Würdigung des »Faktors Mensch« profitiert das gesamte Unternehmen

Durch die kritische Würdigung des »Erfolgsfaktors Mensch« im Outsourcingprozess wird ein tief greifender Lernprozess bei den Beteiligten in Gang gesetzt, der sich in verschiedenen Bereichen für das Unternehmen positiv auswirkt.

Kommunikation

Es entsteht eine kommunikative Brücke zwischen den beteiligten Parteien. Dies geschieht mit dem Ziel, eine solide und möglichst unvorbelastete kommunikative Basis für die Prozessveränderungen entlang des Outsourcings zu gewährleisten. Die Beteiligten am Outsourcingprozess entwickeln neue Formen der Kommunikation und lernen eine gemeinsame Sprache. Dies schafft Kommunikationsmuster, auf die beim künftigen Miteinander zurückgegriffen werden kann. So wird es möglich, die Kommunikation nachhaltig zu verbessern.

Wahrnehmung

Das Bewusstsein für den Anderen, für seine Bedürfnisse und Gefühle, wird geschärft. Die gegenseitige Wahrnehmung ist Grundlage, um Verständnis für die Interessen

Abb. 9: Auswirkung des pro-aktiven Umgangs mit dem Faktor Mensch

und Bedürfnisse des Anderen zu entwickeln. Die Beteiligten lernen: »Verständnis haben« bedeutet noch nicht »einverstanden sein«.

Soziales Lernen

Durch das Arbeiten an einer gemeinsamen Lösung erweitern die Beteiligten ihren Horizont. Insbesondere das Erarbeiten einer Lösung, die für alle einen Gewinn darstellt (Win/Win-Lösung), erweitert das Bewusstsein über die eigenen Bedürfnisse hinaus.

Gruppendynamik/Gruppengefühl

Durch das Auseinandersetzen in der Gruppe und die Erfahrung von gruppendynamischen Prozessen wird das Gruppengefühl gestärkt und das konstruktive Miteinander gefördert.

Motivation/Eigeninitiative

Die Beteiligten am Outsourcingprozess erfahren, wie wichtig ihr Beitrag für den Erfolg des Gesamtprojektes ist. Sie erfahren, dass sie lösungskompetent sind, was ihr Selbstbewusstsein enorm stärken kann. Durch den eigenen Anteil an der Lösungsfindung entsteht eine hohe Identifikation mit dem Ergebnis. Es entstehen Lösungen auf breiter Argumentationsbasis. Daraus ergibt sich, dass der Einzelne die ihm zufallende Aufgabe besser akzeptiert und sich darin einbringt. Dies fördert auch nachhaltig die Eigeninitiative.

Information und Transparenz
Mangelnde Information und Transparenz fördern Misstrauen und Gerüchte. Zielgerichtete Kommunikationsmaßnahmen stellen sicher, dass die Beteiligten jederzeit das Gefühl haben, informiert zu sein und die ablaufenden Prozesse zu kennen. Dies fördert das Vertrauen und die Bereitschaft zur Mitarbeit.

6 »Erfolgsfaktor Mensch« – eine große Aufgabe

Der professionelle Umgang mit dem »Erfolgsfaktor Mensch« kann also sehr positive Auswirkungen auf das Unternehmen haben. Dabei darf nicht übersehen werden, dass diese positiven Einflüsse und die tief greifenden Change-Management-Prozesse einer konsequenten Betreuung bedürfen und äußerst zeitintensiv sind. Es sei daher an dieser Stelle die Frage erlaubt, ob es nicht sinnvoll wäre, das Management dieses Erfolgsfaktors in professionelle Hände zu geben. Wer wäre geeignet, eine solche Aufgabe zu erfüllen?

Grundsätzlich gilt: Für jede Partei, die selbst involviert ist und eigene Interessen und Ziele im Outsourcingsprojekt verfolgt, ist es schwierig, sich jederzeit neutral zu verhalten und alle Sichtweisen in angemessener Weise zu berücksichtigen. Das Schwierigste dürfte es sein, die Neutralität und Allparteilichkeit gegenüber den Beteiligten aufrechtzuerhalten und von diesen vollkommene Akzeptanz zu erhalten.

In der Regel werden Outsourcingprojekte von Unternehmensberatern begleitet. Die Rolle des Unternehmensberaters ist jedoch nicht neutral, sondern durch seine Nähe zur Geschäftsleitung gekennzeichnet, da er von dieser seinen Auftrag erhält. Der Unternehmensberater bindet möglichst viele Entscheidungsträger in sein Beratungsprojekt ein. Sein Motiv dafür liegt jedoch nicht in der Wahrnehmung einer neutralen Rolle, sondern vielmehr in der Absicht, Input für die notwendige Konkretisierung der Problemstellung zu erhalten und Motivation für die spätere Umsetzung zu erzielen. Sein Beratungsinput spiegelt jederzeit seine persönliche Meinung wider und orientiert sich an den Wünschen seines Auftraggebers. Auch dem Management würde es ein hohes Maß an Disziplin abverlangen, bei Entscheidungen nicht die eigenen Interessen in den Vordergrund zu stellen. Es besteht das Risiko, dass durch die eigene Involvierung in die Prozesse, die Betroffenheit oder aber durch einen Mangel an selbstkritischer Darstellung das Hinterfragen der Positionen und die Ermittlung von Interessen auch vom Management selbst nicht übernommen werden kann. Vor diesem Hintergrund wäre es empfehlenswert, die Funktion eines Konfliktberaters zu schaffen, der den Gesamtprozess betreut. Der Vorteil einer externen Person, z.B. eines Mediators oder Konfliktberaters, liegt auf der Hand. Für eine Person mit externer Sicht auf die Dinge ist es weitaus einfacher, eine neutrale Stellung einzunehmen, allparteilich zu sein und demzufolge eine bessere Akzeptanz bei den Beteiligten zu erhalten. Zudem ist ein solcher Experte auf dem Gebiet des Konfliktmanagements durch Ausbildung und Erfahrung geschult und kann durch den Einsatz von Gesprächstechniken und Konfliktmanagement-Maßnahmen mit Konflikten professionell umgehen. Ein solcher Konfliktberater sollte sich allerdings nicht inhaltlich einbringen, sondern

– ähnlich der Rolle eines Mediators[1] – die Prozesse lediglich methodisch begleiten. Dies würde sicherstellen, dass die handelnden Parteien eigenverantwortlich bleiben, was die inhaltliche Ebene anbelangt. Die Planung sowie die fachliche und inhaltliche Ausgestaltung der Prozesse würden auf diese Weise dem Unternehmensberater obliegen. Der Konfliktberater wäre dafür zuständig, dass die effiziente und erfolgreiche Umsetzung aus einer neutralen, unabhängigen Position heraus sichergestellt wird. Er könnte so die interdependenten Beziehungen zwischen den Parteien aus einer zentralen Stellung heraus wahrnehmen (vgl. Abbildung 10).

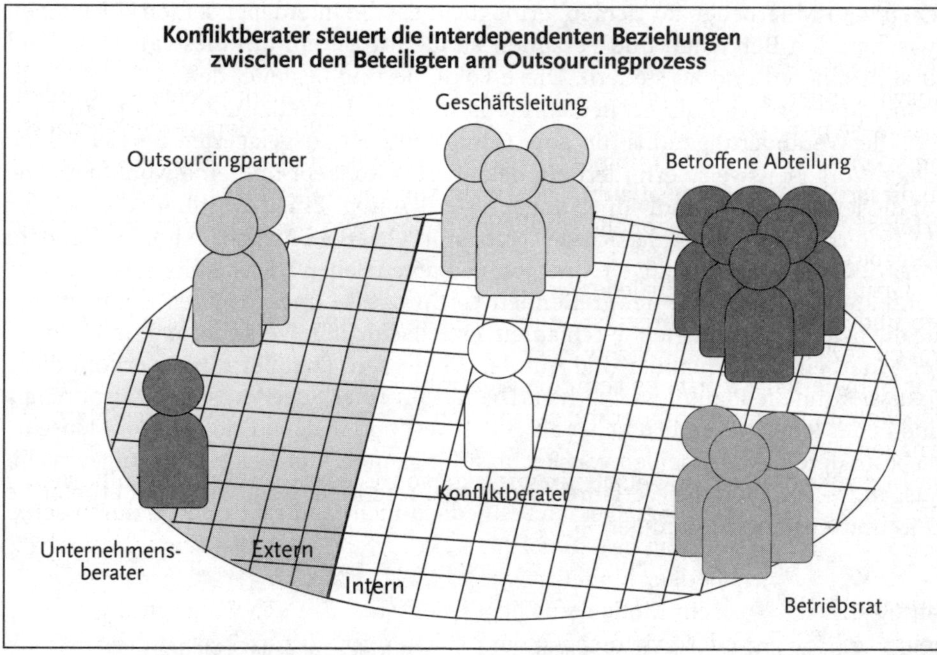

Abb. 10: Funktion des Konfliktberaters

Auf diese Weise wäre zudem sichergestellt, dass der Konfliktberater nicht in Konkurrenz zu den klassischen Beratungsleistungen der Unternehmensberatung stünde, sondern diese ergänzen würde. Die Aufgabe eines solchen Konfliktberaters könnte auch von einer Person aus dem Unternehmen wahrgenommen werden, die nicht direkt in einem betroffenen Bereich tätig ist, die sich jedoch durch lange und loyale Zugehörigkeit zum Unternehmen verdient gemacht hat und die Anforderung erfüllt, von allen Parteien als neutral akzeptiert zu werden. Dies hätte den Vorteil, dass der Konfliktberater das Unternehmen sehr genau kennen würde und die internen »Fallstricke« umgehen könnte.

1 Mediator: Der Mediator begleitet als neutrale Person in einem freiwilligen, nicht förmlichen Verfahren (Mediationsverfahren) die beteiligten Parteien bei der Konfliktlösung auf dem Verhandlungsweg. Die Wirtschaftsmediation ist ein spezieller, für unternehmensbezogene Konflikte entwickelter Bereich der Mediation.

7 Fazit: Der Mensch als Erfolgsfaktor eines Outsourcingprozesses in einer KAG

Letztlich bleibt es jedem Unternehmen selbst überlassen, ob es sich die Kompetenz im Konfliktmanagement zutraut oder sich in diesem Punkt externer Unterstützung bedient.

Festzuhalten bleibt in jedem Fall, dass der »Aspekt Mensch« im Outsourcingprozess in einer KAG einen wesentlichen Erfolgsfaktor darstellt. Den Fokus auf den Menschen, den Mitarbeiter, zu richten, ermöglicht es, die interdependenten Wirkungen zwischen den Bereichen und Personen zu identifizieren, um diese anschließend zu kontrollieren und zu steuern. Diese Fokussierung begleitet den gesamten Outsourcingprozess: von der Strategiefindung über die Umsetzung und Implementierung der Veränderungen bis hin zum Controlling der ausgelagerten Bereiche. Eine solche Vorgehensweise erfordert ein detailliertes Konzept und eine wohlüberlegte, auf die jeweilige KAG individuell angepasste Planung. Eine Investition, die sich für ein Unternehmen lohnt, da sich der Nutzen in vielerlei Hinsicht zeigt. Neben dem konstruktiven und pro-aktiven Umgang mit potenziellen und bereits existierenden Konflikten bewirken die tief greifenden Lernprozesse und positiven Erfahrungen, die die beteiligten Personen durchlaufen, eine nachhaltige Veränderung im Umgang der Mitarbeiter miteinander und mit den Prozessen. Darüber hinaus erhöht diese Fokussierung die Planungssicherheit. Die Kosten eines Scheiterns des Outsourcings sind in der Regel wesentlich höher als eine Investition in den »Erfolgsfaktor Mensch«. Insbesondere das Vermeiden von Rechtsstreitigkeiten und Klagen mit ungewissem Ausgang – vor allem bei Verfahren durch mehrere Instanzen – bedeutet erhebliche Zeit- und Kosteneinsparungen.

Literatur

Bea F.X. & Dichtl E. & Schweitzer: Allgemeine Betriebswirtschaftslehre Band 3, Stuttgart 1997
Bush R.A. & Folger J.P.: The promise of mediation: Responding to conflict through empowerment and recognition, San Francisco 1994.
Corbett M.F.: The Outsourcing Revolution 2004.
Dukes E.F.: Resolving Public Conflict: Transforming Community and Governance 1996.
Dutt B.: Die mediative Begleitung von Integrationsprozessen nach Unternehmenskäufen, »Zeitschrift für Mediation« 03/1999, Seiten 135–140.
Fisher R. & Ury, W. & Patton B.: The Harvard-Conzept, Frankfurt 2003.
Dendorfer R.: Working Paper IHK 2004.
Hertel A. von. Professionelle Konfliktlösung, Frankfurt 2003
Heskett J.L. & Sasser W.E. & Schlesinger L.A.: The Value Profit Chain, New York 2003.
Lindner J.C.: Outsourcing for radical change, New York 2004.
Ponschab R. & Dendorfer R.: Handbuch Mediation, München 2002.
Ponschab R. & Schweizer A.: Kooperation statt Konfrontation – Neue Wege anwaltlichen Verhandelns, Köln1997.
Pöhlmann S. & Roethe A. & Ponschab: Working Paper Ablauf einer Mediation 2000.
Risse J.: Wirtschaftsmediation, München 2003.
Sure M.: Erst regeln, dann starten, »Outsourcing in Zeitungsverlagen«, 2004
Studie des Verbandes Deutscher Zeitschriftenverleger (VDZ) in Kooperation mit KPMG, 04/2004.
Wagner M.: Working Paper IHK, 2004.
Zuberbühler C.: Wirtschaftsmediation, Zürich 2004.

Profitorientierung im Asset-Management – Teaching a new dog old tricks

Stefan Maszynski/Volker Kurr

Die Autoren erklären ausdrücklich, dass die dargestellten Interpretationen und Meinungen ausschließlich ihre persönliche Auffassung wiedergeben.

1 Einleitung

Bis zum Jahr 2000 sind die Erträge im Asset-Management dank sehr starker Aktienperformance und hoher Nettomittelzuflüsse mit durchschnittlich 15% p.a. gewachsen. Fragen nach der Kosteneffizienz waren sekundär. Durch den Strukturbruch an den Kapitalmärkten in den Jahren 2000 bis 2003 ist die Ertragssituation deutlich schwieriger geworden, wodurch die Branche im Hinblick auf die Profitabilität erheblich unter Druck geraten ist.

Diesen neuen Herausforderungen muss man sich stellen – im Zweifel werden die Unternehmen, die am schnellsten professionelle Strukturen zur konsequenten Ausrichtung an der Profitabilität umsetzen und diese konsequent leben, zu den Gewinnern gehören. In der Folge werden verschiedene Ansätze dargestellt, das zentrale Thema »Profitabilität« neben den bisher bereits bekannten »Assets under Management«, »Net Sales«, »Performance« im täglichen Management zu verankern.

2 Ansatz 1: Business as usual – aus den Problemen herauswachsen

Die Asset-Management-Branche – insbesondere in Deutschland – ist immer noch sehr auf Volumen respektive »Assets under Management« (AUM) fixiert. Daher haben die meisten Gesellschaften die Steigerung der Fonds-Volumina zur »Strategie« erklärt. Der erreichte Platz in der BVI-Statistik erscheint vielen immer noch wichtiger als die Ertragskraft.

Die weit verbreitete Argumentationskette stellt sich folgendermaßen dar: Die Kosten sind weitgehend fix, und wenn zusätzliches Volumen auch zu geringen Preisen verkauft wird, steigert das die Profitabilität des Unternehmens, solange Grenzerlöse erzielt werden.

Die Begründung, solange den Preis zu senken, bis die fixen Ressourcen ausgelastet sind, ist allerdings nur dann sinnvoll, wenn man mit einer hoch spezialisierten Infrastruktur arbeitet. Es kann nur eine ganz bestimmte Leistung erbracht werden, die verfällt und nie wieder zu einem Ertrag führen kann. Typische Beispiele sind die Kapazität eines Computertomographen oder der vakante Sitz in einem Flugzeug kurz vorm Abflug.

Während Wirtschaftszweige mit sehr hohen Fixkosten und spezifischer Infrastruktur Gefangene ihrer Rahmenbedingungen sind, hat die Asset-Management-Branche weitaus mehr Möglichkeiten, die Ressourcen auf attraktivere Aktivitäten auszurichten. Verdient man bei institutionellen Mandaten zu wenig, sollte man zuerst überlegen, ob man die Kapazitäten auf der Produkt- und Vertriebsseite im Privatkundenbereich nicht mit höherer Rentabilität einsetzen kann, bevor man sich zu einem ruinösen Preiswettbewerb hinreißen lässt.

In der Praxis passiert meist das genaue Gegenteil – zuerst werden die Preise gesenkt, und nachdem man sich jahrelang Gedanken zur »Value Proposition« des Unternehmens gemacht hat, werden die Leistungen immer öfter zu Diskontpreisen angeboten. Den Ruf des Billiganbieters wird man auch so schnell nicht mehr los – das Gerücht, dass man sich mit aggressiven Preisen Zugang zu attraktiveren Geschäften verschaffen kann, kann man in der Praxis nicht nachvollziehen. Vielmehr manövriert man sich so in eine Situation, aus der man schwer wieder herauskommt.

Als Konsequenz der Grenzkostenbetrachtung bleiben schlussendlich Ressourcen in Aktivitäten mit niedriger Wertschöpfung gebunden und verhindern somit das Wahrnehmen von Chancen in attraktiveren Bereichen. Im Ergebnis ist die Rentabilität des Unternehmens langfristig beeinträchtigt und ein Herumreißen des Ruders erfordert dramatische Maßnahmen. Defensive Aktionen, wie pauschale Kostensenkungsprogramme, Schließungen von Fonds, Preisanpassungen usw., sind die Folge.

Gefördert wird dieses Verhalten durch die in vielen Asset-Management-Unternehmen bestehenden Steuerungssysteme. Der Vertrieb und die Produktseite werden aus Gewohnheit und mangels besserer Informationen nur nach Erträgen/Erlösen, manchmal sogar nur nach Volumina, beurteilt – sie haben daher eine natürliche Tendenz, zunächst die Preise zu senken, um AUM zu erwirtschaften, ohne Rücksicht auf die Kosten, die im Rest des Unternehmens entstehen. Die Supportbereiche werden an ihrer relativen Kosteneffizienz gemessen – etwa an Stückkosten –,was bei sinkenden Preisen – selbst bei gleich bleibender Effizienz – zu Problemen führt. Erst auf Ebene der Geschäftsführung wird Profitabilität zum Thema – erst hier wird der Druck, Erträge und Kosten in Einklang zu bringen, zur täglichen Herausforderung. Die Geschäftsführung nimmt wahr, wie die Rentabilität nachhaltig unter den Anforderungen der Aktionäre liegt und das Unternehmen sich im unteren Drittel der Branche wieder findet. Das wiederum bedeutet über kurz oder lang das Abwandern der fähigsten Mitarbeiter und die Verstärkung des negativen Trends.

Während also Vertrieb und Supporteinheiten u.U. keinerlei Handlungsbedarf sehen – da AUM steigen, die relative Kosteneffizienz sich nicht verschlechtert hat –, ist die Lage für die Geschäftsführung bereits bedenklich. Eine kleine Anekdote soll dies unterstreichen: In einer Vorstandssitzung präsentieren die Manager ihre Zahlen der einzelnen Einheiten als großen Erfolg. Am Ende der Präsentation steht der Vorstandsvorsitzende auf und sagt: »Nachdem Sie all diese erfolgreichen Leiter von profitablen Einheiten gehört haben, hören Sie jetzt den Vorstandsvorsitzenden einer unprofitablen Bank«.

Dabei stellt sich dem Management oftmals die Schwierigkeit, wirklich konkrete Ansatzpunkte für die Steigerung der Ertragskraft zu erkennen, da die entsprechenden Diagnoseinstrumente fehlen. Das Standardreporting reicht in der Regel nicht aus, Fragen der laufenden Ausrichtung des Unternehmens zu klären oder die tatsächliche Auswirkung auf die Profitabilität zu messen und zu verfolgen. Strategische Fragestellungen hinsichtlich der Forcierung bestimmter Produkte oder Kunden (Sollen wir uns auf Spezialfonds oder Publikumsfonds konzentrieren? Sollen wir Vertriebskapazitäten eher für unsere Filialen als im Drittbankenvertrieb bereitstellen?) oder auch zur Gestaltung der Wertschöpfungskette (Sollen wir Emerging Markets im Haus managen oder zukaufen? Sollen wir die Abwicklung outsourcen?) werden dann letztlich mehr oder weniger ad hoc oder intuitiv beantwortet und umgesetzt. Oft bleiben sie auch nur als Fragen stehen. Solange alternative Ertragspotenziale nicht klar vor Augen geführt werden, entsteht kein Handlungsdruck.

3 Ansatz 2: Punktuelle Profitabilitätsanalyse und Profitsteigerungsprogramme

Der Verdacht, dass ein erheblicher Teil der Ressourcen in Bereichen und Produkten mit niedriger Profitabilität gebunden ist, führt zur Durchführung von ad-hoc- oder Einmalanalysen der Profitabilität sämtlicher Aktivitäten. Im Rahmen dieser Einmalanalysen werden für einen begrenzten Zeitraum sämtliche Kosten des Unternehmens auf die Produkte und Kunden umgelegt.

Das Ergebnis ist in der Regel ernüchternd. Einem profitablen Kern von Produkten sowie Kunden und Vertriebspartnern steht ein beträchtlicher Teil von Aktivitäten gegenüber, die Ressourcen binden, jedoch keinerlei Beitrag zum Ergebnis leisten.

Auf der Produktseite tragen erfahrungsgemäß lediglich 15% bis 25% der Produkte substanziell zum Unternehmenserfolg bei, der Rest ist betriebswirtschaftlich nicht relevant (siehe Abbildung 1: Verteilung der Fonds-Profitabilität). In Unkenntnis des tatsächlichen Aufwandes für ein Produkt, ist dabei falsches Pricing der Hauptgrund für mangelnde Profitabilität. Preise wiederum werden nach Konkurrenzsituation ermittelt – Fonds, die strukturell unprofitabel sind, sind meist solche, bei denen das Unternehmen nur über den Preis konkurriert und die in vielen Fällen gar nicht hätten angeboten werden sollen.

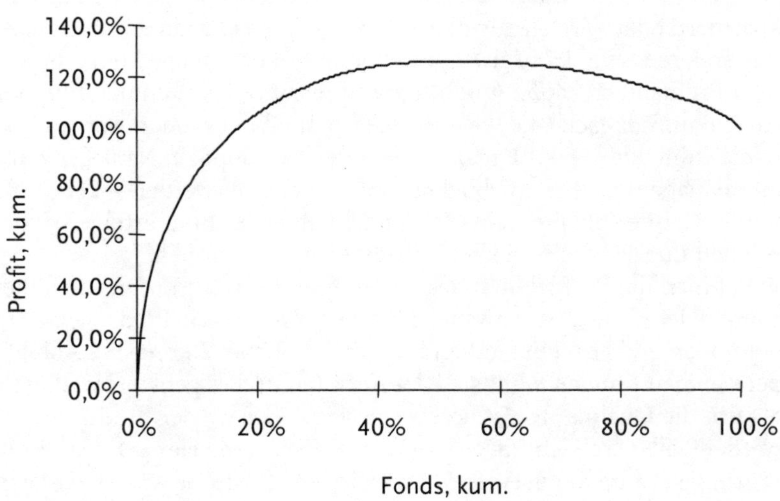

Abb. 1: Beispiel – Verteilung der Fonds-Profitabilität

Das Problem der unprofitablen Produkte ist nicht so sehr der absolute Verlust, den sie verursachen. Wie man an der Abbildung 1 erkennen kann, ist ihr Ergebnis in der Summe ausgeglichen und Verluste der schlechtesten Produkte fallen nicht sonderlich ins Gewicht. Das Problem sind die Opportunitätsverluste – oft entfallen über 70%

der Ressourcen eines Asset-Managers auf Produkte mit geringer Profitabilität und es drängt sich die Frage auf, warum Unternehmen, die mit denselben Ressourcen in der Lage sind, hervorragende Renditen zu erwirtschaften, sich zu einem Großteil ihrer Zeit mit einem Hungerlohn zufrieden geben und ihre »Value Proposition« ad absurdum führen. Vergleichbar wäre das mit einem Anwalt, der in der Lage ist, seine Zeit für 400 € pro Stunde zu verkaufen – doch obwohl seine Ausbildung und Infrastruktur auf diese Dienstleistung ausgerichtet ist, entschließt er sich nach 2 Stunden Arbeiten für 10 € die Stunde zu verrichten. Die Lösung des Problems ist klar: Da zusätzliche Stunden für 10 € keinen nachhaltigen Impakt auf die Profitabilität bringen können, muss der Anwalt sich überlegen, wie er den profitablen Kern seiner Tätigkeit ausbauen kann.

Den gleichen Ansatz sollten Asset-Manager ergreifen, die sich einer Profitabilitätsanalyse unterzogen haben. Defensive Maßnahmen, wie die Streichung unprofitabler Produkte, haben keinen entscheidenden Einfluss auf das Gesamtergebnis – selbst wenn alle marginalen Produkte geschlossen werden und die Kosten eliminiert werden könnten, ist der Impakt relativ bescheiden. Vielmehr gilt es, den profitablen Kern zu hinterfragen, den gemeinsamen Nenner zu erkennen und dann konsequent an der Entwicklung dieser Produkte zu arbeiten.

Die konkreten Maßnahmen sind dabei nicht kompliziert. Vergegenwärtigt man sich z.B., dass der Vertrieb in 8 von 10 Fällen Produkte verkauft, die nichts zum Ergebnis beitragen, eröffnen sich ungeahnte Möglichkeiten, das Ergebnis zu verbessern. Gibt es einen Publikumsfonds, der extrem profitabel ist, sollte man sich jenen Vertriebspartnern oder Filialen zuwenden, bei denen das Produkt unterrepräsentiert ist. Auf der anderen Seite kann man gezielt jene Kunden ansprechen, die Produkte mit geringer Profitabilität kaufen und Programme zur Substitution fahren. Wenn der Vertrieb in Zukunft danach in 4 von 10 Fällen profitable Produkte verkauft, kann es sein, dass die Profitabilität des Unternehmens sich verdoppelt. Natürlich kann auch im Produktmanagement ein erheblicher Beitrag geleistet werden – kennt man den gemeinsamen Nenner für profitable Produkte, fällt es leichter, Erfolge systematisch zu wiederholen und Fehlentwicklungen frühzeitig zu erkennen.

Betrachtet man die Profitabilität des Unternehmens nach Kunden – addiert man also zum Produktergebnis den Aufwand, der erforderlich ist, die Produkte zu verkaufen und Beziehungen zu betreuen – erhält man ein ähnliches Bild (siehe Abbildung 2).

Nur bei wenigen Kunden lohnt sich der Aufwand und es geht viel weniger um die Anzahl als um die Qualität der Beziehungen. Ein Vertrieb, der für seinen Aufwand bezahlt werden will, wird sich fragen, was der gemeinsame Nenner der Top-Kunden ist, wie es gelingen kann, durch einen konzentrierten Ansatz die Anzahl dieser Kunden auszubauen. Kunden, die zwar marginal Erträge bringen, aber keine Chance haben, zu einem Kunden im profitablen Kern heranzuwachsen, sollten gemieden werden, da sie nur von der eigentlichen Aufgabe ablenken und das Ergebnis verwässern.

One-off-Analysen bleiben erfahrungsgemäß nicht ohne praktische Auswirkungen. Unprofitable Leistungen werden eliminiert und/oder mit angepassten Preisen rentabler getrimmt. Die Gesellschaft stellt darüber hinaus allgemeine Regeln für neue Produkte auf, die für Vertrieb- und Produktmanagement als verbindlich definiert werden, z.B. keine Auflage eines Fonds mehr unterhalb einer Grenze von € 25 Mio. Künftig bestimmt der profitable Kern die Strategie des Unternehmens. Die Identifikation von

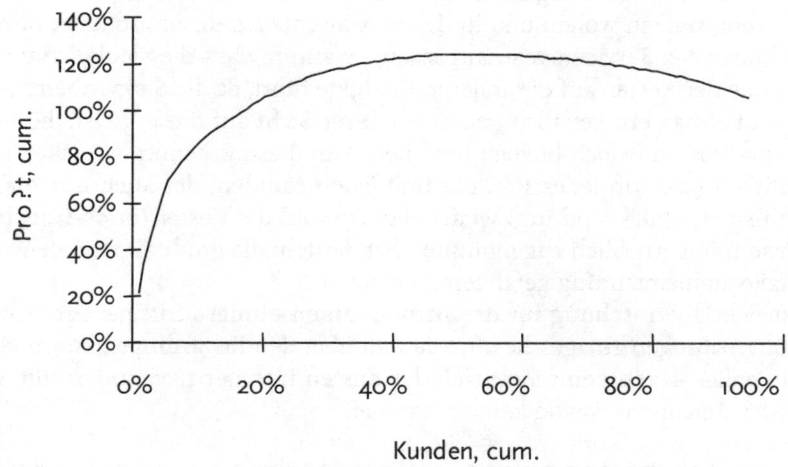

Abb. 2: Beispiel – Verteilung der Kundenprofitabilität

Aktivitäten, die sich als wesentlich attraktiver als andere qualifizieren, führt bei der Ausrichtung des Unternehmens zu einer Konzentration auf die profitablen Bereiche.

Das Problem von Einmalanalysen ist, dass nach beendeter »Rosskur« die Normalität wieder Einzug hält und mit ihr ein laufendes Reporting sowie Entscheidungsprozesse, die nach wie vor auf eindimensionalen Informationen beruhen. Der Vertrieb präsentiert weiter seine Assets under Management und die Ertragszahlen; die Supportbereiche fokussieren sich auf Auskünfte über Stückkosten – und der Geschäftsführung bleibt es überlassen, die Entwicklung der Profitabilität kritisch zu überwachen.

4 Ansatz 3: Laufende Steuerung von Vertrieb und Produkten nach Profitabilität

Einige Unternehmen gehen über die in Ansatz 1 und 2 beschriebenen Maßnahmen hinaus. Sie etablieren Systeme zur laufenden Messung des Profits von Kunden und Produkten. In diesen Fällen wird die Gesamtheit der Kosten des Unternehmens auf Basis unterschiedlicher Schlüssel den Produkten und Kunden zugeordnet. Die Deckungsbeiträge/Operating-Profits der Kunden und Produkte bilden den Maßstab für den Beitrag von Vertriebs- und Produktbereichen.

Diese Vorgehensweise ist zweifellos ein Schritt in die richtige Richtung, denn die Mitarbeiter konzentrieren ihre Zeit auf die Bereiche mit hoher Profitabilität: Der Vertrieb bündelt seine Anstrengungen auf den Verkauf attraktiver Produkte und den Ausbau von profitablen Kundenbeziehungen und der Produktbereich legt im Produktmanagement die Maßstäbe des profitablen Kerns an.

Dennoch stößt dieser Ansatz in der Praxis schnell an seine Grenzen. Ein Beispiel: Mitarbeiter aus Produktmanagement oder Vertrieb, die ihre neue unternehmerische Verantwortung nutzen wollen und in dieser Konsequenz ein unprofitables Produkt einstellen oder das Serviceniveau anpassen, erfahren, dass dies lediglich zu einer Umverteilung der Kosten auf die anderen Produkte führt, da die Supportbereiche ihre Kosten nicht anpassen. Letztlich gehen aus ihrer Sicht auf diese Weise die Erträge verloren, die Kosten jedoch bleiben bestehen. Um diese Erkenntnis reicher, ringen die Beteiligten bald um jedes Produkt und jeden Kunden, der auch nur marginal Erträge einspielt – das sind im Zweifel alle. Obwohl die Kosten/Erlös-Transparenz im Unternehmen erheblich zugenommen hat, besteht die große Gefahr, dennoch in der Grenzkostenbetrachtung gefangen zu bleiben.

Die zweite Überraschung für die »neuen Unternehmer« tritt bei der Höhe der Kosten für Leistungen zutage, die oftmals weit über den Erwartungen liegen. Abweichungen von 20 – 30% beim Vergleich der Kosten interner Lieferanten mit Marktpreisen oder Benchmarks sind keine Seltenheit.

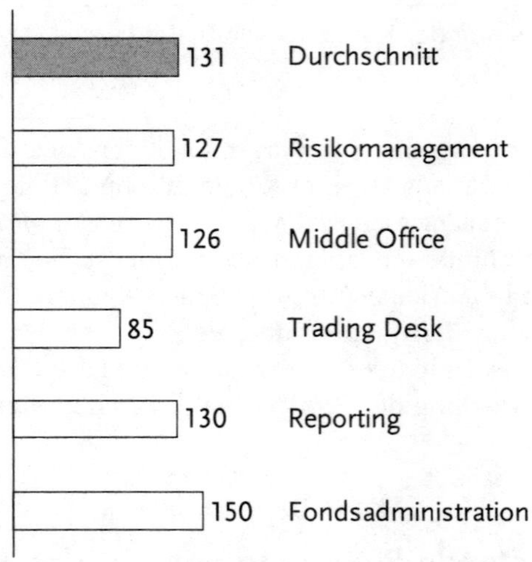

Abb. 3: Beispiel – Effizienz der Service-Einheiten 100 = Benchmark

Die Beurteilung des Geschäfts unter Ansatz dieser Kosten führt im Ergebnis dazu, dass zu teure Supportleistungen mit guten Produkten und Kunden subventioniert werden. Hinzu kommt, dass die internen Lieferanten sich im Normalfall der Einflussnahme durch die neu ernannten Unternehmer entziehen. Komplizierte Allokationsmechanismen, viele Ansprechpartner, mangelnde Kenntnis der Prozesse etc. sorgen dafür, dass selbst der Versuch, zu verhandeln, im Keim erstickt wird.

Die unzureichende Kontrolle über die Kosten ist umso bedenklicher, da 60 bis 70% der Gesamtkosten in unzähligen Support- und Overheadbereichen entstehen. Damit haben diese Bereiche nicht nur erhebliche Auswirkungen auf den Geschäftserfolg, sondern sind auch in der Lage, im Produkt- und Vertriebsbereich massive Fehlsteuerungen zu verursachen.

5 Ansatz 4: Laufende Steuerung aller Bereiche unter Berücksichtigung von Marktpreisen und Förderung der unternehmerischen Initiative

In der nächsten Entwicklungsstufe der Steuerung wird die Profitabilität von Kunden und Produkten mit Hilfe von Activity-Based-Costing zu Marktpreisen berechnet. Anstatt die Kosten der internen Lieferanten mittels statischer Schlüssel zu verteilen, werden deren Leistungen zu Marktpreisen nach tatsächlicher Inanspruchnahme durch die Produkte und Kunden »bezahlt« bzw. intern verrechnet. Diese Vorgehensweise führt zu einer rigorosen Profitorientierung sämtlicher Unternehmensbereiche.

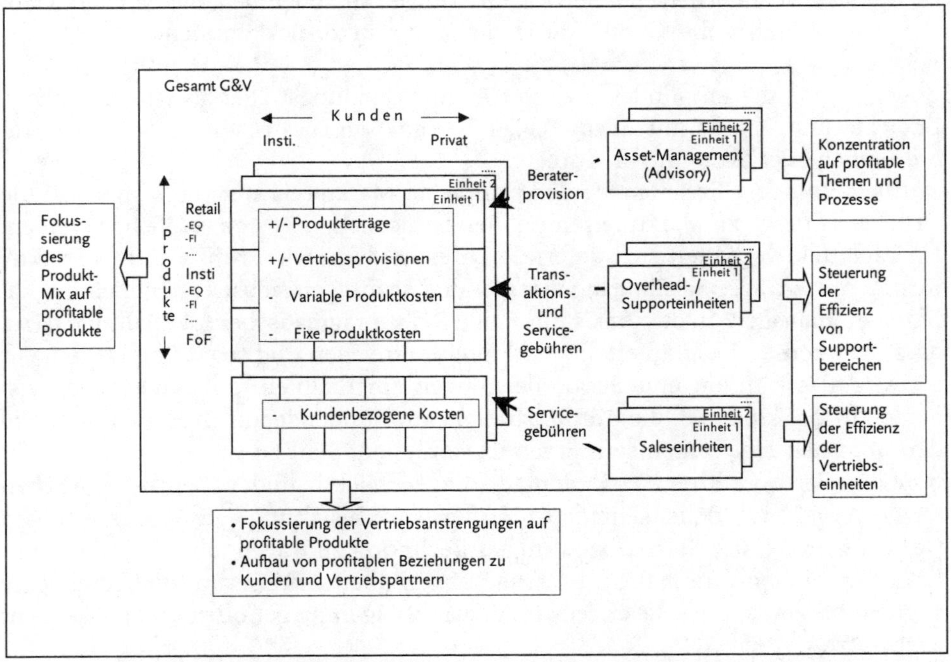

Abb. 4: Profitorientierte Steuerung im Asset-Management – Konzeptionelle Sicht

Die Vertriebs- und Produkteinheiten »kaufen« Leistungen von anderen Bereichen zu Marktbedingungen ein (siehe Abb. 4), beispielsweise die Leistung der Fonds-Administration zu fünf Basispunkten für einen institutionellen Fonds mit einer entsprechenden Minimum-Fee für Fonds unterhalb einer gewissen Größe oder die Beratungsleistungen zu einem Satz, den auch ein externer Fonds-Manager in Rechnung stellen würde.

Die liefernden Bereiche – hier Fonds-Administration und Fonds-Management – erhalten von den Front-Bereichen für die an Kunden und Produkten erbrachten Leistungen einen Ertrag in Höhe ihrer zu Marktpreisen bewerteten Leistung.

Ähnlich funktioniert das auch bei Overhead-Kosten, denen oft keine verrechenbaren Leistungen gegenüberstehen. Statt einfach die Kosten auf die anderen Bereiche zu verteilen, werden hier branchentypische Overhead-Sätze für die einzelnen Leistungen festgelegt – ein Vertriebsbereich würde z.B. einen geringeren Overhead-Satz haben als ein technisch komplizierter Bereich wie die Fonds-Administration. Die Front- und Supportbereiche bezahlen also typische Overhead-Kosten, die Overhead-Bereiche bekommen diese als virtuelle Erträge gutgeschrieben.

In der Praxis führt Activity Based Costing zu weit reichenden Veränderungen in Asset-Management-Unternehmen.

Die Front Bereiche erhalten weitgehende unternehmerische Freiheiten. Sie sind in der Lage

- neue Produkte anzubieten und dabei mit stabilen Kostenannahmen zu kalkulieren,
- Produkte zu streichen oder Serviceanpassungen vorzunehmen, ohne in die Gefahr zu geraten, dass die Kosten »durch die Hintertür zurückkommen«.

Zudem – und das empfinden die meisten Entscheidungsträger als eine erhebliche Erleichterung – hören mit einem Schlag die endlosen Diskussionen über Kostenzuordnungen oder Kostenniveaus auf.

Die liefernden Einheiten werden ständig an Marktpreisen gemessen, wobei die virtuellen Erträge zu Marktpreisen mit den tatsächlichen Kosten verglichen werden. Im Endeffekt verhalten sich liefernde Bereiche dann wie Profit-Center, die aktiv Kosten mit Erträgen in Einklang bringen und sozusagen selbstverständlich die Kapazitäten managen. In der Praxis führt eine Reihe pragmatischer Maßnahmen dazu, dass die internen Lieferanten die Marktpreise erreichen und sogar übertreffen. Oft ist es so, dass nur einzelne Supportleistungen innerhalb eines Bereiches rettungslos ineffizient sind, z.B. die Administration von Kundendepots in Handarbeit, die dem internen Lieferanten sein Ergebnis verderben. Statt zu warten, bis die Situation komplett verfahren ist, werden Leistungen selektiv und aus eigenem Antrieb fremd vergeben. Möglichkeiten aus der flexiblen Gestaltung von Arbeitsverträgen werden genutzt, um Spitzenbelastungen Rechnung zu tragen, ohne ständig sämtliche Kapazitäten vorzuhalten. Entscheidungen über den Einsatz von Technologie werden im Hinblick auf die erzielbare Effizienzsteigerung getroffen und konsequent umgesetzt.

Natürlich kann es in jedem Unternehmen strategische Bereiche geben, die trotz Verlusten beibehalten werden – auf diese Weise werden jedoch zumindest die Anreize auf der Vertriebsseite nicht verfälscht.

Neben der Ausrichtung auf attraktive Kunden und Produkte, ist das Top-Management nun in der Lage, den tatsächlichen Beitrag jedes Bereiches zum Gesamtergebnis des Unternehmens zu beurteilen. Damit können Diskussionen über die Tiefe und Breite der Wertschöpfungskette mit Zahlen unterstützt werden. Das Management-Informationssystem liefert laufend Daten zu typischen Fragen und zeigt Potenziale für Verbesserungen auf. Statt im Rahmen einer Studie die Folgen von Outsourcing zu berechnen, werden mit Activity-Based-Costing die Auswirkungen kontinuierlich, sozusagen automatisch, mitgeliefert.

Der wichtigste Effekt dieses Ansatzes ist, dass die unternehmerische Verantwortung nicht mehr nur auf der Geschäftführerebene stattfindet, sondern alle Bereiche des Unternehmens ständig bestrebt sind, den Profit ihrer Kunden und ihres Bereiches zu verbessern und damit automatisch das Gesamtergebnis des Unternehmens zu optimieren. Die Front-Bereiche denken laufend darüber nach, wie sie ihre Zeit optimal im Sinne der Profitabilität verwenden – welche Kunden und Produkte forciert werden sollten, wie die Value-Proposition am besten umgesetzt werden kann. Es werden von den Front-Bereichen nur solche Leistungen in Anspruch genommen, die mit entsprechendem Profit im Markt verkauft werden können. Support und Overhead-Bereiche optimieren und gestalten die Leistungserbringung in Abhängigkeit der Nachfrage und zu Marktpreisen.

6 Zusammenfassung und Ausblick

Hohe Margen und sehr starkes Wachstum kennzeichneten die Asset-Management-Branche in den vergangenen Jahren und führten dazu, dass klassische Steuerungssysteme und Profitabilitätsanalysen nur unzureichend zum Einsatz kamen.

Der oft bemühte Grenzkostenansatz – zusätzliches Volumen zu niedrigen Preisen zu verkaufen – führt zu erheblichen Fehlsteuerungen und nachhaltigen Rentabilitätsproblemen.

Um die Erwartungen an die Rentabilität zu erreichen respektive zu übertreffen, ist es wichtig, über die Wertigkeit von Aktivitäten – Kunden und Produkten – sowie Funktionen nachzudenken. Welche unserer Leistungen schätzt der Markt, wofür sind Kunden bereit zu bezahlen, wie können wir den attraktiven Kern ausbauen? – sind Fragen, über die es sich lohnt nachzudenken, bevor man damit beginnt, mehrheitlich über den Preis zu konkurrieren.

Ein Management-Informationssystem (MIS) kann diesen Prozess nachhaltig unterstützen, indem es ständig Auskunft darüber gibt, wie profitabel jede Leistung am Markt ist und welche Bereiche im Unternehmen wie viel zum Geschäftserfolg beitragen.

Bei der Gestaltung des MIS sollte vor allem darauf Wert gelegt werden, dass es darauf ausgerichtet ist, das Verhalten der einzelnen Mitarbeiter zu verändern und ein natürliches Interesse bei allen Akteuren zu schaffen, attraktive Aktivitäten zu forcieren. Das kann am besten über ein MIS mit Activity-Based-Costing erfolgen, bei dem interne Leistungen zu Marktpreisen verrechnet werden.

Um jedoch den Fokus »Profitabilität« im Unternehmen auch fest zu verankern, sind weitere begleitende, unterstützende Maßnahmen erforderlich:

- Die Ertragstreiber müssen identifiziert, kommuniziert und im gesamten Unternehmen verstanden werden. Das fällt umso leichter, je klarer, transparenter und nachvollziehbarer der Prozess für die Beteiligten ist.
- Die technische Plattform sollte den Nutzern auf sämtlichen Ebenen des Unternehmens laufend darüber Auskunft geben, welchen Beitrag zur Profitabilität sie

leisten und gleichzeitig die Instrumente in die Hand geben, ihr tägliches Handeln danach auszurichten.

- Es ist nötig, dass die Geschäftsführung das Umdenken initiiert und dies im täglichen Geschäft selbst vorlebt. Um eine neue Unternehmenskultur zu implementieren, die den veränderten, neuen Rahmenbedingungen Rechnung trägt, helfen die klassischen Empfehlungen aus dem Bereich Change-Management.
- Weiterhin ist es enorm wichtig, dass Spielregeln für die Messung des Erfolges konsequent eingehalten werden. Dies bedeutet beispielsweise, dass keine plötzlichen Anpassungen der Marktsätze an die Bedürfnisse einzelner Abteilungen vorgenommen werden.
- Ein weiterer Schritt ist die Anpassung des Anreiz- und Incentivesystems mit dem Kriterium Profitabilität als Maßstab.

Ein Unternehmen sollte als Ganzes seinen Fokus auf die Ertragskraft richten. Konsequente Profitorientierung bedeutet für Asset-Management-Unternehmen nicht nur, dass sie nachhaltig die Erwartungen der Shareholder in puncto Rentabilität erreichen respektive übertreffen. In der Regel sind diese Unternehmen auch besser darin, eine klare Value-Proposition für ihre Kunden zu entwickeln und überlegene Leistungen auf den Markt zu bringen.

Aktives versus passives Management

Thomas Balk

Der Autor erklärt ausdrücklich, dass die dargestellten Interpretationen und Meinungen ausschließlich seine persönliche Auffassung wiedergeben.

1 Einleitung

Auf den ersten Blick hat John C. Bogle Recht: Die meisten Fondsmanager machen einen schlechten Job. Mit diesem Wissen hat der Gründer der Investmentfondsgesellschaft Vanguard vor über 25 Jahren den ersten Indexaktienfonds aufgelegt. Seine Meinung: »Es steckt kein großer Gedanke hinter dem aktiven Management. Die Befürworter bieten nur ein paar Anekdoten aus der Vergangenheit und Versprechungen für die Zukunft.« – Ist das wirklich so?

Forscher und Praktiker streiten sich seit Jahrzehnten, welche Anlagestrategie für Investmentfonds die Erfolg versprechendste ist. Werden aktive Manager, die nach bestimmten Kriterien einzelne Aktien auswählen, den Markt nachhaltig schlagen können? Oder ist eine passive Strategie, bei der ein Fonds einen Index nachbildet, aussichtsreicher?

Dieser Beitrag soll die Argumente beider Lager beschreiben und untersuchen, welche Denkweise hinter der aktiven und der passiven Strategie steckt; er soll aber auch ein Plädoyer sein für die Chancen des aktiven Fondsmanagements. Denn so berechtigt John C. Bogle über die Qualität mancher Aktienfondsmanager schimpft, so falsch liegt er mit seinem Urteil über aktives Management. Die Tatsache, dass es viele schlecht gemanagte Aktienfonds gibt, widerlegt nicht die Stärken der Idee des aktiven Managements. Wer in Indexprodukte investiert, gaukelt sich nicht nur selbst eine trügerische Sicherheit vor. Er nimmt sich auch jede Chance, den Markt zu schlagen.

2 Konstruktionsprinzipien passiver Produkte

2.1 Index-Tracking

Die Verfechter des passiven Fondsmanagements glauben an die Theorie eines effizienten Kapitalmarkts. Danach bilden sich durch Angebot und Nachfrage verschiedener Anleger stets solche Aktienkurse, die zukünftige Gewinne der Unternehmen widerspiegeln. Folglich kann kein Anleger eine höhere Rendite als der Markt erzielen, indem er einzelne Titel auswählt. Und auch ein Research lohnt sich nicht: Zu vertretbaren Kosten bringt es keinen Informationsvorsprung, der den Wert eines Portfolios überdurchschnittlich stark steigen ließe.

Die Schlussfolgerung aus diesen Annahmen ist simpel: Wenn die aktive Auswahl einzelner Aktien die Rendite nicht steigert, ist ein marktbreites Investment in eine große Zahl verschiedener Titel die erste Wahl. Das steigert die Diversifikation, verringert das Risiko und beschert Anlegern eine sichere Performance im Marktdurchschnitt.

Eine besonders populäre Methode, mit der Investmentfonds eine passive Anlagestrategie umsetzen, ist das Index-Tracking. Dabei bilden Fondsmanager in ihrem Portfolio einen Aktienindex nach, z.B. den Dax oder den Dow Jones. Von aktiven Anlageentscheidungen sind sie damit weitgehend befreit. Sie müssen ihre Positionen nur dann umschichten, wenn sich die Zusammensetzung des Index verändert. Bei den meisten Indizes ist das nur einmal jährlich zu einem festgelegten Zeitpunkt der Fall.

Passive Fondsmanager locken Investoren mit dem Argument geringerer Kosten. Sie verzichten auf ein teures Research, weil sie nicht nach besonderen Qualitätsmerkmalen einzelner Aktien suchen. Im direkten Vergleich zu aktiv gemanagten Fonds soll das der Rendite auf die Sprünge helfen. Die Kostenquote ist gering, und Ausgaben fressen nur einen verhältnismäßig kleinen Teil der Kursgewinne und Dividenden auf.

Im Alltag hält sich kaum ein Anhänger der passiven Managementtheorie an die Grundüberlegungen seiner Denkschule. Streng genommen müssten passiv gemanagte Fonds ihr Kapital so breit wie möglich streuen, also in Unternehmen verschiedener Größe und verschiedener Branchen in einer großen Zahl von Ländern. Tatsächlich benutzen Fonds aber meist Indizes als Grundlage ihres Portfolios, die nur einen engen Anlagehorizont haben. Beispiel Dax: Der deutsche Standardwerteindex enthält gerade einmal 30 Werte, allesamt große Konzerne mit Sitz in Deutschland. Zudem hat im Dax – verglichen mit anderen Standardwerte-Indizes – die Technologiebranche ein relativ großes Gewicht. Wer diesen Index nachbildet, ist von einer breiten Streuung des Kapitals weit entfernt.

2.2 Der ETF-Markt

In jüngster Vergangenheit hat eine neue Form passiver Produkte viele neue Kunden gefunden: So genannte Exchange Traded Funds (ETF) – fortlaufend an der Börse gehandelte Fonds. Bei den Produkten handelt es sich fast ausschließlich um Indexfonds. ETFs eignen sich besonders für kurzfristige Spekulationen auf eine Marktbewegung, weil man sie schneller verkaufen kann als herkömmliche Investmentfonds. Außerdem werben Emittenten mit niedrigen Kosten. Für die Leistungen der Fondsgesellschaft zahlen Anleger eine Jahresgebühr, die in der Regel zwischen 0,1 und 0,5% liegt.

In Europa sind rund elf Milliarden Euro in ETFs investiert. In den USA ist der Markt mit einem Volumen von 110 Milliarden Dollar bereits wesentlich größer. Die in Deutschland erhältlichen 300 ETFs haben die verschiedensten Schwerpunkte: Branchen, Anlagestile, Länder oder Regionen. Für Anleger erscheinen eine Diversifizierung des Portfolios und eine breite Streuung des eingesetzten Kapitals mit ETFs besonders einfach. Sie legen sich einige der Fonds ins Depot, statt eine große Zahl an Aktien direkt zu kaufen.

Populär sind ETFs vor allem bei institutionellen Investoren. Sie nutzen die Fonds nicht nur als Alternative zu einem Direkt-Investment in Aktien. Sie setzen damit auch Long-Short-Strategien um und sichern sich gegen fallende Kurse ab. Gerade in den USA funktioniert das gut, weil der Handel mit den Papieren nicht durch die so genannte Up-Tick-Rule beschränkt ist. Diese Regelung verzögert den Aktienhandel an der New York Stock Exchange, wenn der Standardwerteindex Dow Jones innerhalb kurzer Zeit stark nach oben oder unten schnellt. Das Ziel der Up-Tick-Rule ist, Panik- und Kettenreaktionen zu verhindern. ETFs unterliegen dieser Handelsbeschränkung nicht – Anleger können sie also selbst in hektischen Börsenzeiten jederzeit ausleihen oder verkaufen.

Populär sind ETFs auch unter Investoren, die mit Leerverkäufen auf fallende Märkte spekulieren. Zahlen der Investmentbank Morgan Stanley belegen, dass bei einzelnen ETFs die Mehrheit der Kunden zu dieser Gruppe zählt. Bei Papieren auf die Indizes Nasdaq 100 und S&P 500 beträgt die Leerverkaufsquote mehr als 50%. Über die Hälfte der gesamten ETF-Stückzahl ist also verliehen und leer verkauft. Die Leerverkaufsquote bei Aktien liegt gewöhnlich weitaus niedriger. Üblich sind Werte zwischen 1 und 2%.

Diese Zahlen belegen: Ein Großteil der ETF-Käufer sieht die Papiere nicht als Alternative zu einem direkten aktiven Investment in Aktien, sondern nutzt die Indexfonds als bequemes Mittel für einen Leerverkauf.

3 Der aktive Fondsmanagement-Prozess

3.1 Stock-Selection, Asset-Allocation und Market-Timing

Im Gegensatz zu passiven Fondsmanagern halten aktive Investoren den Kapitalmarkt nicht für effizient. Sie vertrauen darauf, dass sie die durchschnittliche Rendite übertreffen können, indem sie die Unzulänglichkeiten des Marktes ausnutzen. Die Idee: Wer Informationen über börsennotierte Unternehmen sammelt und sie besser auswertet als andere Anleger, kann außergewöhnlich renditeträchtige Aktien finden. Das Ergebnis dieses Auswahlprozesses steigert zwar auch das Risiko für Anleger, erhöht gleichzeitig aber die Chance auf besonders hohe Gewinne. Um das Chance-Risiko-Verhältnis zu optimieren, setzen aktive Fondsmanager auf ein aufwändiges Research. Dabei suchen sie Antworten auf drei zentrale Fragen:

Stock-Selection
Welche Aktien werden in Zukunft besser abschneiden als andere? Verschiedene Faktoren können dazu führen, dass sich einzelne Titel besser entwickeln als der Markt. Beispiele sind ein besonders starkes Wachstum, ein hohes Innovationspotenzial, eine starke Marktstellung oder ein günstiges Kurs-Gewinn-Verhältnis. Solche Faktoren versuchen aktive Fondsmanager zu entdecken.

Asset-Allocation
Welche Marktsegmente sollen welchen Anteil am Portfolio haben? Dabei ist zunächst die Frage wichtig, ob die Aktien- oder die Anleihemärkte besonders aussichtsreich sind. Abhängig ist das z.B. von den Zinsen. Sinken sie, wird ein Investment in neu ausgegebene Anleihen unattraktiver. Gleichzeitig steigt das Kurspotenzial von Aktien, weil sich die Nachfrage erhöht und sich Unternehmen günstiger am Rentenmarkt finanzieren können. Ist diese grundsätzliche Frage geklärt, folgt die Bewertung einzelner Branchen nach ihren Renditeaussichten. Nur besonders viel versprechende Segmente berücksichtigt der Fondsmanager in seinem Portfolio, andere klammert er komplett aus.

Market-Timing
Wann ist der beste Zeitpunkt für eine Investition? Bei dieser Entscheidung spielen Marktzyklen eine große Rolle. Hat zum Beispiel eine große Mehrheit der Anleger das Vertrauen in den Aktienmarkt verloren, kann sich eine gute Gelegenheit bieten, zu niedrigen Kursen einzusteigen. Wichtig sind beim Market-Timing auch Unternehmensmeldungen. Erwartet ein Fondsmanager etwa, dass ein Unternehmen schlechte Jahreszahlen veröffentlichen und damit den Aktienkurs unter Druck setzen wird, steigt er vorher aus dem Papier aus.

3.2 Strategien und ihr Erfolg

Die Strategien aktiver Fondsmanager sind vielfältig, und je entschiedener sie nach festen Grundsätzen investieren, umso stärker hängt ihr Erfolg von der allgemeinen Marktentwicklung ab. Besonders deutlich zeigen dies die Anlageerfolge von Fonds, die konsequent nach den gegensätzlichen Investment-Stilen »Value« und »Growth« handeln. Value-Portfolios versuchen in Unternehmen zu investieren, deren Wert sich noch nicht voll im Börsenkurs widerspiegelt. Zur Auswahl dienen fundamentale Unternehmensdaten und Track-Records wie die Marktstellung, die langfristige Profitabilität und das historische Gewinnwachstum. Steht den Kennzahlen dann noch ein verhältnismäßig kleiner Börsenwert gegenüber, nehmen Value-Strategen den Titel ins Depot.

Growth-Anhänger analysieren dagegen konsequent spezielle Branchen auf ihre Zukunftsfähigkeit: Ist ein Wachstumsmarkt identifiziert, folgt die Suche nach besonders aussichtsreichen Unternehmen in dem möglicherweise bald schon boomenden Markt. Im Zentrum der Growth-Analysen stehen häufig Marktstudien mit mittelfristigen Prognosen. Viele Growth-Portfolios sind zudem auf spezielle Marktsegmente oder Branchen zugeschnitten – ihre Analysen dringen also oft sehr tief in bestimmte Märkte ein, statt breit verschiedene Branchen, Regionen oder Asset-Klassen zu bewerten.

Wert- und Wachstumsdepots laufen in der Performance oft gegeneinander: In konjunkturellen Hochphasen, in denen viel frisches Geld in die Märkte fließt, haben Wachstumsstrategien oft die Nase vorn. Lahmt die Konjunktur, setzen sich die Substanztitel der Wertportfolios durch. Im langjährigen Mittel gleichen sie die Erfolge beider Schulen in etwa aus. Growth-Portfolios erzeugen dabei allerdings tendenziell eine höhere Volatilität.

Die besten Ideen aus beiden Anlagepolen vereinen will die so genannte Blend-Strategie, die einen markt- und konjunkturabhängigen Verschnitt aus beiden Stilen propagiert. Völlig befreit von starren Regeln hat sich das konsequente Stockpicking: Diese aktivste Form des Fondsmanagements sucht gezielt nach attraktiven Einzelinvestments in allen Märkten eines Anlagesektors. Grundlage für die Aktienauswahl ist eine Bottom-up-Analyse: Ausgehend von einzelnen interessanten Titeln weitet sich der Blick zu Branchen und Fundamentaldaten.

Die Vielfalt der Management-Stile, deren Beschreibung sich hier aus Platzgründen auf einige grundlegende Anmerkungen beschränkt, ermöglicht Anlegern eine Kapitalanlage, die sich genau nach ihren Zielen, ihrer Risikoneigung und ihrer Überzeugung richtet. Durch die steigende Nachfrage nach solchen spezifisch zugeschnittenen Anlagemöglichkeiten hat sich das Fondsangebot in den vergangenen Jahren konsequent ausdifferenziert. So tragen die Kapitalanlagegesellschaften den Bedürfnissen ihrer Kunden nach unterschiedlicher Asset-Allocation durch immer genauere Strategieabgrenzung Rechnung.

4 Die Erfolgsbilanz aktiver und passiver Produkte

4.1 Die Nachfrage

Der ETF-Anbieter Indexchange schmückte sich zum Jahreswechsel mit Rekordzahlen. Die Fondsgesellschaft steigerte das von ihr verwaltete Vermögen in 2004 um 52% und war damit die am schnellsten wachsende Fondsgesellschaft Deutschlands. Erster Eindruck der Beobachter: Indexprodukte erleben einen Boom. Auch die Begründung war schnell parat. Nach mehreren schwierigen Jahren an der Börse sehnen sich Anleger nach einem Produkt, das sie vor bösen Überraschungen bewahrt. Bei näherem Hinschauen relativiert sich die Erfolgsmeldung. Indexchange gelang das rasante Wachstum von einer eher bescheidenen Basis. Die Gesellschaft erreichte im vergangenen Jahr gerade einmal einen Marktanteil von 1,7%.

Betrachtet man die Statistik des Bundesverbands Investment und Asset Management (BVI), ist das Ergebnis eindeutig. Hierzulande gibt es 518 aktiv gemanagte Aktienfonds. Indexorientierte Fonds und Indexfonds bringen es mit 165 auf eine weitaus geringere Anzahl. Aktive Produkte stellen damit die große Mehrheit der Aktienfonds. Sie verwalten insgesamt rund 67 Milliarden Euro Kapital. Index-Produkte haben mit knapp 16 Milliarden Euro nur rund ein Viertel dieser Summe bei deutschen Anlegern eingesammelt.

Im Vergleich zu anderen Ländern ist der Marktanteil passiv gemanagter Fonds am gesamten Fondsmarkt in Deutschland besonders niedrig. Indexprodukte haben einen Anteil von weniger als 5% an der gesamten Marktkapitalisierung. In der Schweiz sind es 25%, in Großbritannien gar 30%. In den USA liegt der Anteil passiver Fonds an der Börse sogar zwischen 30 und 40%. Der bisher niedrige Anteil passiver Produkte am deutschen Markt rührt sicherlich u.a. daher, dass ETFs hier erst seit kurzer Zeit verkauft werden.

4.2 Die Performance

Analysen der langjährigen Performance von passiven und aktiven Fonds zeigen immer wieder: Manager schaffen es im Durchschnitt nicht, das Kapital ihrer Anleger stärker zu vermehren als indexorientierte Produkte. So zeigen Analysen von Burton G. Malkiel von der Princeton-Universität, dass 90% der aktiv gemanagten US-Aktienfonds zwischen 1983 und 2003 den S&P500-Index nicht schlagen konnten. Am europäischen Anleihemarkt verfehlten zwischen 1991 und 2001 insgesamt 69% der Fonds den vergleichbaren MSCI-Index. *Knut Gries* und *Alexander Kempf* von der Universität Köln kamen beim Vergleich von Portfolios aktiver und passiver Deutschland-Fonds zwischen

1992 und 2000 zu ähnlichen Ergebnissen: Die passiven Indexfonds entwickelten sich im Schnitt immer besser als solche mit einem aktiven Management.

Zugleich unterscheiden sich die Produkte allerdings auch in ihren Risikoprofilen. Schließlich legen aktive Fonds immer auch in Aktien an, die nicht im entsprechenden Index gelistet sind. Meist führen sie zudem anders als Index-Tracker auch Kassenbestände. Der Vergleich von Risiko und Ertragspotenzial führt hier zu einer besseren Bewertung der beiden Strategien. Beim Vergleich von Sharpe-Ratios – also erwarteter Rendite im Verhältnis zum Risiko – zeigen sich bereits nur noch kleine Unterschiede zwischen aktiven und passiven Fonds.

Zugleich belegen alle Analysen: Die beste Performance überhaupt schaffen immer nur aktiv gemanagte Produkte. Ganz oben auf den langjährigen Vergleichslisten stehen niemals passive Indexfonds, sondern immer aktiv gemanagte Produkte. Die besten Manager erzielen Renditen, die mehr als doppelt so hoch liegen wie der Marktdurchschnitt. Bei den deutschen Aktienfonds etwa schlugen die besten Produkte in jedem Jahr der Analyse die Indexfonds bei weitem. Im Börsenboomjahr 1999 etwa kletterte der beste Indexfonds um 32,3%, der beste aktive Fonds mit deutschen Standardwerten legte 57,2% zu. Und im Krisenjahr 2000, als Index-Tracker maximal 5,8% Rendite erzielten, erzielten geschickte Fondsmanager einen Wertzuwachs von 44,8% für ihre Kunden. Entsprechend eindeutig fällt das Fazit von *Griese* und *Kempf* aus: »Dies impliziert, dass ein Anleger mit aktiven Fonds eine höhere Rendite erzielen kann als mit Indexfonds, wenn es ihm gelingt, ein Portfolio aufzubauen, das vorwiegend aus besonders erfolgreichen aktiven Fonds besteht.«

5 Risiken und Chancen im Vergleich

5.1 Risikoprofil und Auswahlkriterien passiver und aktiver Produkte

Eine Geldanlage in Aktien ist grundsätzlich mit einem Risiko verbunden. Das gilt auch für indexorientierte Anlageformen. Sie bergen ein systematisches Marktrisiko. Bei aktiv gemanagten Fonds kommen als unsystematisches Risiko falsche Entscheidungen hinzu, in deren Folge die Performance den Marktdurchschnitt nicht erreicht. Das systematische Marktrisiko können Anleger größtenteils nicht ausschalten, wenn sie in Aktien investieren wollen. Für das unsystematische Risiko einer aktiven Anlage gilt das nicht gleichermaßen kategorisch. Mit der Auswahl eines guten Managers, der über eine außergewöhnliche Marktkenntnis verfügt, lässt sich dieses zusätzliche Risiko minimieren.

Erfolgreich werden Anleger eine solche Risikominimierung nur dann betreiben können, wenn sie die Qualitäten und Schwächen der verschiedenen Anbieter von Investmentfonds kennen und miteinander vergleichen. Genau daran mangelt es gerade bei deutschen Anlegern. Bevor sie sich für einen Fonds entscheiden, informieren sie sich kaum. In der Regel legen sie sich Fonds des Asset-Managers ihrer Hausbank ins Depot, die sie empfohlen bekommen.

Bei Anlegern, die sich intensiver mit verschiedenen Produkten auseinandersetzen, spielt oft die historische Performance eine überaus wichtige Rolle bei der Auswahl eines Investmentfonds. Was sie dabei zu selten bedenken: Vergangene Renditen sind ein denkbar schlechter Gradmesser für den zukünftigen Erfolg eines Fonds. Eine sinnvolle Entscheidungsgrundlage bei der Produktsuche liegt vielmehr in der Strategie eines Fonds und im Know-how seines Managements. Die entscheidende Frage: Vertraue ich mein Geld einem passiven Produkt an und damit einer Formel, die ich nicht beeinflussen kann? Oder setze ich besser auf das Know-how eines Management-Teams, das sich am Markt beweisen muss?

5.2 Argumente passiver Manager in der Kritik

Ein wichtiger Grund, ein passives Produkte zu kaufen, liegt sicherlich im Preis. Ausgabeaufschläge und Gebühren liegen – soweit sie überhaupt erhoben werden – regelmäßig unter denen aktiv gemanagter Produkte. Für diesen niedrigeren Preis geben die Produzenten passiver Produkte eine zunächst viel versprechende Garantie ab: Ihre Anleger sollen nie wesentlich schlechter dastehen als der Gesamtmarkt. Für diesen wird ein repräsentativer Index zugrunde gelegt – und das Versprechen lässt sich fortan durch die Konstruktion des Index-Tracking halten. Der vermeintlich günstige Kauf entpuppt sich also als reines Hüllengeschäft, bei dem nicht der Konstrukteur des Indexfonds den Maßstab für die Rendite setzt, sondern der Index-Produzent. Nach welchen Regeln, darauf haben im Übrigen weder der Anleger noch sein passiver Fonds irgendeinen Einfluss. Beide laufen dem Markt hinterher.

Aktiven Fondsmanagern werfen die Befürworter passiver Produkte oft vor, sie schlössen lediglich Wetten ab, auf die für Anleger kein allzu großer Verlass sei. Soweit der Wett-Vorwurf sich darauf richtet, dass Fondsmanager versuchen, von künftigen Entwicklungen besonders zu profitieren, werden aktive Fondsmanager dieser Argumentation zustimmen. Sie betreiben jedoch kein Glücksspiel, sondern führen ein Handwerk aus, das auf Strategien und Erfahrungen fußt: Manager, die aktiv einen Aktienfonds betreuen, wetten also höchst gezielt – für Anleger, die ihnen Geld mit dem Anspruch anvertrauen, es durch die Anlage in erstklassige Unternehmen zur langfristigen Vermögensbildung zu nutzen.

Wer einen Indexfonds kauft, dem bleibt nur das Versprechen, an der durchschnittlichen Performance einer Gruppe von Unternehmen teilzuhaben, die in einem Index gelistet sind. Nicht aufgrund ihrer Leistungsfähigkeit oder der Qualität ihres Managements, sondern meist aufgrund weitgehend erfolgsunabhängiger Kriterien. Gäbe es einen Index, der gute Unternehmensführung, Leistungs- und Zukunftsfähigkeit belohnte, dann wären passive Manager gut beraten, ihm zu folgen. Kreieren müssten ihn aber wohl die Kollegen aus dem Research aktiver Fondsverwalter.

Zu Kostenargumenten und der Benchmark-Garantie tritt häufig das Versprechen geringer Volatilität – bei dem ebenfalls der Index als Vergleichsmaßstab dient. Auch dieses Versprechen entpuppt sich als Zirkelschluss: Wer einen Index abbildet, wird logischerweise nicht stark von ihm abweichen. Ein Qualitätsmaßstab ist die geringe Volatilität nicht. Zumal die gleitende Umschichtung zu weniger volatilen Produkten langfristig engagierte Anleger vor bösen Überraschungen bewahrt. Und in der Börsenbaisse ist bei jedem Index-Tracker der schwankungsarme Niedergang vorprogrammiert.

Dem Volatilitätsrisiko begegnen Anleger also nicht durch Investments in einzelne aktive oder passive Produkte, sondern allein durch die Beachtung der Grundregeln der Asset-Allocation. Selbst die Befürworter der Passivität sprechen sich dabei oft für den Mix aus: Im institutionellen Management mischen sie passive Basisinvestments in einer Core-Satellite-Strategie mit dem Stockpicking vor allem in besonders wachstumsstarken Märkten. Weil sie wissen: Wer dort an der Performance der besten Unternehmen teilhaben will, ist mit dem Index-Tracking schlecht beraten.

5.3 Die Stärken des aktiven Managements

Die Stärke des aktiven Managements leitet sich aus den Schwächen des passiven ab. So gibt es z.B. keinen effizienten Markt, wie ihn passive Investoren immer wieder beschreiben. In Wahrheit weist der Markt viele Störungen auf. Nicht alle Investoren handeln rational. Es ist an der Tagesordnung, hohe Gewinne in der Vergangenheit mit hohen Gewinnen in der Zukunft gleichzusetzen. Zugleich reagieren viele Anleger verzögert auf neue Informationen aus Unternehmen, wenn sie nicht zum bisherigen Bild passen. Schließlich müssten sie sich dann eingestehen, die Situation bisher falsch eingeschätzt zu haben.

Nicht einmal der Horizont vieler Anleger ermöglicht einen effizienten Markt. Privatanleger konzentrieren ihr Investment in der Regel auf wenige Regionen oder sogar ihre Heimat. So investieren beispielsweise amerikanische und britische Anleger rund 90% ihres Kapitals im eigenen Land, was eine sehr geringe Risikostreuung zur Folge hat. Ein aktiver Manager würde das ihm anvertraute Kapital nie so fokussieren.

Passive Produkte bilden meist einen Index ab. Doch nur die wenigsten Aktienindizes taugen als Grundlage für einen marktbreiten Fonds. Große Unternehmen haben wegen der Gewichtung nach Marktkapitalisierung stets sehr hohes Gewicht. De facto ist das Risiko passiver Produkte dadurch oft sogar höher als dasjenige breiter diversifizierter, aktiv gemanagter Fonds. Anleger sitzen hier oft einem Irrglauben auf: Sie vermuten, mit einem Index-Tracker einen ganzen Markt abzudecken. In Wahrheit bilden die Produkte aber immer nur ein kleines Marktsegment ab, z.B. Großkonzerne oder die Marktführer einer Branche. Andere, viel interessantere Investments, wie etwa Aktien mittelständischer Unternehmen oder Papiere von Nischenanbietern, blenden Privatanleger mit passiven Investments komplett aus.

Wenn an der Börse über eine lange Zeit hinweg keine deutliche Richtung zu erkennbar ist, wird eine passive Strategie besonders gefährlich. Die durchschnittliche Entwicklung der Märkte garantiert in solchen Zeiten keine positive Rendite mehr. Mit einem passiven Fonds werden Anleger ihre Ziele also kaum erreichen. Nur ein aktives Management, das sich nicht mit der Herde der Index-Tracker treiben lässt, sondern mit gezieltem Stockpicking außergewöhnliche Chancen identifiziert und nutzt, ermöglicht den Erfolg.

6 Die Bedeutung aktiven Managements für den Finanzmarkt

Aktive und passive Fonds berühren nicht nur die Interessen einzelner Anleger, sondern haben auch massive Auswirkungen auf den Finanzmarkt insgesamt. Der Grund: In der Kapitalmarkttheorie fließt das Geld dorthin, wo es sich am besten vermehren kann. In der Praxis aber fließen immer größere Summen in Unternehmen, die einem Index angehören. Und dazu zählen in aller Regel nicht Güte des Managements, Erträge oder Wertzuwachs, sondern Marktvolumen, Free Float und Handelsumsatz.

Geld aus passiv gesteuerten Fonds fließt also systematisch in die einflussreichen Indizes. Je mehr gerade institutionelle Anleger Index Tracking betreiben, desto höher wird die Nachfrage nach den in den wichtigsten Indizes gelisteten Werten. Eine systematische Fehlallokation, denn der Kapitalfluss richtet sich nicht auf die fundamentale Stärke von Unternehmen, sondern schlicht auf ihre Index-Zugehörigkeit. Wie stark die Index-Gläubigkeit mittlerweile Märkte beeinflusst, zeigt sich z.B., wenn in Deutschland zwei Mal pro Jahr Spekulationen um die Neubesetzung im DAX hohe Kursschwankungen auslösen. Und immer mehr Fondsmanager laufen im Herdentrieb den Index-Machern hinterher. Längst haben sich so viele aktive Portfolios angenähert, nicht zuletzt weil ihre Performance in der Öffentlichkeit regelmäßig mit dem zugrunde gelegten Index verglichen wird. Wer hierbei gut abschneidet, überzeugt mehr Anleger als ein Manager, der sich auch einmal weit von der Benchmark entfernt: Relative Performance ist ein wesentliches Argument im Fondsvertrieb.

Das Ergebnis: Auch im aktiven Fondsmanagement zahlt sich Index Tracking für die Kapitalanlagegesellschaften aus – obwohl dahinter keine ökonomische, sondern allzu oft nur eine statistische Vernunft steckt. Diese Investment-Kette verfälscht die Preise der im Index gelisteten Unternehmen noch weiter: Marktkapitalisierung und Handelsvolumen ersetzen Markt- und Anlegerinteressen nach substanzieller Wertsteigerung.

Ein aktives Management, das sich von Index-Werten und ihrer Performance löst, weil es gezielt nach werthaltigen und zukunftsgerichteten Investments sucht, leistet dagegen einen wertvollen Dienst für den gesamten Kapitalmarkt. Denn Preise bilden sich überhaupt nur dort, wo Käufer und Verkäufer aktiv sind, also nach ihren Erkenntnissen handeln. Aktive Fondsmanager sind so maßgeblich an der Kapitalallokation beteiligt. Ihre Entscheidungen lenken das Kapital dorthin, wo es sich am besten vermehren wird. Wenn Anleger nur noch Indexprodukte kaufen würden, würde der Markt nicht mehr funktionieren.

Die Kursveränderungen, die ein aktives Management durch An- und Verkäufe nach sorgfältigen, breiten Marktanalysen auslöst, bilden die Basis für jeden, der sich nur passiv auf die Entwicklung eines Marktsegments verlässt. Index-Tracker sind daher geradezu auf Fondspicker angewiesen. Als Trittbrettfahrer des Kapitalmarkts partizipieren sie vom Know-how und den Leistungen des aktiven Managements, ohne für dessen Kosten zu bezahlen.

Darin liegt im Übrigen der einzig aktive Beitrag der passiven Anlage-Produkte für den Kapitalmarkt: Weil sie den Freerider-Effekt nutzen, erhöhen sie die Konkurrenz für jedes Fondsmanagement – und senken so zum Wohl der Anleger die Preise für aktive Fonds.

7 Fazit

Wer aktive und passive Management-Strategien bei der Geldanlage vergleicht, kommt schnell zu dem Schluss, dass beide völlig unterschiedliche Chance-Risiko-Profile bieten: Auf der einen Seite steht ein hoch standardisiertes Produkt, das nicht mehr und nicht weniger verspricht, als was der Marktdurchschnitt zu erlauben scheint. Dagegen stehen Expertise und Know-how in breiter Auswahl, die passgenaue Risiko-Rendite-Profile schaffen und erfolgreich umsetzen. Kurz: Formelwerk trifft analytische Präzision. Und statistisch schlagen die Formeln tatsächlich die Menschen.

So nutzen passive Fonds all denen, die auf den Durchschnitt eines Marktes setzen wollen. Mit exzellentem aktiven Management aber sind andere weitaus erfolgreicher. Denn nur wo die besten Fondsmanager arbeiten, entstehen anders als durch einen noch so guten Formeleditor Strategien, die weit überdurchschnittliche Erträge bringen. Und das in einer Angebotsbreite, die eine individuelle Asset-Allocation möglich macht.

Literatur

Breuer, Wolfgang/Gürtler, Marc/Schuhmacher, Frank: Portfoliomanagement I. 2. Aufl. Wiesbaden 2004.

Bundesverband Investment und Asset Management e.V.: Fondsstatistiken (online verfügbar unter www.bvi.de), Frankfurt 2004–2005.

Griese, Knut/Kempf, Alexander: Lohnt aktives Fondsmanagement aus Anlegersicht? In: Zeitschrift für Betriebswirtschaft, Wiesbaden 2002.

Gold, Martin L.: Investing in Pseudo-Science: The »Active versus Passive« Debate. Wollongong 2004.

Malkiel, Burton G.: Passive Investment Strategies and Efficient Markets. In: European Financial Management, Oxford 2003.

Molitor, Jeffrey S.: Evaluating Managers. Are we sending the right messages? Valley Forge 2004.

Schuster Leo/Widmer, Alex J. (Hg.): Wege aus der Banken- und Börsenkrise. Berlin/Heidelberg 2004.

Stolzle, Thomas: Wertorientiertes Fondsmanagement. Mannheim 2002.

Vanguard Investment Counseling & Research (Hg.): The Case for Structured Equity: An Active Quantitative Investment Strategy. Valley Forge 2003.

Portfolio-Management mit Exchange Traded Funds – die Publikumsfonds besonders für institutionelle Anleger

Götz Kirchhoff

Der Autor erklärt ausdrücklich, dass die dargestellten Interpretationen und Meinungen ausschließlich seine persönliche Auffassung wiedergeben.

1 Exchange Traded Funds – ein Überblick

Am 11. April 2000 landeten die ersten Exchange Traded Funds (kurz ETFs) an der Deutschen Börse. An diesem Tag schickte sich jedoch keine bis dato unbekannte extraterrestrische Anlageform an, den europäischen Wertpapiermarkt zu erobern. Vielmehr nahm eine höchst weltliche Erfolgsgeschichte ihren Anfang. In nur fünf Jahren sind die börsengehandelten Indexfonds, die Exchange Traded Funds, vom Nullpunkt an zur erfolgreichsten Fonds-Kategorie in Deutschland und Europa geworden.

Exchange Traded Funds sind zwar Publikumsfonds, sie sind aber ursprünglich besonders für die Bedürfnisse der institutionellen Anleger konzipiert worden. Mittlerweile jedoch entdecken immer mehr Privatanleger, wie sie ETFs für ihre Anlagestrategien nutzen und an den vielfältigen Vorteilen der ETFs partizipieren können. In einigen Veröffentlichungen werden ETFs auch einfach als Indexaktien bezeichnet. Dies kommt daher, dass es sich bei ETFs fast ausnahmslos um passiv gemanagte Fonds handelt, die wie Aktien gehandelt werden. ETFs bilden in der Regel Aktien- und Renten-Indizes ab. Wie jeder »normale« Investmentfonds sind ETFs auch Publikumsfonds nach dem deutschen Investmentgesetz (InvG). Allerdings wird bei ETFs der Nettoinventarwert für den Börsenhandel alle 15 bis 60 Sekunden neu berechnet und allgemein veröffentlicht. Dadurch eröffnet sich für die Anleger die Möglichkeit, diese Fonds laufend handeln zu können.

Als im April 2000 das erste europäische ETF-Segment startete, konnten nur wenige Fachleute hierzulande mit den drei Buchstaben etwas anfangen, obwohl sie sich in den USA bereits seit 1993 als Anlageinstrument etabliert hatten. Die Geschichte der ETFs nahm dort mit den »SPDR« (Standard & Poor`s Depository Receipts, gesprochen »Spider«), einem ETF auf den Dow Jones S&P 500, seinen Anfang. Er ist heute zusammen mit dem »QQQQ« (gesprochen »Cube«), dem der NASDAQ 100 zugrunde liegt, das weltweit bekannteste ETF-Produkt.

Anfangs als Randerscheinung belächelt, hat sich in der Folge in keiner anderen Region der Welt das Geschäft mit ETFs schneller und stärker entwickelt als in Europa. Dies ist umso bemerkenswerter, weil die meisten maßgeblichen europäischen Aktienindizes zwischen 2000 und 2004 deutlich zurückgingen.

Ein wesentlicher Meilenstein für die Entwicklung war dabei Anfang 2001 die Auflage des ersten deutschen ETFs auf den DAX-Index. Der DAX EX der Münchner INDEXCHANGE Investment AG entwickelte sich in wenigen Monaten zum meist gehandeltsten ETF in Europa. Sein Gesamtumsatz erreichte schließlich 2004 mit 23 Mrd. Euro rund ein Viertel des gesamten europäischen ETF-Handelsvolumens.

Seit Februar 2003 bietet INDEXCHANGE als erster Anbieter auch ETFs mit Staatsanleihen und entsprechenden Laufzeitsegmenten an. Sie bilden den eb.rexx Government Germany nach. Dies ist der handelbare Performance-Index des deutschen Rentenmarktes (REXP). Heute ist die INDEXCHANGE Investment AG (Unterföhring bei München), eine Kapitalanlagegesellschaft nach deutschem Recht, das in Europa führende Investmenthaus für das Management von ETFs.

Passives Management im Allgemeinen, und ETFs im Speziellen, gelten in Europa als großer Wachstumsmarkt. Während in den USA rund 30 – 35% aller Anlagegelder passiv verwaltet werden, dürfte der Anteil in Europa derzeit noch bei 5 – 8% liegen. Noch eindrucksvoller ist der Unterschied, wenn die tatsächlich in ETFs verwalteten

Gelder betrachtet werden: rund 314 Mrd. US$ *(vgl. Morgan Stanley Investment Strategies, Stand: 28.2.2005)* weltweit stehen rund 40 Mrd. US$ in Europa gegenüber. Insbesondere seit 1999 ist das in ETFs weltweit verwaltete Vermögen explodiert: Waren es 1999 noch 34 Mrd. US$, so waren es ein Jahr später bereits 74 Mrd. US$. Dass es heute rund 314 Mrd. US$ sind, und diese Entwicklung trotz der zwischen 2000 und 2003 herrschenden Marktschwäche anhielt, lässt auch für die Zukunft deutliche Steigerungen erwarten.

ETFs gibt es heute bereits für nahezu alle Indexbereiche (in Klammern Beispiele):

- nationale Indizes (DAX),
- regionale Indizes (STOXX 600, STOXX 50),
- globale Indizes (Dow Jones Global Titans),
- Standardaktien, so genannte Blue Chips oder Large Caps, (Dow Jones Industrial Average),
- kleinere Werte: die Medium oder Small Caps (MDAX, STOXX 600, STOXX Size Indizes),
- Euroland-Indizes (Dow Jones EURO STOXX 50),
- europäische und globale Branchen (EURO STOXX-Sektoren, STOXX 600-Sektoren),
- Bond-Indizes (eb.rexx Gov. Germany, eb.rexx Jumbo-Pfandbriefe) sowie
- Themen-Indizes (DivDAX, EURO STOXX Selected Dividend).

Gehandelt werden ETFs über elektronische Handelsplattformen. Das XTF-Segment der Deutsche Börse AG und NextTrack, die ETF-Handelsplattform der Euronext (Zusammenschluss der Börsen Paris, Brüssel und Amsterdam), haben sich inzwischen als die Hauptmarktplätze in den Handelsumsätzen herauskristallisiert. Sie sind zwei prominente Beispiele für Handelsplattformen, die nur für ETFs entstanden sind.

2 Wesentliche Merkmale und Vorteile von Exchange Traded Funds

Die drei Buchstaben ETF könnten auch als Abkürzung stehen für »Einfach bzw. Effizient-Transparent-Flexibel«, womit bereits ihre wichtigsten Eigenschaften beschrieben sind. ETFs sind einfach zu handhaben und effiziente Instrumente, um ganze Märkte oder Sektoren abzubilden, und zwar sowohl bei Aktien- als auch Rentenanlagen. Als börsengehandelte Instrumente, die strengen Reglementierungen unterliegen, was ihre Berechnung, die Portfoliozusammensetzung und die Preisstellung angeht, sind sie für Anleger so transparent wie kaum ein anderes Investmentinstrument. Und schließlich sind sie durch ihre außerordentliche Liquidität für alle Anlagestrategien flexibel einsetzbar.

Differenziert nach ihren wesentlichen Merkmalen sind ETFs durch folgende Vorzüge charakterisiert (Abbildung 1):

Fonds-Struktur
ETFs sind in der Regel passiv anlegende Publikumsfonds.
ETFs bilden anerkannte Wertpapierindizes nach (§§ 63, 86 InvG).
ETFs sind in der Regel frei von Derivaten.
ETFs können von allen Dachfonds erworben werden.
ETFs sind bei sehr niedrigen Kosten (durch geringe Management-Fees und minimale Transaktionskosten) als Alternative zu Spezialfonds zu sehen und können zur direkten Langfristanlage dienen.
ETFs können innerhalb von Spezialfonds genutzt werden, um eine effiziente Abbildung von Märkten darzustellen und ersetzen somit die Einzeltitelanlage und das damit verbundene Risiko. Der Gesamtaufwand für die Steuerung des Spezialfonds wird erheblich kosteneffizienter.
ETFs sind in der Regel nicht nach IFRS konsolidierungspflichtig.
ETFs sind Publikumsfonds. Damit handelt es sich um Sondervermögen. Ein Emittentenrisiko, wie z.B. bei Indexzertifikaten, besteht nicht. Der ETF ist wie jeder Investmentfonds rechtlich und wirtschaftlich unabhängig von der Kapitalanlagegesellschaft. Das Sondervermögen wird bei einer Depotbank in separaten Depots bzw. Konten verwaltet.
ETFs sind in ihrer Laufzeit nicht begrenzt, also »open-ended«.
ETFs selbst sind keine Derivate (Reduzierung des Aufwands für Risikomanagement und Risk Controlling).
Im Falle von INDEXCHANGE ETFs sind auch keine Futures, Options oder SWAPs in den ETFs enthalten. INDEXCHANGE bildet Aktien- und Rentenindizes mit den Originalwertpapieren in der Indexgewichtung nach (geringster Tracking Error).
Transparenz
Das zugrunde liegende Fonds-Portfolio wird täglich veröffentlicht, z.B. auf www.indexchange.com oder der Internetseite der Deutschen Börse AG, www.exchangetradedfunds.de.
Für ETFs werden alle notwendigen Reportings unverzüglich zur Verfügung gestellt. Dies sind tägliche Risikokennzahlen für Bond-ETFs, wöchentliche bzw. monatliche VaR-Kennzahlen, Solvabilitätskennzahlen, der Anteil der Fremdwährungen und bei Bedarf eine Großkreditaufgliederung.
Über Börseninformationsdienste, die ETF-Anbieter und die Börsenhandelsplätze erfährt der Anleger jederzeit die kompletten Positionen im Fonds. Bei traditionellen Fonds ist diese Information nur im gesetzlich vorgeschriebenen Halbjahres- oder Jahresbericht nachlesbar bzw. werden aktuell nur die 10 Top-Holdings veröffentlicht.
ETFs können bei Angebot eines Futures auf den nachgebildeten Index mit einem Mikrohedge in das Rechenwerk eines Unternehmens eingehen, sodass kein Auseinanderfallen der Bewertungseinheit entsteht und unerwünschte Effekte zwischen Bilanz und Gewinn- und Verlustrechnung vermieden werden.
Kosten
Beim Erwerb von ETFs über die Börse entfällt der Ausgabeaufschlag.
ETFs werden zu banküblichen Abwicklungsspesen wie bei Aktientransaktionen abgerechnet.
ETFs sind preisgünstig. (Verwaltungsvergütungen liegen zwischen 0,09% und 0,5% p. a.).
Bei ETFs entstehen nur geringste Transaktionskosten bei Indexanpassungen.

Performance
ETFs performen analog der Benchmark (abzgl. Management Fee, zzgl. WP-Leihe-Erträge).
Die ETFs verleihen die im Fonds enthaltenen Aktien und Bonds. Damit werden Zusatzerträge für den Anleger erwirtschaftet und die Fonds-Performance optimiert.
ETFs lassen den Anleger an Dividenden- und Zinszahlungen im Rahmen der steuerlichen Vorschriften voll teilhaben.
Handel
ETFs werden wie Aktien an einer Börse gehandelt.
ETFs können vom Anleger dem Wertpapierleihemarkt zur Verfügung gestellt werden (Erzielung von Zusatzperformance).
ETFs erlauben den schnellen Ein- und Ausstieg in ganze Märkte. Es gibt keine volumenabhängigen Handelsbeschränkungen oder Voranmeldefristen für Kauf oder Rückgabe.
Anteilsscheingeschäfte bzw. die dazugehörige Portfoliodisposition sind bei ETFs transaktionskosten- und marktpreisrisikofrei. Es tritt keine performanceschädliche Kostenbelastung für bestehende Anleger ein.
ETFs werden permanent gehandelt. Damit ist jederzeit der Kauf und Verkauf der Fonds-Anteile über Banken, Broker oder auch elektronische Handelsplattformen, wie z.B. Xetra, innerhalb der Börsenöffnungszeiten möglich. Bei klassischen Investmentfonds findet die Preisfeststellung nur einmal am Tag statt.
Eine Vielzahl von Marktteilnehmern und hohe Handelsvolumina sorgen für geringe An- und Verkaufsspannen (Geld-/Brief-Spreads).
ETFs sind extrem liquide. Die Liquidität ist dabei abhängig von den zugrunde liegenden Aktien oder Bonds, nicht aber von der Nachfrage und dem Angebot an ETF- Anteilen.
Institutionelle Anleger können ETFs leer verkaufen (short selling) oder Derivate auf ETFs nutzen (Optionen und Futures auf ETFs an der Eurex).
Anders als bei Derivaten, z.B. Futures, sind ETFs nicht endfällig. Marktpreisverzerrungen und Kosten für das Weiterrollen von Positionen entstehen nicht.
ETFs lassen sich bereits in kleinen Stückzahlen erwerben. In der Regel kostet ein Fonds-Anteil ein Hundertstel des repräsentierten Aktienindex. Bei Bond-ETFs wird der Indexwert 1:1 dargestellt.

Abb. 1: ETFs – Vorzüge

Zusammengefasst ergibt sich daraus eine universelle Verwendbarkeit von ETFs. Schon mit einer Order lässt sich ein ganzer Markt kaufen. Anstatt beispielsweise den DAX mit 30 Titeln einzeln abzubilden, wird ein ETF auf den DAX erworben. Das Anlegerdepot wird wesentlich übersichtlicher. ETFs verbinden die Vorteile eines breit diversifizierten Fonds mit den handelstechnischen Vorzügen einer Aktie. Damit lässt sich der gesamte Prozess der Asset-Allocation beim Anleger nicht nur vereinfachen, sondern auch wesentlich effizienter gestalten.

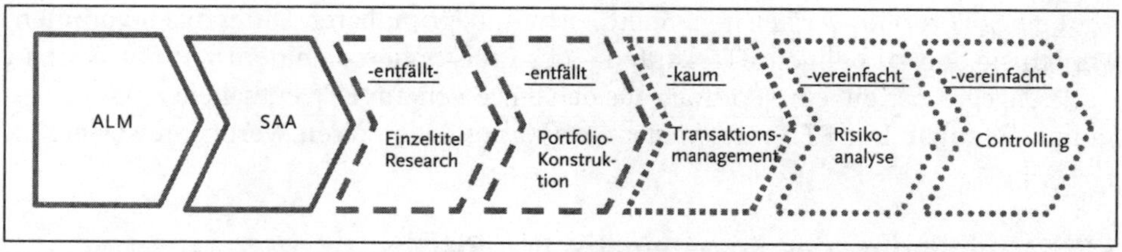

Abb. 2: Effizienzvorteile entlang der Wertschöpfungskette beim Anleger

Wie sich bei genauer Betrachtung der Wertschöpfungskette (Abbildung 2) ersehen lässt, bilden sich enorme Kostenvorteile. Es kann fast die gesamte Personalkapazität auf Asset-Liability-Management (ALM) und Strategische Asset-Allocation (SAA) konzentriert werden. In diesen beiden Gliedern wird die Basis für ca. 70% der Performance eines erfolgreichen Gesamtportfolios gelegt. Durch die Umsetzung der SAA mit Hilfe von ETFs entfällt die Notwendigkeit eines Researchs zu Einzeltiteln. Das Transaktionsmanagement kann mit wenigen Wertpapierkennnummern umgesetzt werden. Dadurch entstehen vereinfachte, kostengünstige Prozesse in der Risikoanalyse sowie im Controlling und Accounting.

3 Exchange Traded Funds als universelles Instrument in der Langfristanlage

Die Einsatzmöglichkeiten von ETFs sind nahezu unbegrenzt. Dies liegt vor allem an ihren wesentlichen Eigenschaften: Transparenz und Flexibilität. So kann der Investor stets sicher sein, dass ein ETF einen Index jederzeit vollständig und exakt nachbildet (Full Replication) – und nichts anderes. Es reicht für den Investor daher aus, einen Blick auf den zugrunde liegenden Index zu richten, um zu erkennen, wie sich sein Investment mit ETFs entwickelt. Dadurch, dass das Portfolio, auf dem der ETF basiert, ständig über Informationsanbieter (Reuters, Bloomberg, Informationsdienste im Internet, z.B. www.indexchange.com) veröffentlicht wird, ist es zudem jederzeit möglich, den fairen Preis des Portfolios mit dem für einen ETF verlangten Kauf- oder Verkaufspreis zu vergleichen. So erfüllen ETFs alle Anforderungen, die an ein universelles Anlageinstrument zu stellen sind.

3.1 Liquidität zum fairen Preis

Eine Vielzahl von Designated Sponsors und Market-Makern stellen sicher, dass der Geld-Brief-Kurs von ETFs nur geringfügig vom Portfoliowert abweicht. Dadurch weisen ETFs die geringsten Kosten für »Market Impacts« aus. Sollte es zu größeren Abweichungen kommen, so wird dies Arbitrageure auf den Plan rufen. Arbitrageure sind in der Regel Handelshäuser, die permanent Geld-Brief-Kurse mit dem wahren

Wert eines Portfolios vergleichen. Sollte es zu unbegründbaren Differenzen kommen, werden sie den zu billigen ETF kaufen – der Preis nähert sich dem wahren Wert an – und dagegen das zu teure Portfolio aus den einzelnen, im ETF enthaltenen Aktien verkaufen. Resultat: Der ETF wird wieder zum wahren oder fairen Wert gepreist werden.

3.2 Minimierung des unsystematischen Risikos

ETFs bilden passiv Marktindizes ab. Damit ist das Risiko aus einem Einzelinvestment, das »unsystematische« Risiko, ausgeschlossen. Der Anleger ist stets breit diversifiziert. Gerade die Erfahrungen seit 2000 haben gezeigt, wie wichtig ein breit gestreutes und ausgewogenes Portfolio ist. Nach wie vor gilt für eine Anlageentscheidung, »nicht alles auf eine Karte zu setzen« (»Don't put all your eggs in one basket«).

3.3 Langfristig überzeugende Performance

Bei der Investition in Fonds (Aktien oder Renten) steht der Investor vor der Entscheidung, ob er sein Kapital *langfristig* aktiv oder passiv managen lässt. Grundsätzlich stellt sich die Frage, ob es der aktive Ansatz schafft, seine Benchmark zu schlagen. Die Erfahrung zeigt, dass dies über längere Zeiträume nur wenigen Fonds-Managern gelingt. Der durchschnittliche aktive Manager erwirtschaftet langfristig vor Abzug der Kosten die Rendite des Marktes – und ist damit bestenfalls exakt so gut wie ein Index oder ein ETF. Dies ist ein Grund, warum etwa fünf von acht Branchen-ETFs der INDEXCHANGE in Performancerankings von Fonds mit dem Bestwert »Fünf Sterne« ausgezeichnet wurden. Diese Bewertung wird nur an Fonds vergeben, die besser sind als 90% ihrer Mitbewerber. ETFs eignen sich daher sehr gut für den langfristigen Vermögensaufbau.

3.4 Kostenvorteile

Die für das Asset-Management relevanten Kosten beinhalten die Verwaltungsvergütung sowie Transaktionskosten. Indexfonds haben hier im Vergleich zu aktiv gemanagten Fonds einen deutlich geringeren Portfolio-Turnover und allein dadurch geringste Transaktionskosten – ganz abgesehen von den in der Regel wesentlich niedrigeren Verwaltungsvergütungssätzen im Vergleich zu herkömmlichen Publikumsfonds. Bei Nettomittelveränderungen – Zu- oder Abflüssen – entstehen für alle Anleger im ETF keine performanceschädlichen Transaktionskosten.

3.5 Aktiv vs. passiv bei einer langfristigen Investitionspolitik

Die oben genannten Merkmale eines ETFs wirken sich insbesondere bei einer langfristigen Anlagepolitik im Vergleich zu einem aktiven Investment als Werttreiber aus. Das lässt sich an folgender Beispielsbetrachtung zeigen:

Der durchschnittliche aktive Investor hat eine erwartete Rendite in Höhe der Marktrendite abzüglich der Kosten. Die individuelle Rendite schwankt um diese durchschnittliche Rendite relativ stark im Vergleich zu einem passiven Investment. Zusätzlich sind im Falle eines passiven Investments die Kosten deutlich geringer. Das effizienteste aktive Investment ist also ein »buy and hold«, da dies die Transaktionskosten minimiert.

Bei einer Investition in ein Aktienmandat mit ETFs entsteht ein Kostenvorteil von etwa 1% gegenüber einem aktiven Fonds. Bei Investition in Bonds weisen ETFs einen Kostenvorteil von etwa 0,5% gegenüber aktiven Fonds auf. Folgende Annahmen sind als Grundlage gewählt: Aktien rentieren inflationsbereinigt mit 7% jährlich, Anleihen mit 3,5% (Durchschnitt über vergangene 100 Jahre), jährliche Ausschüttungsquote von 1,9% mit einem Anfangskapital in Höhe von 1 Mio. Euro

Für eine langfristige Investitionspolitik ergeben sich daraus folgende Konsequenzen (Abbildung 3,4):

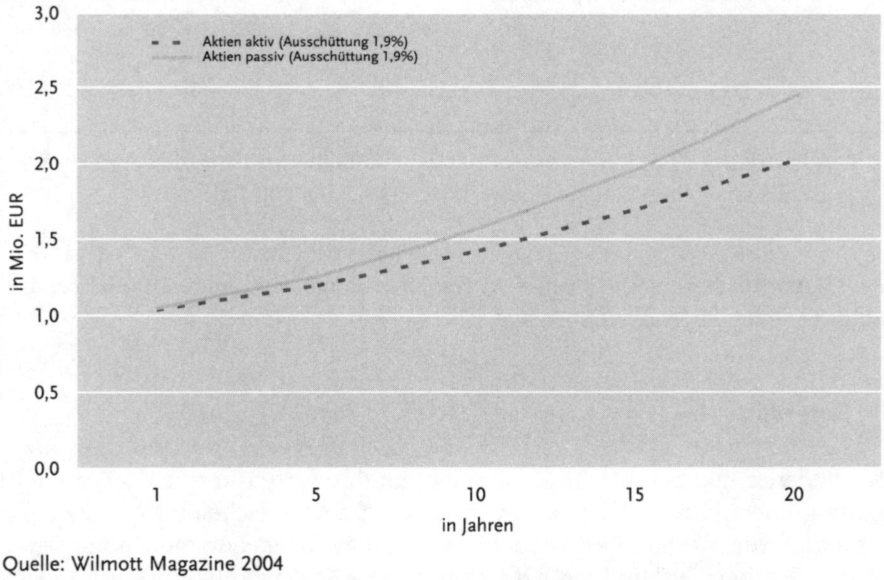

Quelle: Wilmott Magazine 2004

Abb. 3: Auswirkung des Kostenvorteils passiver Anlagen im Langfristvergleich am Beispiel einer Anlage über 1 Mio. über 1 bis 20 Jahre

Gerade der Zinseszinseffekt wirkt sich bei einer langfristigen Investition in passive Aktienfonds und geringer Ausschüttungsquote sehr stark aus. Bei einer Anfangsinvestition von 1 Mio. Euro beträgt der Portfoliowert unter den genannten Annahmen fast 10 Mio. Euro nach 50 Jahren bzw. 90 Mio. Euro nach 100 Jahren. Bei einer passiven Investition in Aktien mit geringerer Ausschüttungsrate (1,9%) verdoppelt sich das eingesetzte Kapital bereits nach 15 Jahren. Nach 30 Jahren hat sich das Kapital annähernd vervierfacht. Bei einer Investition in Aktienfonds und einer Ausschüttung

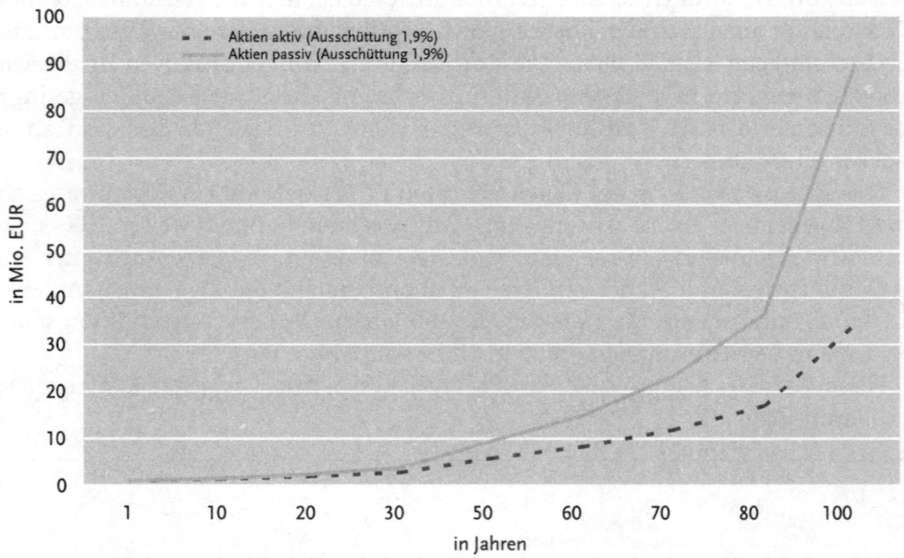

Quelle: Wilmott Magazine 2004

Abb. 4: Auswirkung des Kostenvorteils passiver Anlagen im Langfristvergleich am Beispiel einer Anlage über 1 Mio. über 1 bis 100 Jahre

von 1,9% erwirtschaftet eine passive Anlage über lange Zeiträume (100 Jahre) damit fast das 2,5fache einer aktiven Anlage.

3.6 Ergebnis

Neben anderen Faktoren wie Asset-Allocation und Ausschüttungsrate spielt die Entscheidung über aktives oder passives Investment eine entscheidende Rolle bei der Generierung von Werten. Besonders für langfristige Anlagehorizonte dominiert die passive Investition die aktive, was auf die überlegene Kostenstruktur passiver Produkte zurückzuführen ist. Nicht alle aktiven Fonds generieren langfristig den Mehrwert, der nötig wäre, um die höheren Kosten zu kompensieren.

4 Exchange Traded Funds und ihre Zielgruppen

Kapitalmarktinstrumente weisen in der Regel aufgrund ihrer Eigenschaften Beschränkungen auf, die sie für bestimmte Kundenzielgruppen ungeeignet machen. Dies ist bei ETFs anders: Sie sind einfach zu verstehen und einzusetzen, es gibt keine informationellen oder institutionellen Hürden, wie etwa Mindestanlagesummen oder Ordergrößen, die ihre Verwendbarkeit behindern. Allen Anlegern werden mit ETFs die gleichen, überaus preisgünstigen Instrumente geboten, alle Informationen über ETFs sind für alle Anleger gleichzeitig und in gleichem Umfang verfügbar.

Damit wenden sich ETFs nicht an bestimmte Zielgruppen, sondern an alle Kundenschichten:

- institutionelle Anleger,
  - Banken und Sparkassen im Depot A und B,
  - Versicherungen – Sach-, Kranken- und Kapitalversicherungen,
  - Corporates,
  - Pensionskassen,
  - Krankenkassen,
  - Versorgungswerke,
  - Berufsverbände,
  - Kirchen,
  - Stiftungen.
- kurzfristig orientierte Anleger,
- Langfristinvestoren,
- Trading-orientierte Anleger,
- Anleger, die ein bestehendes Portfolio absichern wollen,
- Privatanleger in jeder Vermögensstruktur.

Institutionelle Anleger schätzen besonders die einfache Handhabbarkeit, die Liquidität und Flexibilität von ETFs. Der Charme von ETFs für Privatinvestoren resultiert vor allem daraus, dass ETFs im Gegensatz etwa zu Futures-Kontrakten in sehr kleinen Ordergrößen erworben werden können und keine Marginkonten unterhalten werden müssen. Eine Termingeschäftsfähigkeit ist ebenso nicht erforderlich. Für den Privatinvestor mit langfristigem Anlagehorizont ist zudem die Sparplanfähigkeit vieler ETFs interessant. Durch regelmäßiges Kaufen von Fonds-Anteilen wird für alle Fonds-Anleger der wichtige Cost-Average-Effekt erreicht.

5 Einsatzmöglichkeiten von Exchange Traded Funds

Da ETFs – wie gezeigt – sehr universelle Instrumente sind, gibt es beinahe unendlich viele Einsatzmöglichkeiten. Es seien hier nur die für die Praxis Wichtigsten beleuchtet:

- Asset-Allocation,
- Core-Satellite-Strategie,
- Cash-Management,
- Sektorallokation,
- Zinskurven-Management,
- Long-Short-Strategien, sowie
- Hedging: Absicherung ganzer Portfolios durch den Verkauf von ETFs.

5.1 Asset-Allocation

ETFs sind das ideale Instrument für die Umsetzung einer getroffenen Asset-Allocation. Die Asset-Allocation beschreibt die Verteilung zur Verfügung stehender Anlagemittel auf Anlageklassen, idealerweise in Zusammenhang mit einer Asset-Liability-Studie (ALM) bzw. mit genauer Betrachtung der Passivseite bei Kreditinstituten. Klassisch erfolgt dies im Top-down-Ansatz und mit der Festlegung, welcher Prozentsatz der Anlagen in Aktien, Bonds oder Cash gehalten werden soll.

Die ALM-Studie und die Asset-Allocation gelten als die Königsdisziplinen bei der Vermögensverwaltung. Hier werden die Grundlagen für die Performance der Kapitalanlagen gelegt. Dieser Aussage zugrunde liegt die immer wieder nachgewiesene Erkenntnis, dass nicht die Auswahl von Einzeltiteln für den Erfolg eines Portfolios entscheidend ist, sondern die richtige Auswahl und Gewichtung von Wertpapiermärkten.

Sobald die Verteilung der Anlagemittel festgelegt ist, lässt sich die getroffene Entscheidung mit ETFs einfach und effizient umsetzen. Da ETFs passiv anlegende Publikumsfonds sind, besteht nicht die Gefahr, dass durch aktives Fonds-Management die eigenen Markteinschätzungen konterkariert werden. Das eigene Overlay-Management für die Absicherungsstrategien kann zentral durchgeführt werden.

5.2 Core-Satellite-Strategie

Core-Satellite beschreibt die Strategie, bei der ein großer Teil des Vermögens breit und passiv gestreut wird. Ein geringerer Prozentsatz der Mittel wird sehr speziell investiert, in Sektor-ETFs oder auch in aktiv gemanagten Fonds (z.B. Emerging Markets) bzw. Einzeltiteln. Selten verfügt ein Investor über die Fähigkeit, alle Anlageklassen, Länder, Branchen, Einzeltitel und Rentenpapiere gleich gut einschätzen zu können. Eher ist zu beobachten, dass Kenntnisse und Fähigkeiten auf bestimmte Märkte konzentriert sind.

Bei der Umsetzung einer Core-Satellite-Strategie (vgl. Abb. 5) wird in der Regel folgendermaßen vorgegangen: Der Anleger entscheidet sich beispielsweise, 70% seiner Aktienanlage breit in Europa zu platzieren. Unter Effizienz- und Kostengesichtspunkten ist dafür ein passives Investment im Dow Jones EURO STOXX 50 ideal (Core-Investment). Da er aber über besonderen Zugang zu Analysen im Technologiebereich verfügt, erwirbt er hierfür Sektor-ETFs, aktiv gesteuerte Fonds oder auch einzelne Technologie-Aktien (Satellites). Dies funktioniert national wie auch global.

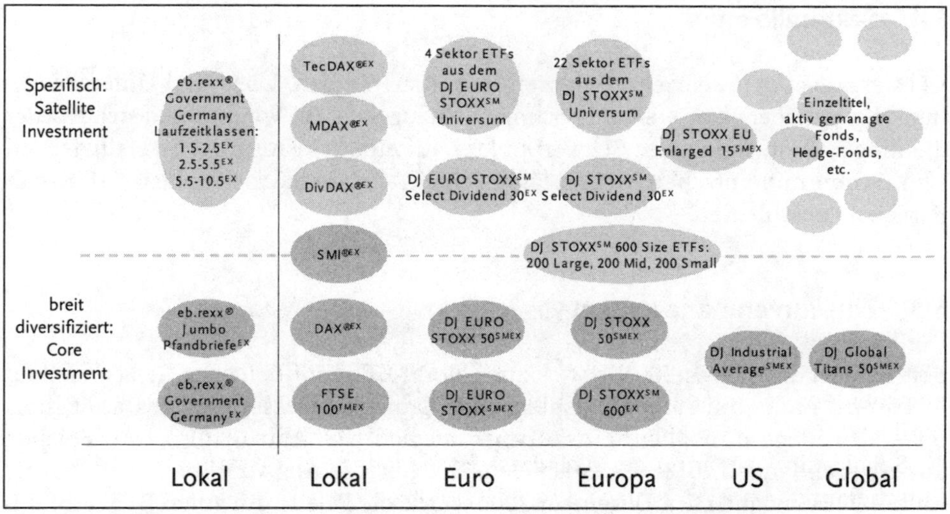

Abb. 5: Angebot der ETFs zur Umsetzung einer Core-Satellite Strategie

5.3 Cash-Flow-Management

ETFs gestatten es Anlegern, ihre Mittel schnell und ohne große Einzelanalyse in Aktien- und Bondmärkte zu investieren. Weiß der Investor, dass die Positionen bald wieder aufgelöst werden sollen, ist aber überwiegend in weniger liquiden Instrumenten engagiert und möchte dennoch an breiten Marktbewegungen nach wie vor teilhaben, so kann der Geldbetrag in ETFs »zwischengeparkt« werden. Reaktionsgeschwindigkeit und Flexibilität sind die entscheidenden Parameter für ein effizientes Handling von In- und Outflows. Gerade in volatilen Phasen können Exchange Traded Funds diese Stärken ausspielen.

Denn mit ETFs sind Portfolio-Manager stets und ohne Verzögerung zu 100% in gewünschten Märkten oder Marktsegmenten investiert. Man kann diese Exposure selbst bei großen Volumina in kürzester Zeit quasi »per Knopfdruck« eingehen oder auflösen, ohne damit den Markt zu bewegen. Auch der Übergang von einem Markt zum anderen, von einer Benchmark zur anderen, das Transition-Management, wird damit leichter. Der Grund: ETFs sind die liquidesten Wertpapiere, die derzeit an der Deutschen Börse gehandelt werden. In Aufschwungphasen können Zuflüsse so schnell und marktschonend angelegt werden, ohne die Struktur des Portfolios verändern oder viele Einzeltitel handeln zu müssen. Auch ein »Cash Drag« lässt sich so vermeiden. Umgekehrt können Portfolio-Manager im Abschwung ihren Liquiditätsbedarf durch die Veräußerung von ETFs sofort decken, ohne risikoreich mit Einzeltiteln im Markt agieren oder die Portfolio-Struktur angreifen zu müssen.

5.4 Sektorallokation

ETFs erlauben es, in einzelne Sektoren zu investieren bzw. Über- und Untergewichtungen gegenüber einer breiten Benchmark einzugehen. Im Vordergrund steht wieder die Möglichkeit, trotz eines Schwerpunktes auf einen Sektor breit diversifiziert zu sein. Schon mit einfachen Mitteln lässt sich ein unsystematisches Risiko (Einzeltitelrisiko) ausschließen.

5.5 Zinskurvenmanagement

Seit Beginn des Jahres 2003 gibt es auch Bond-ETFs auf deutsche Staatsanleihen in Europa. Ende Juni kamen entsprechende Laufzeitenklassen hinzu. Damit ist es erstmals Anlegern möglich, Zinskurvenstrategien (vgl. Abb. 6), also zum Beispiel kurze gegen lange Laufzeiten zu spielen. Die Absicherung von Bond-Portfolios ist mittels ETFs möglich. Im Dezember 2004 wurde die Palette um einen ETF auf Jumbo-Pfandbriefe erweitert.

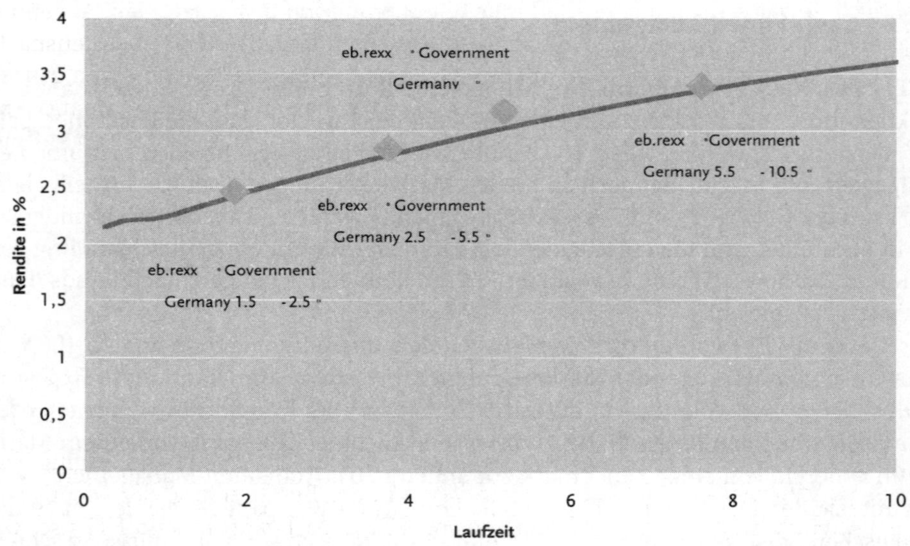

Quelle: Bloomberg, Stand Januar 2005

Abb. 6: Zinskurve deutscher Staatsanleihen mit Positionierung der ETFs

5.6 Long-Short-Strategien

Hedge-Fonds sind derzeit viel diskutierte Instrumente. Eine Strategie bei Hedge-Fonds konzentriert sich darauf, überbewertete Aktien zu verkaufen, dagegen unterbewertete zu kaufen. Anleger können dies mit Hilfe von ETFs selbst tun. Hat ein Anleger beispielsweise ein breites Investment in europäischen Aktien, so kauft er von bestimmten Branchen, die er für überbewertet hält, weniger, als der Gewichtung in einem breiten Index entspricht. Damit ist er untergewichtet gegenüber dem Vergleichsmaßstab. Umgekehrt geht er vor bei einer Branche, die er für unterbewertet hält: er gewichtet über. So vorgehend braucht der Anleger nicht einmal in der Lage zu sein, Aktien leer verkaufen zu können. Entscheidend ist, dass der Anleger bereits einen Markt mit seinem bestehenden Portfolio abbildet, in Form von passiven oder aktiven Fonds, oder auch mit Einzeltiteln. Ist er zu Leerverkäufen in der Lage, so erweitert das seinen Spielraum deutlich.

5.7 Hedging

Da mit ETFs Short-Positionen eingegangen werden können, sind sie hervorragend dazu geeignet, Long-Positionen in Aktien zu hedgen. Bei einem fallenden Markt entfällt für den Investor die Notwendigkeit, die Aktien in der Long-Position zu verkaufen. Er verkauft ETFs gegen sein bestehendes Portfolio. Dadurch entfallen zudem die Transaktionskosten für die Glattstellung zahlreicher Einzeltitel. Auch in Portfolios mit wenigen Einzeltiteln können ETFs für die Absicherung von Bedeutung sein. Aktientitel des gleichen Sektors verbindet eine hohe Korrelation. Negative Unternehmensnachrichten oder enttäuschende Zahlen eines einzelnen Anbieters können einen ganzen Sektor unter Verkaufsdruck bringen. Das führt dazu, dass auch die Performance von Portfolios darunter leidet, obwohl der verursachende Aktientitel gar nicht im Portfolio ist. In diesem Szenario ist der Leerverkauf des entsprechenden Branchen-ETFs eine Alternative gegenüber dem Verkauf der Einzeltitel. Die Spread-Kosten beim Verkauf des Einzeltitels werden aufgrund des Markteinflusses großer Orders höher sein als beim Verkauf des liquideren und diversifizierteren ETFs.

6 Die Funktion von Exchange Traded Funds

Effizienz, Transparenz, Flexibilität, Asset Allocation, Cash-Management, Hedging. Das sind – wie gezeigt – entscheidende Stichworte in der Beschreibung der wichtigsten Eigenschaften und Anlagemöglichkeiten von ETFs. Doch warum sind ETFs so, wie sie sind? Warum können sie mehr als andere Anlageinstrumente? Wie funktionieren ETFs eigentlich? Dazu ein kleiner Blick »hinter die Kulissen«.

Zunächst, der überwiegenden Anzahl von ETFs liegen passiv gemanagte Portfolios zugrunde. Passives Management als Anlagestil existiert seit den 60er Jahren; in den 70er Jahren übernahmen in den USA auch Publikumsfonds diese Vorgehensweise. Hinter der Idee des passiven Managements steht die Erkenntnis, dass es über längere Zeiträume vielen aktiven Fonds-Managern nicht gelingt, besser als der Marktdurchschnitt zu sein, und zwar weder vor noch nach Kosten. Die Konsequenz: Man kann auf den Aufwand für die aktive Einzeltitelauswahl verzichten und gleich ein Marktportfolio kaufen, das sich immer »passiv« mit dem Markt bewegt.

Viele Studien zur Kapitalmarkttheorie und -praxis haben dieses Faktum inzwischen für die entwickelten, informationseffizienten Märkte erhärtet. Auch ein aktueller Blick auf das Fonds-Universum Europa in Abbildung 7 unterstreicht dies.

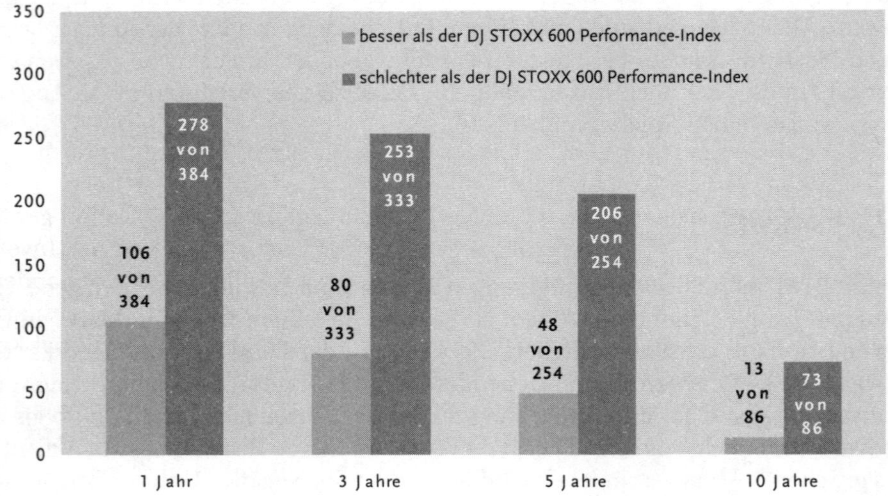

Quelle: Standard & Poor's – www.fonds-sp.de, Bloomberg, Daten per 31.03.2005

Abb. 7: Fonds-Universum Europa-Standardwerte im Langfristperformancevergleich

Daran hat auch der Marktabschwung seit März 2000 nichts geändert. Für Anleger ist es nur dann sinnvoll, aktiv zu investieren – also abweichende Entscheidungen gegenüber einem repräsentativen Vergleichsmaßstab zu treffen – wenn vorhersehbar dadurch ein Zusatzertrag erwirtschaftet wird, der nach Abzug aller Kosten die Erzielung dieser überlegenen Information im Hinblick auf den Aufwand rechtfertigt. Dies heißt nicht, wie oft zu lesen ist, dass es keine Fonds-Manager gibt, die einen Markt schlagen, sondern nur – die Anzahl ist begrenzt. Versuche, zuverlässig vorherzusagen, wer in Zukunft auf Dauer und konsistent die Märkte schlagen wird, sind bislang gescheitert. Außerdem steht der dafür zu treibende Aufwand selten im Verhältnis zum Ergebnis.

Innerhalb des passiven Managements gibt es wiederum eine Vielzahl von Strategien zu beschreiben. Beispielhaft seien hier nur die für die Praxis relevantesten zwei Vorgehensweisen, die genaue Nachbildung eines Vergleichsmaßstabs (Full Replication) und der Ansatz, mit einer geringeren Anzahl als der in der Benchmark vorhandenen Anzahl von Titeln (Sampling) vorzugehen, beschrieben.

Im Fall von Full Replication, wird für ETFs die Möglichkeit der §§ 63 bzw. 86 InvG genutzt: Jeder Titel im Index findet sich in der vergleichbaren Gewichtung im ETF wieder. Der ETF wird sich in der Wertentwicklung verhalten wie der Index. Anleger, die klassisch Top Down vorgehen, können darauf bauen, dass die getroffene Entscheidung, beispielsweise in europäische Blue-Chip-Aktien zu investieren, mit Hilfe eines ETFs auf den Dow Jones EURO STOXX 50 eins zu eins umgesetzt werden kann.

Beim anderen Fall, dem Optimierungsverfahren, ist es das Ziel, mit Hilfe mathematisch-statistischer Verfahren einen Vergleichsmaßstab mit einer reduzierten Anzahl von Aktien so nachzubilden, dass sich im Zeitverlauf ein vergleichbares Risiko-Return-Profil ergibt. Dabei wird es zu einer Abweichung zwischen dem Ertrag der Benchmark und dem Ertrag des Fonds kommen, dem Tracking-Error. Die meisten (traditionellen) indexorientierten Fonds wenden diese Verfahren an, weil eine Full Replication entweder nicht zulässig ist (Überschreiten der gesetzlichen Anlagegrenzen) oder der Aufwand, alle Aktien zu erwerben, nicht im Verhältnis zum Ergebnis steht; denn es soll die gleiche Ertrags-Performance des Index erzielt werden und sich damit der Tracking Error gegen null stellen lassen.

Bei ETFs, wie sie etwa die INDEXCHANGE auflegt, ist Full Replication gewährleistet und damit auch ein minimaler Tracking Error. Dadurch wird für den Investor der Anlageerfolg so transparent und nachvollziehbar, wie bei kaum einer anderen Anlageform. Durch die Full Replication wissen Investoren jederzeit, welche Positionen im ETF enthalten sind. Die Aufstellung aller Positionen, also Stückzahl mal Kurs, ergibt das Fonds-Vermögen.

6.1 Berechnung des Fonds-Wertes alle 15 bis 60 Sekunden

Doch es gibt noch andere Besonderheiten bei ETFs, die zu ihrer vollständigen Transparenz beitragen. Im Gegensatz etwa zu Zertifikaten werden bei ETFs Dividenden- und Zinsansprüche berücksichtigt. Sie mehren beinahe in vollem Umfang das ETF-Vermögen. Abgezogen wird lediglich täglich die Verwaltungsvergütung. Unter dem Strich ergibt sich das Nettofonds-Vermögen, der Net Asset Value (NAV). Jede Fonds-Gesellschaft errechnet gemäß §36 InvG den NAV einmal täglich, in der Regel mit Kursen des Nachmittags. Dies geschieht bei traditionellen Fonds und ETFs gleich.

Bei ETFs wird der Wert des Fonds-Vermögens zusätzlich alle 15 bis 60 Sekunden neu berechnet und über die Informationsdienste wie Reuters, Bloomberg oder das Internet veröffentlicht. Damit dies funktioniert, wird die Fonds-Zusammensetzung täglich an die Börsen gemeldet und mit den laufenden Kursen der Einzeltitel bewertet. Dieser Fonds-Preis wird der »indikative Net Asset Value« oder iNAV genannt.

Die Errechnung des iNAV dient dazu, dass stets für alle Marktteilnehmer erkennbar ist, ob ein ETF mit Geld-Brief-Kursen fair gepreist ist. Da ETFs offene Publikumsfonds sind, kann sich über längere Zeit keine Prämie oder Discount gegenüber dem fairen Wert ergeben. Dies ist öfter bei geschlossenen Fonds zu beobachten. Zusätzlich sorgt eine große Anzahl von Marktteilnehmern (Designated Sponsors oder Market-Maker) dafür, dass sich Kauf- und Verkaufkurse sehr eng um den iNAV herum bewegen (enge Geld-Brief-Spanne), indem sie eine hohe Liquidität für den laufenden Börsenhandel zur Verfügung stellen.

Die Deutsche Börse kann mit dem Xetra-Liquiditätsmaß (XLM) die Market-Impacts messen. Es zeigt sich dabei, dass ETFs zu den liquidesten Titeln auf Xetra zählen. Es wird die Orderbuchtiefe und -breite gemessen und in bps *(Basispunkten)* je Roundtrip ausgegeben. Aus Abbildung 8 ist zu ersehen, dass die ETFs im Gegensatz zur Aktie der Dt. Telekom, einer der liquidesten auf dem deutschen Börsenparkett, erheblich niedrigere Market-Impacts aufweisen. Die meisten DAX-Aktien weisen noch höhere XLM-Werte aus *(XLM Deutsche Börse AG, Stand: Dezember 2004)*.

Name	25.000	50.000	100.000	250.000	500.000	1.000.000
DAX EX	4,3	4,4	4,4	4,4	4,6	4,7
DJ EURO STOXX 50 EX	6,0	6,0	6,1	6,1	6,6	6,9
EB.REXX GOVERNMENT GER.EX	7,4	7,4	7,5	7,5	7,5	7,5
EU.ETF-ISHS DJ EO STX 50	6,7	6,7	6,7	6,8	7,7	8,0
EB.REXX GOVE.GER.5.5-10.5	8,1	8,1	8,1	8,1	8,1	8,1
DT.TELEKOM AG NA	6,6	6,7	6,9	7,5	8,5	10,7
EB.REXX GOVER.GER.2.5-5.5	8,5	8,5	8,5	8,5	8,5	8,5
EB.REXX GOVER.GER.1.5-2.5	11,8	8,9	8,9	9,0	9,1	9,1

Quelle: XLM Deutsche Börse AG, Dezember 2004
XLM wird berechnet mittels elektronischem Orderbuchumsatz

Abb. 8: Xetra XLM – INDEXCHANGE ETFs als die liquidesten Wertpapiere auf XETRA®

6.2 Handel von Exchange Traded Funds (Creation und Redemption)

Wie entsteht dieses Höchstmaß an Liquidität und warum kann dies keine alternative Anlageform erreichen? Das Geheimnis dahinter ist ein speziell für ETFs kreiertes Verfahren. Um den laufenden Börsenhandel gewährleisten zu können, wurde der besondere ETF-Handelsmechanismus entwickelt. Neben dem Market-Making an der Börse übernehmen die Designated Sponsors in diesem so genannten Creation-Redemption-Prozess außerdem die Aufgabe, eine Ausgabe oder Rücknahme der ETF-Anteile mit der Kapitalanlagegesellschaft abzuwickeln.

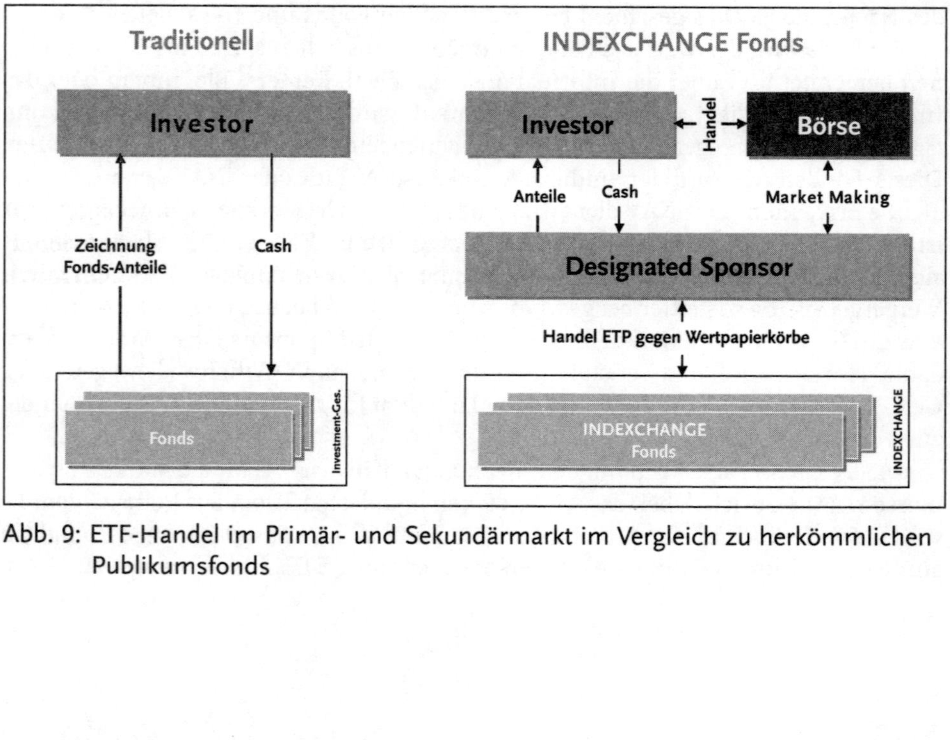

Abb. 9: ETF-Handel im Primär- und Sekundärmarkt im Vergleich zu herkömmlichen Publikumsfonds

Je nach Angebot und Nachfrage an der Börse oder im OTC-Geschäft (Over the Counter) zeichnen die Designated Sponsors große Blöcke von ETF-Anteilen bei der Fonds-Gesellschaft (mindestens 50.000 Stück) oder geben sie an diese zurück. Die Kapitalanlagegesellschaft handelt die Anteilsscheine mit dem Designated Sponsor gegen Barmittel wie bei konventionellen Investmentfonds. Zeitgleich wird ein vorher definierter Korb von Aktien oder Bonds gekauft bzw. verkauft. Dessen Zusammensetzung entspricht den Gewichtungen des zugrunde liegenden Index. Bei einer Rückgabe von Anteilen kauft der Designated Sponsor dementsprechend die Aktien oder Bonds zurück.

Der Handel von Fonds-Anteilen gegen Aktien erfolgt bei INDEXCHANGE-ETFs zu den 16.00 Uhr-Bewertungskursen. Für Bond-ETFs erfolgt die Bewertung und der Handel auf Basis von 13.00 Uhr-Kursen, die von der Depotbank zur Verfügung gestellt werden. Diese genaue Zeitfestlegung verhindert Timingprobleme und unerwünschte Markteinflüsse auf die Kurse bei Ausgabe oder Rücknahme der Anteilscheine gegen die Aktienkörbe oder Bonds. Bei der Ausgabe oder Rücknahme von ETF-Anteilen entstehen zudem keine Transaktionskosten, wie es sonst bei herkömmlichen Publikumsfonds der Fall ist. Für alle beteiligten Marktteilnehmer ist dieser Creation-Redemption-Prozess von Vorteil:

- Die Fonds-Gesellschaften profitieren vom vereinfachten organisatorischen und betrieblichen Aufwand und sind nicht mehr gezwungen, eine große Cash-Position für eventuelle Rückflüsse bereit zu halten. Das Indexkonzept mit Full Replicaton kann so mit einem sehr hohen Duplizierungsgrad verfolgt werden.
- Der Designated Sponsor kann permanent den Index nachbilden.
- Der Investor hat niedrigste Kosten durch enge Spreads und geringe Management-Fees.
- Jeder Investor trägt nur seine eigenverursachten Transaktionskosten bei An- und Verkauf.

7 Exchange Traded Funds im Vergleich zu anderen Indexprodukten

Wie diese Betrachtung zeigt, müsste man ETFs unbedingt erfinden, wenn es sie nicht schon gäbe. Zwar hat der immer intensivere Wettbewerb um Anlagegelder eine Vielzahl von Anlagealternativen hervorgebracht, die mit ETFs konkurrieren, alle Alternativen weisen jedoch in einem oder mehreren Punkten Schwächen auf, wie ein Vergleich zeigt.

7.1 Selbstständige Nachbildung

Die naheliegendste Alternative zu einem ETF ist die selbstständige Nachbildung des Index im Aktienportfolio. Der Verwaltungs- und Kostenaufwand für eine selbstständige Nachbildung eines Index im Portfolio ist jedoch hoch. Alle Einzeltransaktionen, Zins- und Dividendenzahlungen und Kapitalmaßnahmen müssen selbst vorgenommen werden. Das führt leicht zu Differenzen (höherer Tracking-Error) zwischen der Portfolio- und der Index-Entwicklung. Bei jeder Veränderung der Indexzusammensetzung muss das Portfolio adjustiert werden, um den Tracking-Error gering zu halten. Die notwendigen Kauf- und Verkauforders können bei großen Einzelpositionen einen negativen Einfluss auf die Kursentwicklung der Aktien nehmen und so die Kosten für die Allokationsumstellung erhöhen. Außerdem können die Anleger bei Indexanpassungen gezwungen sein, eventuelle Kursgewinne zu versteuern (Spekulationsfrist). Hier können bei Einzelanlage große steuerliche Nachteile gegenüber der Anlage mit Exchange Traded Funds entstehen.

7.2 Index-Futures

Indexterminkontrakte (Futures) können es mit ETFs zwar im Hinblick auf vollständige Nachbildung des Index aufnehmen, allerdings entstehen schon bei einem kurz- und mittelfristigen Anlagehorizont Roll-over-Kosten. Das heißt die Marktteilnehmer müssen vierteljährlich von einem Futures auf einen anderen wechseln, was zusätzliche Kosten verursacht. Wenn Futures auf einen Index sehr liquide sind, ist es grundsätzlich zwar kein Problem, die Position zu rollen, also fortzuschreiben. Futures auf Branchen- oder Wachstumsindizes sind jedoch in der Regel eher illiquide. Hier sind ETFs die bessere Alternative, um die Gewichtung einzelner Branchen gegenüber der Benchmark zu erhöhen oder zu verringern. Außerdem sind ETFs auf Indizes verfügbar, zu denen keine Futures aufgelegt wurden. ETFs sind – im Gegensatz zu Index-Futures – auch in kleineren und somit flexibleren Stückelungen erhältlich. Ebenso entfällt die Margin-Leistung.

7.3 Indexzertifikate

Bei Zertifikaten werden die Anlageformen immer vielfältiger und machen es Anlegern schwer, in der Vielfalt der Gestaltungen noch den Überblick zu behalten. Man unterscheidet grundsätzlich Zertifikate auf Preis- und Performanceindizes mit begrenzter und unbegrenzter Laufzeit. Allen Zertifikaten ist gemeinsam, dass der Anleger das Emittentenrisiko übernimmt. Außerdem ist zu beachten, dass die überwiegende Zahl von Zertifikaten keine Dividendenzahlungen berücksichtigen und somit der Investor Performancenachteile in Kauf nehmen muss. Des Weiteren ist teilweise die Handelbarkeit auf Grund von fehlender Liquidität nicht immer gegeben bzw. sind die Geld-Brief-Spreads aufgrund fehlender Liquidität unattraktiv.

7.4 Indexfonds

Konventionelle Indexfonds können nur zum einmal täglich festgestellten Nettoinventarwert gekauft bzw. verkauft werden. Eine Limitierung der Order ist nicht möglich, sodass bei volatilen Märkten eine Preisunsicherheit besteht. Durch einen Ausgabeaufschlag sind sie außerdem für kurzfristige Investments ungeeignet. Auch bei der exakten Nachbildung des zugrunde liegenden Index hat der konventionelle Fonds Nachteile. Für Rückgaben von Fonds-Anteilen muss der Fonds eine beachtliche Cash-Position halten. Die nicht investierte Position führt dazu, dass der Index nicht vollständig abgebildet werden kann und deshalb die Performanceentwicklung des Indexfonds von der Indexperformance abweichen wird.

Grundsätzlich werden konventionelle Indexfonds nach § 60 InvG aufgelegt. Dadurch müssen sie sich an die gesetzlichen Anlagebeschränkungen halten, die einen höheren Tracking-Error auslösen können.

8 Praxisbeispiele für die Umsetzung der Strategischen Asset-Allocation mit ETFs

Exchange Traded Funds sind grundsätzlich für alle Investorengruppen als Kapitalanlage bzw. als Zielinvestment eines Fonds (»Super-OGAW« -*Organismen für die gemeinsame Anlage in Wertpapiere* – nach InvG) interessant. Nach den Regelungen für Super-OGAWs können Anleger in bestehende Publikums- und Spezialfonds nach Vertragsumstellung auf das Investmentgesetz auch in ETFs bis zu 20% je Zielfonds investieren. Damit kann kostengünstig ein Core-Investment in Aktien- oder Bondindizes bzw. eine Satellite-Strategie mit Sektoren erfolgen. In Abbildung 10 sind die daraus resultierenden Möglichkeiten nach dem neuen Investmentgesetz im Vergleich zum bisherigen Kapitalanlagegesetz dargestellt:

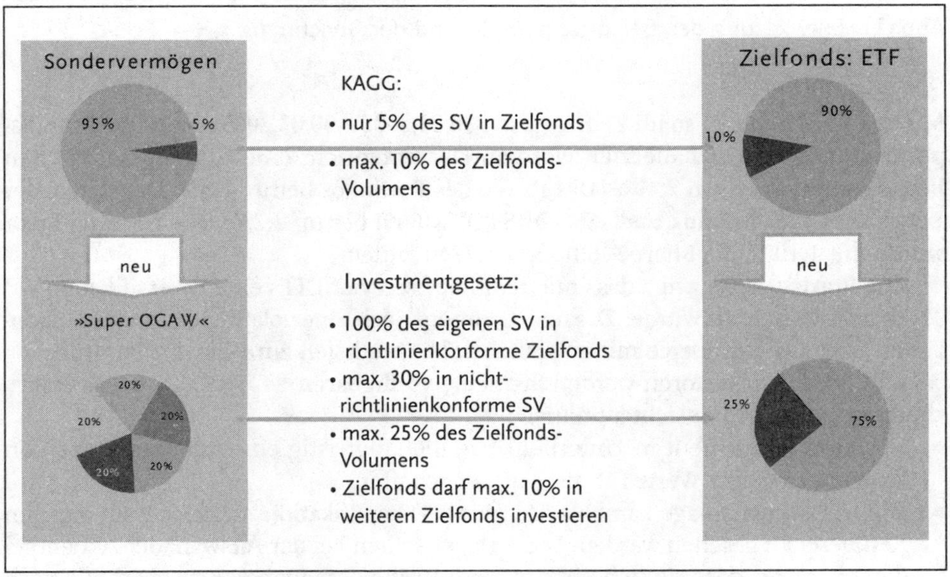

Abb. 10: Das neue »Super-OGAW-Konzept« nach Investmentgesetz

Eine Asset-Allocation kann folgendermaßen gestaltet werden:

Der Bondanteil wird auf 85% mit Jumbo-Pfandbriefen festgelegt, die Aktienquote mit 10% aus einer europaweiten Dividendenstrategie gewählt; zusätzlich werden 5% in Rohstoff- und Energie-Aktien investiert.

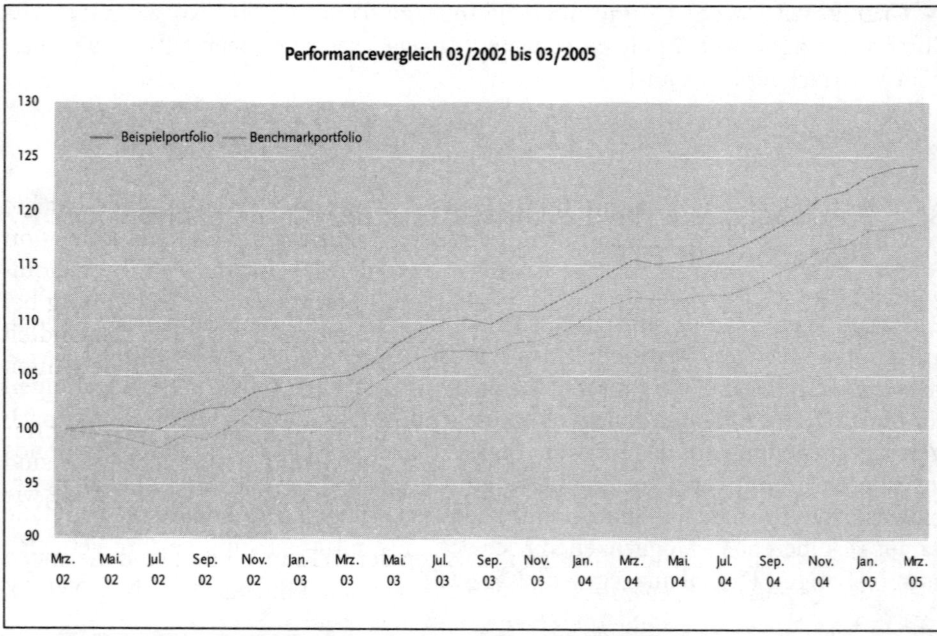

Abb. 11: Entwicklung des Beispielportfolios und der Benchmark

Mit nur 4 ETFs konnte so im Zeitraum von 30.03.2002 – 30.03.2005 eine Durchschnittsperformance von 24,2% erzielt werden. Das entspricht einer durchschnittlichen Jahresperformance von 7,49%. Das Risiko des Portfolios betrug 1,8%. Das Risiko der Benchmark (85% Bonds und 15% DJ STOXX 600) betrug 2,2%. Der Tracking Error wurde mit 1,19%, die Sharpe Ratio mit 2,78 ermittelt.

Das Praxisbeispiel zeigt, dass mit dem Kauf von vier ETFs eine Diversifikation auf 91 Einzeltitel erreicht wurde. Zusätzlich könnte noch eine volatilitätsgesteuerte Stop-Loss – Start-Gain-Strategie mit entsprechenden Modellen zum Einsatz kommen.

Für Langfristinvestoren werden die heute verfügbaren ETFs auf Dividendenstrategien in zweierlei Hinsicht attraktiv:

- Gezieltes Investment in Unternehmen, die langfristig eine gute Marktposition zeigen und damit Werte für die Anleger schaffen.
- Die ETF-Aktienanlage kann als besondere Diversifikationsstrategie zum eigenen Kerngeschäft gesehen werden. Die Anleger sollten bei der Auswahl der Aktientitel darauf achten, dass sie sich nicht zu dem Risiko des eigenen Kerngeschäfts noch überproportionale zusätzliche Risiken aus einem Sektor einkaufen (eine Bank sollte zur Vermeidung von Kumulrisiken möglichst nicht über einen hohen Bestand an fremden Bank- und Versicherungsaktien verfügen).

Die entscheidende Betrachtung ist am Ende einer Anlageperiode die erreichte Nachsteuerrendite. Deshalb ist steuerpflichtigen Anlegern zu raten, mit entsprechenden Risikomanagementsystemen mehrheitlich in Aktien-ETFs zu investieren. Im Anlagevermögen können Erträge aus Aktiengewinnen meist ganz und Dividendenerträge annähernd steuerfrei vereinnahmt werden. Kursgewinne und Zinsen aus Bonds sind in jedem Fall steuerpflichtig.

9 Ein Blick in die Zukunft des europäischen ETF-Marktes

Die ETFs haben in Europa in nur fünf Jahren eine beeindruckende Erfolgsgeschichte geschrieben. Ihr Ende ist noch nicht abzusehen, vielmehr spricht eine Reihe von Faktoren für die Fortsetzung des Booms. So werden ETFs aufgrund ihrer Liquiditätsvorteile und der daraus resultierenden Optimierung der Wertschöpfung bei Investoren und Managern von Kapitalvermögen zunehmend ein fester Bestandteil der Asset-Allocation. Wie das Beispiel der USA zeigt, erhöht sich damit der Anteil der passiv gemanagten Kapitalanlage ETF deutlich.

Das nach wie vor vorhandene Nachholpotenzial gegenüber den USA ist aber nur ein Teil der Geschichte. Auch die Entwicklungsmöglichkeiten neuer Produkte sind bei weitem noch nicht ausgeschöpft. Das gilt sowohl für einzelne Aktienmärkte wie für ganze Asset-Klassen.

So sind pünktlich zum fünfjährigen Jubiläum der ETFs in Deutschland die ersten ETFs auf Dividendenstrategien auf den Markt gekommen. Mit Fonds wie dem DivDAX EX können Anleger wesentlich einfacher und kostengünstiger als mit alternativen Anlageformen eine Dividendenstrategie umsetzen. Dieses Angebot ist für institutionelle wie private Anleger gleichermaßen attraktiv. Die nächsten Innovationen könnten ETFs auf Rohstoffe und Immobilienindizes sein.

10 Zusammenfassung

In nur fünf Jahren sind die börsengehandelten Indexfonds, die Exchange Traded Funds, kurz ETFs, vom Nullpunkt an zur erfolgreichsten Fonds-Kategorie in Deutschland und Europa geworden. Die Abkürzung »ETFs« steht für »Einfach bzw. Effizient-Transparent-Flexibel-sehr kostengünstig«. Das sind Eigenschaften, die sie zu einem universell einsetzbaren Anlageinstrument im Portfolio-Management machen. Entlang der gesamten Prozesskette lässt sich dabei die Wertschöpfung und der Wertbeitrag für Investoren optimieren. Die Einsatzmöglichkeiten von ETFs sind in der Praxis nahezu unbegrenzt, ihr Entwicklungspotenzial noch nicht ausgeschöpft. Neben dem Ausbau der ETF-Palette wird mehr Wettbewerb auf der Angebotsseite das Geschäft weiter beleben. Mehr Anbieter, viele Produktinnovationen und die zunehmende Attraktivität auch für private Anleger, das sind die Kernelemente für die Fortsetzung der Erfolgsstory »ETFs in Europa«, deren aufregendste Kapitel in den nächsten Jahren erst noch geschrieben werden.

Asset-Liability-Management

Jan Kehrbaum/Gerhard Scheuenstuhl

Die Autoren erklären ausdrücklich, dass die dargestellten Interpretationen und Meinungen ausschließlich ihre persönliche Auffassung wiedergeben.

1 Aktuelle Herausforderungen für das ALM

Die zentrale Bedeutung eines professionellen Asset-Liability-Managements (ALM) von Versicherungsunternehmen wie auch von Pensionskassen wird angesichts der jüngsten Entwicklungen offensichtlich. Ausgeprägte Inkongruenzen zwischen Anlagepolitik und Verpflichtungsseite haben in den letzten Jahren einige Vorsorgeunternehmen in ernsthafte Schwierigkeiten gebracht. Andere haben einen Großteil ihrer Reserven in kürzester Zeit fast vollständig aufgebraucht. Durch die turbulenten Entwicklungen an den Finanzmärkten haben sich die Kapitalanlagebestände deutlich reduziert, während die Verpflichtungen davon unberührt gleichgeblieben sind bzw. aus finanzmathematischer Sicht durch die gefallenen Zinsniveaus sogar gestiegen sind – zumindest in einer marktorientierten Bewertung. Wurden die Versicherungsverpflichtungen nicht umfassend betrachtet oder lag der Fehler in einer ungeeigneten Kapitalanlage? Die Lösung liegt in der Verknüpfung der beiden Ursachen, und damit das Problem in einem unzureichenden Asset-Liability-Management (ALM). Gerade die integrierte Betrachtung der Assets und Liabilities ist der Schlüssel zum Erfolg.

Trotz dieser exemplarisch aufgeführten Gründe hat sich die Einführung eines ALM noch nicht durchgängig etabliert. Die Ursachen hierfür sind zum einen in den vermeintlich hohen Kosten zu suchen wie auch in einem unvollständigen Verständnis über den Nutzen des ALM. Welchen Wertbeitrag ein professionelles ALM, basierend auf einer stimmigen Gesamtkonzeption und einer praktikablen Umsetzung mit entsprechenden Produkten leisten kann, soll in diesem Artikel besprochen werden.

Als Motivation für einen Asset-Manager einer Kapitalanlagegesellschaft (KAG), sich mit diesem Thema, das ja originäre Aufgabe der Versicherung ist, intensiver auseinander zu setzen, ist sicherlich das hohe Potenzial zu sehen, das sich aus einer verbesserten Kundenbeziehung durch Unterstützung in diesem wichtigen Aufgabenbereich ergibt. Werden heute unterschiedlichste Produkte in vielfältigen Formen von Fonds angeboten, so ist zu hinterfragen, welche Produkte das Bedürfnis des Investors am besten abdecken. Wird hier über aktive und passive Strategien oder Value-und-Growth-Stile diskutiert, so können unseres Erachtens deren Vor- bzw. Nachteile nur durch ein umfassendes Verständnis der Bedürfnisse des Investors beantwortet werden. Dabei geht es um Anlageziele, Risikoprofile, Liquiditätsmanagement, Reporting und weitere branchenspezifische, herausfordernde Themen. Ein zentraler Ansatzpunkt für genau diese Fragen bietet das Asset-Liability-Management, da hierdurch Anlageziele wie auch Risikoprofile festgelegt werden sowie Mindestanforderungen an das Reporting im Sinne einer integrierten ALM-Steuerung definiert werden. Aus Sicht einer KAG ergeben sich daraus gute Gründe, sich intensiver mit diesem Thema zu beschäftigen und ein tiefer gehendes Verständnis zu entwickeln.

Die Bedeutung der dargestellten Thematik wurde insbesondere auch schon von anderen Anbietern aus dem Investmentbereich aufgenommen. Vertreter der Investmentbanken haben bereits auf diese Fragestellungen reagiert und treffen mit ihren Lösungsansätzen bei den Versicherungen offenbar auf offene Türen. Hier geht es aber nicht primär um die Diskussion »Fonds vs. Zertifikat bzw. strukturiertes Produkt«, sondern um Services und Kundenlösungen. Welches Produkt passt am besten in das Portfolio der Versicherung zur Deckung der Versicherungsverpflichtungen? Die eigentliche Lieferung ist dem Service einer ALM-Beratung nachgelagert. Ein Thema, welches, neben der Lieferung von Performance, spannende Aspekte und unseres Erachtens nach auch Chancen in einem zunehmend international umkämpften Markt liefern kann.

Als Einstieg in das Thema soll zunächst der Begriff ALM durchleuchtet und unsere Sichtweise hierzu hervorgehoben werden. In den beiden darauf folgenden Abschnitten 3 und 4 wird erst der rechtliche Rahmen dargestellt, welcher im Sinne von Mindestanforderungen für ein funktionsfähiges ALM zu sehen ist, und anschließend ein Überblick über die derzeitigen Ansätze und deren unterschiedliche Komplexität und Einsatzgebiete gegeben. In Abschnitt 5 soll schließlich erläutert und anhand von Beispielen illustriert werden, wie sich im Rahmen eines dynamisch mehrperiodischen Modellrahmens eine Liability-orientierte Anlagekonzeption ableiten lässt. Hieraus ergeben sich Hinweise, welche Anlageprodukte und Dienstleistungen Asset-Manager für Vorsorgeeinheiten anbieten sollten, um eine Liability-optimierte Kapitalanlagepolitik bestmöglich zu unterstützen.

2 Asset-Liability-Management als Teil der Unternehmenssteuerung

Die Herausforderungen aus den in der Vergangenheit nicht mehr bewältigbaren Asset-Liability-Mismatches zeigen, dass ALM für eine Versicherung oder eine Vorsorgeeinrichtung zu einer wichtigen unternehmerischen Führungsaufgabe geworden ist. *Jost (2005)* definiert Asset-Liability-Management als einen »Managementansatz, bei dem die Risiken aus dem leistungswirtschaftlichen und dem finanzwirtschaftlichen Bereich unternehmenszielbezogen aufeinander abgestimmt werden.« In der Literatur findet sich eine Vielzahl anderer Definitionen zu ALM, welche eine vergleichbare Zielsetzung haben. *Russ* und *Zwiesler* (2002), betonen etwa »Verfahren zur Steuerung des Unternehmens anhand von zukünftigen Entwicklungen von Aktiva und Passiva«. Aus dieser Definition geht unmittelbar hervor, dass es sich um Risikomanagement handelt, d.h. die Abstimmung von unterschiedlichen Risiken, unter Berücksichtigung der Aktiv- und der Passivseite. Diese sind so aufeinander abzustimmen, dass definierte Unternehmensziele erreicht werden können. Ein zentrales Unternehmensziel besteht z. B. in der Erfüllung der Verpflichtungen, welche aus dem Versicherungsgeschäft resultieren.

Russ und *Zwiesler* betonen explizit die zeitliche Komponente, indem sie von zukünftigen Entwicklungen sprechen. Somit wird deutlich, dass es sich nicht nur um eine ad-hoc-Betrachtung handelt, wie sie häufig im Zusammenhang mit einfachen Stress-Tests anzutreffen ist, sondern vielmehr um die Modellierung zukünftiger Entwicklungen der Kapitalanlagen und Versicherungsverpflichtungen sowie deren Abhängigkeiten. Gerade diese Berücksichtigung der zukünftigen Entwicklungen kann als möglicher Service einer KAG gesehen werden, da nur so kundenspezifische Produkte angeboten werden können. Die Ableitung einer an den Verpflichtungen der Versicherung orientierten Anlagepolitik sowie Anlageprodukte, die eine Steuerung der Verpflichtungen explizit berücksichtigen, sind mögliche Ansatzpunkte kundenspezifischer Lösungen. Hierauf soll im späteren Teil noch ergänzend eingegangen werden.

3 Aufsichtsrechtliche Rahmenbedingungen für das ALM

Vorsorgeeinrichtungen sind durch umfangreiche Vorgaben ihrer jeweiligen Aufsichtsbehörden in ihren Aktivitäten und insbesondere bzgl. des Risikomanagements mehr oder weniger stark reglementiert. Auch hinsichtlich des Asset-Liability-Managements gibt es umfangreiche Anforderungen, die zu erfüllen sind. Ein erster Ansatz, sich dem Thema Asset-Liability-Management zu nähern, ist daher die Betrachtung der Anforderungen, welche sich aus regulatorischer Sicht ergeben. Gleichwohl sei an dieser Stelle angemerkt, dass nicht die Erfüllung dieser formalen Anforderungen das primäre Ziel sein sollte, sondern diese ausschließlich im Sinne von Mindestanforderungen zu sehen sind. Ihre ökonomisch sinnvolle Integration in die individuelle Unternehmenssteuerung und -kontrolle sollte dabei stets im Vordergrund stehen.

Das Rundschreiben der Bundesanstalt für Finanzdienstleistungsaufsicht (BaFin), R29/2002, macht hierzu konkrete Angaben. Hier wird erstmals der Begriff Asset-Liability-Management explizit erwähnt. So ist dort gefordert: »*Bei der Konzeption der Anlagestrategie des Versicherers ist die Art der Verpflichtungen besonders zu beachten. Das Versicherungsunternehmen muss über einen ausreichenden Kapitalanlagebestand von angemessener Art, Laufzeit und Liquidität verfügen, damit es seine Verpflichtungen bei Fälligkeit erfüllen kann. Aus diesem Grunde ist die detaillierte Analyse der Risiken auf der Aktiv- und Passivseite und das Verhältnis beider Seiten zueinander (Asset-Liability-Management) eine wesentliche Voraussetzung für die Konzeption der Vermögensanlagepolitik und ihrer konkreten Umsetzung.*«

In Absatz IX – Anlagemanagement und interne Kontrollverfahren – wird das aufsichtsrechtliche Ziel des ALM klar definiert als: »*... die Sicherstellung der Erfüllung der Zahlungsverpflichtungen*«. Wie eine Umsetzung dieser Anforderung zu geschehen hat, ist im Rundschreiben dagegen weniger explizit formuliert und beschränkt sich auf die Aussage, dass »*sowohl die Aktiv- als auch die Passivseite in Betracht zu ziehen ist*«. Somit geht diese Forderung grundsätzlich einher mit der von uns eingangs herangezogenen Definition. Auffallend an dieser Stelle ist, dass die Kapitalanlage das zentrale Instrument der Steuerung ist, welche explizit unter Berücksichtigung der Passiva zu erfolgen hat.

Zusätzliche Hinweise, wie eine Ausgestaltung eines ALMs aussehen sollte, wird ebenfalls in Abschnitt IX des R29/2002 gegeben: »*Die Analyse hat u. a. Tests der Elastizität des Anlagebestandes (Stress-Tests) gegenüber einer Reihe von Kapitalmarktszenarien und Investitionsbedingungen (u. a. Änderungen der Zinsen, Aktienmärkte und Währungen bezogen auf verschiedene Zeithorizonte) sowie die Auswirkungen auf die Bedeckung des gebundenen Vermögens zu umfassen. Die mittel- bis langfristigen Projektionen sind im Rahmen der Definition der strategischen Anlagepolitik und die kurzfristigen Kapitalmarkterwartungen bei der Entwicklung der taktischen Anlagepolitik zu berücksichtigen.*« Die aktuelle Ausgestaltung dieser Stress-Tests ist im Rundschreiben R1/2004 der BaFin zu finden. Wichtig an dieser Stelle ist es festzuhalten, dass Stress-Tests in Ergänzung zu anderen Analysen zu sehen sind. Welche Analysen dies sind, wird im Rahmen des Rundschreibens nicht näher erläutert, wohingegen aber Mindestanforderungen an den Prozess der Kapitalanlage und damit auch das Asset-Liability-Management gestellt werden. Diese umfassen u. a.:

- Definition einer strategischen Anlagepolitik
- Entwicklung einer taktischen Anlagepolitik
- Umsetzung der Anlagepolitik
- Laufende Kontrolle der Anlagetätigkeit
- Verfahren zur Messung und Bewertung des Anlageergebnisses
- Informationsaustausch über die Anlagetätigkeit
- Verfahren zur Überprüfung der Angemessenheit der Anlagepolitik und der angewandten Verfahren.

Daraus lässt sich unmittelbar ableiten, dass es sich bei der Kapitalanlage und damit auch dem Asset-Liability-Management um einen Prozess handelt, der aus verschiedenen Teilen besteht. Es geht in erster Linie darum, diesen Prozess zu definieren, umzusetzen, zu kontrollieren, zu überprüfen, zu bewerten und über deren Ergebnisse auch zu berichten.

Darüber hinaus wird im Rahmen des R29/2002 beschrieben, welche Anforderungen im Sinne von *»angemessener Art, Laufzeit und Liquidität«* an die Kapitalanlage gestellt werden. Diese Vorgaben sind sinngemäß bereits aus § 54 VAG bekannt, wo gefordert wird: *»Die Bestände des Sicherungsvermögens (§ 66) und das sonstige gebundene Vermögen gemäß Absatz 5 (gebundenes Vermögen) sind unter Berücksichtigung der Art der betriebenen Versicherungsgeschäfte sowie der Unternehmensstruktur so anzulegen, dass möglichst große Sicherheit und Rentabilität bei jederzeitiger Liquidität des Versicherungsunternehmens unter Wahrung angemessener Mischung und Streuung erreicht wird.«* Auch hier wird bereits die Berücksichtigung der Passivseite bei der Kapitalanlage gefordert, ohne diese jedoch genauer zu spezifizieren. Somit ist zusammenfassend festzuhalten, dass aufsichtsrechtlich die Einrichtung eines Asset-Liability-Managements gefordert ist, jedoch die konkrete Ausgestaltung dem Versicherungsunternehmen überlassen ist. Im Gegensatz zur allgemeinen Definition zielt die Aufsicht auf eine angemessene Kapitalanlage unter Berücksichtigung der Verpflichtungen ab.

Es stellt sich weiter die Frage, inwieweit diese Thematik unter Solvency II aufgegriffen wird und in diesem Zusammenhang in einem weiteren rechtlichen Rahmen verankert wird. Im Dezember 2002 hat die »London Working Group« der EU unter Leitung von Paul Sharma einen Report über die »Prudential Supervision of Insurance Undertakings« vorgestellt. Inhalt dieser Studie war die Identifizierung von Risiken sowie deren Ursache-/Wirkungsketten, welche in der Vergangenheit zu Solvabilitätsproblemen geführt haben. Ein wesentlicher Risikofaktor betrifft dabei das Asset-Liability-Management bzw. genauer die Fehlentwicklung der Assets im Bezug auf die Verbindlichkeiten (AL Mismatch). Vor diesem Hintergrund schlägt Paul Sharma die Entwicklung von Regelungen zur Durchführung des Asset-Liability-Managements vor. Dies wurde in dem EU-Papier Markt/2539/03 vom 19.09.2003 aufgegriffen, indem ein entsprechender Artikel im Bereich der Lebensversicherung in der zu erstellenden Rahmen-Direktive zu Solvency II vorgesehen wurde. Im Rahmen des Papiers Markt/2502/04 wurde diese Anforderung auf den Bereich Nicht-Lebensversicherung ausgedehnt.

Auch unabhängige Arbeitsgruppen, wie die International Actuarial Association (IAA), widmen sich dem Thema ALM im Rahmen einer Arbeitsgruppe und dem daraus resultierenden Bericht »A Global Framework for Insurer Solvency Assessment«. Vor diesem Hintergrund ist davon auszugehen, dass das Thema ALM nicht nur über nationale regulatorische Änderungen, wie z.B. die erwartete Überarbeitung des R29/2002, sondern auch über die europäische Initiative Solvency II zunehmend an Bedeutung gewinnen wird.

Hilft der Blick auf die regulatorischen Anforderungen, Ziele und Mindestanforderungen wie auch erwartete Trends zu identifizieren, so bleibt die tatsächliche Ausgestaltung bisher dem Versicherungsunternehmen überlassen.

4 Methodische Ansätze des Asset-Liability-Managements in der Praxis

Kommen wir auf die eingangs von uns herangezogene Definition des Begriffes ALM zurück, so lässt sich alleine aus dem Begriff »Managementansatz« vermuten, dass es eine Vielzahl von unterschiedlichen Ansätzen gibt, die alle mit dem Thema ALM verbunden werden. Diese unterscheiden sich wesentlich in ihrer Komplexität und auch in ihrer Aussagekraft und damit unmittelbar in ihrem Einsatzgebiet. In diesem Abschnitt sollen daher zunächst die wesentlichen Ansätze kurz dargestellt und vergleichend gegenübergestellt werden.

Nehmen wir die Definition »Verfahren zur Steuerung des Unternehmens anhand von zukünftigen Entwicklungen von Aktiva und Passiva« von *Russ* und *Zwiesler* und halten uns vor Augen, dass es sich – wie aufsichtsrechtlich gefordert – um einen Prozess handelt, so sind unmittelbar die folgenden Themen zu betrachten:

- Modellierung der zukünftigen Entwicklung der Aktiva und Passiva,
- Ableitung von Entscheidungsgrößen zur Beurteilung der strategischen Unternehmensziele, auf deren Basis sich dann eine individuelle »Liability-optimale« Anlagepolitik identifizieren lässt und
- Risiko-Steuerungsmaßnahmen und taktische Anpassungen im Zeitablauf bei kritischen Entwicklungen.

Hinzu kommen noch weitere Prozessschritte, welche für die praktische Umsetzung zwingend erforderlich sind, wie

- laufende Kontrolle,
- Dokumentation und Kommunikation der Ergebnisse der Kontrollen sowie
- regelmäßige Überprüfung der Angemessenheit der Verfahren.

Letztere sind aber zur Einordnung der Ansätze nur von zweitrangiger Bedeutung, sodass wir uns im Folgenden auf die drei erstgenannten Schritte fokussieren wollen.

Modellierung der zukünftigen Entwicklung der Aktiva und Passiva
Grundsätzlich kann zwischen deterministischen und stochastischen Ansätzen sowie einperiodischen und mehrperiodischen Ansätzen unterschieden werden. Der Unterschied zwischen deterministisch und stochastisch bezieht sich dabei auf die Modellierung der Risikofaktoren. So kann z. B. die Annahme unterstellt werden, dass sich der Aktienkurs in den nächsten 3 Jahren um jeweils 10 % verschlechtert und dann für weitere 7 Jahre um jeweils 20 % verbessert. Dieses Vorgehen, welches häufig auch als »Wenn-Dann« oder in extremen Ausprägungen als Stress-Tests bezeichnet wird, wird deterministisch genannt, da die zukünftige Entwicklung in Form eines Szenarios als bekannt vorausgesetzt wird. Im Rahmen einer stochastischen Modellierung hingegen, wird ein so genannter stochastischer Prozess unterstellt, der zunächst mittels der Generierung von Zufallszahlen beliebig oft simuliert wird. Jede einzelne dieser zufälligen Simulationen entspricht dann einem deterministischen Szenario. Werden im Fall deterministischer Szenarien »Wenn-Dann«-Aussagen abgeleitet, so sind im Falle von stochastischen Simulationen statistische Auswertungen auf Basis der generierten Verteilungen heranzuziehen. Bekannte Auswertegrößen sind u. a. die Volatilität, der Value-at-Risk oder auch der Tail-Value-at-Risk, welcher auch als Expected-Shortfall bezeichnet wird. Eine detaillierte Darstellung von stochastischen Prozessen sowie der Diskussion der statistischen Auswertungen findet sich z. B. in *Hull (2002)* oder *Djehiche* und *Hörfelt (2004)*.

Ein zweites wesentliches Unterscheidungsmerkmal der verschiedenen Ansätze ist, ob es sich um ein einstufiges oder mehrstufiges Vorgehen handelt. Dabei ist nicht relevant, ob grundsätzlich ein längerer Zeitraum von beispielsweise 10 Jahren betrachtet wird, sondern ob in diesem Zeitraum Aktivitäten modelliert werden. Diese Aktivitäten können einerseits das Versicherungsgeschäft betreffen, indem nicht nur der aktuelle Bestand berücksichtigt wird, sondern auch das Neugeschäft oder auch unternehmenspolitische Entscheidungen, wie z. B. die Überschussbeteiligung. Andererseits können in einem mehrperiodischen Modell auf der Aktivseite Handelsstrategien modelliert werden. Klassische Anlagestrategien umfassen dabei statische Konzepte wie eine »Buy and Hold«-Strategie, oder auch dynamische Wertsicherungsstrategien, deren klassische Ausprägung als »CPPI« (Constant Proportion Portfolio Insurance) bekannt ist.

In Abbildung 1 werden die wesentlichen Ansätze noch einmal grafisch dargestellt und anhand ihres Einsatzgebietes analysiert. Zur Klassifizierung werden dabei die Komplexität der Modellierung, welche unmittelbar mit höheren Datenanforderungen einhergeht, und die Aussagekraft für das Risikomanagement herangezogen.

Der einfachste Ansatz hinsichtlich Datenanforderung und Komplexität der Modellierung ist das *Asset-Liability-Matching* oder auch *Cashflow-Matching*. Hierbei wird versucht, die Zahlungsströme des Versicherungsgeschäfts mit den Zahlungsströmen der Kapitalanlage in Einklang zu bringen. Dabei werden deterministische Annahmen über die zukünftige Entwicklung der Assets wie auch der Liabilities unterstellt und deren Auswirkungen analysiert. Ausgehend von einer deterministischen zukünftigen Entwicklung wird mit diesem Vorgehen den regulatorischen Anforderungen nach Sicherstellung der zukünftigen Zahlungsverpflichtungen grundsätzlich Genüge geleistet. Es wird dabei nicht unterstellt, dass genau dieses Szenario eintreffen wird, sodass sich für andere Szenarien, die sich dann realisieren, möglicherweise ernsthafte

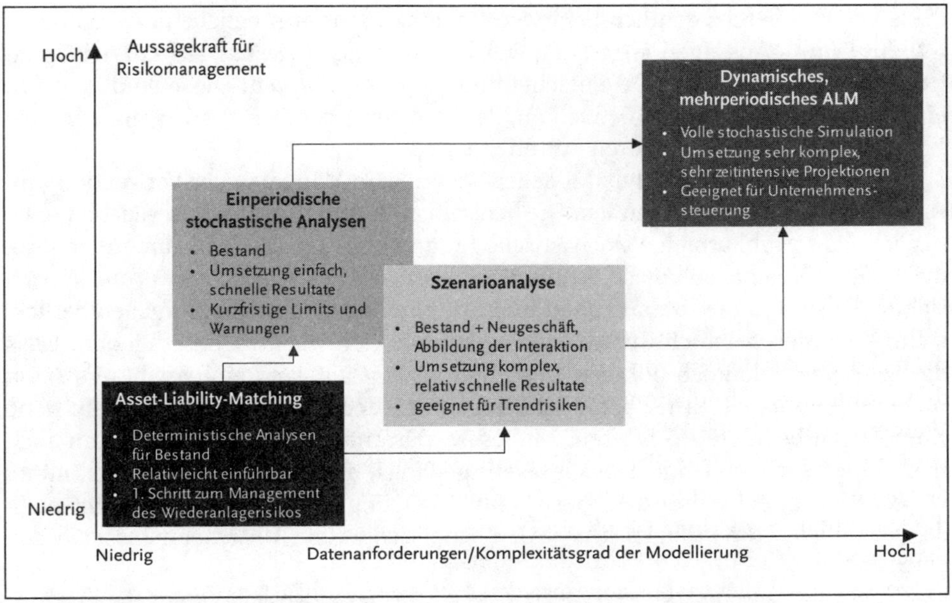

Abb.1: Methodische Ansätze des Asset-Liability-Managements

Schwierigkeiten durch diese Kapitalanlage ergeben können. Gleichwohl können derartige Analysen, welche insbesondere im Rahmen von Stress-Tests gefordert sind, wertvolle Hinweise auf die Auswirkung eines Asset-Liablity-Mismatches unter extremen Szenarien geben. Sie stellen damit eine sinnvolle Ergänzung zu weiteren Methoden dar.

Wird dieser Ansatz um eine stochastische Komponente ergänzt, so spricht man häufig von *einperiodischen stochastischen Analysen*. Diese Methode ist, wie auch das Asset-Liability-Matching, leicht umzusetzen und liefert bessere Hinweise im Hinblick auf das Risikomanagement, zumal hier nicht nur eine einzelne mögliche Entwicklung betrachtet wird. Da unternehmensspezifische Entscheidungen wie auch Interaktionen zwischen der Entwicklung der Kapitalanlage und dem Versicherungsgeschäft nicht berücksichtigt werden, ist das Einsatzgebiet höchstens im Sinne von kurzfristigen Aussagen und Entscheidungen anwendbar.

Erweitert man das Asset-Liability-Matching um diese mehrperiodische Komponente, so spricht man von *Szenarioanalysen*. Durch die Modellierung der Interaktion zwischen Aktiva und Passiva und wichtiger Einflussfaktoren, wie etwa des Neugeschäfts oder anderer unternehmerischer Entscheidungsparameter, gestaltet sich der Implementierungsaufwand wesentlich höher als im einfachen Asset-Liability-Matching. Dieser Mehraufwand wird aber nicht durch nennenswert höhere Aussagekraft für das Risikomanagement kompensiert, da wiederum lediglich eine einzelne zukünftige Entwicklung betrachtet wird, welche nicht eintreffen muss bzw. in genau dieser Ausprägung wahrscheinlich auch nicht eintreffen wird. Aufgrund des relativ geringen Zeitbedarfs für Berechnungen und Auswertungen wird diese Form des ALMs häufig zur Analyse von Trends verwendet, obgleich der Implementierungsaufwand für diese Variante bereits deutlich höher ist. Dabei werden für mögliche Entwicklungen »Wenn-Dann«-Aussagen abgeleitet, welche wertvolle Hinweise auf kurzfristig zu treffende geschäftspolitische Entscheidungen geben können. Diese sind aber mit einer gewissen Vorsicht zu betrachten, da die Aussagen nur für eine ganz konkrete Entwicklung der Risikofaktoren zutreffend sind.

Bei den bisher vorgestellten Modellen waren klare Mängel in der Verwendung im Risiko-Management zu erkennen. Die beidseitige Erweiterung des Asset-Liability-Managements sowohl um eine stochastische Komponente als auch um eine mehrperiodische Komponente soll diese Schwächen beheben. Dieser Ansatz ist grundsätzlich richtig, da sowohl die Interaktionen und unternehmenspolitische Vorgaben berücksichtigt werden als auch unterschiedlichste Marktentwicklungen eingehen. Dass dies mit einem deutlich höheren Implementierungsaufwand einhergeht, erscheint nicht ungewöhnlich. Kritisch zu hinterfragen ist jedoch die durch die ggf. sehr hohe Komplexität bedingte Rechenzeit. In diesem Zusammenhang stellt sich dann auch häufig die bekannte Frage, was ein »sehr genaues« Ergebnis am Ende noch nützt, wenn es erst zwei bis drei Tage zu spät zur Verfügung steht. Dies unterstreicht auch, dass das *dynamische, mehrperiodische ALM* hauptsächlich zur Unternehmenssteuerung eingesetzt wird.

Zusammenfassend lässt sich sagen, dass alle bisher vorgestellten Modelle ihre Vor- und Nachteile haben und damit einem entsprechenden Einsatz im Risikomanagement grundsätzlich genügen. Wichtig ist auch, dass durch entsprechende Vereinfachungen und geeignete Anpassungen die Modelle für den unternehmensspezifischen Einsatz angepasst werden können. So gilt es beispielsweise auf der Versicherungsseite aus rechentechnischer Sicht gegeneinander abzuwägen, ob eine einzelvertragliche Betrachtung notwendig ist oder eine aggregierte Betrachtung ausreichend ist. Auch auf der Kapitalanlageseite lassen sich Vereinfachungen vorstellen, welche die Komplexität und Rechenzeit im dynamischen, mehrperiodischen ALM signifikant reduzieren können. Analog taucht auch hier die Frage auf, ob auf Einzeltitelebene modelliert werden soll, oder ob vielmehr die Berücksichtigung von Asset-Klassen nicht das geeignetere Modell darstellt. Auch hinsichtlich der Modellkomplexität muss am Ende darüber entschieden werden, ob die vorgenommene Aggregation oder die fälschlich modellierte Kapitalanlagepolitik bzw. mögliche Interaktion auf Basis von Einzeltiteln bzw. Einzelverträgen weiter von der Realität entfernt sind. Neben der Modellierung ist auch die Frage der Parametrisierung in diesem Zusammenhang kritisch zu hinterfragen, da die höhere Genauigkeit der Einzelbetrachtung besondere Herausforderungen an die Qualität der verwendeten Daten und damit auch an die verwendeten stochastischen Prozesse und deren Zusammenspiel anhand von Korrelationen stellt.

Ableitung von Entscheidungsgrößen

Wurde bisher diskutiert, wie sich die Aktiva und Passiva modellieren und simulieren lassen, so ist die Frage offen geblieben, welche Größen betrachtet werden. Diese Frage ist letztlich leicht zu beantworten: Im Rahmen des ALM müssen die gleichen Größen betrachtet werden, welche im Rahmen der Unternehmenssteuerung als relevant erachtet werden. Ist das ALM nicht in der Lage, die Fragen zu beantworten, welche im Risikomanagement des Unternehmens gestellt werden, so wurde wohl das falsche Modell gewählt oder vielmehr das gewählte Modell falsch angewendet.

Unsere Erfahrungen zeigen, dass ALM häufig auf ökonomische und damit eine so genannte Fair-Value-Modellierung abzielt. Hierzu gilt es zu beantworten, welche Risikomaße in diesem Kontext anzuwenden sind und welchen Einfluss die gewählte Kapitalanlagepolitik auf die zentralen bilanziellen Größen hat.

5 ALM als Grundlage für die Ableitung einer Liability-orientierten Anlagepolitik

Die Festlegung einer »Liability-orientierten« Kapitalanlagepolitik und der Aufbau eines systematischen Risiko-Controllings stellen zwei zentrale Managementaufgaben im Rahmen des Asset-Liability-Managements einer Vorsorgeeinrichtung dar. Im Folgenden soll dazu an Beispielen illustriert werden, wie sich im Rahmen eines dynamisch-mehrperiodischen Modellrahmens eine Liability-orientierte Anlagekonzeption ableiten lässt. Ein Szenario-basierter ALM-Rahmen stellt zudem eine stimmige Modellierung für weiterführende Aufgaben der Risikosteuerung dar. Die Betrachtungen sollen zudem Hinweise darauf geben, welche Anlageprodukte und Dienstleistungen Asset-Manager für Vorsorgeeinheiten anbieten sollten, um eine Liability-optimierte Kapitalanlagepolitik bestmöglichst zu unterstützen.

5.1 Liability-orientierte Anlagepolitik

Der Anspruch nach einer Liability-orientierten Anlagepolitik hat sich durch die bereits erwähnten Schwierigkeiten wieder zu einem aktuellen und kontrovers diskutierten Thema entwickelt. Mit verschiedensten Vorschlägen zu »Liability Driven Investments« (LDI) versuchen derzeit zahlreiche Asset-Manager und Investment-Banken die Investoren, und hier vornehmlich Pensionskassen und Versicherungen mit sehr lang laufenden Verpflichtungen, davon zu überzeugen, ihre Anlagepolitik stärker auf eine »Bond-ähnliche Struktur« mit langer Duration auszurichten. Diese Vorschläge reichen von einfachen Cash-flow-Matching-Ansätzen über Duration-Matching-Programme mit zum Teil umfangreichen und komplexen Swap-Programmen bis zur Ableitung von spezifischen Liability-Bond-Benchmarks. Nicht zuletzt die jüngst in einer historischen Tiefzinsphase beobachtbare starke Nachfrage nach Staatspapieren mit 50-jähriger Laufzeit unterstreicht diesen Trend eindrücklich.

Ein reines Matching der Kapitalanlagen auf die Verpflichtungsseite kann jedoch nur ein Ausgangspunkt der Überlegung sein, denn eine Immunisierung darf nicht zum Selbstzweck der Kapitalanlagepolitik werden. Insbesondere in einer ausgeprägten Niedrigzinssituation dürfte eine Immunisierung gegen Zinsbewegungen nicht die Lösung der aktuellen Probleme bringen. Geht man von einem historisch beobachtbaren »Mean-Reverting-Verhalten« der Zinsen aus, ist mittelfristig eher wieder von einem Ansteigen des Zinsniveaus auszugehen. Ausführliche Beschreibungen zu Zinsstrukturmodellen finden sich beispielsweise bei *Hull (2002)*, *Zagst (2001)* oder *Rudolf (2000)*. Eine Immunisierung zum jetzigen Zeitpunkt, nach Eintreten der problematischen Situation, würde lediglich den ungünstigen Zustand festschreiben. Ein strategischer Ansatz muss weiter reichen und sollte dynamische Aspekte wie die zukünftige Projektion möglicher Asset- und Liability-Entwicklungen mit in den Entscheidungsprozess einbeziehen.

Im Zusammenhang mit einer vorausschauenden strategischen Planung ist es insbesondere wichtig, die Auswahlkriterien für die Kapitalanlagepolitik direkt an den eigentlichen Zielgrößen zur Unternehmenssteuerung anzusetzen. So werden beispielsweise von aufsichtsrechtlicher Seite strikte Solvabilitätsanforderungen an die verfügbare Höhe der Eigenmittel (Mindestkapitalausstattung) einer Pensionskasse gestellt. Unter Solvabilität versteht man dabei die von der Zusammensetzung des Versicherungsbestandes abhängige Relation zwischen Beitragseinnahmen und Schäden einerseits und Eigenkapital andererseits. Nach §53c VAG sind Versicherungsunternehmen verpflichtet, zur Sicherstellung der dauernden Erfüllbarkeit der Verträge Eigenmittel mindestens in Höhe einer Solvabilitätsspanne zu bilden. Die Höhe der Solvabilitätsspanne bemisst sich entweder nach den jährlichen Beiträgen (Beitragsindex) oder nach den durchschnittlichen Aufwendungen für Versicherungsfälle der letzten drei Geschäftsjahre (Schadenindex). Maßgebend ist der jeweils höhere Index (vgl. § 1 KapitalausstattungsVO). Pensionskassen müssen daher über eine ausreichende Sicherheitsreserve an Eigenmitteln verfügen, sodass sie ihre Verpflichtungen auch bei Wertschwankungen der Anlageseite jederzeit decken können. Für die Auswahl einer »Liability-orientierten« Anlagepolitik muss daher quantifiziert werden können, wie sich mögliche Entwicklungen der Kapitalanlagen auf diese kritischen unternehmerischen Zielgrößen auswirken. Damit stehen weniger Marktwertgrößen wie ein Tracking Error oder die Volatilität der Anlagerendite im Vordergrund, sondern vielmehr der Aspekt, wie sich die Eigenschaften des Anlageportfolios über Bilanzierungsvorschriften nach HGB oder IAS, über Mechanismen der Überschussbeteiligung für die verschiedenen Versicherungstarife oder durch Managementregeln zum Aufbau von (stillen) Reserven etc. in den zu betrachtenden Zielgrößen (wie beispielsweise die Buchwertgröße »Eigenmittelquote«) niederschlagen. Ansatzpunkt dieser strategischen Betrachtungsweise ist daher eine systematische Bilanz- und Ergebnisprojektion auf Basis einer integrierten dynamischen Asset-Liability-Modellierung. Diese muss in der Lage sein, alle wesentlichen Wechselwirkungen zwischen der Kapitalanlageseite und den Erfordernissen aus der Verpflichtungsseite zu berücksichtigen und hinsichtlich ihrer Auswirkungen zu quantifizieren.

5.2 Integrierte Asset-Liability-Modellierung liefert die Entscheidungsgrundlage

Eine finanzmathematisch fundierte Analyse der Verpflichtungsseite sowie alle hieraus resultierenden Anforderungen, Restriktionen und Risiken stellen den Ausgangspunkt der Analyse dar. Abgestimmt auf die Liability-Seite erfolgen eine Analyse der vorhandenen bzw. zulässigen Kapitalanlagen sowie deren Abbildung auf geeignet zu modellierende Benchmarks, die eine Anlage in diese Asset-Klassen repräsentieren.

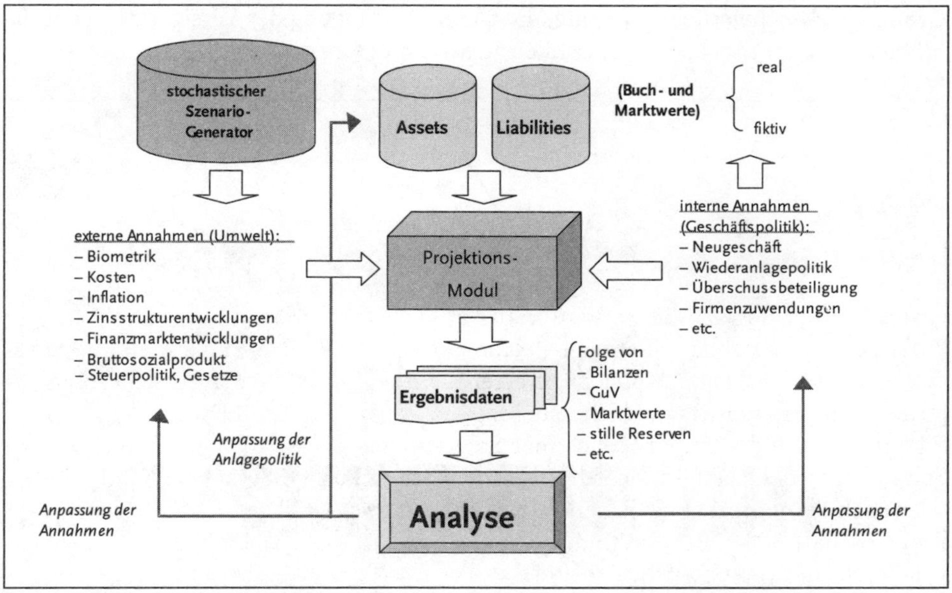

Abb. 2: Prozesse und Wechselwirkungen einer integrierten Asset-Liability-Analyse

Beide Bilanzseiten werden dabei von einer Reihe von gemeinsamen Faktoren in ihrer zukünftigen Entwicklung beeinflusst. So sind etwa die Zinsentwicklung, Inflationsraten oder das allgemeine Wirtschaftswachstum solche Risikofaktoren. Die Modellierung der Bilanz- und Ergebnispositionen auf Basis dieser Faktoren schafft eine gemeinsame Basis zwischen den beiden Seiten. Zudem lassen sich die erwarteten Zahlungsströme aus der laufenden Geschäftstätigkeit und Szenario-bedingten Cashflows etwa durch Neugeschäft, Überschussbeteiligungen oder zusätzliche Firmenbeiträge konsistent auf der Asset- und Liability-Seite abbilden. Für jeden Zeitpunkt und für jedes Entwicklungsszenario werden damit die vielfältigen Wechselwirkungen zwischen Assets und Liabilities erfasst. Ein wesentlicher Vorteil liegt zudem in der gleichzeitigen Betrachtung von Markt- und Buchwertentwicklungen der Positionen. Eine zeitdynamische Betrachtung der Entwicklungen erlaubt zusätzlich die Erfassung der Auswirkungen von Managementregeln oder regelbasierten Handelsstrategien.

5.3 Entscheidungsgrößen zur Beurteilung der strategischen Unternehmensziele

Im Ergebnis erhält man so eine individualisierte Betrachtung zukünftiger Szenarien, durch die mögliche Auswirkungen transparent gemacht werden. Insbesondere lassen sich direkte Beziehungen zwischen Entwicklungen der Kapitalanlagepolitik und bilanziellen Ergebnisgrößen ableiten und messen. Abbildung 3 illustriert hierzu an einem beispielhaften Szenario die direkten und indirekten Effekte, die sich aus der Kapitalmarktentwicklung eines Anlageportfolios (Marktwertrendite) auf andere

Größen wie Buchwerteentwicklung, die Gesamtverzinsung der Versicherten oder die Höhe der Eigenmittel sowie der stillen Reserven ergeben können.

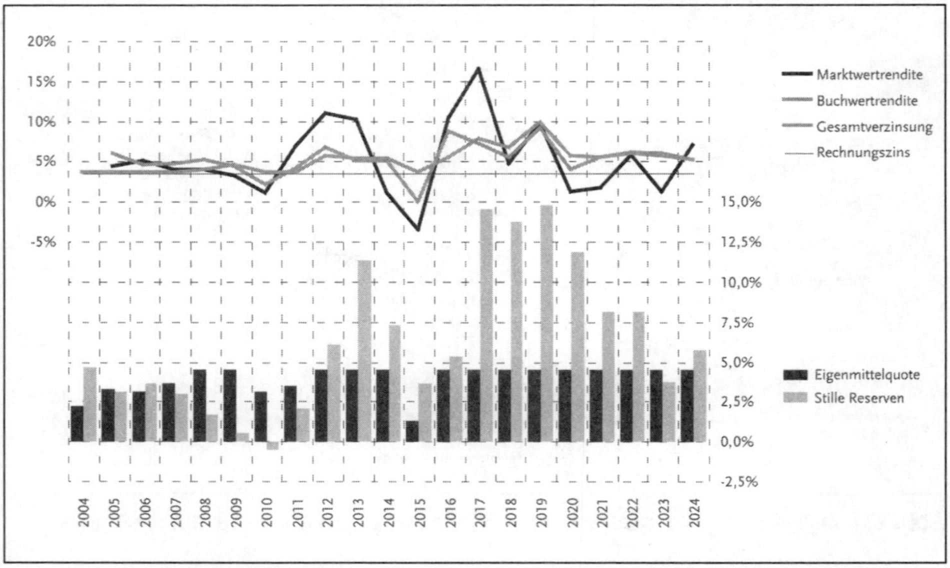

Abb. 3: Illustration eines möglichen Szenarios und die interdependenten Entwicklungen von Kapitalmarkt- und Bilanzgrößen

Werden diese systematischen Zusammenhänge für eine Vielzahl denkbarer Szenarien durchgeführt, lässt sich mittels statistischer Auswertungen ein transparentes Bild der Gesamtsituation ableiten. Abbildung 4 illustriert hierzu über einen Zeithorizont von 10 Jahren und unter Verwendung einer statischen Anlagestrategie beispielhafte Auswertungen auf der Basis dieser integrierten Modellierung: (a) den Perzentil-Fächer der Marktwertentwicklung der Kapitalanlagen, und davon induziert (b) den Perzentil-Fächer der notwendigen Firmenbeiträge bzw. (c) die Shortfall-Analyse der Reserven sowie (d) die Ergebnisverteilungen für den Deckungsgrad (unter Einbezug von stillen Reserven). Hierdurch lassen sich beispielsweise auch die Gefahren eines möglichen Sanierungsfalles durch vollständiges Aufbrauchen der vorhandenen Reserven ableiten.

Die Analyse weiterführender Stress-Tests, wie sie aufsichtsrechtlich durch die BaFin gefordert werden oder als unternehmensspezifische »Wenn-Dann«-Szenarien gewünscht werden, ergänzen die Auswertungen und man erhält eine objektivierte Entscheidungsbasis für das Anlage- und Risikomanagement. Entsprechend den individuell definierten Zielen und der Risikotragfähigkeit der Unternehmung lässt sich aus diesen Informationen schließlich das für die Versicherung individuelle »Liability-optimale« Anlageportfolio auswählen. Diese grundsätzliche Ausrichtung der Anlagepolitik wird auch als Strategische Asset Allokation (SAA) bezeichnet.

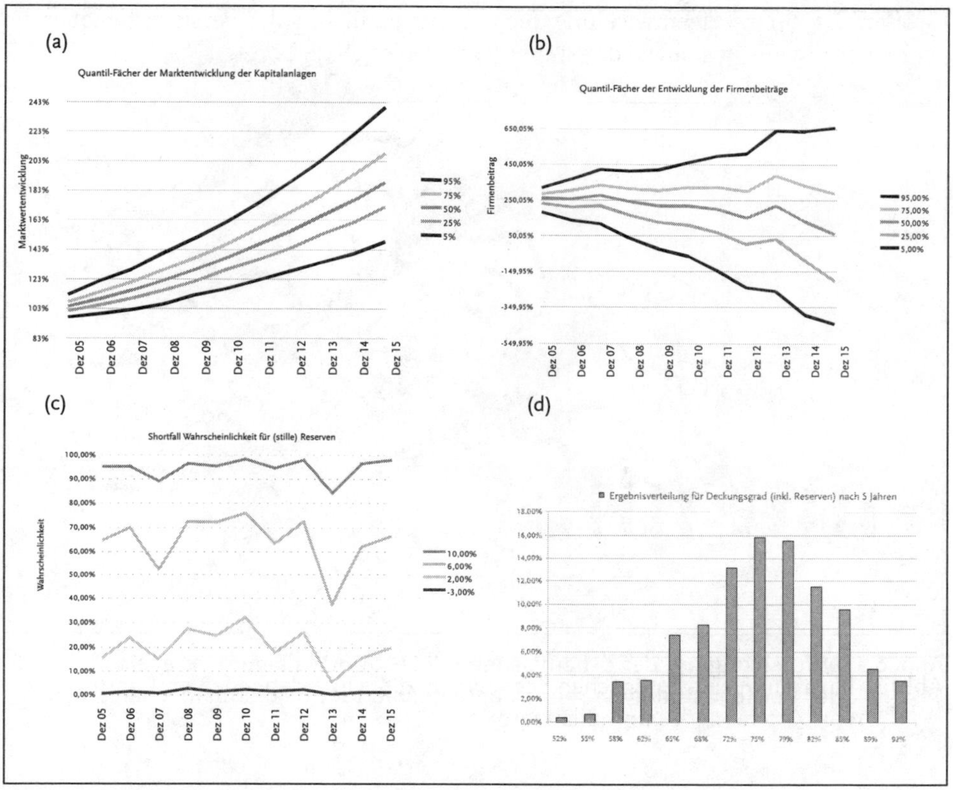

Abb. 4: Beispiele verschiedener Auswertungen auf Basis der integrierten Modellierung

5.4 Risiko-Steuerungsmaßnahmen und taktische Anpassungen im Zeitablauf

Für eine realitätsnahe Betrachtung der Entwicklung der Gesamtposition einer Pensionskasse über einen längeren Zeitraum hinweg ist es notwendig, grundsätzlich auch Anpassungsmaßnahmen zu berücksichtigen, mit denen das Anlage- und Risikomanagement auf veränderte Marktentwicklungen reagieren würde. Dynamische Anlagestrategien mit Regel-basierten Umschichtungen der Kapitalanlagen oder Options-basierte Anlagekonzepte führen zu Ergebnisverteilungen, die sich z. T. signifikant von den üblicherweise betrachteten Normalverteilungen unterscheiden. In Abbildung 5 wird dieser Effekt illustriert, der sich aus bedingten Portfolioanpassungen über die Zeit ergibt.

Eine explizite Modellierung und Analyse dieser Effekte ist daher wichtig, um eine realistische Einschätzung der Wirkungsweisen von zwischenzeitlichen Abweichungen von der gewählten strategischen Positionierung zu erhalten. Dies betrifft insbesondere auch taktische Hedging-Maßnahmen, bei denen aufgrund von kurzfristigen Markteinschätzungen das Anlageportfolio temporär umgeschichtet wird bzw. durch

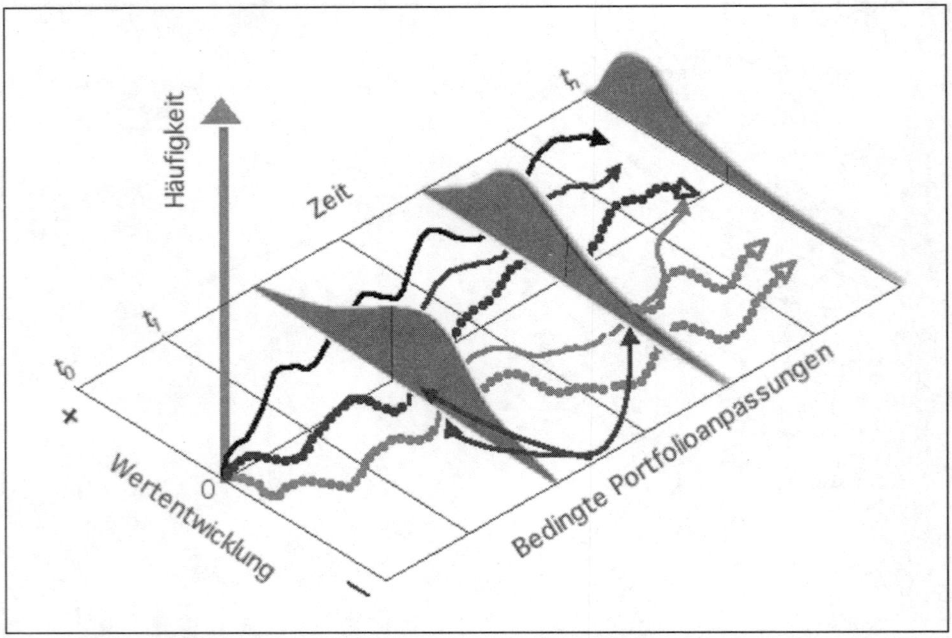

Abb. 5: Berücksichtigung der dynamischen Effekte von Managementregeln oder Portfoliostrategien mit (ex ante definierten) Reaktionsmechanismen

Derivate in seinen Charakteristika modifiziert wird. Häufig werden hierbei die nachhaltigen Effekte auf die Gesamtposition unterschätzt und nicht beachtet, dass solche ad-hoc-Risikomanagementmaßnahmen die eigentliche strategische Ausrichtung konterkarieren können.

Mit Hilfe von echt dynamischen Anlagestrategien, die bereits klare Regeln enthalten, in welcher Weise auf zukünftige Marktveränderungen reagiert werden soll, lassen sich solche ad-hoc-Reaktionen weitgehend vermeiden und eine konsistente Anlagekonzeption bewahren. Klassische Beispiel hierfür sind etwa dynamische Wertsicherungsstrategien wie sie beispielsweise als »Constant Proportional Portfolio Insurance«-(CPPI) Strategie bekannt sind. Nicht immer steht der strenge Absicherungsgedanke mit einer festen Wertuntergrenze im Vordergrund, und so gibt es eine ganze Reihe weiterer innovativer, dynamischer Anlagestrategien, die es erlauben, entsprechend der Rahmenbedingungen und Risikopräferenzen des Investors ein individuelles Risikoprofil zu erzeugen.

In Abbildung 6 werden hierzu drei unterschiedliche Dichteverteilungen illustriert, die die Ergebnisverteilungen von drei dynamischen Portfolio-Strategien darstellen. Alle drei basieren dabei auf derselben strategischen Portfolio-Ausrichtung, reagieren aber mit unterschiedlich bedingten Anpassungen auf Marktveränderungen. Hierdurch entstehen unterschiedliche Risikoprofile: Eine Strategie wie die DSP (Dynamic Shortfall Protection) betont beispielsweise stärker den Absicherungsgedanken auf Basis einer »weichen Untergrenze« bei gleichzeitiger Bewahrung der Chancen auf ein hohes Up-side-Potenzial; dies allerdings unter Reduktion der mittleren Ergebnisse. Strategie-RBS (Re-Balancing-Strategie) ist mit ihren regelmäßigen (z. B. monatlichen) Adjustierungen der Portfolio-Gewichte an die Ausgangsgewichtung sehr eng an die zugrunde gelegte strategische Asset Allokation angelehnt und erzeugt so ein eher breites symmetrisches Risikoprofil mit entsprechenden Verlustrisiken und Gewinnchancen. Schließlich konzentriert sich eine Strategie wie die DTS (Dynamic Target Safety) auf mittlere Target-Ergebnisse und vermeidet extrem schlechte aber zum Preis des Verzichts auf sehr hohe Ergebnisse. Die Adressierung einer Gesamtrendite, die mit einer »hohen« Wahrscheinlichkeit über einer vorgegebenen Zielrendite liegt, ist regelmäßig ein zentrales Ziel dieser innovativen dynamischen Strategien. Neben dem effizienten Umgang mit Risikobudgets durch bestmögliches Ausnutzen von Up-side-Potenzialen unter Kontrolle und Beschränkung von Downside-Risiken zeichnen sich diese dynamischen Strategien insbesondere durch ein hohes Maß an Flexibilität und Transparenz aus.

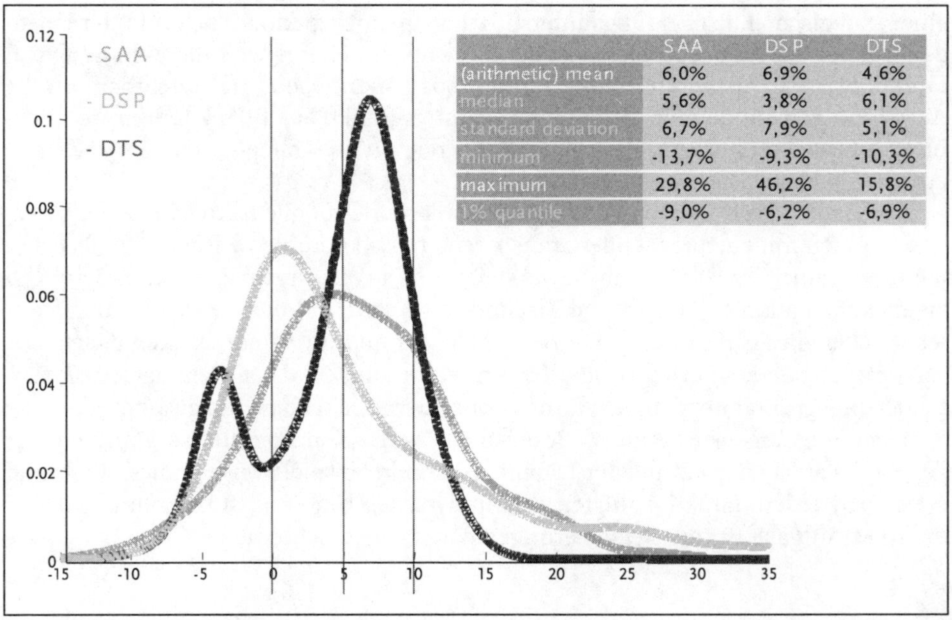

	SAA	DSP	DTS
(arithmetic) mean	6,0%	6,9%	4,6%
median	5,6%	3,8%	6,1%
standard deviation	6,7%	7,9%	5,1%
minimum	-13,7%	-9,3%	-10,3%
maximum	29,8%	46,2%	15,8%
1% quantile	-9,0%	-6,2%	-6,9%

Abb. 6: Beispiele für unterschiedliche Risikoprofile, die durch dynamische Portfolio-Strategien erzeugt werden und ihre Wirkungsweisen auf die relevanten Steuerungsgrößen

6 Zusammenfassung und Ausblick

Im Ergebnis lässt sich festhalten, dass Asset-Liability-Management nach wie vor ein wichtiges Management-Tool für Versicherungsunternehmen ist, das mit zunehmenden Abhängigkeiten der Vorsorgeeinrichtungen von ihren Kapitalanlageergebnissen und mit ausgeprägteren Turbulenzen an den Finanzmärkten noch zusätzlich an Bedeutung gewonnen hat. Die Anforderungen von aufsichtsrechtlicher Seite an ein systematisches Risikomanagement und der Hinweis auf ein »Prudent Investmentverhalten« reflektieren diese Entwicklung. Der Übergang zu neuen Rechnungslegungsvorschriften mit noch stärkerer Marktwertorientierung wird ebenfalls zu verstärkten Anstrengungen in diesem Bereich führen.

ALM im Kontext der strategischen Unternehmensführung erfordert dabei eine integrierte und dynamische Betrachtung, die regelmäßig durchgeführt bzw. aktualisiert werden sollte. Wenn auch einfachere Modellansätze wertvolle Risikomanagementunterstützung, zumeist bei partiellen Fragestellungen, leisten können, erfordert eine strategische Entscheidungsunterstützung, die mehrperiodische und interdependente Natur des Anlageproblems zu berücksichtigen. Hierzu wird die Abbildung von Funktionsmechanismen für Bilanz- und Managementregeln unverzichtbar, um die Auswirkungen auf die relevanten Entscheidungsgrößen aus Bilanz und Erfolgsrechnung erfassen zu können. Bezüglich dieser relevanten strategischen Zielgrößen ist zudem ein klares Zielsystem notwendig.

Der Bedarf nach individuell zugeschnittenen und möglichst dynamischen Anlagekonzepten mit entsprechenden transparenten Risikoprofilen wird in den nächsten Jahren sicherlich weiter zunehmen. Die steigenden aufsichtsrechtlichen Anforderungen an ein systematisches Anlage- und Risikomanagement für Vorsorgeeinrichtungen unterstreichen dies bereits heute. Für Asset-Manager und Investmentbanken bieten sich mit entsprechenden Portfolio- oder Investmentprodukten, die sich an den relevanten Steuerungsgrößen der Unternehmung orientieren, daher neue Ansatzpunkte, die Kundenbeziehungen zu vertiefen. Bestehende Overlay-Konzepte zur Gesamtsteuerung der Kapitalanlagen im Sinne der Liabilities können beispielsweise in diese Richtung erweitert werden. Funktionalitäten für ein dynamisches Risiko-Controlling würden die ALM-Aufgabe für die Versicherungen ebenfalls erleichtern.

Literatur

Bundesanstalt für Finanzdienstleistungsaufsicht: »Rundschreiben R29/2002«, Dez. 2002.
Bundesanstalt für Finanzdienstleistungsaufsicht: »Rundschreiben R1/2004«, Febr. 2004.
Dembo, Ron/Aziz, Andrew/Rosen, Dan/Zerbs M.: »Markt to Future Framework«, Algorithmics, Toronto, 2000.
Djehiche, Boualem/Hörfelt, Per: »Standard Approaches to Asset & Liability Risk«, 2004.
Hull, John: »Options, Futures, and Other Derivatives«, 5. Auflage, 2002.
International Actuarial Association: »A Global Framework for Insurer Solvency Assessment«, Januar 2004.
Jost, Christiane: »Asset-Liability-Management bei Versicherungsunternehmen«, in: Romeike, F./Müller-Reichart, M.: »Risikomanagement in Versicherungsunternehmen«, 2005.
Markt/2593/03: »Solvency II – Reflections on the general outline of a framework directives and mandates for further technical work«, September 2003.
Markt/2502/04: »Solvency II – Further issues for discussion and suggestions for preparatory work for CEIOPS«, April 2004.
Rudolf, Markus: »Zinsstrukturmodelle«, Verlag, 2000.
Russ, Jochen/Zwiesler, Hans-Joachim: »Asset-Liability-Management«, Institut für Finanz- und Aktuarwissenschaften an der Universität Ulm, 2002.
Zagst, Rudi: »Interest Rate Management«, 2001.

Alpha-Porting: Konzept, Implikationen, Umsetzung

Joachim Faber/Stefan Hofrichter

Die Autoren erklären ausdrücklich, dass die dargestellten Interpretationen und Meinungen ausschließlich ihre persönliche Auffassung wiedergeben.

1 Einleitung

In den Jahren, die auf die teilweise dramatischen Korrekturen an den Aktienmärkten zwischen 2000 und 2002 folgten, und in denen Asset-Manager mit aktiven Wachstumsstrategien den wertorientierten Ansätzen weit unterlegen waren, wurden so genannte Core-Satellite-Konstruktionen als Allheilmittel empfohlen – sofern überhaupt aktive Asset-Management-Lösungen favorisiert wurden und nicht Index-orientierte Produkte den Vorzug erhielten. Inzwischen zeigt sich, dass der vermutete Paradigmenwechsel nicht stattgefunden hat. In den USA, dem Land mit der noch immer höchsten Spezialisierung im Asset-Management, büßen Core-Satellite-Portfolien bei institutionellen Kunden, wie z.B. den großen Pensionsfonds, an Beliebtheit ein. Gleichzeitig sehen wir eine Renaissance des aktiven Managements von Portfolien.

Der Grund für diesen Wandel ist in unserem nachhaltig niedrigen Renditeniveau zu suchen – einem Kapitalmarktumfeld, in dem weder mit Aktien noch mit Anleihen ähnlich hohe Erträge wie in der Vergangenheit zu erzielen sind. Bei den Anleihen ist ein weiterer deutlicher Rückgang der Renditen vom aktuell sehr niedrigen Niveau zwar möglich, aber nicht sehr wahrscheinlich. In keinem Fall werden Investoren aber von einem ähnlichen Rückgang der Renditen (und damit steigenden Anleihenkursen) wie seit Anfang der 1980er Jahre profitieren können, als der Zins für zehnjährige Staatsanleihen in Deutschland bei knapp 11% lag. Ebenso ist bei Aktien eine Ausweitung der Kurs-Gewinn-Vielfachen, getrieben vom Rückgang der Anleihenrenditen, unwahrscheinlich, was in den 1980er und 1990er Jahren den Großteil der überdurchschnittlichen Aktienperformance erklärte. Die durchschnittlichen Return-Erwartungen für Renten und Aktien sollten für die nächsten Jahre eher im mittleren einstelligen Bereich liegen und damit deutlich unterhalb der Werte der vergangenen Jahrzehnte.

In diesem Kapitalmarktumfeld, das mitunter als »Renditefalle« bezeichnet wird, ist es für viele Investoren von fundamentaler Bedeutung, einen Mehrertrag zu erwirtschaften: eine Zusatzrendite, die ein Asset-Manager durch aktives Management der ihm anvertrauten Gelder erzielt. Insbesondere für Investoren wie Versicherungen oder Pensionsfonds, die ihren Kunden einen Mindestertrag garantieren, ist dieser positive Zusatzertrag über der Benchmark – »Alpha« genannt – von besonderer Bedeutung (Zur Verdeutlichung muss gesagt werden, dass das »Alpha« natürlich auch negativ sein kann, wenn ein Fonds eine unterdurchschnittliche Wertentwicklung aufweist. Aus nachvollziehbaren Gründen verstehen wir hier »Alpha« aber als Outperformance eines Fonds gegenüber seiner Benchmark.). Für den Kunden ist aber nur der Mehrertrag über dem Index (»Alpha«) wertvoll, mit dem er zuverlässig rechnen kann, der also nachhaltig vom Asset-Manager generiert wird.

2 Was ist »Alpha«-Porting?

»Alpha-Porting« bedeutet nun, dass ein Investor von diesem »Zubrot« profitieren kann, und zwar unabhängig von der von ihm gewählten Benchmark. Das Ertrags-Plus, das vom Asset-Manager in bestimmten Produkten oder einer bestimmten Asset-Klasse generiert wird, kann unabhängig vom Risikoprofil des Kunden auf dessen gewünschtes Basisinvestment transferiert werden. Dies soll im Folgenden an Hand eines Beispiels näher illustriert werden.

Angenommen ein Asset-Manager verwaltet für einen Kunden ein Rentenportfolio. Es gelingt ihm, die vorgegebene Benchmark, z.B. JP Morgan US Government Bonds, im Durchschnitt um a% zu übertreffen. Die Standardabweichung des Zusatzsertrags sei s, die Information-Ratio somit a/s. Nehmen wir nun an, dass der Kunde die Benchmark wechseln möchte, z.B weil sich seine Risikobereitschaft oder die Struktur seiner Verbindlichkeiten ändert, und ein andere Referenzanlage wählt. Nehmen wir ein Extrembeispiel: Statt an US-Staatsanleihen soll sich das Portfolio künftig an japanischen Aktien, gemessen am Nikkei 225, orientieren. Wir nehmen außerdem an, dass der Asset-Manager weder Expertise besitzt im Management von Aktienportfolios noch in Kapitalmärkten außerhalb der USA. Was ist nun die zu erwartende Information-Ratio des Asset-Managers bei der neuen Benchmark? Zunächst mal würde man vermuten, dass die Information Ratio bestenfalls Null ist, ggf. sogar negativ, und dem Kunden raten, das Mandat einem Spezialisten für japanische Aktien zu übertragen. Aber diese offensichtliche Antwort ist nicht korrekt.

Der Rentenfonds-Manager könnte wie folgt verfahren: Er kauft Derivate auf den Nikkei, wobei die Summe seiner Derivatepositionen dem Fonds-Volumen entspricht. Der Return der Derivate ist, sofern sie fair bewertet werden, gleich dem Ertrag des Nikkei-Index, korrigiert um den japanischen Geldmarktsatz. Um diese Derivateposition zu erwerben, benötigt der Fonds-Manager für die Initial- und Variation-Marge relativ wenig Kasse, sagen wir 5% des Fonds-Volumens. Mit den restlichen 95% investiert er weiterhin in der Asset-Klasse, in der er besondere Expertise aufweist, in unserem Beispiel also in US-Rentenpapiere. Abbildung 1 illustriert das Prinzip.

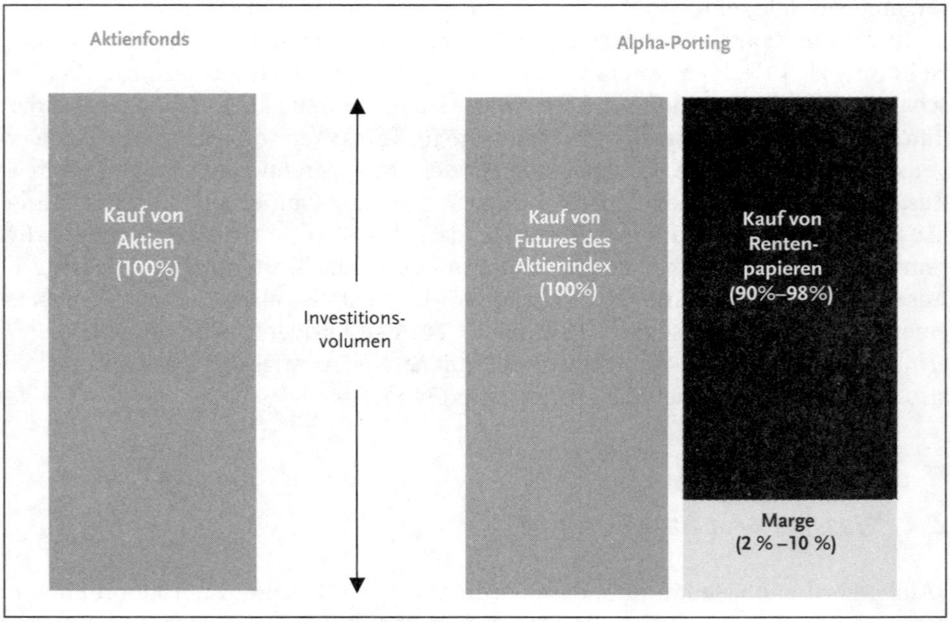

Abb. 1: Reiner Aktienfonds versus Alpha-Porting

Der Gesamtertrag aus dem Investment ist die Summe aus dem Ertrag des Nikkei-Futures, abzüglich der japanischen Geldmarktrendite, zuzüglich des Ertrags aus dem Rentenportfolio. Solange der Ertrag des Rentenportfolios nicht negativ ist, ist der Gesamtertrag höher als in einem reinen, konventionellem Aktienportfolio. Je höher das Alpha des Asset-Managers, umso höher ist auch die Wahrscheinlichkeit, dass über den durch die Futuresposition erzielten Benchmarkreturn ein zusätzlicher Ertrag erzielt wird.

Wie hoch ist nun die Information-Ratio in diesem Beispiel? Aus den Aktienfutures kann definitionsgemäß kein Mehrertrag erzielt werden, ebenso wenig aus der Geldmarktposition. Eine aktive Rendite kann nur durch das Bondportfolio erwirtschaftet werden. Das Bondportfolio wiederum lässt sich gedanklich darstellen als Summe aus dem JP Morgan US Government Bonds Index und einem *Aktiv-(oder Alpha) Portfolio.* Letzteres ist definiert als ein Portfolio von Über- und Untergewichten einzelner Wertpapiere gegenüber dem Rentenindex. Der Mehrertrag als auch der Tracking Error des Bondportfolios gegenüber dem Rentenindex hängt nun lediglich von diesem aktiven Portfolio ab. Dieses wird wiederum ausschließlich bestimmt durch den erwarteten Return der ausgewählten Wertpapiere, dem Umfang der Abweichung von der jeweiligen Benchmark, der Volatilität und Kovarianz der verschiedenen Wertpapiere, ist aber unabhängig von der vom Kunden gewählten Benchmark. Dies lässt sich auch formal herleiten (siehe Anhang).

Der Gesamtertrag des Bondportfolios ist im Umfang lediglich etwas kleiner als in einem reinen Rentenportfolio, weil Kasse für die Futuresposition bereit gehalten werden muss, im Beispiel 5%. Der erwartete *Mehrertrag* des aktiven Portfolios gegenüber dem US-Staatsanleihenindex und die Standardabweichung des Mehrertrags betragen somit jeweils 95% im Vergleich zu einem ausschließlichen Investment in Renten. Da der Fonds-Manager qua Annahme weiterhin »seinen« Index, im Beispiel JP Morgan US Government Bonds, um a% outperformt, beträgt der erwartete *Zusatzertrag* gegenüber dem Rentenindex 0,95×a, die Standardabweichung 0,95×s. Die Information-Ratio bleibt unverändert bei a/s.

Der Portfolio-Manager wird also stets die gleichen *aktiven* Positionen eingehen, *unabhängig* von der gegebenen Benchmark, die von Kunde zu Kunde verschieden ist. Das aktive Portfolio wäre somit ein Overlay zu einer gegebenen Benchmark, die der Kunde bestimmt. Der Asset-Manager bestimmt das aktive Portfolio und versucht ansonsten kosteneffizient, die Benchmark des Kunden zu replizieren.

Im obigen Beispiel trägt der Kunde noch das absolute Risiko eines negativen Returns des Rentenportfolios. Die Zinsen könnten stark steigen und somit den positiven Mehrertrag des Asset-Managers überkompensieren. Um dieses Risiko auszuschließen, könnte der Asset-Manager das US-Rentenmarktrisiko absichern, z.B. durch einen Swap oder den Verkauf von Rentenmarktfutures. Der Gesamtertrag des Portfolios wäre dann die Summe aus dem Return der Nikkei-Futures, abzüglich der Zinsen im japanischen Geldmarkt, plus 95% des Returns im US-Geldmarkt und des vom Asset-Managers erwirtschafteten Alphas. Die Information-Ratio bleibt unverändert bei a/s, weil diese ausschließlich vom aktiven Portfolio abhängt.

3 Voraussetzungen für Alpha-Porting

Alpha-Porting ist nicht nur ein theoretisches Konzept, sondern ist auch in der Praxis umsetzbar. Allerdings setzt dies voraus, dass einige Rahmenbedingungen gegeben sind.

Erste Voraussetzung für Alpha-Porting ist, dass ein Zusatzertrag Alpha erwirtschaftet werden kann. Anders ausgedrückt, nicht alle Kapitalmärkte dürfen jederzeit effizient sein, sodass zumindest temporär und partiell Marktineffizienzen ausgebeutet werden können. Unter der Annahme vollkommen perfekter Märkte, wie es die traditionelle Portfolio-Theorie unterstellt, wäre für aktives Portfoliomanagement kein Platz. Die beste Anlagestrategie wäre in diesem Fall die Nachbildung eines Index. Unabhängig davon, dass die Annahmen der Portfolio-Theorie nicht ganz der Realität entsprechen, gelingt es in der Tat einigen Fonds-Managern, über einen längeren Zeitraum hinweg einen Ertrag zu erzielen, der höher ist als derjenige der jeweiligen Benchmark. Allerdings wird auch bei einem sehr erfolgreichen Fonds-Manager der Prozentsatz seiner richtigen Entscheidungen nur bei wenig mehr als 50% liegen. Das genügt aber, um »Alpha« zu produzieren: eben marginal besser zu sein als der Marktdurchschnitt, repräsentiert durch die jeweilige Benchmark.

Für den Kunden stellt sich die zusätzliche Herausforderung, dass er in der Lage sein muss, die Asset-Manager zu finden, die in der Lage sind, Alpha zu generieren. Das heißt, er benötigt eine hinreichende Datenhistorie und das Know-how, wahres Alpha zu identifizieren.

Zweitens müssen Derivate, mit Hilfe derer die vom Kunden gewünschte Benchmark abgebildet wird, existieren und effizient und fair bewertet werden. Andernfalls könnten hohe Transaktionskosten den potenziellen Mehrertrag durch Alpha-Porting überkompensieren. In den meisten Fällen wird die vom Kunden gewünschte Benchmark durch börsengängige Futurespositionen repliziert, die in der Regel korrekt gepreist sind. Sofern marktgängige Futures nicht verfügbar sind, können auch Total-Return-Swaps eingesetzt werden. Theoretisch könnte auch eine Call-Option gekauft werden, die tief im Geld ist, sodass der Wert der Option sich in etwa so verändert wie der Preis des zugrunde liegenden Wertpapiers (Delta nahe bei 1). Eine effiziente Bewertung von Derivaten bedeutet auch, dass das Überrollen von Kontrakten am Ende ihrer Laufzeit möglich und das Ausfallrisiko des Marktpartners gering ist.

Drittens muss es dem Asset-Manager auch erlaubt sein, Derivate einzusetzen. Viele institutionelle Kunden sind dazu bisher noch nicht bereit, zum Teil, aber nicht ausschließlich, aus bilanziellen und steuerlichen Gründen.

4 Das fundamentale Gesetz des aktiven Portfolio-Managements

Alpha-Porting ist selbst dann denkbar und auch umsetzbar, wenn ein Asset-Manager nur eine »Alpha-Quelle« besitzt, also nur in einer Asset-Klasse, einem Investmentstil oder einer Region überdurchschnittliche Performance erzielt.

Bei der Konstruktion eines Portfolios ist es nun aber aus Risiko-Ertrags-Gründen besser, wenn nicht nur eine »Alpha«-Quelle zur Outperformance beiträgt, sondern möglichst viele. Auch dies soll zunächst wieder anhand eines Beispiels illustriert werden:

Nehmen wir z.B. an, ein Fonds-Manager, der in immerhin 60% der Fälle die richtigen Wertpapiere auswählt und in 40% der Fälle daneben liegt, hat die Vorgabe, eine durchschnittliche Outperformance von 1% zu erzielen. Seine aktiven Positionen, also seine Abweichung von der Benchmark, auch »Alpha«-Portfolio genannt, müssten im Erfolgsfall eine Extra-Rendite von deutlich mehr als einem Prozent erzielen, nämlich 5%, damit er sein Ziel *im Durchschnitt* erreicht. (0.6×5%+0.4×(-5%)=1%). (Es wird dabei angenommen, dass die positiven und negativen Performanceabweichungen symmetrisch verteilt sind.)

Wie lässt sich hier nun das Chance-Risiko-Verhältnis verbessern? Wie gesagt, es ist unwahrscheinlich, eine deutlich höhere Trefferquote bei den Investment-Entscheidungen zu erzielen. Allerdings lässt sich bei *gleichem* erwarteten Mehrertrag das Risiko reduzieren: Nehmen wir alternativ an, dass nicht nur einer, sondern fünf überdurchschnittlich begabte Fonds-Manager (im Beispiel mit identischer Qualität) jeweils einen Teil des Gesamtportfolios managen und – eine wichtige Voraussetzung – alle fünf unabhängig (unkorreliert) voneinander Outperformance generieren. Um zusammen den gleichen durchschnittlichen Zusatzertrag von 1% zu erzielen, muss jeder einzelne Fonds-Manager nun nur ein Fünftel zum Erfolg beitragen. Das bedeutet aber auch, dass im Falle einer Fehlentscheidung eines einzelnen Fonds-Managers der negative Performanceeffekt geringer ausfällt. Im Vergleich zum ersten Beispiel würde eine Underperformance in Höhe von 5% nur dann eintreten, wenn alle fünf Fonds-Manager gleichzeitig falsch liegen. Die Wahrscheinlichkeit dafür liegt bei nur ca.1% (40%∧5); im ersten Beispiel mit nur einem Fonds-Manager hingegen liegt die Wahrscheinlichkeit einer Underperformance von 5% gemäß Annahme bei 40%. Aber auch die Summe der Wahrscheinlichkeiten, in denen die Mehrzahl der Fonds-Manager (drei, vier oder fünf) falsche Entscheidungen trifft und somit der Fonds underperformt, ist geringer als im ersten Beispiel, nämlich nur 32% (auf die mathematische Herleitung wird hier verzichtet), während im Fall eines einzelnen Fonds-Managers die Wahrscheinlichkeit der Unterperformance ja bei 40% liegt.

Die grundlegende Schlussfolgerung im hier dargestellten Beispiel gilt auch allgemein. *Grinold* und *Kahn* zeigen, dass die ex-ante Information-Ratio eines Portfolios von zwei Faktoren abhängt: zum einen von der Fähigkeit, Alpha zu generieren (»Skill«), und zum anderen von der Häufigkeit des Einsatzes einer Alphaquelle oder der Anzahl unabängiger Alphaquellen. Je häufiger ein Asset-Manager im Zeitablauf aktive Positionen eingeht oder je mehr unabängige aktive Positionen in einem Portfolio implementiert werden und je erfolgreicher er ist (je höher sein »Skill«), desto höher ist die Information-Ratio.

Formal ausgedrückt lautet das fundamentale Gesetz des aktiven Portfolio-Managements nach *Grinold* und *Kahn*:

IR = IC × BR∧(1/2),

Wobei

IR = Information-Ratio (= Alpha/Tracking-Error),

IC = Information-Coefficient, definiert als die Korrelation zwischen prognostizierten und realisierten aktiven Returns (»Skill«),

BR = Breadth, definiert als die Anzahl der unabhängigen Investmententscheidungen, die ein Asset-Manager während einer Investmentperiode trifft. Die Anzahl unabhängiger Entscheidungen erhöht die Information-Ratio nicht linear, sondern entsprechend ihrer Quadratwurzel. (Abbildung 2 illustriert den Zusammenhang zwischen der Anzahl der unabhängigen Wetten und der Information-Ratio).

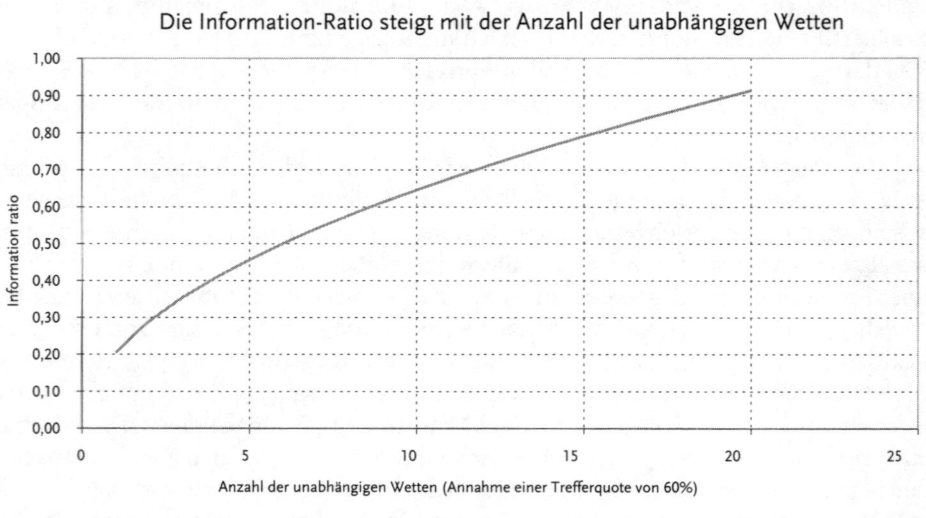

Abb. 2: Zusammenhang zwischen Information-Ratio und der Anzahl unabhängiger Wetten

»Skill« und »Breadth« sollen im Folgenden noch etwas näher besprochen werden.

Wovon hängt die Fähigkeit eines Asset-Managers ab, überdurchschnittlich exakte Prognosen zu treffen? Auf individueller Ebene sicher von Faktoren wie Spezialisierung, Erfahrung, Training, Ausbildung und Intelligenz. Die Ergebnisse werden aber auch beeinflusst von Marktumständen. In einem effizienten Markt würden auch hervorragende Investmentspezialisten kein Alpha generieren können, weil definitionsgemäß Informationen effizient verarbeitet werden und Kapitalmarktrenditen einem Zufallstrend folgen. Institutionelle Indikatoren dafür, dass Märkte oder Marktsegmente *nicht* effizient sind, könnten Marktregulierungen sein, die verhindern, dass genügend Finanzkapital zur Verfügung steht, um Ineffizienzen auszubeuten. Beispielsweise könnten Regulierungen, die vorsehen, dass Pensionskassen oder Versicherungen nicht in Junk-Bonds investieren dürfen, zu Ineffizienzen im High-Yield-Bond-Bereich führen. Im Aktienmarkt sind es typischerweise Unternehmen, die aufgrund ihrer geringen Marktkapitalisierung als Investments für große institutionelle Anleger nicht in Frage kommen und deshalb im Vergleich mit Blue Chips einen Renditenachteil aufweisen – der Small-Cap-Effekt ist eine allgemein bekannte Marktanomalie. Allerdings sollte man vermuten, dass Marktineffizienzen üblicherweise nicht dauerhaft ausgebeutet werden können. Ein Asset-Manager muss also in die Lage versetzt werden, flexibel zwischen verschiedenen Märkten wechseln können zu können, um temporäre Ineffizienzen ausbeuten zu können.

Auch die Länge des Investmenthorizonts kann den Information-Coefficient, IC, beeinflussen. Während auf mittlere bis lange Frist Kapitalmärkte fundamentalen Entwicklungen folgen, sind kurzfristige Schwankungen auch durch andere Faktoren erklärbar, wie z.B. Markttechnik, Sentiment, etc. Kurzfristige Schwankungen sind üblicherweise im Ausmaß kleiner als längerfristige (Ausnahmen waren z.B. der Aktienmarkt-Crash 1987 oder der Renten- und Aktienmarkt im Herbst 1998, als auch innerhalb eines kurzen Zeitfensters die Kapitalmärkte heftig reagierten) und auch schwerer zu prognostizieren. Der IC bei einem längeren Investmenthorizont sollte also höher sein als bei einem kurzfristigen.

»Breadth« bedeutet, dass der Asset-Manager viele *unabhängige* Wetten implementiert. Die Korrelation sollte Null oder nahe bei Null sein. Dies ist aber leichter gesagt als getan, da verschiedene Assets oft von den gleichen Faktoren in gleicher Weise beeinflusst werden. So wird sich z.B. typischerweise ein besserer Wachstumsausblick positiv auf Aktien- und Unternehmensanleihenkurse auswirken, ebenso innerhalb des Aktiensegments auf Technologie-, Industrie- und Konsumaktien. Zudem sind Korrelationen zwischen verschiedenen Assets im Zeitablauf nicht konstant. Insbesondere in Zeiten von Markturbulenzen steigt die Korrelation verschiedener Assets deutlich an – erinnert sei an die Russland- oder LTCM-Krise 1998 –, genau dann also, wenn man auf einen Diversifikationseffekt hofft.

Auch werden Investmententscheidungen eines einzelnen Investmentspezialisten, auch wenn sie auf Basis verschiedener Analysen oder im Zeitablauf verschieden getroffen werden, selten völlig unabhängig voneinander sein, da die Entscheidungen meist seine langfristigen Grundüberzeugungen hinsichtlich Kapitalmarktentwicklungen reflektieren. Investmententscheidungen, die von verschiedenen Personen oder Teams unabhängig voneinander getroffen werden, könnten eher die Unabhängigkeit der Entscheidungen gewährleisten. Viele Köche verderben hier ausnahmsweise einmal nicht den Brei. Idealerweise werden also in einem Portfolio unterschiedlichste Entscheidungen implementiert. In der praktischen Umsetzung bedeutet dies, dass Anlageentscheidungen für unterschiedliche Asset-Klassen und Regionen sowie Investmentstile implementiert sein sollen. So werden z.B. die Entscheidungsfindung und der Erfolg eines Fonds-Managers für US-Rentenportfolios üblicherweise keinen Einfluss haben auf die Aktienauswahl in einem europäischen, bottom-up getriebenen Portfolio für Wachstumsaktien; ebenso wenig die eines regionalen, nach quantitativen Verfahren gemanagten Portfolios auf globale Asset-Allocation-Entscheidungen, die auf Basis von fundamentalen, makroökonomischen Überlegungen getroffen werden. Aber auch innerhalb einer Asset-Klasse oder einer Region können unabhängige Entscheidungen implementiert werden. Kurzfristige Tradingpositionen, z.B. basierend auf technischer Analyse, sind typischerweise unkorreliert mit fundamentalen, längerfristig orientierten Investmententscheidungen; ähnliches gilt für ein Derivate-Overlay, mit Hilfe dessen Optionsprämien verdient werden können, und das unabhängig von den Entscheidungen im zugrunde liegenden Investment implementiert werden kann.

5 Implikationen für die Asset-Management-Industrie

Welche Implikationen haben Alpha-Porting und das fundamentale Gesetz des aktiven Portfolio-Managements auf die Asset-Management-Industrie? Wir denken, dass es die Benchmarkorientierung bei der Auswahl des Asset-Managers, die Ausgestaltung der Investmentrichtlinien und die Organisation von Asset-Management-Unternehmen beeinflussen kann, soll und wird.

5.1 Benchmarkorientierung

Der Kunde wird auch weiterhin seine Benchmark entsprechend seiner Risikoneigung und der Struktur seiner Verbindlichkeiten wählen. Für die Auswahl des Asset-Managers durch den Kunden und für die Investmententscheidungen des Asset-Managers sollte die Benchmark aber irrelevant sein. Alpha-Porting bedeutet ja gerade, dass die Investmententscheidungen unabhängig von der Benchmark getroffen werden. Entscheidend sind das aktive Portfolio (Alphaportfolio) eines Fonds-Managers gegenüber der von ihm bevorzugten Benchmark und seine Expertise, also die Fähigkeit, Alpha zu generieren. Der Kunde erhält den Return der von ihm gewählten Benchmark und zusätzlich entweder den Ertrag des Portfolios, in dem der Asset-Manager eine besondere Expertise aufweist, oder ausschließlich dessen Alpha, sofern das Marktrisiko in der vom Asset-Manager bevorzugten Asset-Klasse gegen Kasse geswapt wird. Wünscht also z.B. ein Kunde als Benchmarkreturn einen Aktien-Index, so muss er nicht notwendigerweise einen spezialisierten Aktienfonds-Manager mit dem Mandat beauftragen. In gleicher Weise könnte er das Mandat an einen Rentenfonds-Manager vergeben. Analog könnte ein Asset-Manager, der ausschließlich Assets einer Region verwaltet, z.B. europäische Aktien, einen Aktienfonds managen, der z.B. am japanischen Topix gemessen wird. Ebenso kann ein Relative-Performance-Manager ein Absolute-Return-Mandat übernehmen, indem er seine Benchmark gegen einen vom Kunden gewünschten Geldmarktreturn swapt.

5.2 Investmentrichtlinien

Investmentrichtlinien, nicht Benchmarks, sollten künftig ausschlaggebend sein. Die meisten der bisher gültigen Investmentrichtlinien für Investmentfonds führen typischerweise zu sub-optimalen Investmentreturns. Warum? Üblicherweise versuchen Kunden Richtlinien so zu setzen, dass das Portfolio nicht zu stark von der gewünschten Benchmark abweicht. Beispielsweise darf nur in Assets einer bestimmten Region investiert werden, in Aktien einer bestimmten Größenklasse oder in Unternehmensanleihen, die ein Mindestrating aufweisen. Diese Richtlinien werden gerade so gewählt, dass die Ziele des Kunden am besten erfüllt werden und/oder dem Risikoprofil des Kunden entsprechen. Denn falls das Portfolio deutlich von der Benchmark abweichen und die Performance deutlich anders als die der Benchmark ausfallen würde, wäre die Allokation des Kunden ineffizient – so ist zumindest die traditionelle Denkweise.

Wenn aber die Zielsetzung von Investmentrichtlinien ist, das Risiko zu begrenzen, wäre es ausreichend, eine Obergrenze für die typische Abweichung des Portfolios vom Benchmarkertrag (Tracking Error) vorzugeben. Kunde und Asset-Manager müssten sich »lediglich« über die Art und Weise der Tracking-Error-Berechnung einigen. Ansonsten sollte der Asset-Manager möglichst frei sein in der Wahl seiner Investments, da sich das Chance-Risiko-Verhältnis verbessert, wenn er aus einem breiten Spektrum an Anlagealternativen wählen kann, wie es das fundamentale Gesetz des aktiven Portfolio-Managements besagt. D.h., der Asset-Manager sollte in unterschiedlichen Regionen, Asset-Klassen und Marktsegmenten investieren dürfen und sich dabei verschiedener Investmentstile bedienen. Insbesondere finden sich, wie oben angedeutet, attraktive Anlageinstrumente gerade in den Marktsegmenten, die durch Investmentrichtlinien oft ausgeschlossen werden, wie z.B. im High-Yield-Bereich oder bei Small Caps. Der Investmentertrag bei zu strengen Richtlinien führt also zu potenziell niedrigeren Erträgen. So wurde in Zeiten der Aktienmarktkrise 2000 bis 2002 zudem von vielen Kunden kritisiert, dass sich der Asset-Manager sklavisch an seine Benchmarkvorgabe gehalten hat, statt gegenzusteuern. Dies ist aber nur mit erweiterten Investmentrichtlinien denkbar.

Eng gefasste Investmentrichtlinien können auch dazu führen, dass das Portfolio riskanter wird und somit genau der gegenteilige Effekt eintritt, der beabsichtigt ist. Wie oben gezeigt, muss ein Portfolio-Manager prononciertere Positionen eingehen, wenn ihm nur wenige Instrumente zur Verfügung stehen, um einen bestimmten Investmentertrag zu erzielen. Im Vergleich zu der Situation, in der er aus breit gefächerten Investmentalternativen wählen kann, wird das Portfolio volatiler, die Information-Ratio sinkt.

5.3 Asset-Management-Gesellschaften

Für Asset-Management-Gesellschaften gibt es ebenfalls weit reichende Implikationen. Wir sind der Meinung, dass auf lange Frist global aufgestellte Asset-Manager mit einem breiten Angebot an gemanagten Assets Vorteile gegenüber Investment-Boutiquen haben. Boutiquen zeichnen sich üblicherweise dadurch aus, dass sie in *einer* Asset-Klasse, Region oder einem Investmentstil überdurchschnittliche Erträge erzielen, dass ihnen aber die Spannbreite fehlt, Alpha mit verschiedenen Ansätzen zu generieren. Zudem sind es typischerweise wenige Einzelpersonen, die Entscheidungen in kleinen Investmenteinheiten treffen – eine völlige Unabhängigkeit der Entscheidungen ist somit nicht gewährleistet, wie oben angedeutet. Global und breit diversifizierte Asset-Manager hingegen können vielfältige »Alphaquellen« abschöpfen. Dies ist insofern relevant, als viele interessante Investmentmöglichkeiten gerade Investitionen außerhalb der traditionellen Asset-Klassen, Regionen oder Stile liegen. Ein globaler und breit aufgestellter Asset-Manager verfügt über eine Vielzahl spezialisierter Investmentteams, auf deren Expertise zurückgegriffen werden kann. Nach dem fundamentalen Gesetz des aktiven Portfolio-Managements sollte demnach die Information-Ratio eines globalen Asset-Managers höher sein als die einer Investment-Boutique.

Dies ist auch dann relevant, wenn ein Kunde ein Mandat vergibt, bei dem lediglich eine einzige Asset-Klasse in einer bestimmten Region verwaltet werden soll, z.B. US-

Staatsanleihen. Aufgrund der Möglichkeit von Alpha-Porting kann auch dieses Mandat von der Expertise des globalen Asset-Managers in anderen Bereichen profitieren, sei es in US-Unternehmensanleihen, US-Aktien oder europäischen Small Caps etc.

Nun könnte man argumentieren, dass ein Kunde meist nicht nur ein Mandat vergibt, sondern mehrere, und auch in verschiedenen Asset-Klassen investiert, z.B. US- und europäische Rentenpapiere. Könnten nicht zwei getrennt voneinander operierende Investmentboutiquen ebenso gute Resultate erzielen wie ein globaler Asset-Manager? Nehmen wir an, im US-Rentenmarkt finden sich zu einem bestimmten Zeitpunkt kaum interessante Investments, während in Europa Marktineffizienzen ausgenutzt werden könnten – die potenzielle Information-Ratio in Europa wäre größer als die in den USA. Der Vorteil eines globalen Investors gegenüber der Boutique-Lösung besteht nun darin, dass die Assets zwischen den beiden spezialisierten Teams reallokiert werden könnten. Der Kunde würde von der höheren Information-Ratio profitieren, während sein höheres Marktexposure in Europa durch die Nutzung von Derivaten ausgeglichen werden könnte – entsprechend des Alpha-Porting Konzepts. Bei der Boutique-Lösung hingegen gibt es diese Möglichkeit nicht. Jeder der beiden spezialisierten Asset-Manager wird versuchen, die Assets stets in seinem Unternehmen zu behalten – zum Nachteil für den Kunden, der nicht an den höheren Marktchancen in anderen Märkten partizipieren kann.

Es gibt auch Implikationen für Asset-Management-Gesellschaften im Innenverhältnis. Asset-Management wird zunehmend ein Teamprozess. Ein einzelner Fonds-Manager kann nicht gleichzeitig die Expertise in verschiedenen Assets, Regionen oder Investmentstilen aufbauen, die nötig wäre, um dauerhaft überlegene Investmententscheidungen zu treffen. Letztlich müssen verschieden spezialisierte Fonds-Manager (oder Fonds-Management-Teams) jeweils in ihrem Segment versuchen, Alpha zu generieren. Ein optimales Portfolio ist letztlich die Summe unterschiedlichster und unabhängiger Teilportfolien. So könnten beispielsweise bottom-up getriebene Einzelwertentscheidungen ergänzt werden um Top-down-Überlegungen bei der Länder-, Sektor- und Währungsallokation. Dies gilt sowohl für Renten- als auch Aktienportfolios. Zusätzlich könnte z.B. ein Derivate-Overlay implementiert werden.

Jeder Spezialist sollte dabei nicht nur am Erfolg in seinem eng abgesteckten Investmentsegment gemessen werden, sondern auch einen Anreiz haben, zum Erfolg des Gesamtportfolios beizutragen. Worauf es ankommt, sind präzise Prognosen – in der Terminologie von *Grinold* und *Kahn* also ein hoher Information-Coefficient, IC. Sollte ein Spezialist zu einem bestimmten Zeitpunkt zu dem Ergebnis kommen, dass in seinem Marktsegment keine oder nur eine niedrige Information-Ratio zu erwirtschaften ist, so hat auch diese Information aus Portfoliosicht einen positiven Wert. Sein Anteil am Tracking-Error-Budget sollte einem anderen Spezialisten zugewiesen werden, der eine höhere ex-ante Information Ratio prognostiziert, sodass der ex-ante Tracking Error des Gesamtportfolios steigt. Der Steuerung und Zuweisung von Tracking-Error-Budgets kommt in diesem Prozess somit eine wichtige Bedeutung zu.

6 Beispiele für Alpha-Porting-Produkte bei Allianz Global Investors

Im Folgenden sollen beispielhaft zwei Produkte vorgestellt werden, die von Allianz Global Investors angeboten werden und explizit auf dem Prinzip des Alpha-Porting und des fundamentalen Gesetzes des aktiven Portfolio-Managements basieren.

Das erste vorgestellte Produkt ist der 2005 aufgelegte dit-EURO Stocks PLUS TOTAL RETURN Fonds. Dieser Fonds basiert auf dem gleichen Prinzip wie der ebenfalls zur Allianz-Global-Investors-Familie gehörende PIMCO Stocks Plus Fonds, der seit 1986 in den USA im Markt angeboten wird.

Die Konstruktion des Fonds entspricht dem im zweiten Kapitel erläuterten Ansatz. Der Fonds investiert mittels Dow Jones Euro STOXX 50 Futures in den Aktienmarkt. Dies ermöglicht die Teilnahme am Aktienmarktreturn mit begrenztem Kapitaleinsatz, denn nur wenige Prozentpunkte des Fonds-Volumens müssen als Kasse für die Initial- und Variation-Margin bereitgehalten werden. Der Großteil der verbleibenden Liquidität wird in ein Anleihenportfolio investiert, das nach dem Total-Return-Ansatz verwaltet wird. Um auch hier von verschiedensten Marktineffizienzen profitieren zu können, erlauben die Investmentrichtlinien auch Anlagebeimischungen in »exotischen« Rentenmarktprodukten, z.B. Katastrophen-Bonds, Renten im High-Yield-Segment oder auch Renten von Emittenten aus aufstrebenden Märkten. Der erwartete Gesamtertrag des Portfolios ist der des Aktienmarkts, abzüglich der Geldmarktverzinsung, zuzüglich ca. 90 bis knapp 100% des Returns des Rentenportfolios (je nachdem, wie viel Kasse für den Erwerb der Aktienfutures gehalten werden muss). Während Performanceaussagen zu diesem neuen Produkt bisher noch nicht getroffen werden können, kann das entsprechende Vorbildprodukt in den USA auf einen beeindruckenden Track-Record verweisen: In allen rollierenden Drei-Jahres-Investmentperioden konnte das Portfolio bisher eine Outperformance erzielen.

Eine weitere von Allianz Global Investors (Allianz GI) angebotene Alpha-Porting-Lösung bietet die »Global Vision«-Produktfamilie. Der Kunde profitiert dabei von der breit gestreuten Expertise von Allianz Global Investors als globalem Vermögensmanager: außer in Fonds des weltweit führenden Rentenfonds-Managers PIMCO investiert »Global Vision«, analog zu einem Dachfonds, in verschiedene Aktienportfolios der Allianz-GI-Familie: z.B. in Fonds von RCM (globale Core-Investments), Oppenheimer Capital (Value-Stil), NFJ (US Small Cap Value) oder Nicholas-Applegate (Wachstums-Stil). Diese sogenannten »Sleeve-Fondsmanager« investieren in ihren jeweiligen Asset-Klassen in einzelne Wertpapiere. Der Vision-Fonds-Manager wählt nun aber keine fixe Allokation des Fonds-Vermögens bezüglich der einzelnen Sleeve-Fonds-Manager. Er kann und wird, je nach erwarteter Information Ratio, das Tracking-Error-Budget im Zeitablauf auf unterschiedliche Fonds verteilen. Er achtet dabei auf nachhaltige Outperformance des Sleeve-Fonds-Managers in der Vergangenheit.

Das sogenannte »Completion«-Portfolio, ein Portfolio von Derivaten, übernimmt darüber hinaus die Aufgabe des Alpha-Porting und transferiert die dem Vision-Portfolio unterliegende Benchmark in die vom Kunden gewünschte Benchmark, die sowohl eine risikofreie als auch riskante Anlageform sein kann. Dies geschieht in der praktischen Umsetzung durch Total-Return-Swaps.

Darüber hinaus hat das Completion-Portfolio aber noch weitere Funktionen: Zum einen werden damit zusätzliche, unabhängige Portfolio-Entscheidungen implementiert. Aktuell reflektiert es z.B. die auf Basis von makroönomischen Überlegungen getroffenen globalen Asset-Allocation-Entscheidungen des globalen Investmentausschusses von RCM. Zusätzlich wird versucht, strukturelle Marktanomalien zugunsten von Sektoren mit niedrigem Beta und zulasten von Sektoren mit hohem Beta auszunutzen. Zum anderen dient das Completion-Portfolio auch zur Steuerung des Risikos: Da die unterliegenden Portfolien unabhängig gemanagt werden, könnte es sonst zu einer Kulminierung von Risiken kommen, wenn z.B. sowohl auf der Aktien- als auch auf der Corporate-Bond-Seite ein überdurchschnittliches Exposure hinsichtlich ein und derselben Branche vorliegt.

Seit Auflage der »Vision Produkt«-Familie vor zwei Jahren konnte ein stabiles Alpha generiert und auf die jeweilige Kundenbenchmark transportiert werden.

7 Zusammenfassung

In einem Umfeld niedriger erwarteter Kapitalmarktrenditen kommt der Erzielung von Investmentreturns, die über dem einer vorgegebenen Benchmark liegen, eine besondere Bedeutung zu. Es kommt für einen Asset-Manager dabei ausschließlich darauf an, in *seinem* Marktsegment, sei es eine bestimmte Asset-Klasse, eine Region oder Investmentstil, diesen Zusatzertrag, Alpha, zu generieren. Mittels Derivaten kann dieses Alpha auf *jede beliebige Kundenbenchmark* übertragen werden, solange es effizient gepreiste Derivate gibt und Kapitalmärkte nicht vollkommen effizient sind – die Grundvoraussetzung, um eine Überrendite erzielen zu können. Idealerweise verfügt ein Asset-Manager über mehr als nur eine »Alpha-Quelle«, denn ein Portfolio ist aus Risiko-Ertrags-Gesichtspunkten effizienter, wenn mehrere kleine, aber unabhängige Investmententscheidungen implementiert werden, anstatt wenige ausgeprägte. Typischerweise wird eine globale, breit aufgestellte Investmentfirma diesbezüglich besser positioniert sein als ein kleiner, hoch spezialisierter Asset-Manager. Das Kundenportfolio kann dann die Investmententscheidungen verschiedener, voneinander unabhängig operierender Teams von Spezialisten reflektieren. Entscheidend ist allerdings, dass der Kunde dem Asset-Manager Freiheitsgrade einräumt, auch in unterschiedlichsten Märkten zu investieren, und der Asset-Manager seinerseits die Fähigkeit, nachhaltiges Alpha zu generieren, unter Beweis gestellt hat.

Alpha-Porting ist nicht nur ein theoretisches Konzept. So bietet z.B. Allianz Global Investors bereits seit Jahren erfolgreich Alpha-Porting-Produkte an.

8 Anhang

Unabhängigkeit der aktiven Portfoliopositionen von der Benchmark

Angenommen, es gibt zwei Assets mit Returns r1 und r2 und Varianzen s11 und s22 und einer Kovarianz s12. Das Gewicht von Asset 1 im Portfolio sei Xp1 und in der Benchmark Xb1. Da die Gewichte von beiden Assets sich zu 100% addieren müssen, lässt sich zeigen, dass sich die erwartete Outperformance des Portfolios, E (a), darstellen lässt als

E(a) = E[(Xp1-Xb1)×r1 + (Xb1-Xp1)×r2].

Das relative Risiko zur Benchmark sig^2 ist:

sig^2 = (Xp1-Xb1)^2×s11 + (Xp1-Xb1)^2×s22 + 2×(Xp1-Xb1)×(Xb1-Xb2)×s12.

Angenommen der Fonds-Manager maximiert folgende, in der Portfoliotheorie übliche Nutzenfunktion, U, mit

U = E(a) – 0.5 × k × sig^2 , wobei k ein Risikoparameter ist.

Dann kann man zeigen, dass der optimale Anteil von Asset 1 im Portfolio ist:

Xp1 = Xb1 + (E (r1-r2) / (k × (s11 + s22 – 2× s12)).

Dies bedeutet aber nichts anderes, als dass der optimale Anteil von Asset 1 im Portfolio aus zwei Komponenten besteht: zum einen aus dem Benchmarkanteil und zweitens aus dem *aktiven* Gewicht. Letzteres hängt ab vom erwarteten Differenzertrag zwischen Asset 1 und Asset 2, der Risikoaversion k und den Varianzen und Kovarianzen. Somit ist die aktive Position unabhängig von der gewählten Benchmark.

Literatur

Arnott, Robert: Managing Assets in a World of Higher Volatility and Lower Returns, in CFA Institute Conference Proceedings, 2004

Grinold, Richard/Kahn, Ronald: Active Portfolio Management, 1999

Thomas, Lee, III: Active Management, in Journal of Portfolio Management, Winter 2000

Thomas, Lee, III: Engineering an Alpha Engine, 2004, PIMCO Publications

Thomas, Lee, III: Portable Alpha, in Risk Budgeting, Mai 2001

Thomas, Lee, III: The Effect of Portable Alpha on Fixed Income Portfolio Management, in AIMR Conference Proceedings, 2001

DWS Investments – vom nationalen zum europäischen Champion

Axel-Günter Benkner

Der Autor erklärt ausdrücklich, dass die dargestellten Interpretationen und Meinungen ausschließlich seine persönliche Auffassung wiedergeben.

1 Entwicklung des europäischen Fonds-Marktes

Bis 1985 gab es in den wichtigen europäischen Ländern rein lokale Fonds-Märkte. Die Vielfalt der Währungen, Vertriebsstrukturen, Sprachen und Steuersysteme gaben kaum Spielraum für den grenzüberschreitenden Vertrieb von Investmentfonds. Eher wanderten die Investoren über die Grenzen, um ihr Geld im Ausland anzulegen. Die schwerste Hürde für den Vertrieb von Fonds in einem anderen Land war aber das jeweilige lokale Zulassungsverfahren. Das änderte sich dann, nachdem die 1. EG Harmonisierungsrichtlinie für Investmentgesetze 1985 die Regierungen der Mitgliedsstaaten verpflichtete, Gesetze einzuführen, nach denen ein Fonds zum Vertrieb zugelassen werden muss, wenn er in einem anderen Mitgliedsstaat die Vertriebszulassung erteilt bekommen hat. Außerdem beinhaltete die Richtlinie Regeln für den Einsatz von Futures und Optionen im Portfolio-Management.

Das war für die DWS besonders interessant. Da Luxemburg als erster europäischer Staat in relativ liberaler Weise die Richtlinie mit lokalen Gesetzen umsetzte, gründete die DWS dort als erste deutsche Fonds-Gruppe eine Tochtergesellschaft mit dem Ziel, moderne Fonds für den Vertrieb in Deutschland und Luxemburg aufzulegen, die eben mit der Nutzung der Finanzterminmärkte erweiterte Anlagemöglichkeiten hatten. Andere deutsche Fonds-Gesellschaften folgten. Auch wenn der Absatz von Fonds in Luxemburg weniger erfolgreich verlief als erhofft, so fand man hier eine sehr kooperative Finanzaufsicht vor. Neue Fonds wurden binnen weniger Tage genehmigt, man hatte Flexibilität bei der Wahl der Namen und der Fonds-Währung. Garantiefonds waren möglich, Fonds-Fusionen und vieles mehr, was erst ab 2004 innerhalb des neuen deutschen Investmentgesetzes deutschen Fonds-Gesellschaften erlaubt wurde.

So wurden in den 90er Jahren mehr und mehr Fonds deutscher Provenienz für den Vetrieb in Deutschland, Luxemburg und in Irland aufgelegt. Gerade Irland hatte sich in den 90er Jahren sehr um die Ansiedlung von ausländischen Fonds-Gesellschaften bemüht und es schließlich auch geschafft, neben Luxemburg der zweite große internationale Standort für Fonds in Europa zu werden.

Ein grenzüberschreitendes Fonds-Geschäft hatte damit begonnen, dass Fonds in den Ländern mit der liberalsten Aufsicht aufgelegt wurden und im Heimatmarkt der jeweiligen Investmentfonds-Gruppe vertrieben wurden. Ein pan-europäischer Vertrieb war in den 90er Jahren allerdings bei weitem nicht in Sicht, weil die Präferenzen, Währungen, Gebührenstrukturen, Vertriebs- und Steuersysteme in den einzelnen Ländern noch zu unterschiedlich waren. Einige amerikanische Fonds-Gesellschaften hatten versucht, mit enormen Werbeetats in Deutschland eine Position zu erreichen, sind aber alle bedeutungslos geblieben. Mit der fortschreitenden europäischen Integration haben sich die Voraussetzungen dann schrittweise verändert. Die Investmentgesetze wurden in den einzelnen Ländern immer liberaler, mit dem Euro fielen die Währungshürden in den wichtigen Ländern. Die Schweiz und das Vereinigte Königreich stellten sich darauf ein, neben einer Palette von Fonds in der eigenen Währung auch eine Palette von in Euro denominierten Fonds vorzuhalten. Die eigentliche Initialzündung für den grenzüberschreitenden Fonds-Vertrieb war dann die Börsenhausse Ende des vorigen Jahrhunderts. Plötzlich entstand eine enorme Nachfrage nach Technologiefonds, Wachstumsaktienfonds, spezifischen Garantiefonds und Sektorenfonds, die lokale Fonds-Gesellschaften nicht in genügender Geschwindigkeit und Glaubwürdigkeit an den Markt bringen konnten. So führte die sprunghaft größere Vielfalt bei der Nachfrage nach Fonds zu sich verändernden Vertriebsstrukturen, angeheizt durch die Medien und das plötzliche Interesse von privaten Anlegern für Kapitalanlageprodukte.

Die DWS hat diese Entwicklung von Anfang an mit begleitet und sich durch die systematische Ausweitung des Portfolio-Managements mit Branchenspezialisten und Regionenexperten auf die Nutzung dieser Anlagetrends vorbereitet. Mit den Chancen im Ausland kam allerdings auch Konkurrenz ausländischer Fonds-Gesellschaften in den deutschen Vertriebskanälen auf, und es war für die DWS klar, dass zur Verteidigung der Marktposition in Deutschland immer größerer Aufwand nötig wird. Letztlich haben der boomende Investmentmarkt in Deutschland um das Jahr 2000 und die immer härtere Konkurrenz die DWS unter Druck gesetzt, qualitativ und quantitativ im Fonds-Management weiter aufzurüsten, um in der Spitzengruppe bei Performancevergleichen zu bleiben. Damit wurde die DWS auch über die deutschen Grenzen hinweg expansionsfähig.

2 Pan-europäische Produktpaletten

2.1 Grundidee und Vision

Die Idee von einem Fonds, der weltweit verkauft wird, ist nahe liegend. Man stellt das beste Fonds-Management- und Analyseteam ein, macht weltweit mit großem Aufwand die gleiche Werbung und kann so die Märkte dominieren. Warum soll es mit dem Superfonds nicht genau so möglich sein, den Weltstandard zu setzen, wie bei Coca Cola, McDonald's oder Microsoft?

Der Idee des Fonds mit weltweitem Vertrieb liegt normalerweise das Selbstverständnis zu Grunde, dass lokale Produktanbieter den Qualitätsstandard mangels Finanzkraft nicht erreichen können. Nun ist der Investmentfonds nicht mit einem Computerbetriebssystem wie Microsoft Windows zu vergleichen, das man in der ganzen Welt benötigt, aber gerade die sensationellen Erfolge, die amerikanische Unternehmen, wie Microsoft, Coca Cola und McDonald's-Restaurants, mit dem weltweiten Einsatz ihrer Produkte erreicht haben, prägen auch die Visionen einiger großer amerikanischer Fonds-Gesellschaften.

2.2 Lokale Produktmerkmale

Die Entwicklung der letzten Jahre hat gezeigt, dass lokale Produktmerkmale wichtig sind und nicht durch großvolumige Werbung überspielt werden können. Allerdings hat ein Prozess in Europa begonnen, in dem sich die Produktcharakteristika im Zeitablauf angleichen. Bei *Produktnamen* sind mittlerweile englische Titel in allen wichtigen europäischen Märkten möglich. Das *Anlageportefeuille* ist durch das Zusammenwachsen der europäischen Wertpapiermärkte nicht mehr so stark auf die

Heimatmärkte fokussiert. Wechselkursrisiken sind ebenfalls nicht mehr vorhanden oder nur noch in den neuen Märkten in Osteuropa relevant. Große Unterschiede gibt es noch bei der *steuerlichen Gestaltung* der lokalen Investmentfonds. In Ländern wie Deutschland, wo Kursgewinne (nach Ablauf der Spekulationsfrist) steuerfrei sind, sind Fonds oder Zertifikate, die den Wertzuwachs gänzlich oder weitgehend als Kursgewinn gestalten, den pan-europäischen Fonds überlegen. Besonders wichtig sind die Erfordernisse der lokalen Vertriebssysteme. In jedem Land muss der Fonds exakt die üblichen *Konditionen* (Management-Fee, Trailer-Fee, Ausgabeaufgeld, Ausschüttungsrhythmus) haben. Daneben müssen die *Verkaufsunterlagen* und das *regelmäßige Reporting* in der Landessprache und nach dem Standard der Vertriebsgesellschaft zur Verfügung gestellt werden.

2.3 Kombinierte Produktpaletten

Angesichts der lokalen Erfordernisse hat sich die DWS entschieden, in den wichtigen europäischen Ländern eigene lokale Fonds-Gesellschaften zu gründen, um sich auf die jeweiligen Anforderungen flexibel einstellen zu können. Ein pan-europäischer Fonds kann in seinem Anlageportefeuille nicht umstrukturiert werden, nur weil sich in einem einzigen Land die steuerlichen Gegebenheiten ändern.

Ein rein lokales Konzept lässt sich aber bei großen Produktpaletten nicht durchhalten. Man kann nicht in jedem Land einen Lateinamerikafonds auflegen, um nur ein Beispiel zu nennen, und in jedem Land dafür Fonds-Manager und Administration einsetzen. Das wäre zu aufwändig, und man müsste sich auf wenige Fonds beschränken.

Die DWS bietet daher in den Ländern, in denen das rechtlich zulässig ist, kombinierte Produktpaletten an, also sowohl lokale Fonds als auch Fonds aus den für den Vertrieb in ganz Europa konzipierten Luxemburger Fonds.

Die nächste Generation der lokalen Fonds werden Master-Feeder-Fonds sein und die lokale Palette erweitern können. Diese Fonds – wie die DWS sie bereits in Japan einsetzt – können das lokale Portfolio-Management auf den Teil reduzieren und fokussieren, der länderspezifisch ausgerichtet sein muss. Das ist die Transformation in die lokale Währung mit Hilfe von Derivaten, Gebührenstruktur, Namensgebung, Ausschüttungsstruktur und steuerlicher Gestaltung. Dazu sind in vielen Ländern weitere Anpassungen der Investmentgesetze notwendig, die aber in den nächsten Jahren erwartet werden können.

3 Fonds-Vertrieb in den europäischen Ländern

3.1 Struktur des Fonds-Vertriebs in Europa

Investmentfonds werden über verschiedene Vertriebskanäle abgesetzt. Die Vertriebskanäle haben sehr verschiedene Anforderungen und jeweils eine andere Dynamik, auf die sich eine Investmentgesellschaft einstellen muss. In *Deutschland* wurden in den letzten 30 Jahren Fonds weit überwiegend über das Filialnetz der Banken und Sparkassen verkauft. Das hat dazu geführt, dass in den Depots privater Kunden bereits relativ hohe Anteile der Wertpapieranlagen in Fonds bestehen. Diese Bestände werden insbesondere bei aktiver Depotbetreuung oder Vermögensverwaltung ständig bewegt, was für die deutschen Fonds-Gesellschaften nicht nur zu Mittelzuflüssen, sondern auch zu Rückflüssen führt. Hier stehen vor allem die großen Kapitalanlagegesellschaften in Konkurrenz zu den ausländischen, die in den Markt drängen, aber auch zu alternativen Anlageprodukten wie Zertifikate und Sparkonten.

Die DWS setzt hier auf die Performance der Produktpalette und die Qualität der Fonds und des Services, um die hohen Bestände zu halten, die über die letzten 20 Jahre aufgebaut worden sind. Daneben werden Vermögensberatungsorganisationen und Strukturvertriebe immer wichtiger. Gerade dann, wenn Kundengruppen mit Durchschnittseinkommen für langfristiges Sparen mit Fonds-Anteilen (direkt oder über die fondsgebundene Lebensversicherung) gewonnen werden sollen, ist der Vertrieb vor allem über diese Organisationen in der Breite erfolgreich. Die so gewonnenen Kundenbeziehungen sind in der Regel sehr stabil, beginnen allerdings in den ersten Jahren mit relativ geringen Anlagevolumina und hohen Anlaufkosten, die wegen des Drucks von Broschüren und vorzunehmenden Schulungsmaßnahmen anfallen. Die DWS hat in diesem Marktgebiet eine Führungsposition in Deutschland, die sie weiter ausbauen will, da sie hier gegenüber der ausländischen Konkurrenz und anderen Sparprodukten deutliche Vorteile nutzen kann. Erstens ist der Investmentfonds die beste, renditestärkste und sicherste Anlageform zum Aufbau der kapitalgedeckten Altersvorsorge und zweitens spielt der Qualitätsname DWS bei langfristigen Sparzielen eine noch viel größere Rolle als bei kurzfristigen Anlagemotiven. Hier nutzt die DWS konsequent das durch die Performance-Awards und die massiven Werbekampagnen erlangte Qualitätsimage und versucht, durch innovative Produkte und Vertriebsvergütungssysteme bei den Beratern und Vermittlern als unverzichtbar in der Produktpalette zu erscheinen.

Im *Vereinigten Königreich* läuft der Fonds-Vertrieb traditionell im Wesentlichen über IFAs (Independent Financial Advisers), von denen nur wenige größeren Organisationen angeschlossen sind. Das bedeutet für die Fonds-Gesellschaften den ständigen direkten Kontakt mit den Beratern mit entsprechend hohem Aufwand. Die Fonds-Gesellschaften werden von Consultants hinsichtlich Performance, Qualität des Managements und des Investmentprozesses beurteilt, was in vielen Fällen die Flexibilität der Fonds-Gesellschaft bei der Entwicklung neuer Produkte beeinträchtigt und ein aufwändiges Reporting erforderlich macht. In Großbritannien ist die Konkurrenz groß, der Markt zersplittert und benötigt natürlich immer noch die Fonds auf Pfund/Sterling-Basis.

Ganz anders ist der Markt für Investmentfonds in *Frankreich*. Der größte Teil der Fonds-Volumina ist in der Hand der französischen Großbanken und ihrer Investmentgesellschaften. Außerdem haben Geldmarktfonds mit gleichtägiger Valuta seit Jahrzehnten eine feste Position beim Cash-Management französischer Unternehmen. Diese wurde bereits in den 70er und 80er Jahren durch eine günstige steuerliche Behandlung erreicht. In anderen Ländern operieren Unternehmen der privaten und öffentlichen Wirtschaft traditionell beim Cash-Management immer noch mit Tages- und Termingeldern bei den Banken und beschäftigen dafür große Treasury-Abteilungen.

Für Unternehmen müssen Geldmarktfonds völlig anders strukturiert werden als für Privatkunden. Die Management-Fees müssen niedrig sein und die Fonds müssen sich auf gleichtägige Valuten einrichten, während der Geldmarktfonds für Privatkunden auf den Vermittler bzw. die depotführende und beratende Bank ausgerichtet sein muss. Das bedeutet, dass man in diesem Markt mit pan-europäischen Produkten keine Chance hat, signifikante Marktanteile zu erreichen.

In *Italien* ist alles möglich, wenn man den richtigen Vertrieb hat. Konditionen, Produktdesign und gegenseitige Geschäftsbeziehungen sind der Schlüssel zum Absatz, der hier sowohl über die Banken, über Finanzvermittlungsorganisationen wie auch über fondsgebundene Lebensversicherungen läuft.

In *Spanien* ist der Vertrieb fast ausschließlich nur über die lokalen Banken realisierbar. Um hier eine Partnerschaft zu gewinnen, muss man innovative Produkte haben, die sonst keiner anbieten kann.

In der *Schweiz, Österreich* und *Luxemburg* ist der Vertrieb für eine deutsche Fonds-Gesellschaft noch am einfachsten zu organisieren, da man durch die Werbung in deutschen Medien auch hier bekannt wird. In diesen Ländern sind die Vermögensverwaltungen und lokalen Banken offen für Kooperationen mit ausländischen Fonds-Gesellschaften.

In den *osteuropäischen Ländern* ist ein wirtschaftlich sinnvoller Vertrieb von Investmentfonds noch nicht möglich. Mit dem Aufbau privater Vermögen in einigen großen Ländern wird der Zeitpunkt aber kommen, ab dem die Märkte interessant werden.

3.2 Verteilung der Fonds-Märkte in Europa

Große Fonds-Gesellschaften mit großen Fonds-Management-Ressourcen und einer breiten Produktpalette sind natürlich eher in der Lage, europaweit zu expandieren. Hier ist die Ausgangslage für die DWS günstig. Die Nr. 1 in Europa bedeutet aber keinesfalls automatisch einen einfachen Zugang zu den lokalen Märkten. Die Volumenstatistiken sind eher irreführend.

Die UBS als drittgrößte Fonds-Gruppe hat über 95 % ihres Geschäfts in ihrem Heimatmarkt Schweiz platziert. Das Gleiche gilt für Credit Agricole in Frankreich. Das bedeutet, dass man in ganz Europa nicht mit pan-europäischen Fonds-Gesellschaften konkurriert, sondern mit den lokalen Champions. Von den großen Investmentgesellschaften ist die DWS die einzige, die auch in anderen Ländern nennenswerte Marktanteile erreicht hat. Gut ein Viertel des verwalteten Volumens ist außerhalb Deutschlands akquiriert worden. Abbildung 2 gibt ein Bild über das Ausmaß der Marktführerschaft der lokalen Champions in den wichtigsten europäischen Fonds-Märkten.

Die ausländischen Fonds-Gesellschaften im Vereinigten Königreich sind nur dem Namen nach Ausländer. Portfolio-Management und Administration wird in Großbritannien durchgeführt.

Das bedeutet, dass 20 Jahre nach Verabschiedung der EU-Harmonisierungsrichtlinie die Strukturen in den großen Ländern noch nicht aufgebrochen sind.

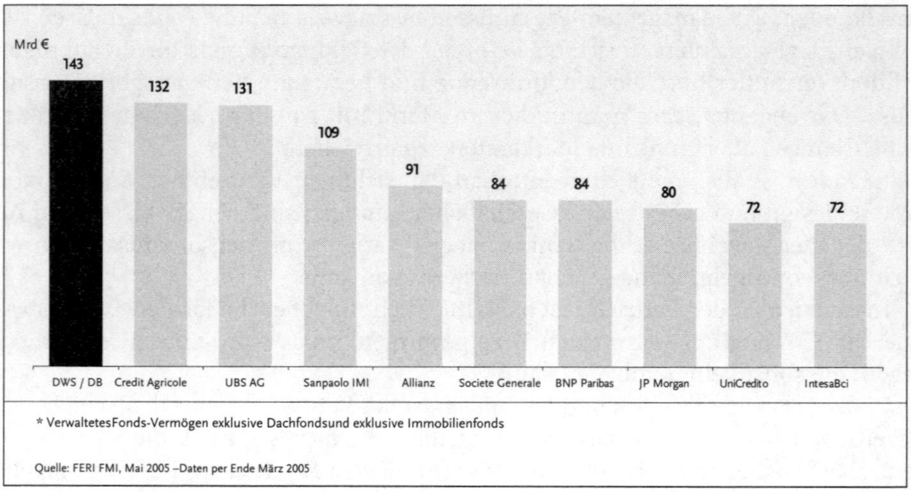

Abb. 1: Ranking der Investmentfonds-Gesellschaften in Europa

4 Markteintrittsstrategien

4.1 Dachfonds

Der schnellste Erfolg winkt bei Dachfonds. Hier zählt die Performance, und der Service richtet sich nur an die Dachfonds-Manager. Da man für das Ziel »Fonds für ganz Europa« relativ große Fonds wählt, hat man durch die Fonds-Größe eher einen Vorteil gegenüber den lokalen Konkurrenten. Die Orders von Dachfonds kommen regelmäßig zu Stichtagen und in großen Abschnitten. Der Nachteil dieses Absatzkanals ist die starke Abhängigkeit von der Performance. Sind die Wertentwicklungsergebnisse phasenweise unterdurchschnittlich, kommt es schnell zu starken Rückflüssen. Außerdem ist das Marktpotenzial nach wenigen Monaten erschlossen. Danach kann man nur versuchen, die Position zu halten.

4.2 Fondsgebundene Lebensversicherungen

Versicherungen sind in diesem Geschäftsfeld relativ offen für die Einbeziehung mehrerer Fonds-Gesellschaften, verlangen aber auch ein hohes Maß an Service, maßgeschneiderte Broschüren und Schulungsmaßnahmen für ihren Vertrieb. Gleichzeitig bauen sich die Volumina sehr langsam auf, da in den ersten Jahren, Vertriebs-, Verwaltungs- und Risikokosten einen großen Teil der Prämienleistungen benötigen. Das bedeutet für die Fonds-Gesellschaften zunächst einen substanziellen Aufwand, der sich erst mehrere Jahre später beginnt zu amortisieren.

DWS Investments Italy SGR S.p.A.
Marktstellung

Ranking	KAG	Fonds-vermögen (Mrd. Euro)	Markt-anteil
1	Gr. Sanpaolo- Imi	107,8	19,3%
2	Gr. Unicredito Italiano	83,0	14,9%
3	Gr. Banca Intesa	78,7	14,1%
4	Fineco - Gr. Banc. Capitalia	32,8	5,9%
5	Arca	26,6	4,8%
6	Gr. Monte Paschi di Siena	21,9	3,9%
7	Gr. Banca Popolare Verona- Novara	17,4	3,1%
8	Gr. Bnl	15,4	2,8%
9	Banche Popolari Unite	13,7	2,5%
10	Gr. Banca Popolare Milano	13,2	2,4%
17	Gr. Deutsche Bank - DWS Investments Italy Sgr	9,6	1,7%

Quelle: Assogestioni
Stand: Ende Juni 2005

DWS Investments
Marktstellung

Ranking	KAG	Fonds-vermögen (Mrd. Euro)	Markt-anteil
1	Crédit Agricole Asset Management	126,9	16,8%
2	BNP Paribas	61,8	8,2%
3	Societé Générale	55,4	7,3%
4	Natexis Banques Populaires	45,4	6,0%
5	La Caisse d'Epargne	33,4	4,4%
6	HSBC	27,2	3,6%
7	La Poste	24,8	3,3%
8	CIC	22,6	3,0%
9	AXA	22,4	2,9%
10	Caisse Dépots Consignations	21,0	2,8%
...			
32	DWS Investments	4,7	0,6%

Quelle: Europerformance
Stand: Ende Juni 2005

DWS Investments S.G.I.I.C.
Marktstellung

Ranking	KAG	Fonds-vermögen (Mrd. Euro)	Markt-anteil
1	Santander Central Hispano	59,2	25,4%
2	B.B.V.A.	43,2	18,5%
3	La Caixa	13,5	5,8%
4	Caja Madrid	11,2	4,8%
5	Ahorro Corporación	11,0	4,7%
6	Banco Popular	9,2	3,9%
7	Bankinter	7,8	3,4%
8	Banco Sabadell	7,6	3,3%
9	Barclays	6,4	2,8%
10	Ibercaja	5,0	2,1%
...			
18	Deutsche Bank / DWS	2,3	1,0%

Quelle: Inverco
Stand: Ende Juni 2005

DWS Investments Schweiz
Marktstellung

Ranking	KAG	Fonds-vermögen (Mrd. Euro)	Markt-anteil
1	UBS	132,5	39,5%
2	Crédit Suisse	68,9	20,4%
3	Swisscanto Holding	22,6	7,0%
4	Pictet & Cie.	22,5	6,8%
5	Julius Baer Holding	12,0	3,5%
6	Lombard Odier Darier Hentsch	9,3	2,9%
7	Clariden Bank	7,3	2,1%
8	Schweizer Verband der Raiffeisenbanken	5,1	1,6%
9	Vontobel	4,4	1,2%
10	Union Bancaire Privé	4,4	1,2%
...			
14	DWS Investments Schweiz	2,8	0,8%

Quelle: Lipper
Stand: Ende Juni 2005

DWS Gruppe Deutschland
Marktstellung

Ranking	KAG	Fonds-vermögen (Mrd. Euro)	Markt-anteil
1	DWS- Gruppe	100,3	24,0%
2	Deka- Gruppe	72,4	17,3%
3	UNION- Gruppe	71,4	17,1%
4	ADGI- Gruppe	66,3	15,9%
5	Cominvest- Gruppe	22,4	5,4%
6	Activest- Gruppe	22,0	5,3%
7	Oppenheim- Gruppe	7,3	1,8%
8	Indexchange	7,2	1,7%
9	Frankfurt Trust Gruppe	4,9	1,2%
10	SEB Invest	4,4	1,0%

Quelle: BVI
Stand: Ende Juni 2005

DWS Investment Moscow
Marktstellung

Ranking	KAG	Fonds-vermögen (Mrd. Euro)	Markt-anteil
1	Troika Dialog	126,1	24,4%
2	Pioneer Group - PioGlobal	52,2	10,1%
3	Creative Investment Technologies	36,5	7,0%
4	RegionGazFinance	26,3	5,1%
5	Deutsche Bank Group - DWS Investment Moscow	25,8	5,0%
6	UFG Invest	24,2	4,7%
7	PromStroiBank Asset Management	19,9	3,8%
8	Maxwell Asset Management	14,3	2,8%
9	Alfa Bank Group - Alfa Capital	12,7	2,4%
10	Capital Asset Management	11,2	2,2%

Quelle: Investfunds agency
Stand: Ende Juni 2005

Abb. 2: Marktstellung DWS

4.3 Banken mit Open Architecture

In vielen Ländern in Europa beginnt sich die Open Architecture gerade bei kleineren Privatbanken durchzusetzen. Erfüllt die Fonds-Gesellschaft ein gewisses Maß an Service, Performance und Reputation, hat sie eine Chance, mit in die Produktpalette aufgenommen zu werden. Eine große Rolle spielen hier Trailer-Fees, sodass die Fonds relativ hohe Management-Fees haben müssen. Daher ist dieser Vertriebskanal eher offen für Aktienfonds und natürlich auch für Hedgefonds und Private-Equity-Fonds. Langfristig kann man hier allerdings nur die Position sichern und ausbauen, wenn man stark und ausdauernd bei der Betreuung der Vermögensberater dieser Banken ist, denn der Konkurrenzkampf ist hier besonders stark.

4.4 Finanzvertriebe

Finanzvertriebe sind in der Regel nicht Teil von Banken- oder Versicherungsgruppen und daher offen für Partnerschaften. Der Vertrieb ist hier auch wesentlich stabiler als bei Banken, da die Anlagen der Kunden nicht ständig umgeschichtet werden. Gleichzeitig expandieren Finanzvertriebe, da Banken ihr Filialnetz weiter reduzieren und Bankdienstleistungen automatisieren. Hier entstehen Lücken bei der Beratung breiter Bevölkerungsschichten, die die Finanzvertriebe auf Grund ihrer Struktur und Flexibilität am besten nutzen können. Produktqualität, Service, ständige Schulungsmaßnahmen, Events und Werbung sind Voraussetzung für die Aufnahme als Produktpartner bei den unabhängigen Finanzvertrieben. Hier ist die DWS in Deutschland in einer guten Position. Mit der Expansion der deutschen und italienischen Finanzvertriebe ins europäische Ausland entstehen automatisch Perspektiven für die DWS in diesem Segment.

5 Europa-Strategie der DWS

Die DWS hat frühzeitig erkannt, dass es ohne lokale Produkte nicht gelingen wird, substanzielle Marktanteile außerhalb des Heimatmarktes zu erreichen. Daher hat die DWS bereits 1987 damit begonnen, durch Gründung oder Erwerb von Tochtergesellschaften in Europa, lokale Fonds anbieten zu können (s. Abbildung 3).

Die lokale Fonds-Palette mit Fonds, die in den lokalen Aktienmärkten investieren, und Fonds, die bei der Asset-Allocation und der steuerlichen Ausgestaltung auf die Bedürfnisse der Anleger in diesem Land ausgerichtet sind, wird durch eine paneuropäische Produktpalette mit Spezialitäten ergänzt, die ein aufwändiges Portfolio-Management erfordern (s. Abbildung 4).

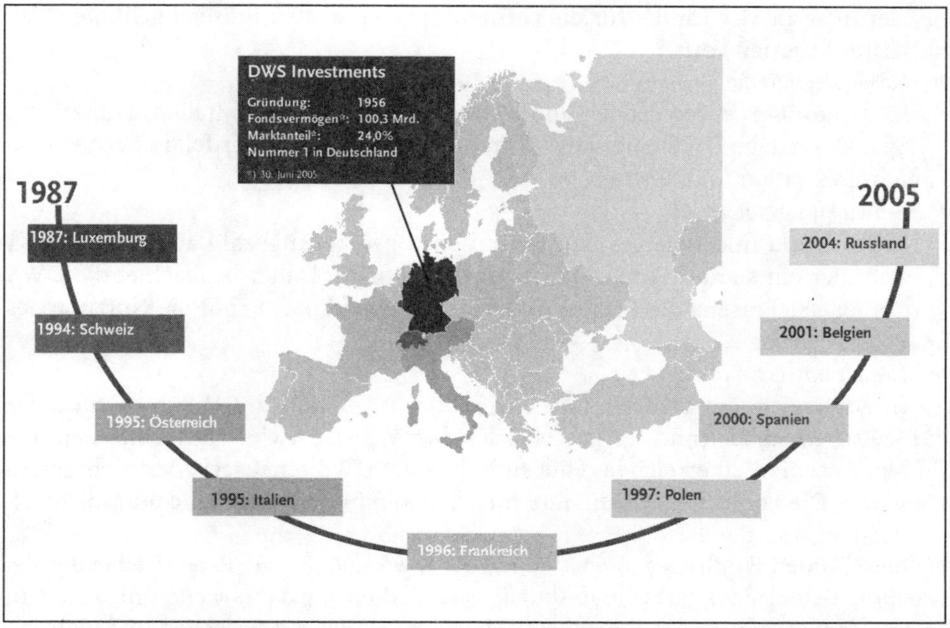

Abb. 3: Europastrategie der DWS

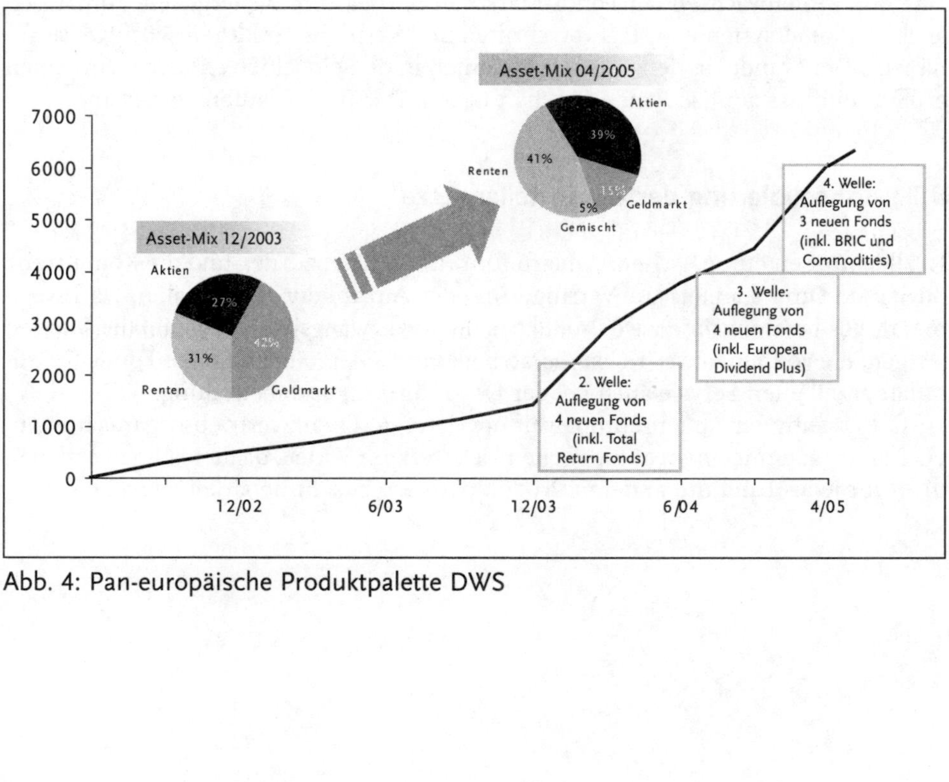

Abb. 4: Pan-europäische Produktpalette DWS

Bei der Auswahl der Länder für die Gründung einer lokalen Präsenz geht die DWS nach drei Kriterien vor:

- *Größe der Länder*
  In den großen europäischen Fonds-Märkten (Deutschland, Italien, Frankreich, Spanien) hat die DWS eine aktive Gruppengesellschaft mit Portfolio-Management, Administration und Vertrieb.
- *Entwicklungspotenzial*
  In Russland und Polen ist auf Grund der Bevölkerungszahl abzusehen, dass sich hier ein starker Fonds-Markt entwickeln wird. Daher beobachtet die DWS mit lokaler Präsenz die Märkte und bereitet sich frühzeitig auf die Nutzung des Potenzials vor.
- *Nähe zum Heimatmarkt*
  In Österreich, der Schweiz und Luxemburg ist es für die DWS auf Grund der deutschen Sprache und der Tatsache, dass hier viele Deutsche leben, einfacher, eine Marktposition zu erreichen. Hier unterhält die DWS eine starke Vertriebsgesellschaft. Die Fonds werden in Frankfurt disponiert und weitgehend administriert.

Mit den lokalen Fonds-Gesellschaften hat die DWS auch lokale Expertise bei der Beurteilung der lokalen Märkte und Aktiengesellschaften, die dann wiederum auch dem Fonds-Management in Frankfurt beim Management der europäischen und globalen Aktienfonds zu Gute kommt.

6 Ausblick

Das Zusammenwachsen der Fonds-Märkte in Europa wird weitergehen, zumal sich auch die Steuersysteme, Anlagevorschriften und Vertriebsstrukturen schrittweise annähern. Der Wandel in den Vertriebssystemen in den einzelnen Ländern wird einen großen Einfluss auf das Fonds-Geschäft haben. Die Trends laufen bereits an.

6.1 Konsolidierung der Zweigstellennetze

In allen großen europäischen Ländern führt der Effizienzdruck und die Konkurrenz durch die Direktbanken zur Verringerung der Anzahl der Bankfilialen. Da Investmentfonds beratungsintensive Produkte sind, wird zwangsläufig die Zahl der Kunden steigen, die von Finanzvertrieben beraten werden. Hierzu benötigt die Fonds-Gesellschaft exzellenten Service auch bei der Depotführung und -betreuung.

Gleichzeitig entstehen europaweit operierende Finanzvertriebsorganisationen. Hierzu ist man mit einem europaweiten Netzwerk im Vorteil, da diese Organisationen nicht für jedes Land mit anderen Produktpartnern zusammenarbeiten wollen.

6.2 Altersversorgung

Mehr oder weniger entwickelt sich die staatliche Altersversorgung in allen wichtigen Ländern in Europa durch den Geburtenrückgang zum Problem. Für die private kapitalgedeckte Altersvorsorge sind Investmentfonds das beste, effizienteste und renditestärkste Anlageinstrument. Hier wird eine Entwicklung wie in den 80er Jahren in den USA nun auch in Europa zu erwarten sein. Fonds-Sparpläne und die fondsgebundene Lebensversicherung werden Hauptmotor für das Wachstum der Fonds-Gesellschaften. Eine Fonds-Gesellschaft mit europäischem Führungsanspruch muss sich hier folgenden Herausforderungen stellen:

- Maßgeschneiderte Produkte entwickeln für jede Phase des Aufbaus und der Entnahme des Kapitals.
- Die Reputation als führende Gesellschaft bei Altersvorsorgeprodukten erarbeiten.
- Den Service und die Depotführung auf das Massengeschäft einstellen.
- Kapital einsetzen für die lange Phase zwischen Kundengewinnung und Einnahme der Verwaltungsgebühren.

Bei einer weiteren Voraussetzung ist allerdings auch eine große Investmentgruppe in Europa allein überfordert. Fonds können nur wie in den USA die private Altersvorsorge dominieren, wenn dazu der rechtliche und steuerliche Rahmen in den europäischen Ländern sachgerecht ausgestaltet wird. Dazu müssen sich die Fonds-Gesellschaften und Verbände in allen Ländern einsetzen und durch Solidität und gute Performance das Vertrauen beim Gesetzgeber und in der Bevölkerung schaffen.

Asset-Management aus Sicht einer Universalbank

Oliver Kruse

Der Autor erklärt ausdrücklich, dass die dargestellten Interpretationen und Meinungen ausschließlich seine persönliche Auffassung wiedergeben.

1 Einleitung

Das Platzen der Technologieblase und die daraus folgende Ernüchterung an den Kapitalmärkten haben die Zukunftsaussichten der Asset-Management-Branche radikal und in sehr kurzer Zeit verändert: Die einstige Wachstumsindustrie befindet sich auf Konsolidierungskurs. Geringere Mittelzuflüsse und Investments in risikolosere und damit gleichzeitig margenschwächere Fonds verringerten die Erträge. Gleichzeitig konnten die Kosten nicht in gleichem Maße abgebaut werden. Für den Großteil der Vermögensverwalter bedeutete das einen schmerzhaften Gewinneinbruch, wenn nicht sogar Verlust.

Obgleich im Zuge der leichten Erholung an den Aktienmärkten die Erträge wieder zunahmen, hat sich der Wettbewerb weiter verschärft. Trotz noch nicht erschlossener Wachstumsfelder und – speziell in Deutschland – einem geringen Pro-Kopf-Fonds-Vermögen hat die Branche ihre Reifephase erreicht. Um künftig Marktanteile gewinnen zu können, müssen die Anbieter konsequent an den für die Branche ausschlaggebenden Erfolgsfaktoren arbeiten. Dazu zählen eine nachhaltig hohe Produktqualität, der Zugang zu effizienten Vertriebswegen, eine ausgeprägte Service- und Kundenorientierung und im Publikums-Fonds-Geschäft zudem eine starke Marke.

Glaubt man in diesem Zusammenhang den Studien namhafter Unternehmensberater, sind es vor allem die herkömmlichen Anbieter – und hierzu zählen in Deutschland in erster Linie die Universalbanken mit ihren konzern- bzw. verbundeigenen Kapitalanlagegesellschaften und Filialvertrieben –, die an Marktanteilen, Margen und Unternehmenswert verlieren werden. So zeigt McKinsey in der Studie »An industry fit for growth« auf, dass 1984 noch 38 im Bankverbund befindliche Fonds-Gesellschaften zu den Top 100 der besten institutionellen Asset-Management-Gesellschaften zählten, während es 2003 nur noch 22 waren. Zudem verringerten sich die Fonds-Volumina der traditionellen institutionellen Anbieter von 534 Mrd. Euro in 1999 auf 367 Mrd. Euro in 2002.

Ziel dieses Beitrages ist es, Lösungen aufzuzeigen, wie Universalbanken auf die sich ergebenden Herausforderungen und Chancen reagieren und ihre Stärken am effektivsten nutzen können. Dafür werden zunächst die Besonderheiten und Anforderungen von Universalbanken herausgestellt. Da sie im Vergleich zu anderen Organisationsmodellen über mehrere Vertriebs- und Produktionseinheiten verfügen, stellt sich die Frage nach dem optimalen Integrationsgrad in zweierlei Hinsicht: Zum einen ist festzulegen, wie stark Bankvertrieb und Fonds-Gesellschaften für den Absatz von Investmentprodukten zusammenarbeiten sollten und von welchen Kriterien die unternehmensspezifische Ausgestaltung abhängt. Zum anderen ist zu klären, wie stark der Integrationsgrad der Fonds-Gesellschaften innerhalb der Asset-Management-Division sein kann und von welchen Faktoren hier der unternehmensindividuelle Integrationsgrad beeinflusst wird.

2 Asset-Management in einer Universalbank – Herausforderungen und Stellung im Markt

Nach der Breite des Angebots an Bankleistungen versteht man unter einer Universalbank im Allgemeinen ein Kreditinstitut, das die in § 1 KWG spezifizierten Leistungen anbietet und insofern eine umfassende Versorgung des Kunden mit Finanzdienstleistungen gewährleistet. Auf das Asset-Management bezogen bedeutet dies, dass eine Universalbank bzw. ein -verbund über mindestens eine KAG und gleichzeitig über verschiedene Bankvertriebswege (Filialen, Direktbanken, Kundenberater im Außendienst etc.) verfügt. Des Weiteren übernimmt die Universalbank als Mutter oftmals auch die Depotbank- und Brokerfunktion.

Im Gegensatz zum Geschäftsmodell der Universalbank lassen sich Spezialanbieter entlang der Wertschöpfungskette, also im Vertrieb, in der Produktion und auch bei der Abwicklung unterscheiden. So haben sich die großen Finanzdienstleister ausschließlich auf den Vertrieb von Investmentfonds konzentriert, während sich insbesondere angloamerikanische Fonds-Anbieter als reine Produzenten positioniert haben.

Für die Universalbanken ergeben sich aus ihrem Geschäftsmodell folgende Herausforderungen:

- Da die Produktion und der Vertrieb unter einem Dach vereinigt sind, müssen unterschiedliche Interessen in Einklang gebracht werden. Das wird oftmals erschwert durch kulturelle Unterschiede in den verschiedenen Geschäftsfeldern.
- Da in einer Universalbank private und institutionelle Anleger mit unterschiedlichen Wünschen in verschiedenen Segmenten betreut werden, ist eine breite Produktpalette an Asset-Management-Leistungen notwendig. Das bringt nicht nur höhere Kosten mit sich, sondern geht oftmals auch zu Lasten der Investmentperformance, weil die wenigsten Asset-Manager in allen Produkten gleich gut sind. Laut Erhebungen von McKinsey konnten in den USA aktive Portfolio-Manager von Publikumsfonds mit bis zu 10 Fonds über einen Zeitraum von fünf Jahren bis zum 31. Januar 2003 eine Wertentwicklung von 3,62 % erzielen. Dahingegen erwirtschafteten Asset-Manager mit mehr als 30 Fonds sogar eine negative Rendite in Höhe von 0,28 %.
- Ein Mangel an Spezialisierung zeigt sich aber auch auf der Vertriebsseite; so sind unabhängige Finanzdienstleister u. a. aufgrund höherer Flexibilität und leistungsorientierter Anreizsysteme beim Fonds-Vertrieb erfolgreicher als stationäre Bankvertriebe. Flankiert wird das durch eine abnehmende Kundenbindung bei den klassischen Universalbanken: Immer mehr Kunden sind bereit, Fonds auch bei anderen Anbietern zu beziehen. Bei den großen institutionellen Kunden haben zudem Investmentconsultants bzw. deren Arbeitsweise an Bedeutung gewonnen; ausschlaggebende Kriterien für den Erhalt eines Mandates sind hier die Investmentperformance und die Servicegüte. Das klassische Kundenbeziehungsmanagement als Unterscheidungsmerkmal verliert hingegen an Bedeutung.

Im Vergleich dazu ist jedoch auch die günstige Ausgangsposition von Universalbanken nicht zu unterschätzen. Sie ist durch folgende Merkmale gekennzeichnet:

- Universalbanken verfügen über einen großen, gewachsenen Kundenbestand. In Deutschland kommt die im europäischen Vergleich geringe Fonds-Durchdringung hinzu.
- Bankvertriebe genießen gegenüber anderen Vertriebskanälen immer noch ein hohes Vertrauen. Nach einer GfK-Umfrage kaufen in Deutschland 66 % der Anleger ihre Fonds bei Banken und Sparkassen.
- In Deutschland verfügen die Kapitalanlagegesellschaften der Großbanken sowie Sparkassen und Genossenschaftsverbände im Publikums-Fonds-Geschäft per Ultimo 2004 über einen Marktanteil von rund 85 %. Im institutionellen Geschäft halten dbi, DEKA, DeAM, Union, COMINVEST und Activest 77 % des gesamten verwalteten Volumens der Privatbanken (inkl. Advise und Diskretionäre Mandate).

Da signifikante Marktanteile, hohe Fonds-Volumina und eine große Anzahl an Bestandskunden bekanntermaßen kein Garant für künftigen Erfolg sind, sind die Universalbanken allerdings mehr denn je gefordert, ihre Vertriebsleistung zu erhöhen und eine qualitativ hochwertige Produktpalette anzubieten.

3 Die Stärke des Integrationsgrades als betriebswirtschaftliches Optimierungsproblem

Im Gegensatz zu den Spezialanbietern einzelner Teile der Wertschöpfungskette, bei denen der Markt im Wesentlichen die Koordinationsfunktion übernimmt, stellen sich für Universalbanken die Fragen, wie stark einzelne Geschäftsfelder zusammenarbeiten und wie stark die Einheiten in ein Geschäftsfeld integriert werden sollten. Letztlich geht es in beiden Fällen um ein Basisproblem organisatorischer Gestaltung: Es umfasst einerseits das Problem der Arbeitsteilung (Differenzierung) und andererseits das Problem der Arbeitsvereinigung (Integration).

Angelehnt an das Substitutionsprinzip der Organisation nach *Gutenberg* existiert für jedes Unternehmen ein optimaler Integrationsgrad (siehe dazu Abbildung 1). Einzelne differenzierte Arbeitsschritte bzw. dezentralisierte Einheiten sind so lange zu integrieren, bis der Grenzertrag der Integration gleich Null ist; von da an wirkt jedes weitere Zusammenfassen kontraproduktiv. Der Integrationsgrad kann dabei theoretisch zwischen vollständiger Differenzierung bzw. Dezentralisation und vollkommener Integration/Zentralisation variieren. Da in der Praxis jedoch die Stärke des Integrationsgrades keine unabhängige Determinante ist und durch bestehende interne Tatbestände bestimmt wird, lassen sich die Extrempunkte nicht realisieren.

Entscheidenden Einfluss auf die organisatorische Gestaltung haben externe Faktoren, die im weiteren Verlauf des Textes als (Dis-)Integrationstreiber bezeichnet werden. Sie werden im Folgenden dargestellt; darüber hinaus erfolgt eine Untersuchung ihrer Auswirkungen auf die Organisation von Universalbanken.

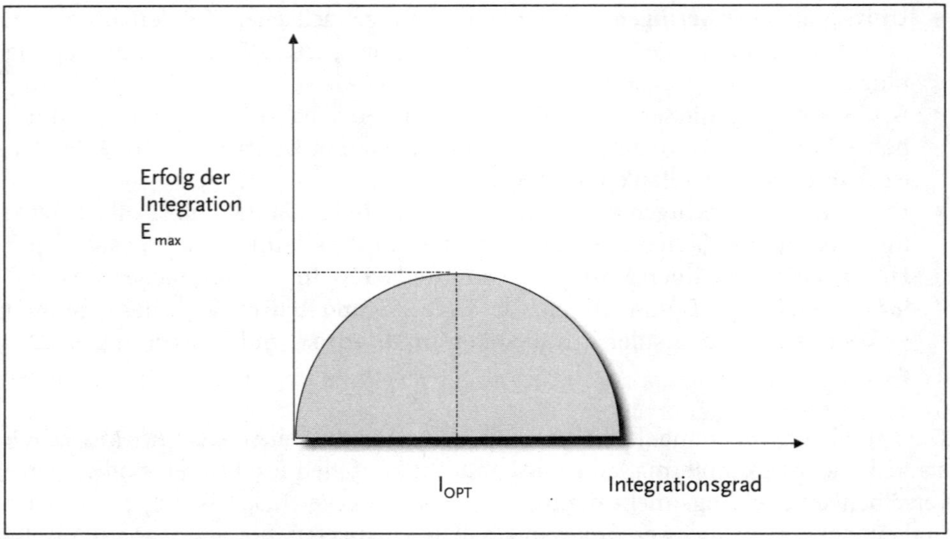

Abb. 1: Ermittlung des optimalen Integrationsgrades

4 Disintegration von Asset-Management und Bankvertrieb

Bis vor wenigen Jahren boten die Privatkundenberater der Universalbanken im Wesentlichen entlang einer geschlossenen Wertschöpfungskette die Fonds ihrer hauseigenen KAGen an. Diese wiederum konzentrierten sich mit ihrem Produktangebot fast ausschließlich auf den Bankvertrieb. Das änderte sich jedoch mit Beginn der 90er Jahre, als die ersten Universalbanken ihr Privatkundengeschäft für die Fremdfonds meist ausländischer KAGen öffneten und diese zusätzlich in ihr Programm aufnahmen.

Seitdem fand das Vertriebskonzept »Offene Architekturen« zunehmende Verbreitung. Mittlerweile stellt die Aufnahme von Fremdprodukten im Fonds-Sortiment nicht mehr die Ausnahme, sondern die Regel dar. Allerdings wird das Konzept mit unterschiedlicher Konsequenz verfolgt: Einerseits gibt es immer noch Kreditinstitute, die zwar aus Marketinggründen von offenen Architekturen sprechen, diese faktisch jedoch nicht geöffnet haben. Andererseits gibt es die Anbieter, bei denen alle in Deutschland zum Vertrieb zugelassenen Fonds erworben werden können und gezielt Drittfonds aktiv angeboten werden. Die Spannbreite reicht derzeit also weiterhin von geschlossenen Architekturen bis zu vollkommen offenen Architekturen.

Für die Universalbanken sind der Umfang und die Geschwindigkeit der Öffnung ihrer Filialnetze und damit das Aufbrechen der Wertschöpfungskette von entscheidender strategischer Bedeutung. So beträgt das geschätzte Nettomittelaufkommen und damit das für die Branche wichtige Neugeschäft der »Nicht-BVI-Gesellschaften« rund 30 %. Bereits jetzt zeigt sich, dass der zunächst auf das Privatkundengeschäft beschränkte Vertrieb von Drittfonds auch im Firmenkundengeschäft an Bedeutung gewinnt. Letzteres wird durch die zunehmende Verbreitung von Master-KAGen und Anlagefonds maßgeblich begünstigt.

4.1 Treiber der Disintegration

Für die Verbreitung offener Architekturen und damit die zunehmende Trennung zwischen Vertrieb und hauseigener Produktion sind in der Hauptsache folgende Entwicklungen verantwortlich:

- Der zunehmende Kundenwunsch nach objektiver und unabhängiger Beratung sowie der Zugang zu einer den Bedürfnissen entsprechenden innovativen Produktpalette. Seit dem Platzen der New-Economy-Blase wird dieser Wunsch zum Teil durch ein fehlendes Vertrauen in die Kapitalmärkte und die traditionellen Fonds-Gesellschaften verstärkt.
- Der Erfolg der unabhängigen Finanzdienstleister, die sich hinsichtlich ihrer Verkaufs- und Beratungskompetenz gegenüber den Privatkundenbetreuern der Banken als leistungsfähiger erwiesen haben.
- Eine zunehmende Bandbreite von Anlageprodukten (zu nennen sind hier etwa Hedgefonds oder Multi-Manager-Fonds) und der bankseitige Wunsch, Ressourcen zu schonen und nicht alle Produkte selbst zu entwickeln.
- Hinzu kamen attraktive Provisionsmodelle, die den Drittfonds-Verkauf ausländischer Asset-Manager für Universalbanken interessant erschienen ließen.

4.2 Das Spannungsfeld zwischen geschlossenen und offenen Architekturen

In Abbildung 2 werden die Vor- und Nachteile offener Architekturen aus Universalbankensicht als bedeutende Extrempole dargestellt. Daraus ergibt sich gleichfalls das Spannungsfeld zwischen offenen und geschlossenen Architekturen, da die Vorteile des einen Pols gleichfalls die Nachteile des anderen sind.

	Offene Architekturen
Vorteile	▪ Kundenbedürfnis nach objektiver und unabhängiger Beratung wird entsprochen, dadurch höheres Vertrauen und stärkere Kundenbindung ▪ Erhöhung der Produktqualität, wenn jeweils die performancestärksten Fonds einer Asset-Klasse identifiziert und angeboten werden ▪ Zugriff auf eine allumfassende Produktpalette und in der Regel flexibleres Reagieren auf veränderte Kundenwünsche möglich ▪ Performancegetriebener starker Brand ausländischer Fonds-Gesellschaften erhöht Kaufbereitschaft der Kunden ▪ Einkauf von Drittfonds kann günstiger als Produktion im eigenen Konzern bzw. Verbund sein und spart Ressourcen ▪ Wettbewerbsvorteile für die »First Mover«, wenn die jeweilige Universalbank seitens bestehender und potenzieller Kunden als Vorreiter empfunden wird ▪ Signal für die hauseigenen Portfolio-Manager, ihre Performance stetig zu verbessern

Nachteile	▪ Höhere Komplexität im Vertrieb, da Beratungskompetenz über eine fast unüberschaubare Anzahl von Produzenten, ihren Brands und Produkten notwendig ist ▪ Große Anzahl von Produkten kann Kunden verunsichern, zumal diese mit ihrer Hausmarke vertraut sind ▪ Substituierung von hauseigenen Fonds durch Fremdfonds führt zum Verlust von Depotbankvergütungen und Brokerage-Erträgen ▪ Zuvor genannte Substituierung führt zur Schwächung der hauseigenen Fonds-Gesellschaft. Auch bei künftiger guter Performance der hauseigenen KAG werden investierte Gelder nur schwer reallokierbar sein ▪ Schwächung der eigenen Produktion kann langfristig Unabhängigkeit bei der Produktauswahl gefährden, da von einem Konzentrationsprozess unter den KAGen auszugehen ist. Gleichfalls werden die Margen im Portfolio-Management wieder ansteigen, sodass künftiges Ertragspotenzial verschenkt wird

Abb. 2: Vor- und Nachteile offener Architekturen

4.3 Guided Architecture als Lösung zur Überwindung des Spannungsfeldes

Sowohl aus Kunden- als auch aus Banksicht sprechen gewichtige Gründe dafür, nicht eine der Extrempositionen einzunehmen. Während offene Architekturen für Banken und Kunden gleichermaßen eine Überforderung darstellen, sind geschlossene Architekturen nicht mehr zeitgemäß.

Zur Lösung des Spannungsfeldes bietet sich mit der so genannten »Guided Architecture« ein gangbarer Mittelweg an (vgl. dazu Abbildung 3). Dabei wird das Produktangebot einer Universalbank gezielt durch ausgewählte Asset-Manager ergänzt. Auswahlkriterium hierfür sind Produktangebot, Produktqualität und Standing im Markt. Im Sinne des Kunden werden im Zuge eines strengen Auswahlprozesses die performancestärksten Fonds für jede Asset-Klasse aus dem Kreise der Partner und der eigenen KAGen ermittelt. Der Kreis möglicher Kooperationspartner wird sich in der Regel auf eine überschaubare Zahl von sechs bis zehn Partnern beschränken, um Vertrieb und Kunden nicht zu überfordern. Laut einer Studie von *Mercer Oliver Wyman* spricht vor allem die begrenzte Aufnahmefähigkeit der klassischen Privatanleger für eine Begrenzung des Fremdfonds-Anteils (vgl. dazu Abbildung 4). In der Praxis hat sich zudem gezeigt, dass diese Anzahl von Partnern völlig hinreichend ist, um eine vollumfassende Produktpalette mit hoher Performance darzustellen. Sicherlich existieren kleinere Fonds von Investmentboutiquen, die im Einzelfall eine bessere Performance erzielen. Offen ist jedoch, ob sie diese Performance auch künftig bei starken Mittelzuflüssen erzielen werden. Insofern umfasst Produktqualität mehr als nur die Performance aus der Vergangenheit. Entscheidend ist ein stabiler Investmentprozess.

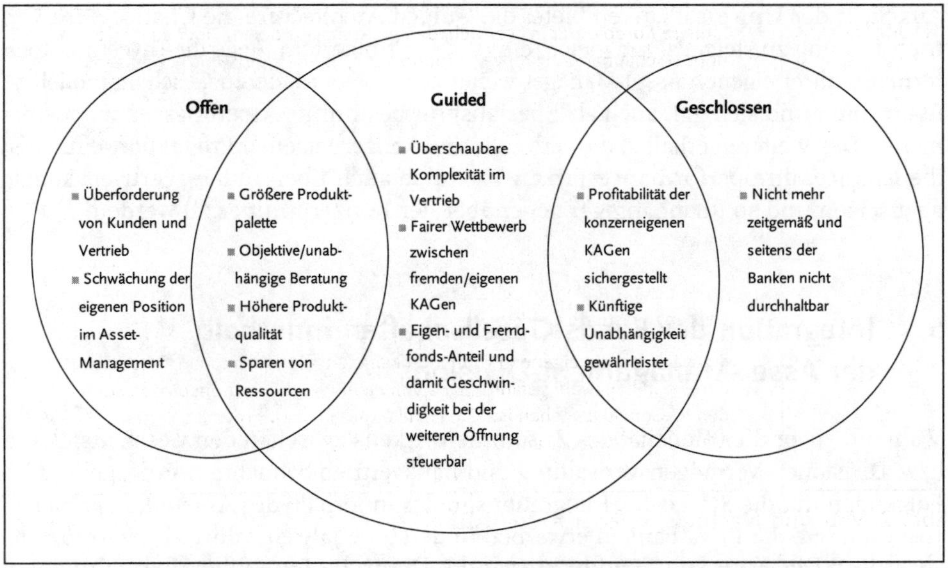

Abb. 3: Guided Architecture vereinigt die Vorteile offener und geschlossener Architekturen

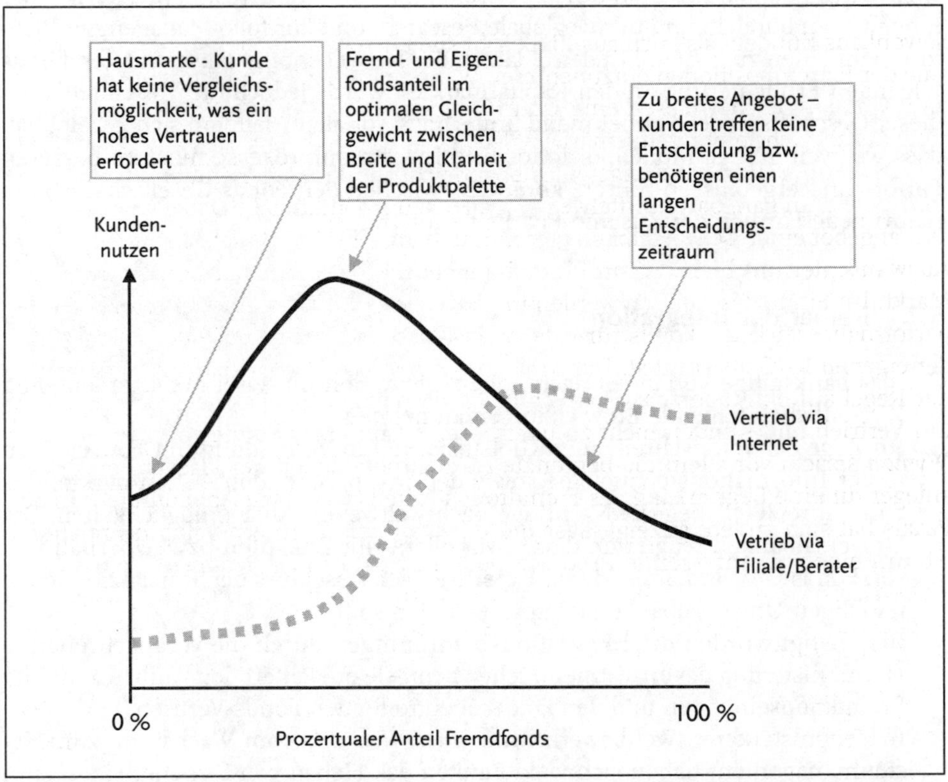

Abb. 4: Kundennutzen in Abhängigkeit vom Umfang des Fremdfonds-Angebots

Aus Sicht der Universalbanken bietet die Guided Architecture die Chance, ihre Vertriebsleistung zu steigern und gleichzeitig auf kontrolliertem Wege die Investmentperformance ihrer eigenen Asset-Manager weiter zu verbessern, deren Geschäftsmodell zu überprüfen und sich ggf. auch als Spezialist für bestimmte Asset-Klassen zu positionieren. Des Weiteren erhalten die verbund- bzw. konzerneigenen Produktionseinheiten die Chance, ihre performancestarken Produkte auch über andere Vertriebskanäle abzusetzen und so unabhängiger gegenüber der Konzernmutter zu werden.

5 Integration der Fonds-Gesellschaften innerhalb der Asset-Management-Division

Während zuvor die Intensität des Zusammenwirkens zwischen den Geschäftsfeldern bzw. Divisionen Vermögensverwaltung und Bankvertrieb betrachtet wurde, geht es im Folgenden um die Stärke des Integrationsgrades innerhalb des Asset-Managements. Insbesondere die Privatbanken erwarben in den 90er Jahren zahlreiche Vermögensverwalter: Der Kauf von Scudder durch die Deutsche Bank, die Übernahme von PIMCO seitens der Allianz/Dresdner Bank oder der Erwerb von Jupiter durch die Commerzbank sind nur einige prominente Beispiele. Ziel dieser Zukäufe war es, in allen wichtigen Wirtschaftsräumen vertreten zu sein, die Investmentexpertise der Einheiten zu bündeln und in *eine* globale Research- und Portfolio-Management-Plattform einfließen zu lassen. Mit dem Platzen der New-Economy-Blase und der daraus folgenden Ernüchterung an den Kapitalmärkten wurde jedoch die Vorteilhaftigkeit dieser Geschäftsmodelle zunehmend hinterfragt; vor allem seitdem sich gezeigt hat, dass weltweit gültige Modellportfolios und Investmentprozesse nicht zu besseren Performanceergebnissen führen, kommen zwischen den Fonds-Gesellschaften vermehrt neue Formen der Zusammenarbeit zum Tragen.

5.1 Treiber der Integration

Für das bankseitige Verlangen nach hoher Integration im Asset-Management sind im Wesentlichen folgende Entwicklungen zu nennen:

- Im Zuge der voranschreitenden Globalisierung in Verbindung mit Fortschritten in der Informationstechnologie sowie den prosperierenden Aktienmärkten bis zum Jahre 2000 stieg die Nachfrage nach weltweiten Anlagemöglichkeiten. Die Universalbanken reagierten darauf vor allem mit Zukäufen bzw. Übernahmen von Fonds-Gesellschaften, deren Expertise nach Abschluss der Transaktion in die jeweiligen Universalbanken integriert werden sollte.
- Begünstigt wurden die Integrationsbemühungen durch die voranschreitende Harmonisierung des Investmentrechts, denn sie erleichtert den Aufbau zentraler Produktionseinheiten und den länderübergreifenden Fonds-Vertrieb.
- In Zeiten stärkeren Wettbewerbs und eines Wechsels vom Wachstum- zum Kostenmanagement haben sich viele Banken das Heben von Skaleneffekten zum Ziel gesetzt.

5.2 Das Spannungsfeld zwischen vollständiger Integration und vollkommener Autonomie

Hinsichtlich des Integrationsgrades von Fonds-Gesellschaften innerhalb einer Asset-Management-Division sind zumindest in der Theorie zwei Extrempunkte vorstellbar: einerseits die reine Finanzbeteiligung mit der Verpflichtung, für das Geschäftsfeld eine bestimmte Kapitalrendite zu erzielen – sie gibt der jeweiligen Unternehmensführung ein Höchstmaß an Autonomie. Andererseits könnten alle Fonds-Gesellschaften Teil einer weltweit zentral gesteuerten Investment- und Vertriebsplattform sein. Die Aufgabe der einzelnen Fonds-Gesellschaften bestünde lediglich darin, ihre Research-Ergebnisse für die Musterportfolios zur Verfügung zu stellen. Im Vertrieb konzentrierte sich ihre Tätigkeit darauf, beim Verkauf des vorgegebenen Produktkatalogs vor Ort unterstützend tätig zu sein. Diese Integration könnte so weit gehen, dass es faktisch nur noch ein zentrales Portfolio-Management gibt, die einzelnen Gesellschaften würden zu »Briefkastenfirmen« degradiert.

Im Folgenden werden zunächst die Vor- und Nachteile einer vollständigen Integration entlang den einzelnen Gliedern der Wertschöpfungskette dargestellt. Auch hier gilt, dass die Stärken der vollständigen Integration gleichfalls die Nachteile der vollkommenen Autonomie sind. Im Anschluss werden wertschöpfungsübergreifende Überlegungen hinsichtlich des optimalen Integrationsgrades angestellt.

Innerhalb der Wertschöpfungskette

Bei Betrachtung der einzelnen Glieder der Wertschöpfungskette zeigt sich, dass die Frage des optimalen Integrationsgrades unterschiedlich zu beantworten ist (vgl. dazu Abbildung 5).

- In der Produktion lassen sich mit zunehmender Zentralisierung, etwa durch Vorgabe eines globalen Makroszenarios, Doppelarbeiten vermeiden und Kosten verringern. Durch ein zentrales Portfolio-Management für bestimmte Asset-Klassen und Investmentstile in Verbindung mit einem grenzüberschreitenden Vertrieb kann die Produktpalette verkleinert werden. Tendenziell werden dann größere Fonds-Volumina erreicht. Auf diese Weise lassen sich Größenvorteile erzielen und Synergien heben.

  Das Einsparpotenzial ist allerdings begrenzt, denn eine zentrale Steuerung und Verarbeitung von Informationen erfordert einen hohen Führungs- und Koordinationsaufwand. Aufgrund fehlender Diversifikation kommt ein höheres unternehmerisches Risiko hinzu: Die Vorgabe einer konzernweiten Makrostrategie, gepaart mit einer geringeren Fonds-Anzahl, birgt die Gefahr, mit allen Fonds gleichermaßen unter den Vergleichsrenditen zu liegen. Zudem besteht die Gefahr, dass bei zu hoher Integration die Freiheit und die Verantwortung des Portfolio-Managers vor Ort eingeschränkt und unterschiedliche kulturelle Gegebenheiten missachtet werden. Wahrscheinlich liegt es an diesen die Motivation beeinflussenden »weichen« Faktoren, dass kleinere, unabhängige und klar fokussierte Asset-Manager in der Regel eine deutlich bessere Wertentwicklung als größere erzielen.

  Um daraus nun eine Handlungsempfehlung für Universalbanken ableiten zu können, ist zunächst der Anteil von passiven zu aktiven Mandaten zu prüfen; ggf. ist aus strategischen Gesichtspunkten auch eine Fokussierung auf einen der

	Produktion	Marketing und Distribution	Administration und Operations
Vorteile	+ Kosteneinsparungen durch Hebung von Synergien und Vermeidung von Doppelarbeiten + Größere Fonds-Volumina, kleinere Produktpalette	+ Kosteneinsparungen bei zentralem Marketing und Branding + Bei produktorientierter Ausrichtung des Vertriebes: größere Produktexpertise bei zentraler Steuerung + Bei international aufgestellten institutionellen Kunden: »One-face to the Customer« sichergestellt + Sicherstellung, dass in allen Ländern die gesamte Produktpalette angeboten werden kann	+ Realisierung von Skaleneffekten + Risikomanagement: besserer Überblick über das Gesamtrisiko im Konzern
Nachteile	– Zentrale Steuerung und Zulieferung von Informationen erfordern einen hohen Führungs- und Koordinationsaufwand – Höheres Risiko bei Verfolgung einer unternehmensweiten Makrostrategie – Einschränkung der Freiheiten und der Verantwortung des Portfolio-Manager vor Ort – Vernachlässigung unterschiedlicher kultureller Gegebenheiten	– Aufbau eines einheitlichen Brands über alle Einheiten hinweg erfordert hohe Investitionen/Gleichzeitig wird individueller Brand aufgegeben – Geringere Flexibilität bei Nachfrageänderungen – Geringe Kunden- und Marktnähe: Kundenspezifische Bedürfnisse in den einzelnen Ländern werden vernachlässigt – Sprach- und kulturelle Barrieren erschweren den Absatz der Produkte	– Hohe IT- und Migrationskosten auf dem Weg dorthin – Höheres operationelles Risiko durch Datenkonzentration auf eine Einheit – Hohe Komplexität durch unterschiedliche aufsichtsrechtliche Zwänge

Abb. 5: Vor- und Nachteile einer vollständigen Integration von Fonds-Gesellschaften in eine Asset-Management-Division

beiden Typen sinnvoll. Da es sich bei passiven Mandaten um ein reines Economie-of-Scale-Geschäft mit geringen Margen handelt, spricht hier vieles für einen höheren Integrationsgrad mit striktem Kostenmanagement. Da für aktive Mandate die Investmentperformance das ausschlaggebende Unterscheidungsmerkmal im Wettbewerb ist, liegt der Fokus hier eindeutig auf der Wertentwicklung und damit auf einem geringeren Integrationsgrad. Selbstverständlich ist die Kostenbasis auch hier nicht zu vernachlässigen, jedoch lassen sich bei signifikanten Überrenditen auch höhere Verwaltungsvergütungen vereinbaren. So erwartet Morgan Stanley in der Studie »Working out the winners« aus dem Frühjahr 2005 für die Jahre 2004 bis 2006 für innovative und performancestarke Produkte ein überdurchschnittlich hohes Wachstum mit Margen von 100 bis 200 Basispunkten.

- Beim Marketing und in der Distribution gilt Ähnliches wie in der Produktion. Für eine hohe Integration sprechen vor allem drei Gründe: Durch ein zentrales Branding und Marketing lassen sich langfristig Kosten einsparen. Bei produktorientierter, zentraler Ausrichtung des Vertriebs sind eine hohe Produktexpertise sowie ein umfassendes Angebot in allen Absatzmärkten gewährleistet. Bei international aufgestellten institutionellen Kunden ist schließlich ein »One face to the customer« sichergestellt.
  Gegen einen hohen Integrationsgrad spricht hingegen die geringe Flexibilität bei Änderungen der Nachfrage und die geringe Kunden- und Marktnähe. Beides ist jedoch entscheidend, um Produkte schnell und bedürfnisorientiert zu entwickeln.
- In den Bereichen »Administration und Operations« lassen sich mit Hilfe der Integration nachhaltige und spürbare Skaleneffekte realisieren. Zudem erhält die Divisionsleitung einen besseren Überblick über die Höhe der Gesamtrisiken im Konzern.
  Gegen eine Zentralisierung in diesem Bereich sind jedoch hohe IT- und Migrationskosten bei der Umsetzung einer einheitlichen Plattform (gleiche Front- und Backoffice-Systeme etc.), höhere operationelle Risiken durch Datenkonzentration sowie eine höhere Komplexität im Aufsichtsrecht anzuführen.

Wertschöpfungskettenübergreifend

Wertschöpfungsübergreifend sind folgende Argumente zu berücksichtigen:

- In einer Zeit, in der Produkte immer komplexer und schnelllebiger werden und die Kundenwünsche zunehmend differieren, ist ein hohes Maß an Flexibilität gefragt. Dies lässt sich am besten mit einer Organisationsstruktur verwirklichen, in der die Einheiten eigenständig bleiben und agieren können sowie das unternehmerische Denken und Handeln auf allen Hierarchieebenen gefördert wird.
- Gleichfalls ist das bedarfsorientierte und schnelle Einbinden von externen Partnern bei kleineren selbstständigen Einheiten einfacher als bei zentral verwalteten Asset-Management-Divisionen darstellbar. Das voranschreitende Aufbrechen der Wertschöpfungskette – und damit verbunden der Zwang zum In- und Outsourcing – verlangen überschaubare Strukturen und Prozesse.
- Damit geht einher, dass bei selbstständigen Einheiten deren Marktwert erhalten bleibt und insofern bei Bedarf einzelne Fonds-Gesellschaften einfacher veräußert werden können. Diese »tangible assets« geben der Gesamtbank wiederum

höhere Flexibilität und Senken das finanzielle Risiko bei Übernahme fremder Gesellschaften.

- Während die zuvor genannten Argumente eher für einen geringen Integrationsgrad sprechen, ist gleichfalls sicherzustellen, dass einheitsspezifische und persönliche Interessen zum Wohle der gesamten Division in den Hintergrund treten. Insofern darf der Integrationsgrad nicht so niedrig sein, dass zentrale Konzernfunktionen, wie das z. B. das Risikomanagement oder das Finanzielle Rechnungswesen, unterbewertet werden.

5.3 Netzwerke als Lösung zur Überwindung des Spannungsfeldes

Zur Lösung dieses Problems bietet sich die Verknüpfung der Einheiten in ein interorganisatorisches Unternehmensnetzwerk an. Grundidee ist, dass einzelne Tochtergesellschaften eine Führungsrolle im Sinne eines »Center of Competence« bei der Lösung bestimmter Probleme übernehmen. Folgende Argumente sprechen für einen Netzwerkansatz im Asset-Management (vgl. dazu Abbildung 6):

- Netzwerke erlauben ein Höchstmaß an Flexibilität im internationalen Wettbewerb, um auf die kunden-, produkt- und marktseitigen Veränderungen reagieren zu können.
- Die Produkt-Bandbreite der einzelnen Einheiten wird erweitert.
- Da jede Einheit für ihren finanziellen Erfolg verantwortlich ist und das unternehmerische Denken gewahrt bleibt, steigt für das Geschäftsfeld in Summe die Profitabilität.
- Mit Hilfe eines erfolgreichen Netzwerkes wird gleichzeitig ein hohes Maß an kollektiver Stärke erzielt, wenn der Nutzen des Austausches außer Frage steht.

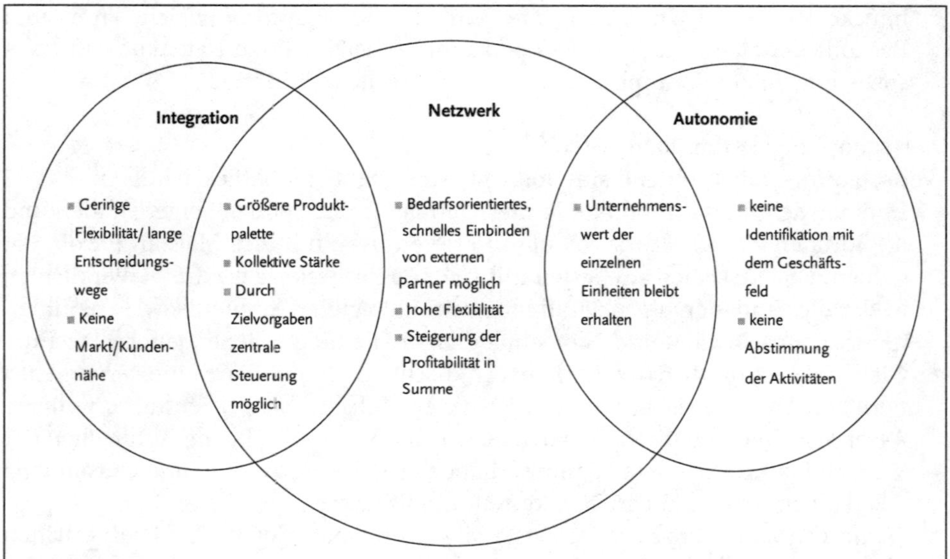

Abb. 6: Netzwerke – Abgrenzung zur vollständigen Integration und Autonomie

Allerdings ist die praktische Umsetzung eines Netzwerkes kein Selbstläufer, sondern erfordert vom Management große Anstrengungen, Überzeugungsarbeit und Motivation aller Beteiligten. So ist nach *Likert* das Schaffen folgender personeller Voraussetzungen notwendig:

- Hohe Bereitschaft zu kooperativem Verhalten, das heißt gegenseitiges Vertrauen statt Feindseligkeit und Konkurrenz.
- Das Arbeitsklima und die Unternehmenskultur müssen so geartet sein, dass Koordinationskonflikte und -probleme offen zutage treten und in direkter Kommunikation bewältigt werden können.
- Einflussübung muss auch ohne Linienautorität, d.h. aufgrund von Sachautorität möglich sein.
- Die Entscheidungsprozesse und die interpersonalen Beziehungen müssen so geartet sein, dass eine Person auch dann ihre Aufgabe gut erfüllt, wenn sie zwei oder mehreren Personen hierarchisch untersteht.

Unterstützt werden könnte die Bildung einer Netzwerkstruktur im Asset-Management, indem man einzelne regionale Einheiten zu Kompetenzzentren für bestimmte Asset-Klassen und/oder Investmentstile erklärt. Vertriebsseitig ist jede Gesellschaft für ihr Heimatland verantwortlich und bei Bedarf wird eine weitere Einheit hinzugezogen. Eine zentrale Koordinationsstelle könnte neben den spontan ausgelösten Aktivitäten eine Abstimmung zwischen speziellen Netzwerkbeauftragten in den einzelnen Einheiten sicherstellen. Um eine größtmögliche Bindung an das Geschäftsfeld zu erreichen, ist eine kontinuierliche Information über alle Netzwerkaktivitäten sicherzustellen. Auf diese Weise ist gewährleistet, dass dem Kunden jeweils die performancestärksten Produkte aus dem gesamten Netzwerk angeboten werden können. Schließlich sollten zentrale Rahmendaten wie Budgets, Planziele und Risikobudgets erarbeitet und eingehalten werden.

6 Ausblick

Die Universalbanken verfügen mit ihren hauseigenen Fonds-Gesellschaften über eine gute Ausgangslage, auch künftig im Vertrieb und in der Produktion von Fonds-Lösungen eine bedeutsame Rolle zu spielen. Allerdings sind dafür sowohl eine nachhaltige Steigerung der Vertriebs- und Beratungsleistung als auch eine deutliche Erhöhung der Produktqualität notwendig. Das wiederum wird nur durch konsequente Spezialisierung auf Kernkompetenzen wie die Nutzung von In- und Outsourcing möglich sein. Entscheidend dafür ist, keine Zeit zu verlieren und bereits jetzt die notwendigen Schritte einzuleiten. Dann wäre es gar nicht so unwahrscheinlich, dass bald deutsche Vermögensverwalter als weltweite Spezialisten für bestimmte Asset-Klassen gelten.

7 Zusammenfassung

Die hohe Wettwerbsintensität und die zunehmende Professionalisierung in der Finanzbranche erfordern von den Universalbanken mit ihren Fonds-Gesellschaften das Überdenken ihrer Geschäftsmodelle. Die Universalbanken haben sich vermehrt gegenüber Spezialisten sowohl im Vertrieb als auch in der Vermögensverwaltung durchzusetzen. Vertriebsseitig erfordert das Reaktionen auf die Verbreitung offener Architekturen, produktionsseitig ist der Fokus auf die Erhöhung der Produktqualität zu legen. Für die Universalbanken bedeutet das auch, die Stärke ihres Integrationsgrades zu prüfen. Wenn sich auch die Frage nach dem optimalen Integrationsgrad nicht allgemein gültig beantworten lässt, wird als Reaktion auf die Verbreitung offener Architekturen im Vertrieb der »Guided Architecture«-Ansatz als Mittelweg empfohlen. Er ermöglicht u. a. eine Steigerung der Vertriebsleistung bei hinreichend großer Produktpalette. Hinsichtlich des Zusammenwirkens zwischen den Fonds-Gesellschaften innerhalb einer Asset-Management-Division wird ein Netzwerkansatz propagiert. Auf diese Weise kann unter Beachtung der jeweiligen regionalen Gegebenheiten flexibel auf markt-, produkt- oder kundenseitige Veränderungen reagiert, und die jeweils im Netzwerk vorhandenen performancestärksten Produkte können angeboten werden. Insgesamt wird davon ausgegangen, dass auch künftig Universalbanken bei der Produktion und im Vertrieb von Asset-Management-Leistungen eine gewichtige Rolle spielen können. Voraussetzung dafür ist allerdings, dass sie bereits jetzt den organisatorischen Herausforderungen begegnen.

Literatur

Achleitner, Ann-Kristin: Handbuch Investment Banking, 2. Auflage, Wiesbaden, 2000

Bullinger, Hans-Jörg/Warneke, Hans Jürgen/Engelbert, Westkämper (Hrsg.): Neue Organisationsformen in Unternehmen – Ein Handbuch für das moderne Management, 2. neu bearbeitete und erweiterte Auflage, Berlin u.a., 2003

Boston Consulting Group: BCG Asset Manager Benchmark Study 2004

Burik, Paul/Kruse, Oliver: Strukturen im Fondsgeschäft – Chancen für Spezialisten, in: bank und markt, November 2002, S. 41–45

Burik, Paul/Kruse, Oliver: Open architecture's limits, in: Global Investor Magazin, Dec./Jan. 2003, S. 68

Burik, Paul/Kruse, Oliver: Mischfonds neuer Prägung – Attraktivität durch Flexibilität, in: Die Bank, Januar 2005, S. 16–19

Busch, Henning: Der Standort Deutschland aus der Sicht eines ausländischen Fondsanbieters, in: Westphal, Immo/Horstkotte, Christian/Ripper, Klaus (Hrsg.): Asset Management – Investmentkonzepte, Produkte, Vertriebswege und Standortfragen der Fondsbranche, 2. Auflage, Stuttgart, 2003, S. 31–47

Hockmann, Heinz J./Thießen, Friedrich (Hrsg.): Investmentbanking, Stuttgart, 2002

Likert, R.: The human organization, New York, 1967

Kieser, Alfred/Walgenbach, Peter: Organisation, 4. Auflage, Stuttgart, 2003

König, Peter: Asset Management in Germania, in: dpn, Januar 2004, S. 23–24

Kreikebaum, Hartmut u. a.: Organisationsmanagement internationaler Unternehmen – Grundlagen und moderne Netzwerkstruktur, 2. Auflage, Wiesbaden, 2002

Kübel-Sorger: Multi-Channel-Strategien im Retail-Asset Management in Europa, in: Westphal, Immo/Horstkotte, Christian (Hrsg.): Asset Management – Investmentkonzepte, Produkte und Vertriebswege in der Fondsbranche, Stuttgart, 2002, S. 245–263

McKinsey: Fit for growth, Annual Investment and Wealth Management CEO Conference, 2005

Morgan Stanley: Working Out the Winners: The Asset Management Barbell, Update Spring 2005

Mercer Oliver Wyman: Asset Management Trends and Options, April 2004

Narat, Ingo: Die Zukunft der Anlagebranche – Konsolidierung und Arbeitsteilung, in: Westphal, Immo/Horstkotte, Christian/Ripper, Klaus (Hrsg.): Asset Management – Investmentkonzepte, Produkte, Vertriebswege und Standortfragen der Fondsbranche, 2. Auflage, Stuttgart, 2003, S. 261–285

Thießen, Friedrich: Zur Trennung von Vertriebs- und Produktionsbank – Chancen und Risiken der Òpen Architecture`- Strategien im Vermögensmanagement, Österreichisches Bank Archiv, 06/2003, S. 408–414

Von Stein, Heinrich/Terrahe, Jürgen (Hrsg.): Handbuch Bankorganisation, 2. Auflage, Wiesbaden

Fondsratings: Reines Marketing oder sinnvolle Hilfestellung für den Anleger?

Jens Kummer/Kerstin Bär

Die Autoren erklären ausdrücklich, dass die dargestellten Interpretationen und Meinungen ausschließlich ihre persönliche Auffassung wiedergeben.

1 Einleitung

Fondsratings spielen eine immer wichtigere Rolle bei der Anlageentscheidung. Daher bieten immer mehr Agenturen Anlegern ihre Ratings als Kaufentscheidungshilfe an und auch Fonds-Anbieter nutzen Ratings immer stärker für die Produktvermarktung. Doch keines der quantitativen Ratingverfahren konnte in den letzten Jahren wirklich überzeugen und auch die vermeintlich bessere Prognosequalität qualitativer Ratingverfahren muss sich in der Praxis erst noch beweisen. Zudem dürften für den Anleger die feinen Unterschiede in der Messmethodik einzelner Ratingverfahren kaum nachvollziehbar sein. Es besteht die Gefahr, dass eine unkritische Ausrichtung der Fondsauswahl auf Ratings zu einem erheblichen Investmentrisiko führt und Anleger sich in einem Gefühl falscher Sicherheit wähnen.

Über 10.000 Publikumsfonds stehen dem deutschen Anleger Anfang 2005 zur Auswahl. Und weltweit vervielfacht sich die Zahl auf über 100.000. In diesem Fondsdschungel wird es immer schwieriger, den Überblick zu behalten und die besten Produkte für eine erfolgreiche Anlagestrategie aufzuspüren.

Deshalb versuchen Ratingagenturen mit ihren diversen Fondsratings seit einigen Jahren, dem Anleger eine Orientierungshilfe anzubieten. Mit ihren verschiedenen Beurteilungen und deren Vermarktung in den Medien erreichen sie einen großen Teil der privaten Anleger. Bei der Anlageentscheidung spielt das Fondsrating deshalb immer öfter eine gewichtige Rolle. Doch wie gut sind die Gütesiegel als Hilfe bei der Kaufentscheidung wirklich? Helfen dem Anleger die Beurteilungen von derzeit 15 aktiven Ratingagenturen in Deutschland[1] tatsächlich? Worin liegen die Unterschiede der einzelnen Bewertungsverfahren? Und zu guter Letzt – die Kernfrage: Welches Rating identifiziert dem Anleger tatsächlich die zukünftig erfolgreicheren Fonds?

2 Bedeutung des Fondsratings: Gütesiegel als Hilfe bei der Kaufentscheidung

Fondsratings sind eine der wesentlichen Erfolgsfaktoren im Fondsvertrieb. Sie erleichtern dem Anleger die Orientierung im Angebotsdschungel und ersparen ihm Zeit bei der Fondsselektion. Ratings sind selbst dem uninformierten Anleger ein Begriff, da er auch außerhalb von Geldanlagen ständig mit Ratings konfrontiert wird (z.B. Rating des deutschen Schachbundes als Gradmesser für die Spielstärke, ebay-Bewertungen für Verkäufer, Stiftung-Warentest-Urteile etc.). Anleger assoziieren den Begriff Rating daher mit Kompetenz und Zuverlässigkeit. Entsprechend nutzen Investmentgesellschaften besonders gute Ratings in der Vermarktung bewusst als Differenzierungsmerkmal gegenüber nicht oder schlechter bewerteten Konkurrenzprodukten.

---

1 Anfang 2005 sind 15 Ratingagenturen im Anbieter-Transparenz-Tableau des Bundesverbands Investment und Asset Management e.V. (BVI) aufgeführt.

Und diese Vermarktungsstrategie zeigt Wirkung: In den USA fließen etwa ¾ der gesamten Mittelzuflüsse in die von der Ratingagentur Morningstar am besten bewerteten Fonds (4- und 5-Sternefonds). In Deutschland wählen immerhin 37% der Privatanleger die Investment-Fonds auf Basis von Ranglisten und Ratings aus.[2] Eine Analyse der Mittelzuflüsse in den letzten Jahren zeigt jedoch, dass zwar ein positiver, jedoch generell nur schwacher Zusammenhang zwischen historischem Rating und nachfolgenden Mittelzuflüssen in die in Deutschland zum Vertrieb zugelassenen Fonds besteht. Ein Fonds mit einer geringen jährlichen Outperformance von 1 – 3% wird von den Anlegern nicht automatisch mit Mittelzuflüssen honoriert. Die Gründe hierfür liegen zum einen in Marketing- und Vertriebsaktivitäten, welche die Statistik überlagern. Zum anderen erfolgt eine starke Verzerrung durch einzelne Top-Performer. Dieses Phänomen lässt sich am besten mit »The winner takes it all« umschreiben, was bedeutet, dass nur extrem wenige Fonds, und zwar die mit der höchsten Outperformance über 1 – 3 Jahre, den Großteil der Mittelzuflüsse auf sich vereinen. Bisher waren diese extremen Überrenditen jedoch nie langfristig von Dauer (siehe Abbildung 1).

Outperformance und Mittelzuflüsse bei einem ausgewählten Fonds

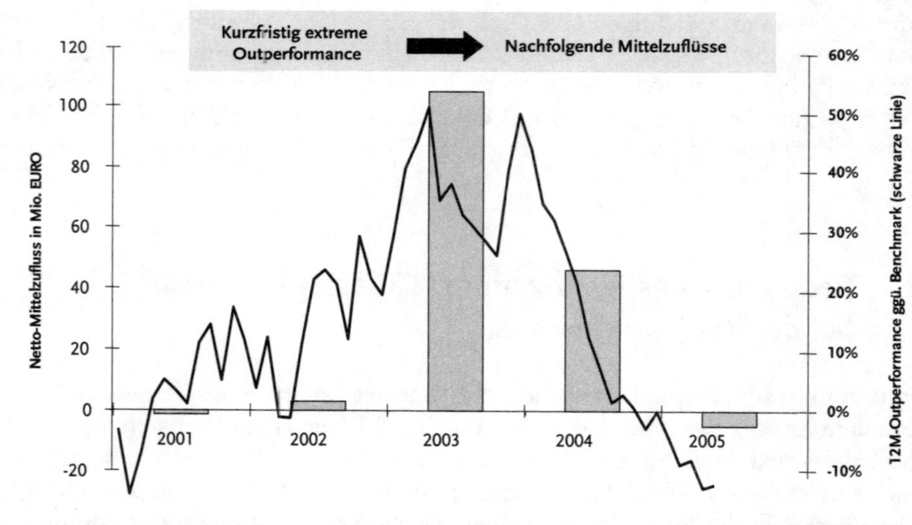

Abb. 1: The winner takes it all

Wenn Fondsratings für die Anlageentscheidung genutzt werden, dann stützt man sich im Allgemeinen auf mehr als ein Rating.[3] Die deutschen Anleger konzentrieren sich

2 Quelle: Grundlagenstudie Investmentfonds 2004 des Bundesverbands Investment und Asset Management e.V. (BVI)

3 Quelle: Fonds-Ratingstudie von FERI Trust GmbH, 2002.

dabei im Wesentlichen auf die Anbieter Standard & Poor´s (S&P), FERI Trust und Morningstar.[4] Die Ratingsystematiken dieser Anbieter werden daher im Folgenden verstärkt berücksichtigt und hinsichtlich ihres Mehrwerts gegenüber einer klassisch angelegten Rangbildung mit Hilfe des Sharpe-Ratios untersucht.

Insgesamt kann die Verfolgung mehrerer Ratings bei der Anlageentscheidung schnell für mehr Ver- als Entwirrung sorgen. Eine stichprobenartige Untersuchung der drei genannten Ratings zeigt, dass bei lediglich ca. einem Drittel der Fonds die Ratings der verschiedenen Anbieter weitgehend konsistent sind.[5] Bei 10% der Fonds weichen die Ratings dahingegen über die komplette Spannbreite voneinander ab, d.h. ein einzelner Fonds erhält bei einer Ratingagentur ein gutes Rating, bei der nächsten ein mittleres und bei der dritten gar ein schlechtes Rating. Zu ein und demselben Fonds geben die diversen Ratings also völlig unterschiedliche Handlungsempfehlungen. Der Anleger dürfte mindestens so ratlos sein wie zuvor. Um Ratings für die Anlageentscheidung sinnvoll einsetzen zu können, ist es daher wichtig, die verschiedenen Ratingkonzepte detailliert zu verstehen.

3 Grundkonzept und Unterschiede der Fondsratings

Wie auch bei der Beurteilung von Emittenten oder bei der Bewertung spezifischer Anleihen mit Hilfe des Credit-Ratings werden beim Fondsrating quantitative (z.B. historische Rendite) und oft auch qualitative Informationen (z.B. Investmentprozess, Erfahrung des Fondsmanagements) zur Beurteilung herangezogen. Rein quantitative Verfahren haben den Vorteil, dass ein objektives Bewertungsverfahren vorliegt und damit die Ratings für Dritte grundsätzlich nachvollziehbar sind. Des Weiteren können quantitative Ratingverfahren für sehr viele Fondsbewertungen genutzt werden. Sie sind somit repräsentativ, d.h. nicht selektiv hinsichtlich ihrer Fondsauswahl. Da alle qualitativen Ratingverfahren auf jeden Fall auch quantitative Bewertungen[6] nutzen, erfolgt zunächst eine kurze Beschreibung des Vorgehens bei quantitativen Fondsratings.

Grundsätzlich durchlaufen Fonds zur Erlangung eines quantitativen Fondsratings drei Stufen (siehe Abbildung 2).

Zuweisung von Fonds in eine Anlagekategorie

Die Zuweisung von Fonds in eine Anlagekategorie erscheint auf den ersten Blick sehr einfach. In der Praxis ist dies jedoch der Hauptgrund für ein Split-Rating (unterschiedliche Beurteilung eines Fonds bei zwei verschiedenen Ratingagenturen). Bei Morningstar werden z.B. alle deutschen Aktienfonds mit Anlageschwerpunkt

---

4 Ergebnis eines DWS Quick Votes im Internet zur Frage: »Welches Fondsrating ist Ihnen bei der Kaufentscheidung wichtig?«

5 Als weitgehend konsistent wurde dann eine Bewertung definiert, wenn die grobe Ratingeinstufung gut (5 und 4 Sternekategorie), mittel und schlecht (1- und 2-Sternekategorie) bei den unterschiedlichen Ratings identisch war.

6 Für das S&P Fund Management Rating wird intern ein Quant-Wert sowie dessen Trend berechnet. Für die Zuweisung eines S&P-Ratings sollte dieser Quant-Wert mindestens 65 betragen.

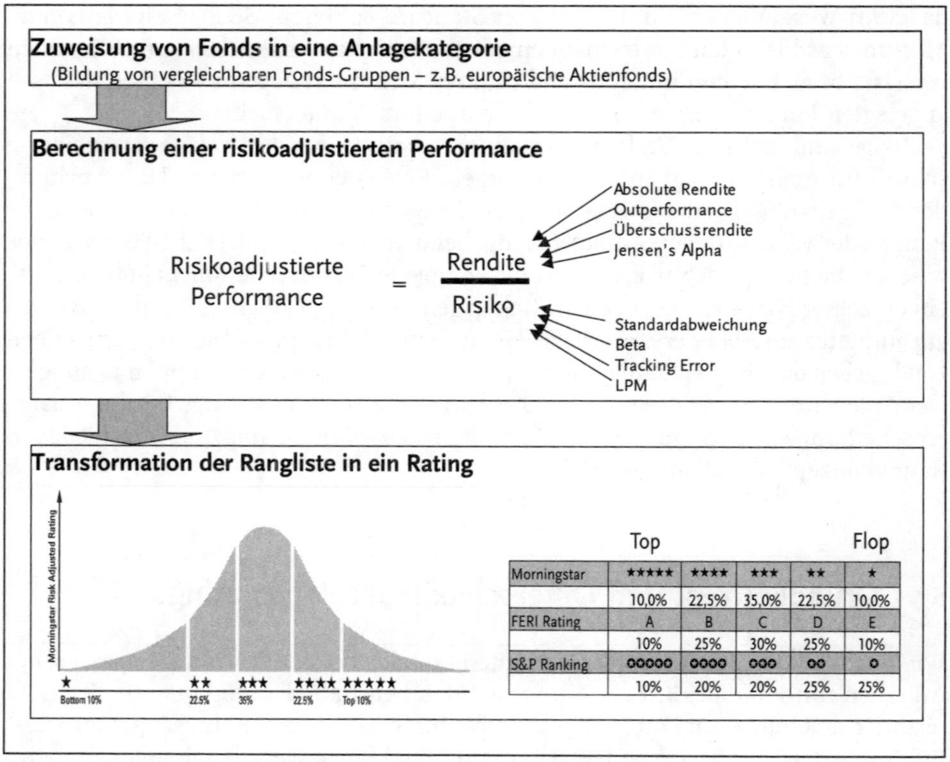

Morningstar	★★★★★	★★★★	★★★	★★	★
	10,0%	22,5%	35,0%	22,5%	10,0%
FERI Rating	A	B	C	D	E
	10%	25%	30%	25%	10%
S&P Ranking	○○○○○	○○○○	○○○	○○	○
	10%	20%	20%	25%	25%

Abb. 2: Grundprinzip des quantitativen Fondsratings

Deutschland als europäische Aktienfonds zugeordnet. In Abhängigkeit von der relativen Wertentwicklung des DAX gegenüber den europäischen Indizes schneiden diese am deutschen Markt investierenden Fonds im europäischen Vergleich systematisch besser oder schlechter ab und erhalten entsprechend automatisch ein besseres oder schlechteres Rating. Weitere Unschärfen bei der Zuweisung von Fonds existieren aufgrund der unterschiedlichen Grob- bzw. Feingliederung der Anlagekategorien[7] bei den verschiedenen Ratingagenturen und aufgrund der unterschiedlichen Berücksichtigung von Veränderungen in der Anlagepolitik. Es besteht daher die Gefahr, dass einige vermeintlich gut bewertete Fonds nur deshalb so gut abschneiden, weil sie einem ungeeigneten Fonds-Universum zugeordnet worden sind.

Berechnung der risikoadjustierten Performance

Nach der Zuweisung der Anlagekategorien steht die Berechnung der risikoadjustierten Rendite für alle Fonds einer Anlageklasse und die entsprechende Bildung einer Rangfolge im Mittelpunkt. Dabei wird neben der reinen Rendite auch das Risiko des Fonds

---

7 S&P verfolgt mit den SPFS Global Sector Categories eine sehr feine Aufgliederung der Anlagekategorien, während Morningstar mit nur 88 Fonds-Gruppen möglichst viele Fonds innerhalb der jeweiligen Anlagekategorie vergleicht.

berücksichtigt. In Abb. 3 sind zwei Fonds A und B aufgeführt, die über ein Jahr die gleiche Rendite, jedoch mit unterschiedlichem Verlauf erzielen. Intuitiv erscheint Fonds B aufgrund der höheren Schwankungen als die riskantere Anlage.

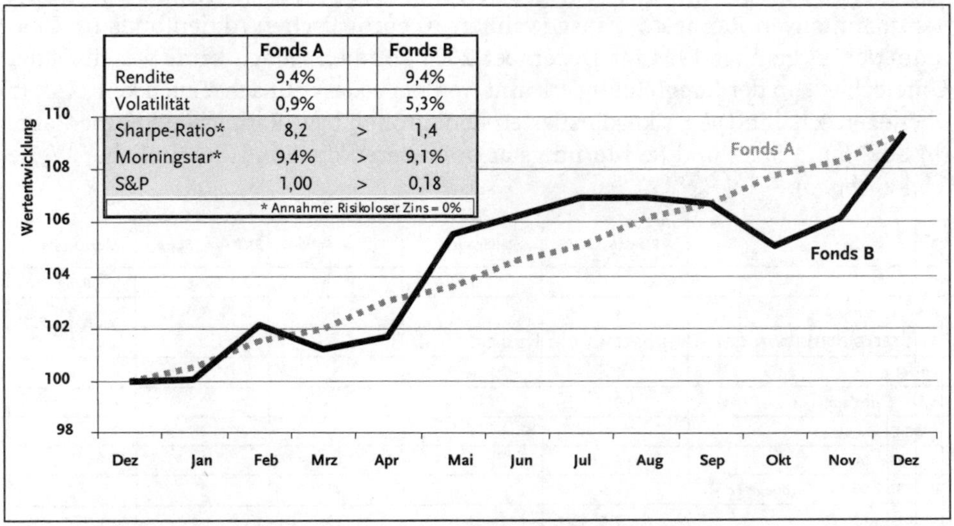

Abb. 3: Grundkonzept der risikoadjustierten Performance

Durch die Anpassung der reinen Rendite um eine Risikogröße wird die risikoadjustierte Rendite ermittelt. Einfachste Möglichkeit ist, die Rendite durch die Volatilität zu dividieren. Da jedoch jeder Anleger das Risiko subjektiv unterschiedlich einschätzt, existieren auch zahlreiche andere Möglichkeiten, Risiken mathematisch zu definieren. Diese Nicht-Objektivierbarkeit von Risiko führt dazu, dass jede Ratingagentur ihre eigene Risikodefinition vornimmt. Bei dem Darstellungsbeispiel in Abb.3 ist das Ergebnis jedoch stets das Gleiche: Die risikoadjustierte Rendite (bzw. die Kennzahl) des Fonds A ist größer als die risikoadjustierte Rendite (bzw. die Kennzahl) des Fonds B.

Transformation der Rangliste in ein Rating

Letzter Schritt ist die Verdichtung der risikoadjustierten Rendite zu einem Ratingsymbol. Wie jede Generalisierung zeichnet sich auch die Zuweisung eines Fonds zu einer Ratingklasse durch Vor- und Nachteile aus. Dem Gewinn an Übersichtlichkeit und Greifbarkeit steht ein Verlust an Detailinformationen gegenüber. Die Ratingagenturen unterscheiden sich auf dieser Ebene durch abweichende Gruppengrößen[8] und Symbole.

8 Die zwei höchsten Ratinggruppen decken bei FERI die besten 32,5%, bei Morningstar 35,0% und bei S&P Fund Stars nur 30,0% aller Fonds innerhalb der Kategorie ab.

3.1 Vergleich von Morningstar, S&P Fund Stars und Sharpe-Ratio

In der Darstellung der einzelnen Ratingsystematiken wird von jeder einzelnen Ratingagentur die Überlegenheit des eigenen Ansatzes angepriesen. In einer Simulation der quantitativen Ratings bei ausgewählten 10 europäischen Aktienfonds im Zeitraum von Dezember 1994 bis Dezember 2004 konnten jedoch keine wesentlichen Unterschiede in der Rangbildung erkannt werden, sodass zunächst auch kein Ansatz überlegen scheint: Die risikoadjustierten Kenngrößen bzw. Ratings (a) Sharpe-Ratio, (b) S&P Fund Stars und (c) Morningstar priorisieren die Fonds in ähnlicher Weise (siehe Abb. 4).

	Rendite p.a.	Rendite p.a.	Sharpe-Ratio	S&P Fund Stars	Morningstar
		Rang	Rang	Rang	Rang
Activest EuropeGrowth	5,4%	9	9	9	9
ADIG FONDIROPA	6,4%	8	8	8	8
AriDeka	7,9%	4	5	4	4
MEAG EuroKapital	8,9%	1	1	2	1
DWS Eurovesta	7,2%	7	7	7	5
INDUSTRIA	8,3%	3	2	1	2
INVESCO GT Pan European Fd	8,7%	2	4	3	6
Metzler Aktien Europa	4,9%	10	10	10	10
SEB Invest Europafonds	7,7%	5	6	5	7
UniEuropa	7,7%	6	3	6	3
	Rangkorrelation zur Rendite		0,90	0,96	0,79
Nachbildung der Ratingkennzahlen über 10 Jahre, Anlageuniversum: 10 europäische Aktienfonds, Risikoloser Zins: 3,5%					

Abb. 4: Ranking der quantitativen Ratings

Dominierendes Merkmal für die Rangbildung ist die historische Rendite (Rangkorrelationen zur einfachen Rendite liegen zwischen 80 und 96%). Das Risiko wird zwar durch die unterschiedlichen Kennzahlen differenziert betrachtet, die Spannweite der Renditen ist jedoch größer als die Streuung der Risiken innerhalb der Anlagekategorie. Somit trägt der Renditeunterschied der Fonds stärker zur Kennzahlenbildung bei. Grundsätzlich lässt sich sagen, dass die reine Rendite für das Rating umso wichtiger ist, je homogener die Anlagekategorien sind.

Dass alle quantitativen Ratings die Rendite um das Risiko adjustieren, ist z.B. beim Invesco Pan European Fonds gut zu verfolgen (Abbildung 4). Während dieser Fonds hinsichtlich der Rendite auf Rang 2 liegt, verschlechtert sich das Ergebnis unter Berücksichtigung des Risikos. Da Morningstar diesen Fonds sogar nur auf Rang 6 führt, gewichtet diese Systematik das Risiko im Vergleich zu Sharpe-Ratio und S&P Fund Stars offensichtlich am stärksten. Noch deutlicher wird die stärkere Risikoaversion von Morningstar bei der Ermittlung der risikoadjustierten Performance (RAP), wenn ein exemplarischer europäischer Fonds im Zeitablauf betrachtet wird (siehe Abb. 5). Während die S&P Fund Stars diesen Fonds im Jahre 2001 noch auf Platz 3 von 10 eingruppierten, erfolgte bereits eine deutliche Abstufung durch die Morningstar RAP.

Platzierung eines Fonds innerhalb von 10 Konkurrenten auf Basis der letzten 36 Monate

	S&P Fund Stars	Morningstar RAP
31.12.1997	2	1
31.12.1998	2	2
31.12.1999	2	2
31.12.2000	2	3
31.12.2001	3	10
31.12.2002	10	10
31.12.2003	10	10
31.12.2004	6	5

Abb. 5: Quantitative Ratings im Zeitablauf

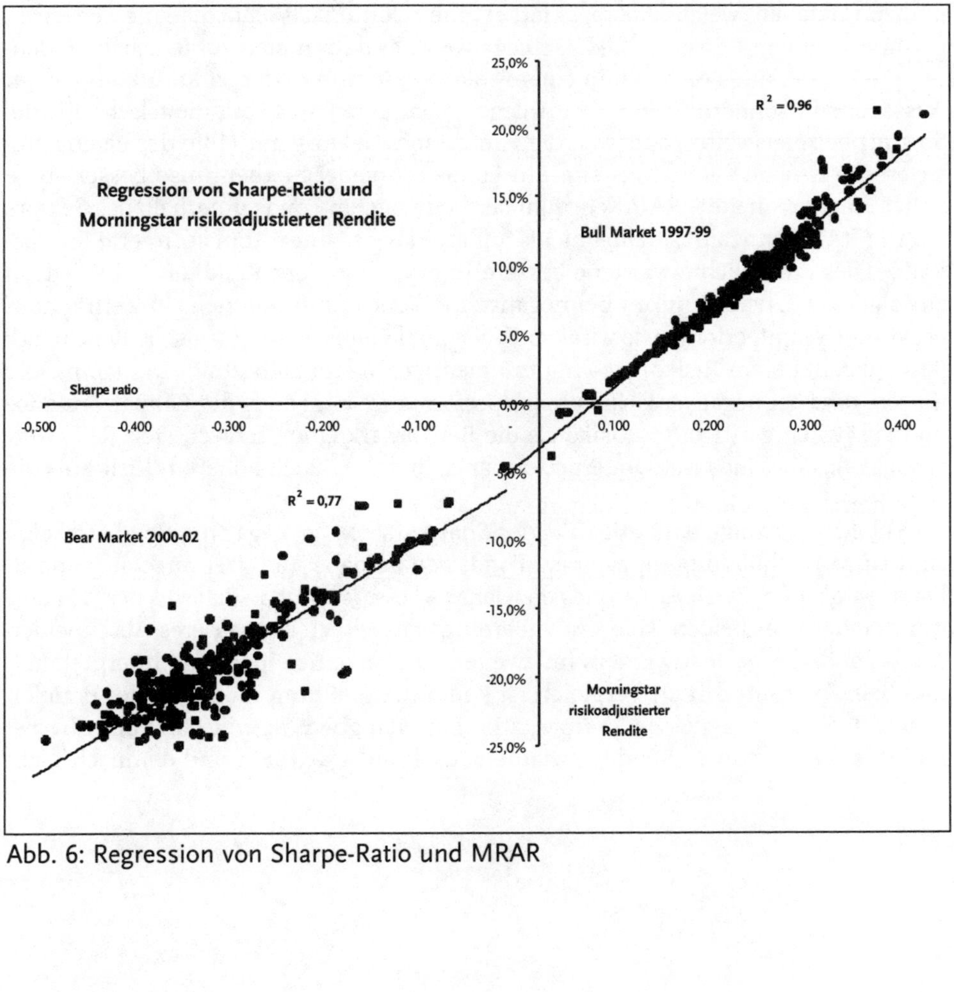

Abb. 6: Regression von Sharpe-Ratio und MRAR

Insgesamt scheint die Morningstar RAP in fallenden Märkten dem Sharpe-Ratio überlegen zu sein (siehe Abb. 6). Die Analyse zeigt, dass die Unterschiede zwischen Sharpe-Ratio und Morningstar RAP in Zeiten negativer Renditen deutlicher als in Zeiten positiver Renditen sind. Die Überlegenheit von Morningstar bezieht sich nach dieser Analyse zunächst jedoch lediglich auf die Berechnungsformel der RAP, nicht berücksichtigt sind dabei Vor- und Nachteile aus der Peergruppenbildung sowie der Art und Weise der Datenverarbeitung.

Ein weiterer Unterschied bei den diversen quantitativen Bewertungsverfahren neben den unterschiedlichen Berechnungsmethoden ist z.B. die (Basis-)Währung, in welcher die Berechnungen für die jeweilige Fondskategorie durchgeführt werden. Weicht die Fondswährung von der Berechnungswährung ab, dann wird eine zufällige Währungsrendite als Fähigkeit (bzw. Unvermögen) des Fondsmanagers interpretiert, wenngleich kein aktiver Währungsbeitrag durch den Fondsmanager erwirtschaftet wurde.

3.2 Vorsicht bei negativen Renditen

Dass Rating nicht gleich Rating ist und es für den Anleger wichtig ist, zu wissen und zu verstehen, welche Aussagekraft er einem Rating tatsächlich beimessen kann, gewinnt in einem Börsenumfeld von negativen Gesamtrenditen zusätzlich an Bedeutung. Einige Ratings verlieren in einem solchen Marktumfeld nicht nur komplett an Aussagekraft, sondern führen den Anleger sogar geradewegs auf die falsche Fährte. So stuft beispielsweise Fondsweb die Fonds eines Sektors mit Hilfe des eigens kreierten fondsmeter®-Rankings ein. Ein Fonds schneidet hierbei umso besser ab, je höher die fondsmeter®-RAP-Kennzahl des betrachteten Fonds innerhalb des Sektors ist. Die RAP-Kennzahl ist dabei nichts anderes als das linear transformierte Sharpe-Ratio. Dies ermöglicht zwar eine bessere Interpretation der Renditen, führt jedoch zu folgender Unstimmigkeit bei negativen (Überschuss-)Renditen: In Zeiträumen negativer Gesamtperformance wird ein Fonds mit höherer Volatilität als die Benchmark (also auch höherem Risiko) belohnt, mit niedriger Volatilität bestraft. Das kann dazu führen, dass bei negativer Gesamtmarktperformance ein Fonds mit Outperformance und zusätzlich geringerem Risiko als die Benchmark einen schlechteren RAP-Wert erreicht als ein Fonds mit Underperformance und zusätzlich höherem Risiko als die Benchmark.

Abbildung 7 zeigt, dass mit Hilfe des Sharpe-Ratios bei negativen Renditen keine eindeutige Rangbildung möglich ist. Fonds A wird dabei mit drei verschiedenen B-Fonds verglichen. Zwei der B-Fonds erzielen ein besseres Sharpe-Ratio als der A-Fonds, nur in einem der beiden Fälle kann allerdings tatsächlich ein besseres Abschneiden des B-Fonds festgestellt werden, im zweiten Fall ist keine eindeutige Interpretation möglich. Auch im dritten Vergleich ist keine Rangbildung möglich, hier erzielen A- und B-Fonds das gleiche Sharpe-Ratio. Eine Rangbildung mit Hilfe des Sharpe-Ratios ist bei negativen Renditen mathematisch nicht definiert und demnach nicht möglich.

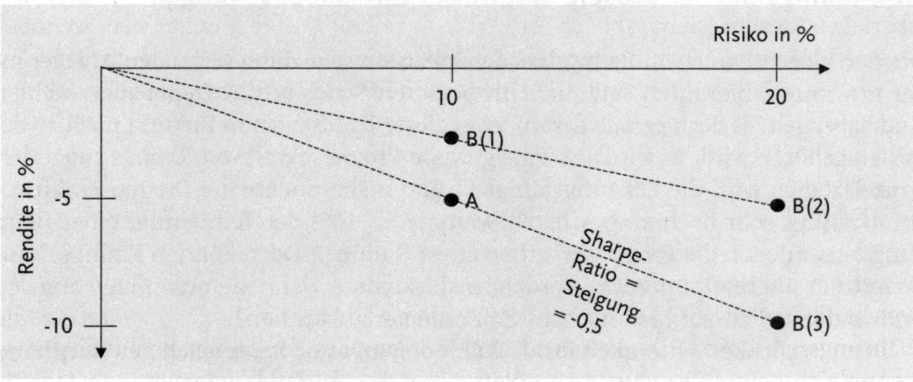

	Fonds A		Fonds B (1,2,3)	Interpretation
(1)	$\frac{-5}{10} = -0{,}5$	<	$\frac{-2{,}5}{10} = -0{,}25$	✓
(2)	$\frac{-5}{10} = -0{,}5$	<	$\frac{-5}{20} = -0{,}25$	???
(3)	$\frac{-5}{10} = -0{,}5$	=	$\frac{-10}{20} = -0{,}5$	???

Eine Rangordnung ist bei negativen Renditen nicht eindeutig!

Abb. 7: Rangordnung bei negativen Renditen

4 Prognosekraft von Rankings und Ratings

4.1 Rankings und Hitlisten: Do winners repeat?

Im Gegensatz zu Ratings beschränken sich Rankings und Renditehitlisten auf die Angabe historischer Performancedaten für einen bestimmten Betrachtungszeitraum. Historische Renditen für sich allein erlauben jedoch kaum Aussagen über die zukünftige Entwicklung eines Fonds. Dies belegt auch eine jährlich aktualisierte Untersuchung der Ratingagentur Morningstar: Dabei werden jeweils die drei erfolgreichsten Fonds und die drei schlechtesten Fonds des Vorjahres miteinander verglichen. Seit 1987 haben sich die schlechtesten Fonds in den folgenden drei Jahren in 90% aller Fälle besser entwickelt als die Top-Performer. Einfach auf die Gewinner des Vorjahres zu setzen, ist also keine Erfolg versprechende Anlagestrategie. Und Ratings? Da diese im Vergleich zu Rankings eine Vielzahl zusätzlicher Faktoren berücksichtigen, lassen sich zumindest bessere Ergebnisse vermuten.

4.2 Ratings als der bessere Wegweiser im Fondsdschungel?

Die Berücksichtigung von Ratings bei der Anlageentscheidung verbinden Anleger mit der Erwartung, hierdurch den qualitativ besseren Fonds für ihr Depot auszuwählen. Und dabei geht es doch gerade darum, dass dieser Fonds auch in Zukunft noch zu den Besten gehören wird. Es wird also eine gewisse Prognosekraft von Ratings suggeriert. Grundsätzlich wird die Leistungsfähigkeit und insbesondere die Prognosekraft von Fondsratings sehr hoch eingeschätzt: Weniger als 10% der Teilnehmer einer Befragung bezweifelten die Prognosekraft positiver Ratings.[9] Doch können Ratings dieser Erwartung überhaupt gerecht werden, insbesondere wenn sie quantitativ angelegt sind und lediglich auf historischem Zahlenmaterial beruhen?

Die Wirklichkeit ist ernüchternd: Wählt der Investor heute nach gewissenhafter Recherche einen top-bewerteten Fonds, so sagt dies rein gar nichts über die Qualität des Fonds in den nächsten Jahren aus. Ein gutes Fondsrating zum Zeitpunkt des Fondskaufs gibt dem Investor keine Gewähr, künftig einen gut gerateten und top-performenden Fonds in seinem Depot zu haben.

Ratings geben keine stabilen Prognosen

Eine Analyse des FERI-Ratings am Beispiel der Fondsgruppe »Europäische Aktien« zu zwei Stichtagen im Abstand von 4 Jahren zeigt, dass Ratings, die auf historischen Wertentwicklungen basieren, keine Stabilität aufweisen (siehe Abbildung 8): Nur 13% der Fonds mit einem A-Rating in 2000 konnten auch 4 Jahre später noch mit einem Top-Rating aufwarten. Sicherlich sind Ratings auf 1-Jahres-Sicht stabiler, dabei muss jedoch bedacht werden, dass nach einem Jahr 80% der für das Rating verwandten Daten unverändert bleiben, da dem Rating ein 5-Jahres-Betrachtungszeitraum zu Grunde liegt. Die Anforderung an Ratings, durch die verschiedenen Marktzyklen hindurch zu »sehen« und eine stabile Prognose abzugeben, kann damit zumindest in Frage gestellt werden.

Migration in Prozent		nach Rating 2004				
		A	B	C	D	E
von Rating 2000	A	13%	25%	13%	38%	13%
	B	12%	29%	18%	24%	18%
	C	21%	25%	25%	17%	13%
	D	11%	17%	33%	33%	6%
	E	0%	25%	0%	75%	0%

Abb. 8: Ratings im Zeitablauf

Ein weiterer interessanter Zusammenhang besteht in Bezug auf spätere Fondsauflösungen. Besaß man einen schlecht bewerteten Fonds, dann wurde dieser mit fast 50%iger Wahrscheinlichkeit aufgelöst oder mit einem anderen Fonds fusioniert. Schlechte Fonds verschwinden also regelmäßig vom Markt. Ob dem betroffenen

9 Quelle: Fonds-Ratingstudie von FERI Trust GmbH, 2002.

Anleger durch eine Fondsschließung oder -fusion geholfen ist, bleibt jedoch dahingestellt.

Gutes Rating gibt keine Gewähr für künftig gute Performance

Es mag dem Anleger nicht ganz so wichtig sein, dass sein Fonds auch in Zukunft ein Top-Rating hält, solange zumindest die Wertentwicklung überdurchschnittlich ist. Doch, wie bereits zuvor dargestellt, entwickeln sich diese beiden Faktoren zwangsläufig in die gleiche Richtung. Dies belegt auch ein Blick auf die künftigen Renditen der unterschiedlichen Ratinggruppen am Beispiel der Fondskategorie »Europäische Aktien« von FERI Trust (siehe Abb. 9). Es zeigt sich, dass weder die gut bewerteten Fonds in den Folgejahren konsistent besser noch die schlecht bewerteten Fonds konsistent schlechter als die Konkurrenz performten. De facto schlossen im Schnitt über die vier betrachteten Jahre die D-bewerteten Fonds am besten ab. Ein eher trauriges Fazit für ein Rating. Ähnliche Beispiele dürften sich in allen Ratingsystematiken finden.

Rating 12/2000	Rendite 2001	Rendite 2002	Rendite 2003	Rendite 2004	**Gesamtrendite**
(A)	-20,6%	-32,2%	15,4%	8,4%	**-32,6%**
(B)	-21,3%	-33,7%	14,2%	10,0%	**-34,4%**
(C)	-18,2%	-32,3%	12,7%	9,0%	**-32,0%**
(D)	-17,8%	-34,1%	16,6%	7,8%	**-31,9%**
(E)	-20,3%	-34,5%	10,4%	10,0%	**-36,5%**

Abb. 9: Rating und zukünftige Performance

Tatsächlich war keine der vier Kennzahlen (a) Rendite, (b) Sharpe-Ratio, (c) S&P Fund Stars und (d) Morningstar Riskadjusted Performance (RAP) in der Lage, eine überlegene Fondsauswahl zu ermitteln. In keinem der vier Fälle generierte das Top-Quartil-Portfolio, das jeweils aus den besten 25% der bewerteten Fonds bestand (rollierende letzte 3 Jahre), in den Folgejahren eine signifikante Outperformance gegenüber dem Flop-Quartil-Portfolio (siehe Abb. 10)[10]. Im gewählten 4-Jahres-Betrachtungszeitraum zeigt sich hingegen bei zwei der vier Kennzahlen sogar eine Underperformance des Top-Fonds-Portfolios. Und selbst die ausgewiesene Outperformance über den 7-Jahres-Zeitraum dürfte den kritischen Betrachter kaum überzeugen, da der Zeitraum von 1996 bis 2000 von starken Trends geprägt war (Momentum-Effekt) und die annualisierte Outperformance von meist unter 2% kaum die Umsetzungskosten in einem realen Portfolio tragen kann.

10 Fonds-Auswahl für das Top- und Flop-Portfolio erfolgte jeweils zum Jahresende (Dezember) auf Basis der letzten 36 Monate.

	Auswahlkriterium			
Outperformance eines Winner-Portfolios (besten 3 Fonds) ggü. Loser-Portfolio (schlechtesten 3 Fonds) über...	**Rendite**	**Sharpe-Ratio**	**S&P Fund Stars**	**Morningstar**
4 Jahre (12/2000 – 12/2004)	-0,8%	3,3%	-1,5%	0,4%
7 Jahre (12/1997 – 12/2004) (annualisierte Outperformance)	9,5% (1,3%)	8,3% (1,1%)	9,0% (1,2%)	14,9% (2,0%)

Abb. 10: Outperformance des Top- und Flop-Quartil-Portfolios

4.3 Höhere Prognosequalität qualitativer Ratings?

Ein wesentlicher Vorteil qualitativer Ratingverfahren liegt in der Ausweitung der Informationsbasis. Insbesondere seien an dieser Stelle direkte Gespräche mit dem Fondsmanagement genannt. Dabei versucht die Ratingagentur einen Eindruck zu gewinnen, ob die Ergebnisse der Vergangenheit auf Können basieren oder einfach nur Glück waren. Es wird also tatsächlich versucht, die zukünftigen »Winner« und »Loser« zu identifizieren.

Qualitative Ratings sind sehr viel aufwendiger als rein quantitative Verfahren und werden daher nicht pauschal für das komplette Fondsuniversum durchgeführt. In der Regel werden Ratingagenturen seitens der Fondsgesellschaften für diese Leistung entsprechend entlohnt. Ein qualitatives Rating ist also auch mit Kosten für die Fondsgesellschaft verbunden. Es muss daher berücksichtigt werden, dass nur die von den Fondsgesellschaften vorselektierten Fonds überhaupt in den qualitativen Ratingprozess eingehen. Das sind von vornherein Fonds, die intern die besten Voraussetzungen haben, ein möglichst gutes Rating zu erzielen. Somit kommen in die engere Wahl nur die Fonds, deren Investmentprozess sich seit Jahren bewährt hat, wo kein Fondsmanagement-Wechsel stattfand und die Ressourcen für eine Top-Leistung zur Verfügung stehen. Jede Gesellschaft schickt also nur ihre besten Fonds ins Rennen. Da nur ausgewählte Fonds zur Auswahl stehen, ist die Anforderung der Repräsentativität beim qualitativen Fondsrating im engeren Sinne zwar nicht erfüllt, die Vorauswahl seitens der Gesellschaften dürfte jedoch, aus Sicht der Verfasser, zu höheren Fonds-Renditen im Zeitablauf und damit auch höherer Prognosefähigkeit des qualitativen Ratings führen.

Nichtsdestotrotz unterliegen natürlich auch qualitative Ratings einer Reihe von Kritikpunkten, auf die an dieser Stelle zumindest verwiesen sei. Zum einen kann die Berücksichtigung subjektiver Kriterien innerhalb eines Ratingprozesses nicht objektiv nachvollzogen werden. Ein weiterer Kritikpunkt ist die Trägheit hinsichtlich sich verschlechternder Renditen innerhalb der Anlagekategorie. Oft wird in diesem Zusammenhang die Frage aufgeworfen, ob ein nachlaufendes Rating überhaupt benötigt wird, da subjektive Urteile entweder durch neue Informationen, wie z.B. einen Fondsmanagerwechsel, oder durch stark unterdurchschnittliche Performance korrigiert werden dürften. Letztlich müssen sich jedoch auch qualitative Ratings an ihrer Prognosegüte messen lassen. Die Renditen der Dachfonds, die bei der Managerauswahl auf die Analysen der Ratingagenturen zurückgreifen, werden dafür ein Qualitätsmaß sein.

5 Zusammenfassung

Fondsratings spielen eine immer wichtigere Rolle bei der Anlageentscheidung. Daher bieten immer mehr Agenturen Anlegern ihre Ratings als Kaufentscheidungshilfe an und auch Fondsanbieter nutzen Ratings immer stärker für die Produktvermarktung. Doch keines der quantitativen Ratingverfahren konnte in den letzten Jahren wirklich überzeugen und auch die vermeintlich bessere Prognosequalität qualitativer Ratingverfahren muss sich in der Praxis erst noch beweisen. Zudem dürften für den Anleger die feinen Unterschiede in der Messmethodik einzelner Ratingverfahren kaum nachvollziehbar sein. Es besteht die Gefahr, dass eine unkritische Ausrichtung der Fondsauswahl auf Ratings zu einem erheblichen Investmentrisiko führt und Anleger sich in einem Gefühl falscher Sicherheit wähnen.

Vor diesem Hintergrund ist interessant, dass Anleger, die beruflich mit Fonds arbeiten, den Nutzen von Fondsratings weit weniger positiv einschätzen als Privatanleger.[11] Vielmehr konzentrieren sie sich stärker auf den Marktausblick, die Portfoliozusammensetzung und die Diversifikation einzelner Spezialisten. Die Managerauswahl erfolgt nachgelagert und orientiert sich an bewährten Erfolgsmustern wie Kenntnissen, Erfahrung, Struktur des Fondsmanagements, Disziplin im Entscheidungsprozess und Motivation der Mitarbeiter. Dieser Ansatz verspricht möglicherweise nicht die Spitzenposition in einer der nächsten Renditehitlisten. In der langfristigen Betrachtung dürfte dieser Ansatz jedoch jede kurzfristige »Fonds-Hopping-Strategie« dominieren.

11 Quelle: Fonds-Ratingstudie von FERI Trust GmbH, 2002

Branding im Asset-Management: Impossible Mission?

Volker Kurr

Der Autor erklärt ausdrücklich, dass die dargestellten Interpretationen und Meinungen ausschließlich seine persönliche Auffassung wiedergeben.

1 Einleitung

In einem schwierigen gesamtwirtschaftlichen Marktumfeld mit schwachen Kapitalmärkten neigen Fondsgesellschaften dazu, an der Kostenschraube zu drehen und ihre Investitionen in den Markenaufbau bzw. die Markenpflege auf ein Minimum zu reduzieren, um so kurzfristig Kosteneinsparungspotenzial zu erzielen. Prozyklische Investitionen respektive Desinvestitionen tragen zwar zur Stabilisierung des Cost/Income-Ratios bei, widersprechen jedoch dem nachhaltigen, langfristigen Aufbau einer Marke. Effizientes Brand-Management aber ist wesentlich für den Erfolg einer Asset-Management-Gesellschaft und damit eine Investition in die Zukunft.

Der erste Teil des Beitrags analysiert die Bedeutung des Markenwerts in der heutigen Wirtschaft und untersucht die Markenrelevanz beim Fonds-Kauf. Daraus abgeleitet wird postuliert, dass Branding – neben Produktqualität und Service – der dritte Erfolgsfaktor im Asset-Management ist.

Im zweiten Teil wird ein wissenschaftlicher, praxisnaher Rahmen zur Verfügung gestellt, der die Handlungsoptionen und den Positionierungsspielraum für die Markenarchitektur aufzeigt. Das Kontinuum reicht hierfür von House of Brands, Endorser Brand über Subbrands hin zum Branded House. Dabei werden auch die Vor- und Nachteile skizziert.

Der abschließende Teil widmet sich dem Themenkomplex, wie Brandingstrategien in der Praxis ausgestaltet werden können. Insbesondere deutsche Fondsgesellschaften, die in der Mehrzahl von Universalbanken bzw. Versicherungsunternehmen gegründet wurden, sind oft sehr stark von konzernweiten Brandstrategien dominiert. Bloße Buchstabenkürzel oder Kunstwörter, die auf dem Heimatmarkt bereits unter einer geringen Awareness leiden und nicht mit einem dauerhaften signifikanten Budget gesegnet sind, werden beim Fokus auf eine europäische oder gar internationale Expansionsstrategie als nicht förderlich erachtet.

2 Brand und Brand-Management

Ob Aachen Münchener, ABN Amro, Accenture, Actimel, Apollinaris, Aspirin, Coca Cola, Heidi Klum oder Zeiss, heutzutage finden sich Brands in allen Lebenswelten. Ein Brand ist jedoch viel mehr als ein visuelles Symbol. Für den Konsumenten sind es die »Leuchttürme im Meer des Warenangebotes« (Hellmann 2003, S. 11), für das Unternehmen Verpflichtung, die eingegangenen Markenversprechungen einzulösen (Pringle/Gordon 2001), für das Management eröffnen sich Chancen, den preispolitischen Spielraum zu nutzen, die Kundenbindung zu erhöhen sowie den Markt segmentspezifisch differenziert zu bearbeiten (Burmann/Meffert/Koers 2005, S. 13).

Branding beeinflusst alle Bereiche einer Organisation. Strukturiertes und nachhaltiges Brand-Management kanalisiert diese Bereiche und gibt dem Unternehmen eine Richtung. Dies gilt für die Kommunikation, das Management, die Mission, die Vision, die Werte, das Logo, die Kultur, die Produkte sowie die Strategie und lässt sich beliebig ausweiten. Die Marke ermöglicht es, sich losgelöst von der Produktebene vom Wettbewerber zu unterscheiden und stellt somit ein entscheidendes Differenzierungsmerkmal dar *(Kotler 2003, S. 8ff)*.

2.1 Der Wert von Marken

Klassische Marken weisen gegenüber No-Name-Products, Private Labels und Handelsmarken generell ein höheres Preisniveau auf. Es stellt sich somit die Frage, wie sich der Wert einer Marke bemisst. Auf das Wesentliche reduziert, lässt sich eine einfache Gleichung aufstellen:

Marke – Herstellkosten des Produktes = Marktwert der Marke

Möchte man diese Gleichung am konkreten Fall betrachten, so bietet die Konsumgüterindustrie besonders geeignete Veranschaulichungen, wie beispielsweise der weltweite Siegeszug von markierten bzw. gebrandeten Mineralwässern. Wasser ist Wasser, Wasser ist H_2O? Nein, Evian z.B. ist eben mehr als Wasser. Bezogen auf die oben dargestellte Gleichung ergibt sich der Wert der Marke Evian aus dem Produktpreis abzüglich des Preises für Wasser. Der Konsument zahlt nur deshalb – im Verhältnis zu den Entstehungskosten – astronomische Preise, weil in seiner Wahrnehmung Evian für bestimmte für ihn entscheidende Qualitäten bzw. Produkteigenschaften steht. Markentreue zu Evian entsteht dann, wenn nach dem erstmaligen Kauf weitere habitualisierte Folgekäufe auftreten und in unserem Beispiel Evian sich zur Top-of-Mind-Wassermarke entwickelt.

Im Bereich der langlebigen Konsumgüter ist insbesondere die Automobilindustrie von hohem Markenbewusstsein geprägt; die Kaufentscheidung beim Konsumenten definiert sich in starkem Maße über die Marke und den damit verbundenen Assoziationen bzw. dem Image. So führt die Anwendung der eingeführten Gleichung auch hier zum Ergebnis, dass der Konsument bereit ist, mehr zu bezahlen.

Um eine möglichst starke Marke bzw. einen Brand-Equity aufzubauen, sind folgende vier Dimensionen entscheidend (s. Abbildung 1).

Natürlich kann man sich der Fragestellung nach dem Marktwert einer Marke auch auf erheblich sophistiziertere Weise nähern, und es gibt eine Reihe unterschiedlichster Herangehensweisen (vgl. Absatzwirtschaft 2002, S. 98–100) mit daraus resultierenden Ranglisten der Marken.

Ein breit akzeptiertes und international beachtetes Verfahren ist die Methode von Interbrand. Interbrand ermittelt jedes Jahr die 100 wertvollsten globalen Marken. Abbildung 2 zeigt die Top 10 der internationalen Marken gemäß der Bewertung von Interbrand – und wieviel der Brand-Value im Vergleich zur Börsenkapitalisierung beträgt.

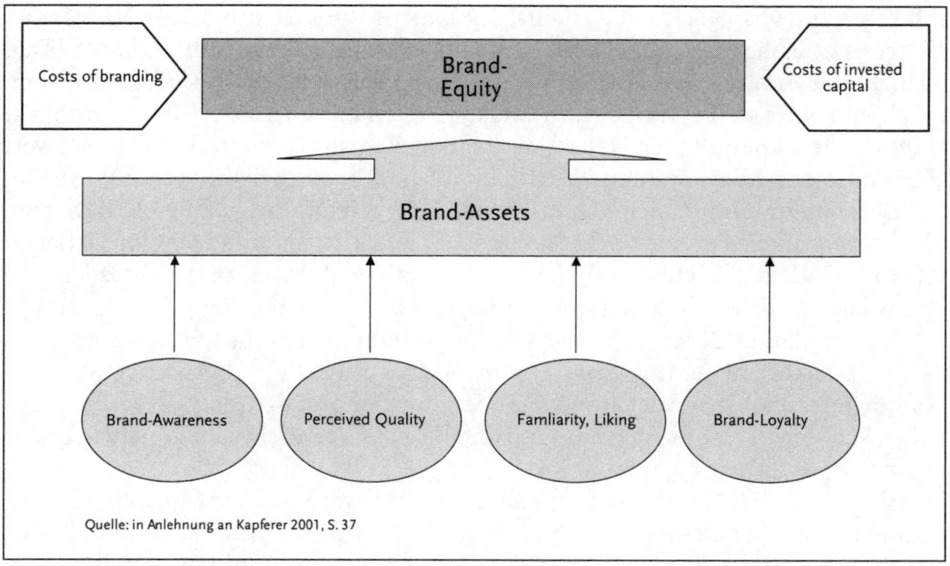

Abb. 1: Brand-Equity

Rang	Brand	**Brand-Value 2004 in Mrd. USD**	**Marktkapitalisierung in Mrd. USD**	**Markenwert in% der Marktkapitalisierung**	**Land**
1	Coca-Cola	67,4	106,9	63%	USA
2	Microsoft	61,4	275,1	22%	USA
3	IBM	53,8	119,9	45%	USA
4	GE	44,1	386,5	11%	USA
5	Intel	33,5	158,6	21%	USA
6	Disney	27,1	55,7	49%	USA
7	McDonalds	25,0	38,0	66%	USA
8	Nokia	24,0	76,1	32%	Finnland
9	Toyota	22,7	130,2	17%	Japan
10	Marlboro	22,1	n/a	n/a	USA

Abb. 2: Die international wertvollsten Marken (Quelle: Business Week 2004, Bloomberg, eigene Berechnungen in Anlehnung an Aaker/Joachimsthaler 2000, S 19 f.)

Interessanterweise finden sich unter den Top 10 nicht nur Unternehmen aus dem Konsumgüterbereich (Business to Consumer, B2C). IBM und GE präsentieren zwei klassische Vertreter der Investitionsgüterindustrie (Business to Business, B2B). Microsoft sowie Intel haben sich als Original-Equipment-Manufacturer (OEM) den Status als »gesetzte Zulieferer« mit beherrschenden Marktanteilen erarbeitet. Obwohl beide Firmen den Großteil des Umsatzes im B2B erzielen, wird der Nachfragesog auch durch eine sehr starke Marke beim Endkonsumenten unterstützt. PwC kommt in einer Studie zu dem Ergebnis, dass der Markenwert am Gesamtunternehmenswert bei kurzlebigen Konsumgütern durchschnittlich 62%, bei langlebigen 53% und bei Industriegütern immer noch überraschende 18% beträgt (PwC/Sattler 2001, S. 16).

Bezogen auf die Finanzbranche ist Folgendes festzustellen: Unter den Top 20 finden sich mit der Citibank, Rang 13, und American Express, Rang 14, zwei Finanzdienstleister, während keine Asset-Management-Gesellschaft unter den Top 100 erscheint.

Die Top-Marken dieses Rankings sind laut Interbrand und Business Week solche, die es geschafft haben, mit ihren Produkten und Dienstleistungen enge Kundenbindungen aufzubauen und eine hohe Identifikation mit der Marke erreichen. Ein hoher Markenwert ist folglich ein fundamentales Element, um einen hohen Unternehmenswert zu erreichen.

Hier hat in den letzten zwei Dekaden auch bei Analysten ein eindeutiger Paradigmenwechsel stattgefunden (Kapferer, 2001, S. 16ff.). Die gezahlten Multiples bei Übernahmen haben sich im Konsumgüterbereich mehr als verdoppelt, weil es eben nicht mehr um das Akquirieren zusätzlicher Produktionsanlagen oder technischen Know-hows geht, sondern um die Akquisition von Intangible Assets und dabei insbesondere von Brands (Lindermann, 2003, S. 27 ff.) Es gibt eine ganze Reihe von Studien, die den Schluss nahe legen, dass Unternehmen mit erfolgreichem Brand-Management auch eine höhere Aktienperformance erreichen können. Die starke Marke schlägt sich dabei nicht nur im Gewinn des Unternehmens nieder, sondern auch in den Premiums der Bewertungskennziffern, die der Kapitalmarkt gewillt ist zu zahlen (Madden et. al. 2002, S. 15 ff, S. 29 ff; Aaker 2000, S. 20ff).

Portfolio	**Monthly Return**	**Alpha**	**Market Beta**
Best Global Brand Set (BGBS): 111 companies	1.98	.57	.85
Benchmark: 13409 companies	1.34	-.25	1.07

Abb. 3: Returns starker Marken im Vergleich zur Benchmark (Madden et. al. 2002, S. 29)

Die bereits erwähnte Tatsache, dass sich bei Interbrand keine Fondsgesellschaften unter den Top 100 befinden, ist auf den ersten Blick erstaunlich, da Fondsgesellschaften fast ausschließlich aus Intangible Assets bestehen und der Unternehmenswert einiger Marktteilnehmer, auch nach den schwierigen Kapitalmarktjahren, nach wie vor beachtlich ist. Dafür kann es zwei Erklärungen geben: Entweder spielt Branding keine substanziell entscheidende Rolle bei der Kaufentscheidung von Fonds oder aber den Fondsgesellschaften ist es bisher nicht wirklich gelungen, eine eigene starke Marke aufzubauen.

2.2 Markenrelevanz beim Fonds-Kauf

Deutlich wird die Macht der Marke an Folgendem: Im Blindtest von Coca Cola versus Pepsi schnitten beide zuckerhaltigen Brausegetränke vergleichbar gut ab. Im offenen Test verschieben sich die Gewichte zugunsten der Marke von Coca-Cola erheblich. (Chernatony/McDonald 1992, S.9). Der funktionale Nutzen ist damit nicht mehr das entscheidende Kriterium, vielmehr beeinflussen emotionale Aspekte die Produktwahl. Die Stärke der Marke manifestiert sich durch den Grad des Vertrauens der Konsumenten. Die individuelle Wahrnehmung beim Kunden ist entscheidender als rationale, respektive naturwissenschaftlich messbare Kriterien. Der Sehsinn dominiert den Geschmackssinn, sobald der rot geschwungene Coca-Cola-Schriftzug erkannt wird. Die subjektive Wahrnehmung, die individuelle Verarbeitung der Reize, bestimmt die Realität und beeinflusst das Kaufverhalten. Dass der 67 Mrd. USD schwere Brand-Value von Coca-Cola ein vielfaches der 12 Mrd. USD von Pepsi beträgt, lässt sich an diesem Beispiel eindrucksvoll nachvollziehen.

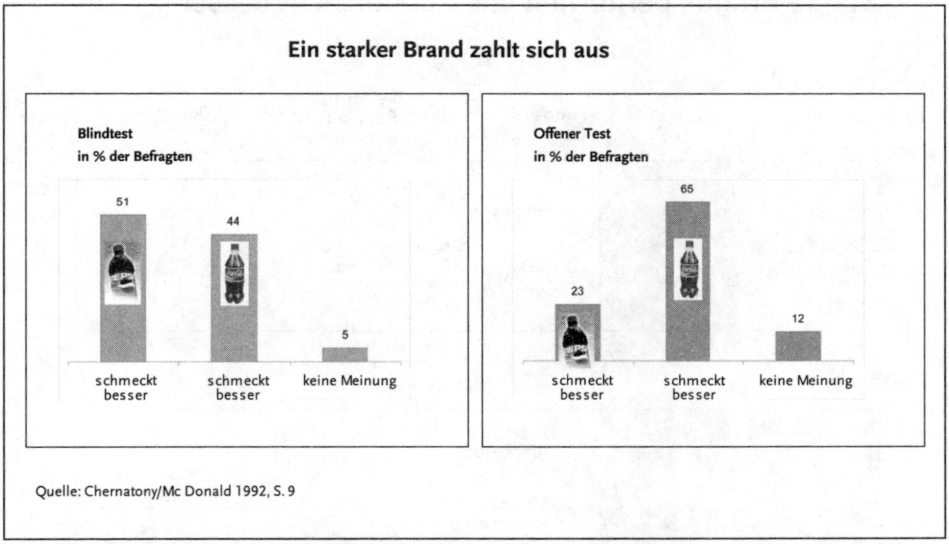

Abb. 4: Wahrnehmung Coca-Cola vs. Pepsi

Auch in anderen Bereichen ist es Untenehmen gelungen, eine erhebliche Markenstärke aufzubauen. »Intel Inside« gilt als eine der erfolgreichsten Branding-Strategien (Aaker, 2004, S. 4f.). Endkonsumenten kaufen keinen (isolierten) Intelchip. Aber viele legen Wert darauf, dass der Prozessor ihres Computers von Intel ist, obwohl – oder weil? – die Unterschiede zwischen einzelnen Prozessoren für den Konsumenten oft nicht greifbar und für die Hersteller schwer kommunizierbar sind. So hat Intel hier Seltenes erreicht: Eine Branche über Jahrzehnte zu dominieren, ohne stets der Beste oder der Günstigste gewesen zu sein.

Bezogen auf die Produktkategorie der Investmentfonds könnte nun das Argument aufgeworfen werden, dass die Anlageentscheidung rein rationalen Aspekten folgt. Dabei sind Fragen zu beantworten wie: Ist nicht Performance und Qualität ausreichend? Sind Fonds nicht »rationale Produkte«? Ist die Performance nicht mathematisch auf die zweite Nachkommastelle berechenbar? Gibt es nicht eine Vielzahl von Kennzahlen, die auch das Risiko berücksichtigen? Geht es in der Fonds-Branche im Kern nicht darum, die Awareness für die eigene Marke zu steigern? Oder anders formuliert: Muss ein überdurchschnittliches Produkt nicht nur mehr Menschen, potenziellen Investoren und Vertriebskanälen bekannt gemacht werden?

Für manchen überraschend, gelingt es auch im Asset-Management, durch den Aufbau eines Brands und damit über die funktionalen Eigenschaften des Produktes hinaus, die Wahrnehmung der Kunden positiv zu verändern. So stufen Kunden bekannte Marken im Hinblick auf Performance höherwertiger ein als unbekannte.

Starke Brands performen aus Kundensicht besser

	Fonds-Gesellschaft	Performance-Rang aus Kundensicht		Performance-Rang 5 Jahre
Brands mit sehr hoher Bekanntheit	Fidelity	3	>	26
	American Century	4		29
Brands mit weniger hoher Bekanntheit	Black Rock	48	>	16
	Miller, Anderson & Sherred (MAS)	54		6

Quelle: McKinsey & Company 2005, S. 22

Abb. 5: Wahrnehmung der Performance

Vergleichbares lässt sich auch für den Institutional Bereich (B2B) feststellen. Analog der Redensart »Nobody got ever killed for buying IBM«, gibt es eine ganze Reihe von internationalen Asset-Managern, die keinen Spitzenplatz in der Performance aufweisen, aber durch ihren Brand einen klaren Wettbewerbsvorteil genießen.

In einer Studie des Marketing Centrum Münster und McKinsey wurde die Markenrelevanz sowie die Werbeintensität von 48 Produktmärkten im B2C-Bereich analysiert *(vgl. Fischer/Hieronimus/Kranz, 2002)*. Markenrelevanz wird dabei durch drei wesentliche Markenfunktionen definiert:

- Risikoreduktion (Sicherheit, Kontinuität und Vertrauen)
- Ideeller Nutzen (Selbstverwirklichung, Selbstdarstellung und Identifikation)
- Informationseffizienz (Wiedererkennung, Interpretation, Orientierung und Herkunft).

Die Studie kommt zu dem Schluss, dass im Bereich Asset-Management eine überdurchschnittliche Markenrelevanz mit einer geringen durchschnittlichen Werbeintensität der Branche gepaart ist. Somit sollten sich kluge Investitionen in den Brand überdurchschnittlich rentieren, um die »ungenutzten Chancen« zu ergreifen.

Werbeausgaben müssen die Relevanz der Marke für die Kaufentscheidung im Vergleich zu der anderer Instrumente berücksichtigen

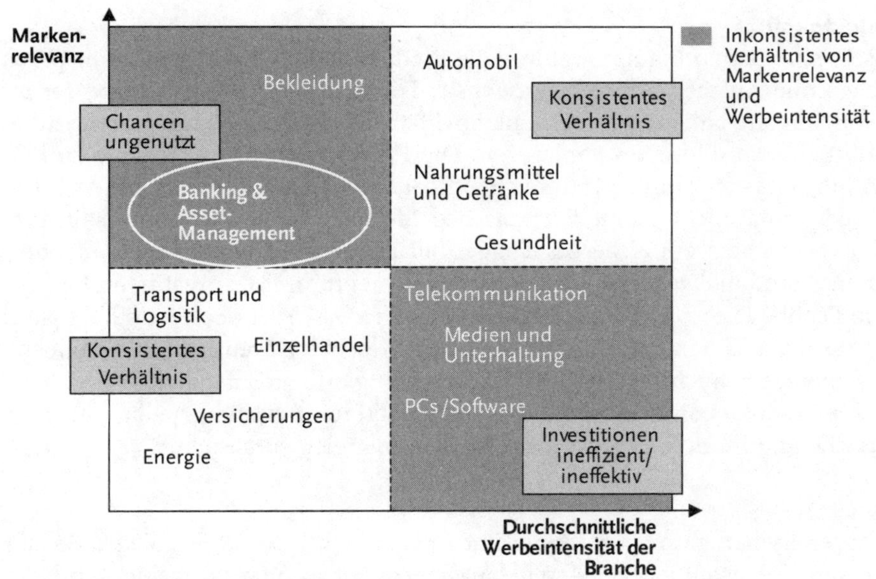

Quelle: Fischer/Hieronimus/Kranz 2002, S. 36

Abb. 6: Branchenvergleich Markenrelevanz und Werbeintensität im Asset-Management

2.3 Erfolgsfaktoren im Asset-Management

Wirft man einen Blick auf die Erfolgsfaktoren im Fonds-Geschäft und zieht die vorangegangene Analyse über Branding mit ein, dann lässt sich feststellen, dass Gesellschaften ihren Erfolg vor allem auf drei Säulen bauen:

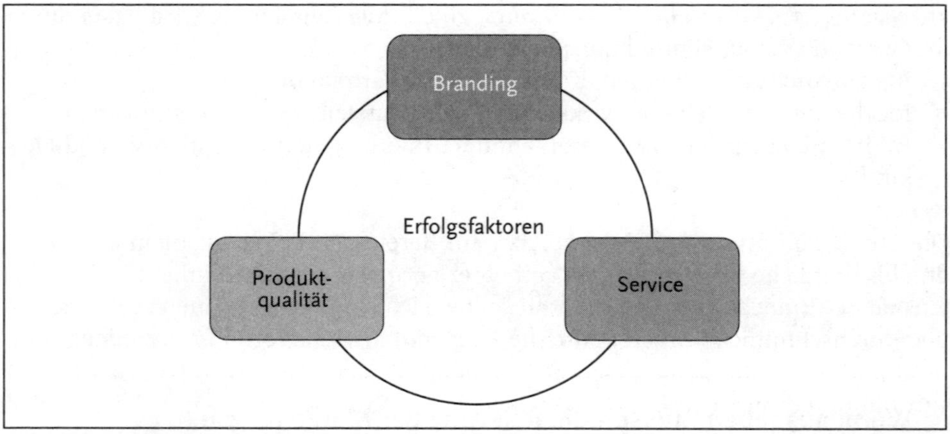

Abb. 7: Erfolgsfaktoren im Fonds-Geschäft

Produktqualität

In Zeiten, in denen Ratingagenturen die Produktqualität zunehmend transparenter machen und Anleger sich im Segment der Fonds immer leichter und besser informieren können, ist eine hohe Produktqualität Grundvoraussetzung, um überdurchschnittliche Net-Flows zu generieren. Die Korrelation von Nettomittelzuflüssen zum Morningstar-Rating ist hinreichend bekannt. Gleichwohl verbirgt sich hinter Produktqualität nicht alleine Performance. Sie stellt für den Retailinvestor nur die Spitze des (sichtbaren) Eisberges dar. Grundlage für eine überdurchschnittliche Performance sind die weiteren »drei P's«: Investmentprozess, Investmentphilosophie sowie People. Diese »vier P's«, Performance, Prozess, Philosophie und People sind conditio sine qua non, um im institutionellen Geschäft zu reüssieren und bilden das Fundament, um auch im Retailbereich langfristig erfolgreich zu sein.

Eine Produktqualität erster Güte ist daher absolut notwendig, jedoch allein nicht hinreichend, um im Wettbewerb am Markt erfolgreich zu bestehen.

Service

Fondsgesellschaften müssen ihren Kunden ein »Mehr« an Service bieten. So ist beispielsweise im institutionellen Asset-Management seit geraumer Zeit eine Verschiebung vom Produktanbieter hin zum Serviceprovider zu beobachten. Value-added-Services, wie beispielsweise Betriebliche Altersvorsorge und Asset-Liability-Management werden zunehmend wichtiger und stellen eine Möglichkeit dar, die Profitabilität und den Kundennutzen zu erhöhen und der Commoditisierung, die sich in margenschwachen und wettbewerbsintensiven Produkten, wie etwa Euro-Government Fixed Income zeigt, entgegen zu wirken. Weiterhin werden erstklassiges Risikomanagement und Reporting als Grundvoraussetzung für eine Mandatsvergabe betrachtet.

Im Retailbereich ist eine sinnvolle, kundenspezifische Strategische Asset-Allocation, aber auch die Verständlichkeit von Steuerbescheinigungen und die Customer-Access-Costs im Bereich Depotführung etc. anzuführen. Erstklassiger Service richtet sich stets am Kunden aus und hebt sich durch hervorragende Qualität und weiterführende

Dienste und Dienstleistungen von den Mitbewerbern ab. Dies schließt explizit das Stadium der »After Sales«-Betreuung mit ein. Weiterhin sind Servicedienstleistungen für Vertriebskanäle zu nennen.

Durch geeignete Servicestrategien wird nicht nur dem Kunden ein Mehrwert geboten, vielmehr sind sie Grundlage, um sich weitergehender von Wettbewerbern zu differenzieren und der eigenen Gesellschaft ein klareres Profil zu geben. Dadurch wird auch deutlicheres Branding ermöglicht.

Branding

Der dritte Erfolgsfaktor wird von nachhaltigem Brand-Management besetzt. Nachhaltiges Branding erfordert eine langfristige, kontinuierliche und permanente Investition in den Markenaufbau. Entscheidend für den Wert eines Brands ist nicht nur die Brand-Awareness, Brand-Relevance und Brand-Clarity. Letztendlich zählen die damit verbundene Kaufentscheidung des Kunden und das damit zum Ausdruck gebrachte Vertrauen.

Wir halten somit als Zwischenergebnis fest: Neben den Erfolgsfaktoren Produktqualität und Service spielt Branding auch in der (vermeintlich) wissenschaftlich-rational geprägten Welt des Asset-Managements eine Schlüsselrolle.

Wichtig ist, dass alle drei Erfolgsfaktoren gleich gewichtet und ausgewogen sind. In Zeiten wirtschaftlicher Rezession und Kostendrucks besteht jedoch die Gefahr, vor allem im Bereich Branding an der Kostenschraube zu drehen. Die positiven Auswirkungen dabei sind kurzfristig sichtbare (Ertrags-) Erfolge; die langfristigen Auswirkungen offenbaren sich jedoch oft erst sehr viel später, nämlich erst dann, wenn die Erfolgsfaktoren aus dem Gleichgewicht geraten sind. Zu diesem Zeitpunkt jedoch wird es schwierig, die versäumten Investitionen nachzuholen oder gar auszugleichen und die negativen Folgen kurz- oder langfristig abzufedern. Durch kurzfristige operative Renditeoptimierung besteht die Gefahr, langfristige strategische Brandingziele zu opfern (vgl. BCG et. al. 2002). Diese Lehrbuch- und Binsenweisheit wird deshalb regelmäßig nicht beachtet, weil Ausgaben zum Branding zu den wirklich kurzfristig variablen Kosten einer Unternehmung zählen. Daneben gibt es noch eine ganze Reihe weiterer Gründe, die in Abbildung 8 aufgelistet sind.

Eine Ausgewogenheit der Erfolgsfaktoren ist daher angeraten. Bei Fehlen einer konsistenten, widerspruchsfreien Konzeption besteht die Gefahr, dass Branding sich in punktuellen Aktionen erschöpft. Alle drei Säulen sollten mit Blick auf Mitwettbewerber über dem Durchschnittslevel liegen. Nur so besteht die Möglichkeit, sich aus der Masse der Marktteilnehmer hervorzuheben und abzusetzen. Eine nüchterne Analyse der drei Erfolgsfaktoren trägt zur Standortbestimmung des eigenen Unternehmens bei und sollte Hilfestellung bieten, wo Investitionen zu tätigen sind. Eine holistische Sichtweise bietet die Chance, die drei Faktoren in einem harmonischen Dreiklang zum Erfolg zu führen.

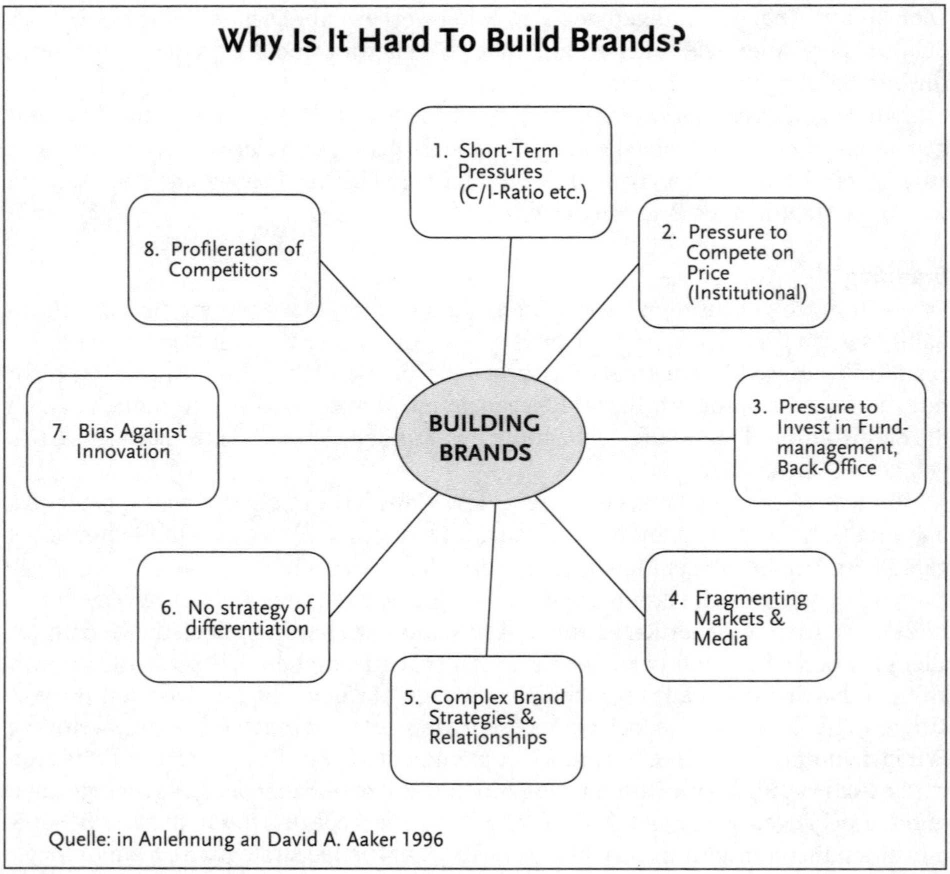

Abb. 8: Reasons not to build brands

3 Markenaufbaustrategien

Vor einer Entscheidung über die eigene Markenstrategie steht die Frage, welche Möglichkeiten einer Fondsgesellschaft grundsätzlich hinsichtlich der Architektur ihrer Marke zur Verfügung stehen. In der Theorie unterscheidet man:

- House of Brands
- Endorser Brands
- Subbrands
- sowie Branded House.

Die einzelnen Markenstrategien unterscheiden sich im Wesentlichen durch einen unterschiedlichen Level an Integration in die Marke der Muttergesellschaft.

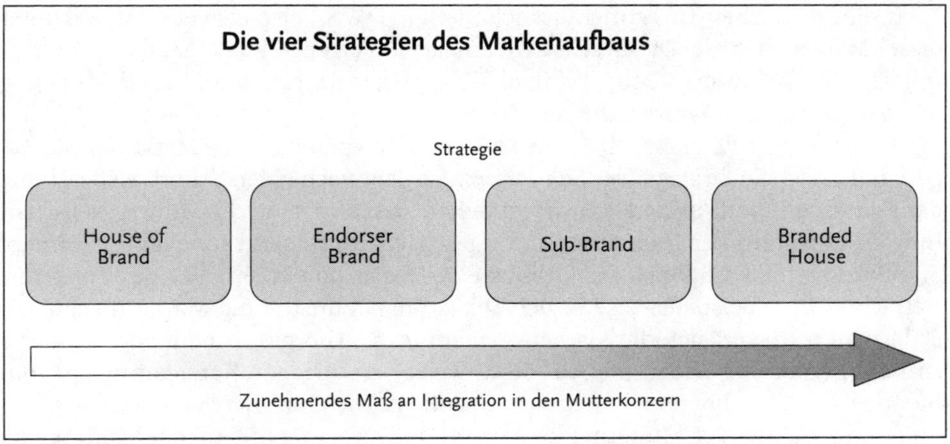

Abb. 9: Brand-Architektur

Im *House of Brands* versammeln sich unterschiedliche Marken unter einem Dach. Die Einzelmarken haben dabei keine sichtbare Verbindung zur Muttergesellschaft und tragen keinen Zusatz, der auf die Dachmarke hinweist. Diese Strategie bietet die Möglichkeit, auch Nischensegmente innerhalb einer Industrie abzudecken, ohne dass sich die Marken untereinander kannibalisieren. Bestes Beispiel für diese Markenstrategie ist der McDonalds-Konzern, der mit der Marke McDonalds die Fast-Food-Kunden bedient, während die Marke Aroma im Gegensatz dazu gesunde und biologisch wertvolle Nahrungsmittel/Ernährung anbietet. Ähnliches gilt für die Marken Sodexho und Director's Table. Sodexho ist als Lieferant für Kantinenessen tätig; demgegenüber bietet die Marke Director's Table gehobene Gastronomie für die Führungsetagen an. Unter dem Dach eines House of Brands lassen sich darüber hinaus verschiedene Preissegmente abdecken. Der Uhrenkonzern Swatch bedient mit seinen diversen Marken – von der Basic Range (Swatch, Flik Flak) über die Middle Range (Tissot, Balmain, CK, Certina etc.) und High Range (Longines, Rado) bis zur Luxusmarke (u.a. Brequet, Glashütte, Blancpain) alle Käuferschichten. In der deutschen Investmentlandschaft hatte sich der Allianzkonzern für die Strategie des House of Brands entschieden und vereinigte unter seinem Dach die Marken dit, dbi, Pimco und Nicholas Applegate.

Bewegt man sich einen Schritt weiter in Richtung Integration in die Markenstrategie der Muttergesellschaft, bietet sich die Möglichkeit des *Endorsed Brands*. Endorsed Brands beinhalten sowohl das Logo als auch den Markennamen der Muttergesellschaft, häufig in Form eines Zusatzes in verkleinerter Schriftgröße, jedoch deutlich für den Konsumenten sichtbar. In der Regel steht als Endorser Brand (Muttergesellschaft) eine Marke mit signifikantem Marktwert und hoher Markenbekanntheit hinter dem Endorsed Brand. Der Endorsed Brand behält auf diese Weise bis zu einem gewissen Grad seine Unabhängigkeit und profitiert gleichzeitig von der Bekanntheit, dem Markenwert sowie der Unterstützung der Muttergesellschaft. Bei dieser Markenstrategie ist es wichtig, die Einzelmarken so zu positionieren, dass sie sich nicht untereinander kannibalisieren.

In der deutschen Investmentbranche ist die DWS beispielsweise ein Vertreter dieser Markenstrategie. Die Gesellschaft arbeitet am eigenen Markenaufbau und trägt mit dem Markenzusatz »Deutsche Bank Gruppe« eine Ergänzung, aus der eindeutig hervorgeht, welcher Konzern hinter ihr steht.

Die nächste Stufe hin zu einer noch stärkeren Integration in die Marke der Muttergesellschaft ist die Strategie der *Sub-Brands*. Sie geht noch einen Schritt weiter als die der Endorsed Brands und trägt nicht nur einen Zusatz, der auf die Muttergesellschaft hinweist, sondern der Name der Muttergesellschaft erscheint im eigenen Namen. Sub-Brands sind traditionell das Resultat einer Expansion innerhalb eines Konzerns. Betrachtet man beispielsweise in der Bekleidungsindustrie die Marke Armani, so stellt man fest, dass sich die Marken Armani Jeans, Giorgio Armani oder Emporio Armani gegenseitig bilden und auf diese Weise verschiedene Kundengruppen vom niedrigen bis zum hohen Preissegment abdecken. Die einzelnen Sub-Brands stehen unter dem Schutz der Muttermarke Armani und sind eng miteinander verbunden. Sie profitieren von Synergieeffekten, geringeren Einkaufskosten (B2B und B2C) und steigender Markenbekanntheit der Muttergesellschaft. Richtet man den Blickwinkel wieder auf den deutschen Fonds-Markt, so hat sich auch die SEB Invest für die Strategie des Sub-Brands entschieden. Die SEB Asset Management trägt im Sinne von »One SEB« das Logo des Mutterkonzerns mit einem Zusatz, der auf die Fondsgesellschaft hindeutet. Sie zeigt nach außen mit ihrem Logo ein klares Statement, dass sie zur SEB-Gruppe gehört.

Die höchste Stufe einer Integration in die Marke der Muttergesellschaft ist die Strategie des *Branded House*. Bei dieser Markenstrategie trägt jedes Produkt nur den Namen der Muttergesellschaft (z. B. SONY). Die Vorteile dieser Strategie liegen auf der Hand. Diese Strategie, die sich vor allem für den Massenmarkt eignet, zeichnet sich durch eine Markenklarheit und ein Corporate Ego aus. Durch die Nutzung von Synergien werden hier die größten Skaleneffekte erzielt. Das Wiedererkennen der Marke suggeriert dem Konsumenten, dass ihm das Produkt bereits vertraut ist. Er überträgt die guten Eigenschaften, die hohe Qualität eines Produktes, auf ein anderes, selbst wenn dieses aus einem völlig anderen Bereich kommt. Diese Strategie stützt sich vor allem auf das Renommé und die Bekanntheit der Dachmarke, die den Erfolg der einzelnen Produktlinien sicherstellt. Die Strategie des Branded House birgt jedoch auch Risiken. Treten in einer Produktlinie Probleme auf, besteht die Gefahr, dass das Image der gesamten Gruppe Schaden nimmt und der Kunde die Probleme auf die Dachmarke überträgt. Dies führt tendenziell dazu, sehr risikoavers zu agieren.

Zusammenfassend lässt sich festhalten, dass einer Fondsgesellschaft verschiedene Markenstrategien zur Verfügung stehen. Um aus der Palette theoretischer Möglichkeiten die für das Unternehmen geeignete Version in die Praxis umzusetzen, muss sich die Investmentgesellschaft mit einer Vielzahl von Fragestellungen auseinandersetzen. Abbildung 10 verdeutlicht, dass sich – je nach Beantwortung der einzelnen Fragen – relativ schnell eine Stoßrichtung herausfiltern lässt. Diese gilt es nun, genauer zu definieren und sich für eine Markenstrategie zu entscheiden, um auf diese Weise die am besten geeignete Strategie für die eigenen Produkte zu finden. Egal für welche Strategie sich eine Fondsgesellschaft entscheidet, gilt es, diese konsequent, nachhaltig, langfristig und mit hohem Commitment zu verfolgen.

Abb. 10: Brand-Architektur – Checkliste

4 Brandingstrategien in der Praxis

4.1 Ist ein eigener Brand sinnvoll?

In Deutschland sind mehr als 10000 Investment-Fonds zum Vertrieb zugelassen, es gibt über 60 Kapitalanlagegesellschaften und einige Dutzende Vertriebsgesellschaften ausländischer Anbieter.

Somit stehen alle Gesellschaften vor der strategischen Fragestellung, wie das Thema Brand behandelt werden soll. Auch wenn die durchschnittliche Werbeintensität der Branche eher gering ist, lässt das noch nicht den Umkehrschluss zu, dass allein ein Werbebudget ausreicht, um Brand-Equity zu schaffen.

Grundsätzlich erscheint es immer verlockend, eine eigene starke Marke aufzubauen, die Unabhängigkeit von der möglichen Muttergesellschaft signalisiert und auch differenziert positioniert werden kann. Wenn man allerdings die Analyseergebnisse aus den ersten beiden Teilen dieses Beitrages in Betracht zieht, dann darf es als sehr ambitioniert gelten, als kleinerer Anbieter einen signifikanten Brand-Equity zu erschaffen. Hohe, regelmäßige und stetige Budgets langfristig für die nötigen Investitionen zur Verfügung zu stellen, erscheint eher unrealistisch. Kapitalmärkte sind und bleiben volatil – und folglich auch die Ertragskraft. Aufsichtsräte und Anteilseigner sind an möglichst kontinuierlichen, konstanten bzw. steigenden Ergebnissen interessiert.

Insoweit sind die Erfolgsaussichten kleinerer Anbieter, einen eigenen Brand zu schaffen, als gering einzustufen. Empfehlenswerter erscheint die Strategie des Sub-

Brandings. Der Brand der Muttergesellschaften ist in nahezu allen Fällen stärker. Werden die Investitionen von Mutter- und Tochtergesellschaft gebündelt, ergeben sich zusätzliche Synergien. Auch große Marktteilnehmer, wie beispielsweise die Schweizer Gesellschaften Credit Suisse bzw. CSAM und UBS bzw. UBS Asset Management, wählten diese Strategie. Bei den kleineren Gesellschaften lässt sich die Oppenheim KAG als Beispiel einer durchdachten Brandingstrategie aufführen, während Frankfurt Trust, Main Trust, Münchner Kapitalanlagen zwar durch ihren Firmennamen auch ihren Firmensitz preisgeben, ansonsten sich aber nur wirklichen Branchenkennern als Marken offenbaren. Und auch hier gilt, dass die BHF-Bank, Nomura und Continentale einen stärkeren Brand besitzen als die jeweiligen Fonds-Töchter. Daraus lässt sich als Ergebnis festhalten, dass möglicherweise nur große Gesellschaften die Finanzkraft besitzen, einen ubiquitären Brand aufzubauen, der auch im B2C bzw. Endinvestorenbereich eine Markenrelevanz besitzt. Für andere Gesellschaften erscheint es Erfolg versprechender, den Brand der Muttergesellschaft mit zu nutzen.

Die HVB hat beispielsweise den Versuch unternommen, Activest als Namensschöpfung mit dem Bezug zu »aktivem Management«, »Investieren«, »aktives Investieren« zu positionieren. Trotz aller guten Gründe dies zu tun, zeigt dieser Fall, wie schwierig es ist, alleine schon eine signifikante Markenbekanntheit aufzubauen. Die beiden Antipoden Activest – Actimel zeigen die praktischen Herausforderungen, mit einem geeigneten Namen einen Brand aufzubauen.

Die Chancen und Herausforderungen von Fondsgesellschaften mit internationalen oder pan-europäischen Vertriebsambitionen seien exemplarisch anhand von Fidelity und DWS dargestellt. Fidelity hat über Jahre hinweg sehr stark in die eigene Marke investiert. Insbesondere in Kontinentaleuropa, wo klassischerweise das Vertriebsnetz der Banken eine entscheidende Rolle spielt, wurde die Strategie verfolgt, Markenrelevanz im B2B- und B2C-Bereich aufzubauen. Fidelity hat über viele Jahre heftig und substanziell in den Aufbau des Brands in Deutschland investiert und erntet auch deshalb die Früchte in Form hoher Nettomittelzuflüsse.

DWS kann sich als Marktführer in Deutschland über einen gelungenen und auch prämierten Marken-Relaunch freuen und hat es im Markenhandbuch von Langenscheidt als bislang einzige Fondsgesellschaft unter die 100 deutschen Top-Marken geschafft (Langenscheidt 2003, S. 148f.). Der harmonische Dreiklang von Produktqualität, Service und Branding bei der DWS spiegelt sich auch in deutlich niedrigeren Vertriebskosten wider und schlägt sich positiv bei den Ertragskennziffern nieder. Mit einem der niedrigsten Cost/Income-Ratios in Deutschland werden auch hier die Früchte einer gelungenen Allokation geerntet. Eine große Herausforderung wird allerdings der pan-europäische Vertrieb sein. Als Marktführer in Deutschland und Europas größter Fondsgesellschaft ist ein signifikantes Brand-Building außerhalb des deutschsprachigen Raums nur schwer festzustellen. Die witzige Kampagne in UK – »Europe's biggest Fund Management Group you've never heard of.« (Absatzwirtschaft Marken 2005, S. 96) – unterstreicht die Herausforderung. Inwieweit die Adjustierung des Sechsecks, das »sanft, aber prägnant modernisiert« (Absatzwirtschaft marken 2005) wurde, hilft, das bloße Buchstabenkürzel DWS, das 1956 für Deutsche Gesellschaft für Wertpapiersparen stand, als pan-europäische Marke zu verankern, bleibt abzuwarten.

4.2 Brand-Building jenseits großer Werbebudgets

Unabhängig von der gewählten Markenarchitektur lassen sich bei der Implementierung der gewählten Markenstrategie drei Hauptaufgaben herausarbeiten, die insbesondere für Unternehmen wichtig sind, die Brand-Building nicht über klassische Mediawerbung betreiben:

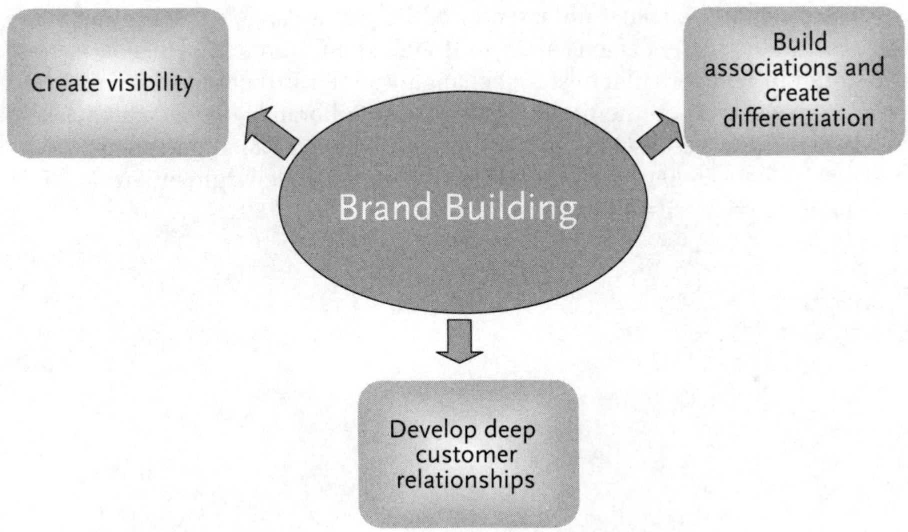

Quelle: Aacker/Joachimsthaler 2000, S. 263

Abb. 11: Brand-Building

Üblicherweise erleichtert eine sehr tiefe Kundenbindung eine geeignete sinnvolle Kundensegmentierung. Wer seine Kunden wirklich kennt und weiß, was sie benötigen, kann durch differenzierte Zielgruppenansprache einen Wettbewerbsvorteil erlangen. Je spezifischer und homogener die Zielgruppe ist, desto leichter gelingt es, auch ohne »Riesenetats« wahrgenommen zu werden bzw. die eigene Visibilität zu erhöhen. Dies trifft sowohl auf den Retail- als auch auf den Institutionellen Bereich zu. Vor allem im Bereich der Kundensegmentierung schlummert noch viel Potenzial, um effektiver und effizienter die Kunden zu bedienen. Allerdings sollte bedacht werden, dass zum Erschließen neuer Kundensegmente die alleinige Kenntnis der Bedürfnisse von Bestandskunden nicht ausreicht.

5 Fazit

Der Aufbau eines Brand Equities ist in der Fonds-Branche ebenso wichtig wie in der Konsumgüter- und Investitionsgüterbranche. Insbesondere im Retailbereich erfüllt die Fonds-Marke, die klassischen Grundfunktionen für den Käufer: Risikoreduktion und Informationseffizienz. Für die Unternehmensführung und -steuerung sollte Branding deshalb mit Produktqualität und Service einen holistischen, harmonischen Dreiklang bilden, wenn es um die Allokation der Ressourcen geht. Die eingeschlagene Markenstrategie sollte umfassend und langfristig angelegt sein. Das Streben nach einem ubiquitären, eigenständigen Brand, kann nur dann gelingen, wenn das feste Commitment vorhanden ist, unabhängig von der Ertragslage, in die Marke zu investieren. Generell erscheint die Strategie des Subbrands, die auf die Stärke des Brands der Muttergesellschaft aufbaut, in den meisten Fällen geeigneter. Weitere ungenutzte Chancen liegen in einer differenzierten Kundensegmentierung, die den Markenaufbau wirkungsvoll unterstützen kann.

Best-Practice: Kundenbindung und Customer-Segmentation in der Airline-Industrie

Dirk Thorwirth

Der Autor erklärt ausdrücklich, dass die dargestellten Interpretationen und Meinungen ausschließlich seine persönliche Auffassung wiedergeben.

Abkürzungsverzeichnis

Abb.	Abbildung
B2C	Business to Consumer
ca.	circa
d.h.	das heißt
etc.	et cetera
€	Euro
GmbH	Gesellschaft mit beschränkter Haftung
CRM	Customer-Relationship-Management
DE	Deutschland
FFP	Frequent-Flyer-Programm
FTL	Frequent Traveller
Kap.	Kapitel
Mio.	Million
Mrd.	Milliarde
n	natürliche Zahl
o.a.	oben aufgeführt
PNR	Passenger Name Record
p.a.	per annum
ROI	Return on Investment
sog.	so genannt
vgl.	vergleiche
vs.	versus
x	natürliche Zahl
y	natürliche Zahl
z	natürliche Zahl
z.B.	zum Beispiel

1 Einleitung

Was hat die Lufthansa oder eine andere Airline außerhalb von Analystengesprächen, Kennzahlen oder ihrer eigenen Kursentwicklung mit Asset-Management zu tun? In welcher Hinsicht kann eine Dienstleistung wie das Fliegen von A nach B möglicherweise Modellcharakter für eine highly-sophisticated-Branche wie die der Fonds-Gesellschaften besitzen? Welche Gemeinsamkeiten gibt es, und wie begegnen beide Industrien ihren jeweiligen Herausforderungen?

Die Gemeinsamkeiten sind naheliegend: In beiden Fällen beginnt und endet das Geschäft beim Kunden. Was ein Kaufkunde für eine Fonds-Gesellschaft darstellt, ist in dem anderen Fall eine Fluggesellschaft und ihr Passagier. Zusätzliche Komplexität ergibt sich in beiden Fällen durch ein mehrstufiges Mittler-System, das einerseits die Identifikation des Kunden sowie andererseits seine direkte Entscheidungs- und Verhaltenssteuerung erschwert.

Dennoch bleiben identische Kernfragen: Wer ist dieser Kunde? Wie muss das für ihn geeignete Produkt aussehen? Wie gelingt es einem Unternehmen, ihn auf die angebotene Dienstleistung zu lenken?

Für Lufthansa lauten die relevanten Fragen z.B.: Was ist der Reiseanlass und wer tätigt die Buchung? Ist eine Vielzahl von flexiblen Flügen in einem weltumspannenden Netz notwendig oder reicht der Punkt-zu-Punkt-Verkehr eines low-frill-Carriers? Schöpfen Vielfliegerprogramme Mehrwert oder reicht das Angebot des Commodity »Flug«?

Analoge Fragen könnten auf Seiten eines Fonds lauten: Welche Absicht, Risikobereitschaft und welchen Anlagehorizont besitzt der Anleger? Braucht ein durchschnittlicher, privater Investmentkunde index-basierte oder mehrwährungsfähige Derivative? Und was unterscheidet überhaupt den Fonds der Gesellschaft A von demjenigen der Gesellschaft B?

Auf weitere Analogien zwischen den Branchen wird im Folgenden verzichtet. Sicherlich übertragbar ist aber das Fazit, dass sich das genaue Wissen über den Kunden und die Identifizierung seiner Bedürfnisse verändert: Von einer anonymen Größe zum wertvollen und zugleich besonders sensiblen Asset eines Unternehmens.

2 Lufthansa Miles & More – ein klassisches B2C-Kundenbindungssystem

Genau diese Überlegungen standen am Anfang der ersten Frequent-Flyer-Programme (FFPs), die in der amerikanischen Airline-Industrie Anfang der achtziger Jahre entstanden. Aus diesem Grund nehmen FFPs eine elementare Rolle innerhalb eines auf lange Sicht angelegten, systematischen Aufbaus und bei der Pflege von Kundenbeziehungen mit Hilfe von Informations- und Kommunikationstechnologien ein.

Die Vielfliegerprogramme der Fluggesellschaften bündeln das Wissen um den Kunden; sie sind die wohl am offensichtlichsten und am höchsten entwickelten

Programme mit einem ganzheitlichen Konzept des Customer-Relationship-Managements (CRM).

Die Deutsche Lufthansa AG hat 1993 begonnen, mit einem eigenen FFP mehr über ihre Passagiere zu lernen, um ihr Produkt intensiver an deren Vorstellungen auszurichten. Heute besteht Miles & More aus einem Partner-Netzwerk, das 30 Partner-Airlines und ca. 120 assoziierte Unternehmen, vom Telekommunikationsdienstleister bis zu Banken, umfasst. Es bildet damit das größte Vielfliegerprogramm in Europa. Zugleich ist Miles & More, das durchschnittlich mit 20 % p.a. wächst, das Kundenbindungsprogramm von Lufthansa, Lufthansa Regional, Austrian Airlines, Air Dolomiti, Air One und LOT Polish Airlines. Das Data-Warehouse enthält mehr als 10 Millionen Kunden mit bis zu 1.600 Attributen je Kunde. In verschiedenen Aggregationsstufen dieser Daten werden damit Aussagen über die o.a. direkten und indirekten kundenrelevanten Fragestellungen möglich.

2.1 Systematik des Frequent-Flyer-Programms

Das Grundprinzip des Vielfliegerprogramms ist simpel: Kunden erhalten für ihre Flüge Gutschriften in Form von Meilen und werden so für ihr loyales Verhalten belohnt. In Abhängigkeit von der Serviceklasse erhalten Kunden bei Flügen in der Business Class doppelte Entfernungsmeilen, in der First Class eine dreifache Gutschrift auf ihrem Meilenkonto. Prinzipiell gilt das Gleiche für die Inanspruchnahme von Partnerleistungen wie die Nutzung bestimmter Hotels oder die Bezahlung mit einer meilensammelfähigen Kreditkarte. Alle gesammelten Meilen sind im Gegenzug wiederum für Flüge, Upgrades oder Sachprämien einzulösen. Zu unterscheiden sind Prämienmeilen, die für die Erreichung solcher Reward-Buchungen notwendig sind, von Statusmeilen, die zur Erreichung eines bestimmten Vielfliegerstatus im FFP zählen. Als Ersatzwährung erfüllen die Meilen dabei multiple Funktionen. Einerseits ermöglichen sie eine relationale Bewertung aller bestehenden Kundenbeziehungen. Zugleich sind sie für den Kunden ein messbarer bzw. greifbarer Wert und insofern als Incentive notwendig, um überhaupt Einblicke in die Kaufentscheidung eines Kunden zu erhalten (vgl. 3.1). Um das Anreiz-System darüber hinaus zusätzlich aktiv zu halten, weisen die meisten FFPs Verfallsfristen für die Meilen zwischen zwei und fünf Jahren auf.

Dass es sich bei Meilen um sehr reale Werte handelt, verdeutlichen folgende Zahlen. So existieren weltweit auf Meilenkonten der Airlines etwa 14 Billionen Meilen. Je nachdem, zu welchem Wert dieser Bonus zurückgestellt wird, stellen diese umgerechnet einen Wert von 700 Milliarden US-Dollar dar. Allein die im Miles & More-Programm gesammelten Meilen repräsentieren einen Wert für Lufthansa Kunden von ca. 491 Millionen Euro.

Auch wenn es immer wieder Ideen gibt, Kunden zu sonstigen Clustern zusammenzufassen, die andere Gemeinsamkeiten aufweisen als das bisherige Flugverhalten: Flug-, respektive Statusmeilen bilden die alleingültige Basis für das bis heute wesentliche Segmentierungskriterium aller Airlines.

2.2 Ziele des Frequent-Flyer-Programms

Der wesentliche Grund für die Existenz von FFPs ist der Aufbau von Kundenbindung. Sie wird erlangt, indem für Teilnehmer eines Vielfliegerprogramms ein Anbieterwechsel mit Kosten belegt wird. Diese Wechselkosten entstehen für Mitglieder der FFPs, da prämienwirksame Meilenguthaben erst später erreicht werden und zudem die Prämien der Programme mit wachsenden Bonuspunkten überproportional ansteigen. Diese nichtlineare Struktur wurde bei der Konzeption der FFPs festgelegt, um einen Lock-in-Effekt zu erreichen. Das Konzept der Vielfliegerprogramme veranlasst einen Nachfrager als Nutzenmaximierer, möglichst oft die Airline seines Vielfliegerprogramms sowie deren Partner zu nutzen. Infolgedessen schöpft er mit wachsender Meilenanzahl die überproportional steigenden Prämien ab. Bei einem Wechsel der Fluggesellschaft würde er wertvolle Meilen und damit Prämien einbüßen, d.h. sie könnten nicht weiter akkumuliert werden. Unterliegen angesammelte Bonuspunkte außerdem einer Verfallsfrist, so werden potenziell hohe Umstellungskosten noch erhöht.

Ferner zielen FFPs auf die Generierung von zusätzlichem Umsatz durch den Verkauf von mehr Sitzplätzen. Entweder kann dies durch eine Veranlassung zu Wiederholungskäufen bei existierenden Kunden erfolgen oder das FFP ist attraktiv genug, um auch neue Passagiere anzuziehen.

Weitere signifikante Ziele der Vielfliegerprogramme sind:

- Datenerfassung und Etablierung einer aussagekräftigen Kundendatenbank
- Aufbau von Kundenloyalität
- Differenzierung der Kernleistung
- Generierung einer zusätzlichen Einkunftsquelle durch den Handel von Meilen mit Partnerunternehmen.

2.3 Zielgruppen und Statusleistungen

Basierend auf einer historischen, Flug-Revenue-bezogenen Bewertung teilen sich Lufthansa Miles & More-Kunden in vier Segmente auf. Dabei sind den einzelnen Statusgruppen entsprechend ihrer Bedeutung im FFP jeweils abgestufte Leistungen zugeordnet.

Basiskunden
Basiskunden besitzen mehr als 3.000 Flugmeilen und erhalten quartalsweise einen Newsletter (online/offline), um ein Minimum an Kundenkontakt sicherzustellen. Um dem Ziel der Kostenoptimierung Rechnung zu tragen, wird vorzugsweise online kommuniziert und ein Minimum an Flugaktivität in den letzten zwölf Monaten vorausgesetzt. Innerhalb des Miles & More-Programms entfallen etwa 90% aller Kunden auf diese erste Gruppe.

Frequent Traveller
Um den Status eines Frequent Travellers (FTL) zu erwerben, sind mindestens 50.000 Statusmeilen notwendig (35.000 bei Wohnsitz außerhalb Deutschlands). Mit diesem Status sind Leistungen verknüpft, die für die Airline zunächst nur relativ geringe

Verdrängungskosten bedeuten, aber bereits erhöhte direkte Kosten (insbesondere meilenbezogene Benefits wie unbegrenzte Meilengültigkeit oder 25% Executive Bonus) verursachen. Wesentlich ist, dass die Benefits in der Wahrnehmung des Kunden bereits erlebbare Vorteile bieten, wie z.B. Wartelistenpriorität bei Reservierung, erhöhte Freigepäckmenge, monatliche Exclusive-Informationen, Priority-Check-in oder Lounge-Zugang.

Senator

Die Benefits für einen Senator, der mindestens 150.000 Meilen erflogen haben muss (100.000 außerhalb Deutschlands), umfassen alle o. a. Frequent-Traveller-Leistungen und bieten ferner z.B. Buchungsgarantie bis 48 Stunden vor Abflug, regelmäßige upgrade-Voucher oder eine kostenfreie Kreditkarte etc. Aus Kundensicht bieten sich gegenüber dem FTL wiederum wertvolle Vorteile. Aus Lufthansa-Perspektive wird die Bereitstellung der Leistungen aufgrund direkter Kosten, Verdrängungskosten und Diversion-Costs (Nutzung alternativer Meilen-Tickets oder Klassen) bereits deutlich teurer.

HON-Circle Member

Um neue Anreize zu setzen und sich von Wettbewerbern nach oben zu differenzieren, wurde Anfang 2005 der HON-Circle-Status als neuester Programmbestandteil eingeführt. Voraussetzung sind hierfür 300.000 Flugmeilen innerhalb des letzten Kalenderjahres. Dafür ermöglicht dieser Status noch weit reichendere Vorteile wie die Nutzung eines exklusiven Terminals, die individuelle Betreuung durch persönliche Assistenten oder den Transfer zum Flugzeug mit Luxus-Limousinen. Mit diesem Segment erfolgt eine zusätzliche Positionierung als Premium-Carrier und eine Konzentration auf noch profitablere Kunden.

Über diese Statussystematik wird das Ziel verfolgt, das theoretische Konstrukt einer ABC-Analyse in praxisrelevantes Verhalten umzusetzen. Sie entspringt keinem Selbstzweck, sondern ergibt sich kausal aus der Relation zwischen Umsatzträgern und deren jeweiligem Revenue-Beitrag in der Vergangenheit. Zugleich dienen die Leistungs-Abstufungen als kontinuierlicher Anreiz zur Erreichung des jeweils nächsten Levels. Dieses Incentive-System funktioniert insbesondere dadurch, dass die Unterschiede vom Kunden als erstrebenswert bewertet werden.

Daneben gibt es einzelne Programm-Teilgruppen, die sich nicht über das Kriterium Meilen definieren, sondern über andere, oft soziodemographische Gemeinsamkeiten. Allerdings kann das Beispiel »Kids and Teens« (Alter: 3 bis 16 Jahre) verdeutlichen, wie heterogen ein solches Segment und wie herausfordernd damit ein solcher Segmentierungsansatz in der Praxis ist.

3 Zielkundenmanagement

Meilen und Statuskarten sind lediglich der für den Kunden sichtbare Ausgangspunkt einer erfolgreichen Kundenbindung. Die darauf aufbauenden Prozessstufen eines Erfolg versprechenden Zielkundenmanagements sind beispielhaft in Abbildung 1 dargestellt.

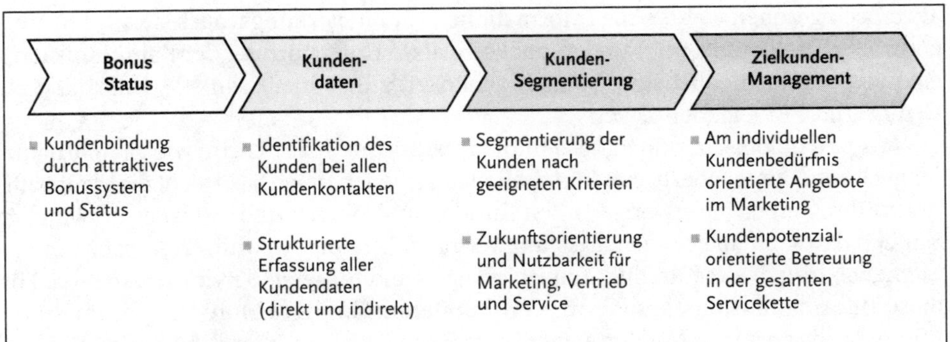

Quelle: Lufthansa Miles & More

Abb. 1: Stufen der erfolgreichen Kundenbindung

Die erste Stufe, die Existenz eines FFPs, bildet die Basis für das eigentliche Zielkundenmanagement. Durch verschiedenartige Anreize werden Kunden zum Erst- oder Wiederholungskauf bewegt. Nach Erfassung der Kundendaten mittels eines geeigneten CRM-Tools dient die dritte Stufe der Segmentierung der Daten und der Prüfung, ob sie für Marketing, Vertrieb oder Service nutzbar sind. Vervollständigt wird der Prozess, indem individuelle, kundenbedürfnis-orientierte Marketingaktionen für die Kunden entwickelt und vorrangig über das FFP kommuniziert werden.

Eine geeignete Segmentierung bildet somit die Basis, um Kundeninformationen Ergebnis steigernd einzusetzen. Erstens lässt sich mit ihnen herausfinden, welche Kunden wesentliche Ergebnisträger sind (Kap. 3.1). Zweitens ergeben sich Ansatzpunkte für individuelle Angebote entweder zur Aktivierung inaktiver Kunden (Kap. 3.2) oder zur optimierten Ausschöpfung des Potenzials aktiver Kunden (Kap. 3.3).

3.1 Identifizierung

Grundsätzlich ist zu klären, welche Informationen im Kunden-Data-Warehouse erhoben werden sollen. Für Vielfliegerprogramme könnten u.a. folgende Daten nützlich sein, die jedoch im Einzelfall Datenschutzbestimmungen oder sonstigen Restriktionen unterliegen:

- Soziodemographische Daten (Geschlecht, Alter)
- Programmdaten (Status, Enrollmentquelle)
- Abgeleitete Kundendaten (Durchschnittlicher Revenue pro Segment, Anzahl Routen)
- Fluginformationen (Service Class, Routen- und Ticketinformation)
- Partner-Aktivitäten (Hotel, Kreditkartennutzung, Zeitraum)
- Promotion-/Kampagnendaten (Zeitraum, Meilengutschriften, Response)
- Prämiendaten (Art der Prämie, Strecke, Datum, Meilen)

Technisch gesehen werden die Informationen für ein wirkungsvolles CRM (d.h. Nutzung aller Touchpoints mit Kunden, zahlenbasierte Unterstützung der Kommunikation etc.) aus unterschiedlichsten Quellen generiert, z.B. Buchungs-PNR, Internet, Call Center und FFP-eigenen Daten.

Aus psychologischer Sicht besteht die interessante Frage darin, wie es überhaupt möglich wird, kundenbezogene Informationen zu generieren. Dabei steht die glaubhafte Vermittlung eines Mehrwerts für den Kunden im Vordergrund. So ist es notwendig, Kunden davon zu überzeugen, dass ihre vertraulichen und freiwilligen Angaben in der Mehrzahl dazu dienen, Produkte zu customizen und besseren Service zu kreieren. Für diese Informationsüberlassung werden Kunden im Miles & More-Programm durch Mehrwert in Form von Meilen incentiviert, der wiederum über Prämien tatsächlich erlebbar wird. Ferner ist das Erlebnis eines tatsächlichen Mehrwerts aber z.B. auch über die Mitwirkung bei der Ausgestaltung von Produkten möglich. So wurde bei der Einführung der neuen Business Class der Interkontinentalflotte Intercont auf Hearings, Sitzproben und Blindtests mit Kunden zurückgegriffen. Ein bisher weitestgehend anonymer Nutzer wird derart ebenso zu einem individualisierten Kunden wie umgekehrt die ursprünglich anonyme Organisation für Kunden erlebbar wird.

Schließlich ist im Anschluss an die Identifizierung aller Kunden die zentrale Frage zu stellen: Auf welche Kunden soll eine Konzentration der Marketingaktivitäten erfolgen (vgl. 4.2)? Diese Frage nach den richtigen Zielgruppen wird zukünftig aufgrund ständig leistungsfähigerer Datenbanken tendenziell immer wichtiger werden.

3.2 Aktivierung

Die zweite funktionsbildende Komponente des Zielkundenmanagements – neben der Identifizierung – ist die Ausgestaltung von Aktionen mit individuell gesetzten Targets.

Nur durch eine Individualisierung der Targets und abgestimmte Incentives von Marketingaktionen können irrelevante Angebote vermieden werden. Letztere entstehen beispielsweise aufgrund unerreichbarer Targets oder Mitnahmeeffekten bei Angeboten durch zu niedrige Targets.

Im Jahr 2004 wurden bei der Lufthansa 140 Zielkunden-Aktionen mit insgesamt ca. 4,5 Mio. Kontakten durchgeführt. Hiervon entfielen 57 auf so genannte Aktivierungs-Aktionen, für die beispielhaft folgende Aktion innerhalb des Miles & More-Programms denkbar ist. Wird ein Kunde A – mit überdurchschnittlich hoher Flugfrequenz nach Peking – identifiziert, so kann dem Kunden dann ein meilen-incentiviertes Angebot unterbreitet werden, wenn er einen neuen Abflugort für diese Destination nutzt, um beispielsweise etablierte Strecken zu entlasten.

Prinzipiell gilt für alle Aktionen derselbe Mechanismus, indem ein aus Anbietersicht gewünschtes Kundenverhalten belohnt wird. Exemplarisch kann der Erhalt eines Statuslevels oder von Bonusmeilen bei einer bestimmten Art der Produktnutzung herangezogen werden (»Noch zwei Interkontflüge in der Business Class und Sie erhalten den nächsthöheren FFP-Status«, »10.000 Meilen extra für Buchung im Zeitraum von-bis«). Wiederum andere Aktivierungs-Aktionen aus dem Jahr 2004 dienten der Neukunden-Gewinnung (sog. Enrollments) oder als e-processing-Aktionen dazu, die Nutzung von automatisierten Prozessen wie etix-Buchungen oder Automaten-Check-in zu forcieren. Besondere Bedeutung gewinnen diese Zielkunden-Aktionen dadurch, dass mit zunehmender Dauer der Beziehung und Intensität zu einer Fluggesellschaft auch die Profitabilität je Kunde zunimmt. Als Ursache hierfür können die geringeren Kosten für Beratung, Administration oder Werbung gesehen werden sowie inkrementale Gewinne aufgrund von Preisaufschlägen, Weiterempfehlungen und erhöhter Kauffrequenz.

3.3 Erhöhung des Share of Wallet

Zur Optimierung der langfristigen Umsatz-Beziehungen versucht Lufthansa Miles & More ferner, den Share of Wallet eines Kunden zu maximieren. Hiermit wird das Verhältnis der Bedarfsdeckung eines Kunden bei einer Airline zu seinem Gesamtbedarf in der Produktkategorie »Flug« bezeichnet. Klassische Beispiele für angewandtes Zielkundenmanagement in dieser Hinsicht sind so genannte Diskontinuitäten-Aktionen. Hierbei wird zunächst festgestellt, dass ein Kunde regelmäßig nur bestimmte Teilstrecken – z.B. Hinflug – mit der FFP betreibenden Fluggesellschaft nutzt. Gezielte Kommunikation kann dann entweder der einfachen Informationsgewinnung dienen oder direkt zu incentivierten Angeboten führen. In analoger Weise arbeiten Mailings, die z.B. die Intention haben, Buchungsklassen (Business statt Economy) oder Flugfrequenzen zu steigern, um die Buchungswertigkeit zu erhöhen. In allen Fällen ist es das Ziel, durch Up- und Cross-Selling den Umsatzanteil, den der Kunde mit einer Airline tätigt, zu steigern: Entweder über eine Steigerung des absoluten Umsatzes oder zu Lasten der Anteile von Wettbewerbern.

4 Segmentierung – bestehende Ansätze

Traditionellerweise orientieren sich die Ansätze zur Segmentierung am ex-post Verhalten der Kunden. Grundsätzlich können drei Segmentierungsansätze unterschieden werden:

- Segmentierung nach Kaufkriterien
- Segmentierung nach Revenue
- Segmentierung nach Flugverhalten.

Je nach Fragestellung und Marktsituation sind darauf aufbauend weitere Segmentierungen der Datenbasis erforderlich. Die interessantesten neuen Ansätze befassen sich damit, andere zukunftsgerichtete Kriterien zur Clusterung heranzuziehen, um ex-ante-Prognosen über das Flugverhalten der in der Datenbasis enthaltenen Kunden machen zu können (vgl. Ziff. 5).

Für den Kunden offensichtlich, erfolgt die Segmentierung jedoch weiterhin ausschließlich nach bestimmten Status- oder Servicestufen.

4.1 Segmentierung nach Kaufkriterien

Diese Segmentierung wird auch als Clusterung nach Flugaktivität bezeichnet und bezieht sich auf die Kriterien, nach denen ein Kunde die Airline auswählt, z.B. Preis, Flugplan, FFP-Programm, Bordprodukt oder Marke. Ohne die Unterschiede in Reise-Anlass und -Art weiter zu differenzieren (Privat- vs. Geschäftsreise, Domestic/Kontinental/Interkontinental) ist grundsätzlich die nachstehende Reihenfolge festzuhalten. In 45% aller Fälle ist der Preis die ausschlaggebende Komponente für die Wahl eines Fluges. Die Auswahlmöglichkeiten des Flugplans bilden den nächsthäufig genannten Grund, gefolgt von der Ausgestaltung des Vielfliegerprogramms. Die Segmentierung nach Entscheidungskriterien liefert somit Informationen darüber, wie der Entscheidungsprozess eines Kunden abläuft, sodass sich hiermit insbesondere above-the-line-Kampagnen genauer auf die Bedürfnisse der Zielgruppen ausrichten lassen.

4.2 Segmentierung nach Revenue

Ursprünglich wurden Miles & More-Kunden ausschließlich nach ihrem Status segmentiert. Dagegen ermöglicht eine zusätzliche Segmentierung nach Kundenumsatz schnellere und verfeinerte Chancen, wirtschaftliche Ergebnisse zu prognostizieren und mit einzelnen Kundenclustern steuernd zu agieren. Dabei besitzt die bekannte Pareto-Regel (80:20 Rule) auch innerhalb des Miles & More Programms ihre Gültigkeit. Allerdings ist in der Airline-Industrie seit etwa Mitte der neunziger Jahre prinzipiell ein starker Shift zu Low-Revenue-Kunden zu beobachten. Dennoch erwirtschaften in der Spitze nur ca. 3% der im FFP identifizierten Kunden 50 % des Lufthansa-Umsatzes. Demzufolge erfolgt eine Konzentration der Vertriebsaktivitäten auf dieses Segment. Diese Erkenntnis war eine der Hauptmotivationen, den Topkundenstatus HON Circle Member einzuführen, um diese Vielflieger als Umsatztreiber durch zusätzliche Benefits noch stärker an die Lufthansa zu binden (s. Abbildung 2).

Auch über die Kernaussage einer 80:20 Verteilung hinaus, ist Miles & More als Tool elementar zur Verbesserung der Effizienz:

- Der durchschnittliche Umsatz je Miles & More-Kunde ist höher als jener von Nicht- FFP-Teilnehmern.
- Im Heimatmarkt sind mehr als zwei Drittel des Umsatzes Miles & More-Kunden zuzurechnen.
- Für viele Fragestellungen sind Miles & More-Daten repräsentativ, um allgemeingültige Handlungsempfehlungen zu initiieren.

In Ergänzung zur genannten Pareto-Verteilung lässt sich somit mittels einer zusätzlichen Revenue-Segmentierung wesentlich genauer herleiten, auf welche ca. 30–35% der Kunden der Großteil des gesamten Flugumsatzes entfällt. Je nach Aussagezweck werden in der Airline-Welt daher zwischen 6 und 18 Revenue-Segmente geclustert, um eine Feinsteuerung des Marketings und seiner Ergebnisse auf die Gruppen vorzunehmen.

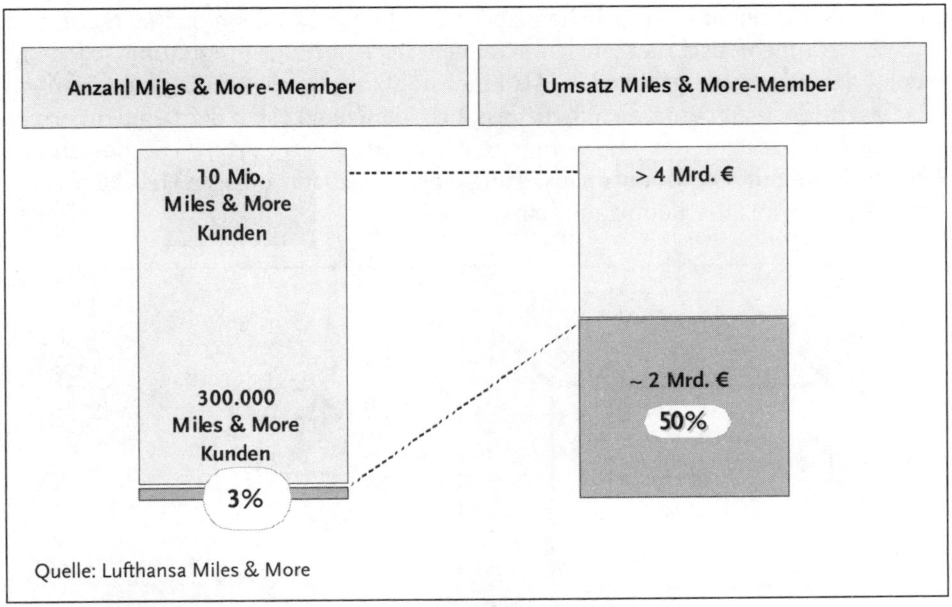

Abb. 2: Verteilung der Umsatz- und Kundenanteile

4.3 Verhaltensorientierte Segmentierung

Das weitestgehende Konzept zur Segmentierung kombiniert die ersten Ansätze und ergänzt sie um eine Verhaltenskomponente. Die Clusterung entlang des Flugverhaltens zielt darauf ab, welche Leistungen der Kunde in welcher Häufigkeit nutzt. Ist ein Kunde Gelegenheits- oder Vielflieger? Nutzt er First-, Business- oder Economy Class? Fliegt er hauptsächlich europaweit oder interkontinental? Inwiefern nutzt er neue Medien und automatisierte Prozesse?

Einige Konzepte dieser Segmentierung von Programmmitgliedern arbeiten Verhaltenssegmente der Frequent Flyer heraus, welche nur auf dem jeweils unterschiedlichen Gebrauchswert der FFPs und der Stärke der Beziehung zur Airline basieren. Solche Segmente werden als »superficial consumers«, »dreamers«, »disinterested consumers«, »opportunistic consumers«, »hoarders« und »bonded consumers« bezeichnet und reagieren sehr unterschiedlich auf Marketingaktionen. Prinzipiell fällt eine klassische Unterteilung wie im Miles & More-Programm ebenfalls unter diese Subkategorie: Hier wird das bisherige Flugverhalten monodimensional in Flugmeilen gemessen und dem daraus resultierenden Status zugrunde gelegt. Der theoretische Ansatz der verhaltensorientierten Segmentierung geht jedoch darüber hinaus, indem er einzelnes Flugverhalten um Sinus-Milieus und sonstige Verhaltensspezifika ergänzt (Beispielkategorie: »Eurodomestic Jetter« – »Europe is your home.«). Auf diese Art ließen sich beliebige einzelne Gruppen bilden, denen Charakteristika und Begriffe zugeordnet werden könnten, um ihnen jeweils cluster-spezifische Angebote zu unterbreiten. Grundsätzlich lässt sich dieser Ansatz immer weiter verfeinern, um schließlich bei einem möglichen, aber impraktikablen one-to-one-Marketing zu landen. Rein theoretisch ließen sich n-Teilnehmer eines FFP-Programms jedoch in ebenso viele Segmente unterteilen. Als Einschränkung bei diesem Segmentierungs-Ansatz ist jedoch zu berücksichtigen, dass sich die Grenzkosten der Segmentierung und der Grenznutzen des Marketings maximal aufheben dürfen. Die Kosten der Segmentierung und der Individualisierung eines Angebotes müssen stets kleiner als Zusatz-Erträge aus der Kampagne sein.

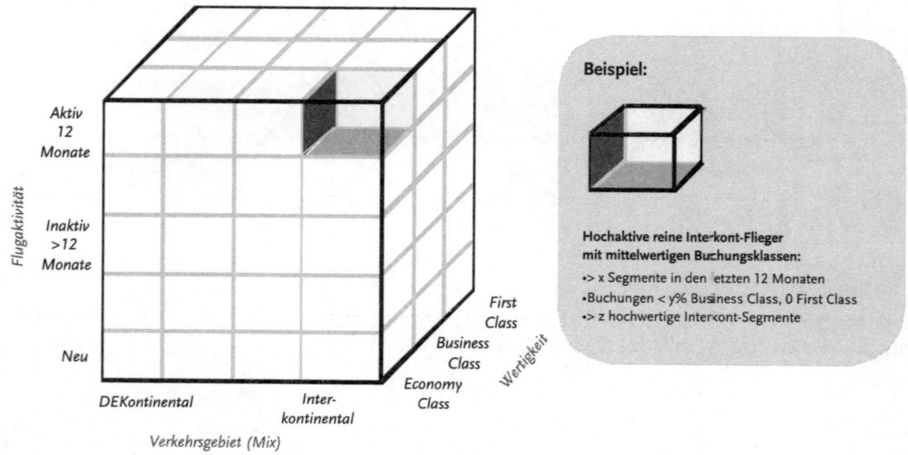

Quelle: Lufthansa Miles & More

Abb. 3: Zielkundensegmentierung von Airline-Kunden bezüglich ihres Flugverhaltens

5 Neue Entwicklungen: Das Customer-Equity-Modell

Um den sich im Laufe der Kundenbeziehung veränderten individuellen Kundenbedürfnissen gerecht zu werden, wurde bei Lufthansa eine kundenwertbasierte Methodik (Customer-Equity) entwickelt. Der Customer-Equity wird dabei im Wesentlichen durch ein Customer-Life-Cycle-Modell bestimmt. Ziel ist eine sowohl horizontale Verlängerung des Lebenszyklus als auch eine vertikale Erhöhung des prognostizierten Kurvenverlaufs (s. Abbildung 4).

Mit Customer-Equity wird der Wert eines Kunden bezeichnet, der sowohl Vergangenheitswerte (z.B. getätigte Umsätze) als auch Schätzungen über die zukünftigen Erträge aus der Kundenbeziehung beinhaltet. Dadurch können u. a. wichtige Kunden frühzeitig identifiziert und angesprochen werden. Aus der Summe des vergangenen Wertes und dem zukünftigen Wert, multipliziert mit einem Potenzialfaktor, ergibt sich der Customer-Equity eines Teilnehmers. Der bisherige Kundenwert wird mit Hilfe der vergangenheitsbezogenen Profitabilität auf Basis bisheriger Aktivitäten des Kunden ermittelt. Der Potenzialfaktor stellt das Wertsteigerungspotenzial eines Kunden dar. Diese Vorgehensweise ist ein Hinweis darauf, dass die statische, ver-

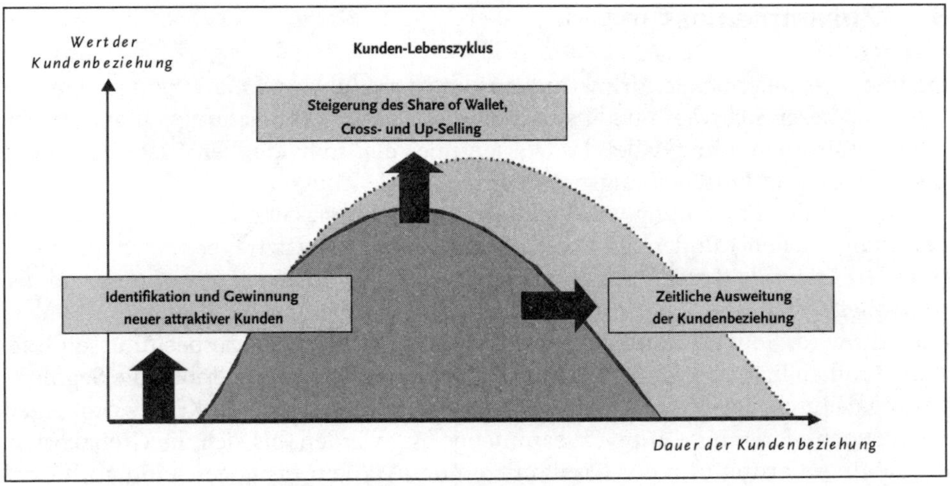

Abb. 4: Konzept des Customer-Lifetime-Value

gangenheitsorientierte Kundenwertbetrachtung eine Dynamisierung erfährt und Bewertungen nunmehr auf Basis des Customer-Lifetime-Value erfolgen, d.h. über die gesamte Dauer der Beziehung.

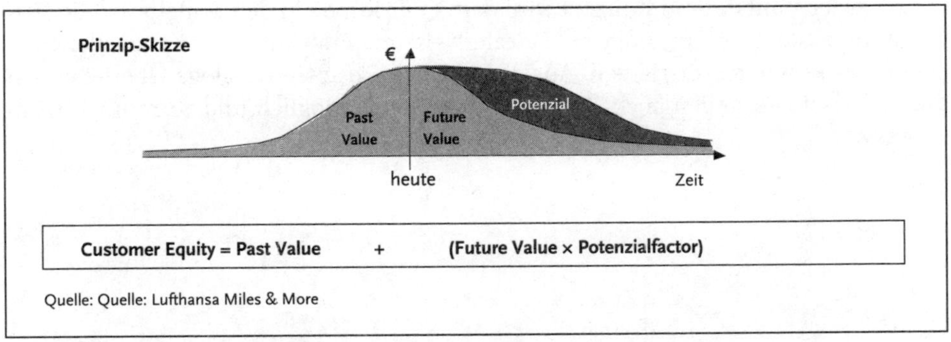

Abb. 5: Customer-Equity-Modell

Diese Art der Segmentierung auf Basis von Customer-Equity, unterstützt durch aktivitäts-, erlös- und verhaltensbasierte Segmentierungen, ist die wohl zielführendste Vorgehensweise zur Erhöhung des ROI von Marketingaktionen.

So kann ein durchschnittlicher Vielflieger einen Lifetime-Value von bis zu 250.000 Euro für Airlines wie Lufthansa darstellen. Mit der Investition in starke und dauerhafte Beziehungen kann dieser Wert optimiert und durch die Airline abgeschöpft werden. Folglich wird die Methodik dazu genutzt, um Direkt-Marketing-Aktivitäten der Lufthansa den Kundenbedürfnissen anzupassen und diese zu verfeinern. Zudem erlaubt die Customer-Equity-Methodik eine gezielte Entwicklung von neuen Zusatzangeboten im Rahmen des CRM.

6 Zusammenfassung

Traditionellerweise ist die Airline-Industrie stets produkt- und marktgetrieben gewesen. Aus dieser Sichtweise heraus basierte z.B. die Streckenplanung auf anonymen Verkehrsströmen, ohne dabei das Wissen über den individuellen Passagier, seine Bedürfnisse und Entscheidungsprozesse zu berücksichtigen.

Erst seit der Entstehung von Vielfliegerprogrammen gehen Airlines dazu über, den individuellen Kunden als Entscheidungs-/und Umsatzträger wahrzunehmen (Kap. 2). Erstmals werden damit Informationen systematisch gewonnen und als wertvolles Gut angesehen, für dessen Zurverfügungstellung der Kunde mit Meilen entlohnt wird. So wird es möglich, das Verhalten des Kunden zu beeinflussen und seine Profitabilität zu optimieren (Kap. 3). Herkömmlicherweise erfolgt die Segmentierung dadurch, dass einzelne Kunden so lange nach bestimmten Kriterien zu einer homogenen Marketing-Gruppe zusammengefasst werden, bis sich die Grenzkosten der Segmentierung und der Grenznutzen des Marketings gegenseitig aufheben (Kap. 4). In seiner weitesten Ausprägung als verhaltensorientierte Segmentierung führt dieser Ansatz damit zu idealtypischem one-to-one-Marketing. Entscheidender Nachteil dieser Vorgehensweise bleibt aber, dass er weiterhin auf einer Betrachtung des historischen Verhaltens des Kunden basiert. Hier setzt das Customer-Equity-Modell an, das versucht, den Life-time-Value eines Kunden aus einer Kombination von vergangenem Wert für das Unternehmen und einem zu prognostizierenden Zukunftswert zu ermitteln (Kap. 5).

Spätestens mit diesem Konzept wird damit der Kunde in den Mittelpunkt der Betrachtung gestellt; an ihm sollte sich idealerweise die Erstellung einer Dienstleistung oder eines Produktes ausrichten. Aus dieser Perspektive sind analoge Überlegungen und Schlussfolgerungen auch für Investment-Fonds möglich und vermutlich wünschenswert.

Stichwortverzeichnis